MPR 出版物链码使用说明

本书中凡文字下方带有链码图标“══”的地方，均可通过“泛媒关联”App 的扫码功能，获得对应的多媒体内容。

您可以通过扫描下方的二维码下载“泛媒关联”App。

“泛媒关联”App 链码扫描操作步骤：

1. 打开“泛媒关联”App；
2. 将扫码框对准书中的链码扫描，即可播放多媒体内容。

扫描体验：

佛山科学技术学院大学生军训掠影　广东警官学院大学生军训掠影

广东省普通高校国防教育指导委员会推荐教材

MILITARY

当代大学生军事教育教程

Dangdai Daxuesheng Junshi Jiaoyu Jiaocheng（第七版）

★ 主编 曾 峥

暨南大学出版社
JINAN UNIVERSITY PRESS
中国·广州

图书在版编目（CIP）数据

当代大学生军事教育教程/曾峥主编．— 7 版．—广州：暨南大学出版社，2018.8（2021.1 重印）

ISBN 978 - 7 - 5668 - 2435 - 6

Ⅰ.①当…　Ⅱ.①曾…　Ⅲ.①军事理论—高等学校—教材　Ⅳ.①E0

中国版本图书馆 CIP 数据核字（2018）第 158644 号

当代大学生军事教育教程（第七版）
DANGDAI DAXUESHENG JUNSHI JIAOYU JIAOCHENG（DIQIBAN）
主　编：曾　峥

出 版 人：张晋升
策划编辑：苏彩桃
责任编辑：黄　斯
责任校对：何　力
责任印制：汤慧君　周一丹

出版发行：暨南大学出版社（510630）
电　　话：总编室（8620）85221601
　　　　　营销部（8620）85225284　85228291　85228292　85226712
传　　真：（8620）85221583（办公室）　85223774（营销部）
网　　址：http：//www.jnupress.com
排　　版：广州市天河星辰文化发展部照排中心
印　　刷：湛江日报社印刷厂
开　　本：787mm × 1092mm　1/16
印　　张：20.75
字　　数：402 千
版　　次：2007 年 8 月第 1 版　2018 年 8 月第 7 版
印　　次：2021 年 1 月第 19 次
定　　价：49.80 元

《当代大学生军事教育教程》

编　委　会

前　言

国防教育是建设和巩固国防的基础工作，是增强民族凝聚力、提高全民素质的重要途径。党的十九大报告明确指出："我们的军队是人民军队，我们的国防是全民国防。我们要加强全民国防教育，巩固军政军民团结，为实现中国梦强军梦凝聚强大力量。"高校新时代大学生国防意识教育，作为全民国防教育的重要组成部分，必须纳入大学生思想道德建设体系中来，着力强化新时代大学生的国家安全意识、忧患意识、责任意识，培育爱国主义精神、集体主义精神和民族尚武精神。在高校开设以国防教育为主线的军事教育课程，是全面贯彻党的教育方针、推进素质教育、为国防和军队建设培养与造就大批高素质后备兵员的重要举措。《中华人民共和国国防教育法》（以下简称《国防教育法》）明确规定："高等学校应当设置适当的国防教育课程。"

为贯彻《中华人民共和国国防法》《中华人民共和国兵役法》《国防教育法》的有关规定和要求，推动高等学校国防教育发展，我们根据《普通高等学校军事课教学大纲》（教体艺〔2007〕1号文件）组织编写了这本《当代大学生军事教育教程》。本教程力求内容新颖、通俗易懂，自2007年8月出版以来，受到使用高校的普遍欢迎和好评，并于2008年10月荣获第八届"全国高校出版社优秀畅销书一等奖"；2013年12月被中国书刊发行业协会评为"2012—2013年度全行业优秀畅销书"；2014年入选广东省高等学校精品教材；2015年列入广东省普通高校国防教育指导委员会推荐使用教材。

为适应形势变化，做到与时俱进、不断创新，我们定期组织力量对《当代大学生军事教育教程》进行全面深入的修订，以确保内容和形式与新时代相适应。本次修订在保持《当代大学生军事教育教程》（第六版）原有的特点和优势的基础上，对其中过时的内容和观点作了删节与修改，并新增了具有新时代特征的知识信息，并对教程中出现的错字、漏字和不准确的标点符号作了认真细致的校对和修改。在第一章“中国国防”中，重点对“我国武装力量建设”相关内容，特别是根据当前军队体制改革进展情况和各军兵种建设发展的最新情况，进行了调整、修改或新增部分内容，修改幅度比较大的是“陆军”“海军”“中国人民武装警察部队”等相关内容。在第二章“军事思想”中，根据党的十九大强调“要牢固确立习近平强军思想在国防和军队建设中的指导地位”，全面修订“习近平强军思想”相关内容，深刻论述了习近平强军思想的丰富内涵以及重大指导意义与作用等。习近平强军思想，作为习近平新时代中国特色社会主义思想的“军事篇”，是马克思主义军事理论中国化时代化的新飞跃，是新时代推进强军伟大事业的科学指南，是人民军队的强军之道、制胜之道。这些新判断、新理念、新观点都与时俱进地编写进教材中。在第三章“国际战略环境”中，深刻分析并阐述了我国周边安全战略环境出现的新情况、新变化，大幅度修改了整章相关内容。特别是，为深入贯彻习近平总书记总体国家安全观，落实党中央关于加强大中小学国家安全教育有关文件精神和教育部印发的《关于加强大中小学国家安全教育的实施意见》的具体要求，新增一节“坚持总体国家安全观”，深刻阐述了总体国家安全观的深刻内涵和坚持总体国家安全观的重要意义，并详细解读了《中华人民共和国国家安全法》。在第四章“军事高技术”中，由于机器人、无人机、人工智能等技术的迅猛发展，在“军用电子计算机技术”中新增了“自主无人智能技术”；在“军事航天技术”中新增了“太空撒手锏武器”以及“航天技术”的最新进展；新增了“3D 打印技术”“仿生技术”最新进展及在军事方面的应用；另外对“高超声速飞行技术”及几种新概念武器的实用化最新进展进行了补充。在第五章“信息化战争”中，根据 2015 年发布的《中国的军事战略》和党的十九大报告关于“确保到二〇二〇年基本实现机械化，信息化建设取得重大进展，战略能力有大的提升”等内容，重点对“我国国防的信息化建设”部分内容进行了大幅度修改，新增“推动国防科技工业军民融合深度发展”“建立信息化联合作战指挥系统”等内容。

整体来看，本次修订的《当代大学生军事教育教程》具有以下三个方面的特点：一是进一步概括和反映了当代军事思想、军事技术、战略环境的新情况、新进展和新特点，在努力完善知识体系的同时，注重内容的思想性和科学性，符合《普通高等学校军事课教学大纲》的要求，具有较强的可读性；二是重点针对习近平强军思想、国防和军队建设与改革最新情况、坚持总体国家安全观以及军事发展新动态等，把最新的军事思想、军事技术和大学生最关心的热点问题等充实到教材中来，在努力拓宽知识面的同时，注重内容的前沿性，具有较强的时代感；三是着眼于当代大学生的新特点，立足普通高校国防教育的实践需要，进一步强化了大学生军事实践环节的教育与培养，较好地体现了理论联系实践的教学要求，具有较强的实践性。

本教程分军事理论篇与军事技能篇，由以下十章组成：第一章“中国国防”，第二章“军事思想”，第三章“国际战略环境”，第四章“军事高技术”，第五章“信息化战争”，第六章“条令条例教育与训练”，第七章“轻武器射击”，第八章“战术”，第九章“军事地形学”，第十章“综合训练”。

本次修订由佛山科学技术学院、韶关学院、肇庆学院、深圳信息职业技术学院、广东警官学院五所大学多位从事多年军事理论教学和军事技能训练的专家与教师联合完成。广东省教育厅副巡视员邱克楠担任本书的顾问。国防大学国家安全学院战争与危机应对训练中心主任杨胜利博士担任本书的主审。佛山科学技术学院党委书记、广东省普通高校国防教育指导委员会主任曾峥教授担任主编，负责全书框架结构的设计、统稿、审稿和修订等工作。深圳信息职业技术学院副校长吴跃文、肇庆学院武装部部长黄镜辉、广东警官学院刑事技术系党总支副书记廖志刚担任副主编，负责编务组织和保障工作。韶关学院武装部部长邓家洲、佛山科学技术学院马克思主义学院党委书记杜环欢教授担任副主编，负责组稿和校对工作。佛山科学技术学院军事理论教研部主任唐林杰博士协助主编进行本次修订的具体编写和组织工作。本次修订具体分工如下：前言，曾峥；第一章，吴智刚、刘带；第二章，曾峥、唐林杰；第三章，黎祥业、宋贵林；第四章，熊伟、杨名刚；第五章，唐林杰、苗德成。全书习题库修订由黄晓旭完成。

在本教程的修订过程中，我们参考、引用了有关专家和学者的研究成果，吸收了兄弟院校军事理论课的教学精华，同时也得到了相关高校领导以及同事们的大力支持，特别是得到了广东省普通高校国防教育指导委员会军事理论教学组和军事技能训练组专家的积极推荐，在此一并表示深深的谢意！

本教程适合作为高等学校本科、专科学生的军事教育教材和民兵预备役训练的参考教材，也可以作为国防教育工作者和军事爱好者的参考书。

由于我们的研究能力和学术水平有限，本教程不足之处在所难免，恳请专家学者和广大读者批评指正。

编　者

2018 年 7 月

目　录

下　编　军事技能篇

多媒体索引

PPT

视频与照片

上　编

军事理论篇

家的这种权力才能使国防得以运转，只有国家才能领导和组织国防事业。从国防的本义来看，国防是国家的防务，是全民族的防务，与国家的各个部门、各种组织以及全体公民都息息相关。

（二）国防的目的

国防的目的是捍卫国家的主权、统一、领土完整和安全。主权是国家存在的根本标志，国家和主权不可分割。如果一个国家的主权被剥夺，其他一切，包括国家的独立，领土的完整，传统的生活方式，基本的政治制度、社会准则和国家荣誉、尊严等，都无从谈起。因此，捍卫国家主权始终是国防中第一位的、根本的目的和任务。从国际法的角度来说，保卫国家统一、反对分裂，历来是一个国家的内部事务，绝不允许外国干涉，这是一个原则性问题，容不得丝毫含糊。因此，保卫国家统一历来是国防的重要任务。领土是国家存在和发展的自然物质前提，是构成国家的基本要素之一。领土与国家主权密切相关，领土既是国家行使其主权的空间，也是国家主权行使的对象，没有领土，主权就失去了存在空间和行使对象。任何集团或个人不得搞旨在分裂本国（或别国）领土完整的活动。国家的领土被侵占，主权必然要遭到侵犯。国防捍卫国家主权的独立，必然要保卫国家领土的完整。国家要正常地生存和发展，必须有一个安全的内外环境。一个国家如果没有和平、稳定的状态，不仅难以建设和发展，生存也会受到威胁。因此，维护国家的安全，也是国防的主要目的之一。

（三）国防的手段

国防的手段是指为达到国防目的而采取的方法和措施。根据《国防法》的规定，我国的国防手段包括军事活动以及与军事有关的政治、经济、外交、科技、教育等方面的活动。

1. 军事手段

军事手段是国防的主要手段。对付武装入侵和武装暴乱最根本和最有效的手段莫过于采取军事手段。这是因为：①军事手段是最具有威慑作用的手段；②军事手段是唯一能够有效对付武装侵略的手段；③军事手段是解决国家之间矛盾冲突的最后手段。

2. 政治手段

政治手段作为国防手段之一，指的是“与军事有关的”政治活动，而不是政治本身的全部含义。这是因为政治与国防关系密切。一方面，国防保障政治的施展；另一方面，政治对国防起着决定性的支配作用。

3. 经济手段

经济是国防的基础，社会经济制度决定国防活动的性质，社会经济状况决定国防建设的水平。在现代条件下，无论是国防建设还是国防斗争，都要广泛采用经济手段，这些手段主要有国防经济活动、经济动员、经济战、经济制裁等。

4. 外交手段

国防外交活动主要是指国家与国家之间为了国防目的而开展的外交活动。这种外交主要涉及军事领域，所以又称军事外交。它既有通常意义上外交的一般特征，又具有区别于其他外交工作的特殊规律，是集外交与军事于一体的活动。它的范围很广，领域很多，活动的内容也十分丰富。

除上述手段外，与军事有关的科技、教育等方面的活动，也是国防的重要手段。

（四）国防的对象

国防的对象是指国防所要防备、抵抗和制止的行为。这是一个涉及国家在什么情况下可以使用国防力量的重大问题。根据《国防法》的界定，国防的对象，一是“侵略”。国防要防备和抵抗的“侵略”不仅仅是“武装侵略”，无论是武装侵略还是其他形式的侵略，都是国防的对象范围。二是“武装颠覆”。颠覆是指推翻现政府的一种叛逆行为，包括武装暴力颠覆和非武装暴力颠覆。

二、国防的分类

国家的社会制度和国家政策决定着国防的性质。国家的社会制度不同，制定的国防政策和追求的国防目标就不同，国防的类型也会大不相同。从形式上划分，目前世界上的国防大致有以下四种类型：扩张型、自卫型、联盟型和中立型。

（一）扩张型

扩张型国防是指某些经济发达国家为了维护其在世界诸多国家的利益，奉行霸权主义侵略扩张政策，以所谓的国家安全和防务需要为幌子，将其疆域以外的国家和地区纳入本国的势力范围，甚至公然对其他国家进行渗透、颠覆和侵略。其特点是把本国的“安全”建立在他国屈服的基础上，把“国防”作为侵犯别国主权和领土、干涉他国内政的代名词。例如，美国国防是为了捍卫美国的自由民主和美国的利益而进行的军事武装活动。美国为了扩张，在世界各地建有300多个军事基地，在全球各地实行军事力量“前沿存在”，以维护美国的自由民主和利益，侵犯他国主权和领土，同时对他国内政进行侵犯和干涉。

（二）自卫型

自卫型国防是指在国防建设上以防止外敌入侵为目的，主要依靠本国的力量，广泛争取国际上的同情与支持，以达到维护本国安全、周边地区乃至世界和平与稳定的目的。我国是社会主义国家，在对外关系上一贯奉行和平共处五项原则，公开向世界承诺：永远不称霸，不做超级大国，不首先使用核武器或以核武器相威胁，不对无核国家和地区使用核武器，不侵略别国。在战略上，我国采取防御态势，我国国防建设的宗旨是反对侵略战争，维护世界和平，保卫国家的安全与发展。在国防力量的运用上，我国坚持自卫立场，实行积极防御的战略方针。我国国防属于在和平共处五项原则基础上，旨在保卫国家主权和安全以及领土完整的自卫型国防。

（三）联盟型

联盟型国防是指一些国家为弥补自身国防力量的不足，以结盟的形式联合其他国家进行防卫。联盟型国防也可以分为扩张和自卫两种。从联盟国之间的关系看，还可分为两种：一种是一元体系联盟，即某一大国为联盟的盟主，其余国家处于从属地位；另一种是多元体系联盟，即联盟诸国基本处于伙伴关系，共同协商防卫大计。目前日本、韩国的国防基本属于一元体系联盟型，都是以美国为盟主建立的国防。北约组织和苏联解体后的独联体组织则属于多元体系联盟型。

（四）中立型

中立型国防主要是指一些奉行和平中立政策的中小发达国家，为了保障本国的安全和繁荣，坚持和平中立的国防政策，实施总体防御战略和寓兵于民的防御体系。例如，瑞士、瑞典寓兵于民，大搞全民皆兵的国防。在瑞士，18～42 岁的健康男子每隔两年必须抽出 3 个星期时间到军队服役。有些国家则采取安全不设防的方式，例如圣马力诺是个无军队之国，也不实行义务兵役制，只有少数警察维护社会秩序，一旦失火，甚至要请邻国意大利的消防队去救火；有些国家则采取全民防卫式的武装中立。

我国是社会主义国家，在对外关系上一直奉行和平共处五项基本原则，我国的政治制度和国家政策决定了我们采取的是自卫型国防。我国在国防力量的应用上，坚持自卫立场，实行积极防御的战略方针。

三、国防的职能

（一）国防是国家生存的首要条件

国防是国家生存的首要条件，是一个国家用来抵御外来入侵和保证自身安全的有力屏障。

1. 国防的产生、发展与消亡

国防是国家的职能，当然是随着国家的产生而产生，并随着国家的发展而发展，最后随着国家的消亡而消亡。人类在原始社会时期，没有剥削，没有阶级，当然也就没有国家，更无须国防了。随着生产力的不断发展，私有制开始出现，代表不同利益的阶级、政治集团和国家也开始形成。因此，人类那种严酷的自卫意识转化成阶级或政治集团的防卫观念，最终有了国家的防务，即国防。人类社会自从有了阶级，无论大国还是小国，也无论其实行何种制度，只要它是独立的主权国家，没有哪一个是没有国防的，即使是没有常备军的宗教国家，也会有警察来防卫。

2．国防是国家抵御外来入侵和保证国家安全的有力屏障

一个国家拥有完整的主权和领土，才称得上是独立的国家，而一个独立国家生存的首要条件就是要有一个和平的生存环境。古今中外无数史实证明，强大的国防是抵御外敌入侵和保证国家安全的屏障，没有强大的国防，就谈不上国家的生存和发展。

3．国防是遏制战争、维护世界和平的力量

抵御外敌入侵和保证国家安全是国防的战时职能，而在和平时期，国防的职能表现在应对侵略者的威慑作用上。

（二）国防是国家发展的保障和动力

强有力的国防不仅可以为一个国家的经济发展创造良好的内部和外部环境，同时也能有效地驱动国民经济的发展。生存与发展是一个国家的基本问题。生存是发展的前提，一个国家如果没有一个良好的、安全的生存环境，就根本谈不上发展。

1．国家发展的良好环境离不开国防

国家发展的环境通常分为两种：一种是国际和平环境，一种是国内安全环境，而创造这两种环境都离不开国防。一个国家要发展，最根本的就是要发展生产力，而国家保持安定团结则是发展生产力的前提。

2．国防事业可以为经济发展助力

国防建设确实需要大量的人力、物力和财力，但它不是单纯的消费，更不是与经济发展相对立，而是与经济发展有着广泛的一致性，甚至可以转化为经济实力，起到促进经济增长的作用。一方面，许多军事科技已经或即将转为民用；另一方面，我国的武装力量和国防设施，有相当一部分可直接参加经济建设。

3．国防需要是驱动国民经济发展的重要力量

经济条件是战争得以进行的物质依靠，国防建设当然离不开雄厚的经济力量。大量事实告诉我们，现代战争对经济和科技的依赖程度越来越高，经济和科技在未来战争中的决定性作用会越来越明显。

（三）国防是维护国家权益和地位的必要条件

任何一个主权国家在世界上都有自己的权益、利益和地位。在帝国主义和霸权主义仍然存在的背景下，谁都需要对自己的国防加以重视。如今，中国人受欺辱的历史已成过去，中国人民真的站立起来了，这一切都与我国的国防分不开。如果一个国家没有强大的国防，就没有能够自卫的实战力量和威慑力量，当然也就不会有政治上的真正独立和经济上的稳定发展，更谈不上国际地位和声望了。

(1) 清朝后期的国防。

清朝后期的国防，是指1840—1911年的国防。这一时期，国防衰败，强敌入侵，中华民族受尽欺凌。

1840年鸦片战争以前，中国是一个主权独立的封建国家，对外实行“闭关锁国”政策，虽然生产力的发展已经开始落后于当时欧美各主要资本主义国家，但国防上还是巩固的。

18世纪后期，中国封建社会开始走下坡路，国防力量由盛转衰，在鸦片战争前夕，国防能力衰竭到极点，将无斗志，兵不能战，军队装备仍然是古老的大刀长矛、弓箭，以及少量的鸟枪、火绳枪和使用黑火药的铁炮；作战方法仍采取以往方阵式的密集整体冲杀，作战指导仍是以骑射为主的思想。相反，当时世界资本主义正处于迅速发展时期，军事上热兵器代替冷兵器，作战方法上广泛运用线式散兵战术，作战能力大大提高。西方列强在其强大军事力量的支持下，向国外扩大市场，除了向中国输出一般商品，还向中国大量倾销鸦片，年输入量由19世纪初的4 000箱左右猛增至1838年的四万余箱。鸦片的大量输入，严重损害了中国的经济生活和人民的健康，给中国社会带来了深重的灾难。

在这种情况下，清道光皇帝派林则徐到广东查禁鸦片。林则徐在当地人民的支持下，于1838年5月，缴获英、美等国输入的鸦片237万斤，在虎门海滩上全部销毁，这就是历史上有名的“虎门销烟”。

中国的禁烟使英国资产阶级牟取高额利润、最大限度地掠夺中国人民的美梦破灭，他们为了满足自己贪婪的欲望，便以鸦片为借口，于1840年发动侵华战争，这就是第一次鸦片战争。1842年，战败的清王朝被迫在英国的军舰上签订了我国历史上第一个丧权辱国的不平等条约——中英《南京条约》。中国的领土和主权遭到破坏，中国开始逐步沦为半殖民地半封建社会。

1856—1860年，英国不满足已获得的利益，联合法国，分别以“亚罗号事件”和“马神甫事件”为借口，对中国发动了第二次鸦片战争。战败的清王朝被迫与英国签订中英《天津条约》，与法国签订中法《北京条约》。此时的沙俄趁火打劫，强迫清政府签订中俄《瑷珲条约》、中俄《北京条约》等一系列条约，割占了中国大片领土。中国的领土主权进一步遭到破坏，半殖民地程度加深。

19世纪80年代初，法国殖民主义者在完全占领越南后，开始觊觎我国西南地区。在1883年12月至1885年4月的中法战争中，爱国将领冯子材率领清军奋勇杀敌，在刘永福黑旗军的配合下痛击法军，取得了镇南关大捷，由此导致法国茹费里内阁的倒台。但是腐败的清政府却一味苟且偷安，李鸿章认为法国船坚炮利，强大无敌，中国即便一时而胜，难保永久不败，不如趁胜而和。因此，清政府和法国签订了《中法新约》，清政府被迫承认越南沦为法国殖民地，使得中国西南边疆门户洞开，而且将广西和云南两省的部分经济权益出卖给法国。清政府的腐败无能暴露无遗。

1894 年，日本以清朝出兵朝鲜为由，对中国发动甲午战争。中国在洋务运动中刚建立起来的近代化海军舰队北洋水师，在与日本联合舰队的海战中全军覆没，清政府被迫与日本签订《马关条约》，割让辽东半岛（后在西方列强干涉下被迫归还中国，但需中国另外支付"赎辽费"）、台湾予日本，国家主权进一步丧失，中国半殖民地程度进一步加深，民族危机日益加剧。

1900 年，英、美、德、法、俄、日、意、奥八国，以保护在华侨民"利益"为借口，组成联军，发动侵华战争。战败的清政府被迫与八国签订《辛丑条约》。这个条约从政治、经济、军事各方面都扩大和加深了帝国主义对中国的统治，表明清政府已完全成为帝国主义统治中国的工具，中国完全沦为半殖民地半封建社会。

在外国列强弱肉强食政策下，从 1840 年鸦片战争到 1911 年辛亥革命的 70 多年间，中国五次战败，先后有近二十个国家的侵略者践踏过我国的国土，抢掠过我国的财物，屠杀过我们的同胞，参与过侵害我国主权的罪恶活动。在此期间，外国侵略者还强迫腐败的清政府签订了五百多个不平等条约。每个不平等条约都是对中国野蛮的掠夺。香港被迫割让给英国；澳门被葡萄牙霸占；沙俄侵吞东北一百五十多万平方公里的土地；日本占领台湾及澎湖列岛；旅顺、胶州湾、广州湾等地成了帝国主义列强的租借地。据记载，在列强对华的五百多个不平等条约上，清政府共赔款 2 700 万元、7 亿多两白银。在中华大地上，俄国在长城以北，英国在长江流域，日本在台湾、福建，德国在山东，法国在云南，分别形成各自的势力范围。

（2）民国时期的国防。

1911 年的辛亥革命，终于推翻了中国长达两千多年的君主专制制度，但由于革命的不彻底，仍没有使中国摆脱半殖民地半封建社会的状况，帝国主义仍然在华夏大地上横行无忌，他们为维护其在华利益，纷纷扶植自己的代理人：先有袁世凯称帝，后有张勋复辟，各派军阀亦以帝国主义为靠山，割据称雄，混战不休。直、皖、奉三大派系军阀先后窃取中央政权，贿选国会议员和总统，出卖国家和民族的利益。此时，中国已无国防可言。1914 年，日本借口对德宣战，出兵山东，强占胶济铁路和青岛（原被德国侵占）。1915 年，日本又提出妄图灭亡中国的"二十一条"。此时，沙俄策划"外蒙自治"。英国也提出将西藏从中国分割出去由英国统治的主张，在阴谋没有得逞的情况下，英国又在中印边境制造了一条非法的"麦克马洪线"。1918 年，段祺瑞又签约，将我国东北置于日本的控制之下，并由日本掌握中国军队的训练权和警察权等。内忧外患，给中国造成严重的破坏。“二十一条”的签订与巴黎和会上中国外交的失败，充分暴露出北洋政府的腐败无能，使中国面临被帝国主义进一步瓜分的命运，激起了中华民族同仇敌忾、共御外侮的决心和勇气。以五四运动为标志，中国反帝反封建的资产阶级民主革命发展到新阶段。1921 年 7 月中国共产党的成立，把中国人民的救亡图存斗争推向新的阶段，中国工人阶级开始以自觉的姿态登上历史舞台。

1931 年 9 月 18 日，日本发动“九一八”事变。面对日本帝国主义的野蛮侵略，蒋介石却奉行“攘外必先安内”的方针，一味奉行不抵抗政策，出卖民族利益，使东北大片国土迅速沦陷。1937 年 7 月 7 日，日本发动“卢沟桥事变”，进一步扩大了对中国的侵略，中华民族到了生死存亡的紧要关头。中国共产党高举团结抗日的旗帜，肩负起救民族于危难的神圣使命，领导全国各族人民进行了艰苦卓绝的抗日战争，最终取得我国近代史上第一次抗击外敌侵略的完全胜利。

抗日战争胜利后，中国人民迫切需要一个和平安全、休养生息的环境，中国共产党顺应民心，从民愿，不计前嫌，准备与国民党第三次携手，合作成立新中国。但蒋介石背信弃义，妄图消灭中国共产党及其所领导的军队。在中国共产党的领导下，经过将近五年的解放战争，中国人民终于推翻了蒋家王朝，建立了新中国。

3. 新中国国防

中华人民共和国成立以来，我国国防建设大体经历了以下四个阶段：

（1）第一阶段（1949 年至 1953 年）。

国家处在外御帝国主义侵略、内治战争创伤和恢复经济时期。这一时期的国防建设主要完成了以下三个方面的任务：

①解放了全国大陆和除台、澎、金、马之外的全部沿海岛屿，肃清了大陆上国民党的残余武装，平息了匪患，建立了边防和守备部队，加强了海防、边防的守卫。

②取得了抗美援朝战争的胜利。

③建立、健全了统一的军事领导机构和军事制度。建立了全军的领导机关和各级军事领导机构，加强了对全国武装力量的领导；建立了初具规模的海军、空军等兵种部队，逐步开始从单一陆军向诸军兵种全面建设过渡；建立了一百余所军事院校，为国防建设培养了大批现代化军事人才；统一了军队编制体制；建立了各项规章制度。

（2）第二阶段（1953 年底至 1965 年）。

这一阶段是我国国防现代化建设突飞猛进的重大时期。1953 年 12 月召开的全国军事系统党的高级干部会议，是军队建设和国防建设的一个里程碑。这次会议确定了我国国防建设的主要任务是防御帝国主义侵略，保卫社会主义建设，保卫亚洲乃至世界和平；也制定了积极防御的战略方针，提出了实现国防现代化的重大战略措施，包括：精简军队，压缩国防开支，加速发展工业，为国防现代化打基础；加强国防工程建设，在沿海、边防和纵深要地建设防御工程体系；实行义务兵、军官薪金、军衔三大制度；大办军事院校，重新划分战区，完善战略、战役指挥体系；加强动员准备，建立各级动员机构和动员制度。这些重大措施有力地促进了我国国防现代化建设的全面发展，初步形成了具有中国特色的国防体系。经过十年艰苦努力，我国国防体系基本完成，某些领域已接近当时的世界先进水平，并成功地爆炸了第一颗原子弹。

（3）第三阶段（1965 年 5 月至 1976 年 10 月的“文化大革命”时期）。

这一时期尽管有林彪、“四人帮”的干扰和破坏，毛泽东、周恩来等国家主要领导人仍然警觉地注意维护国家的安全，保持了军队的稳定，顶住了霸权主义的压力。同时对发展国防尖端技术始终没有放松，保证了我国氢弹试验和人造卫星发射的成功。

（4）第四阶段（1978 年 12 月召开的党的十一届三中全会至今）。

在具有伟大历史意义的十一届三中全会上，邓小平同志根据国际形势的不断缓和，特别是世界和平力量的增长，提出了“和平与发展”是当今世界两大主题的观点，从而确定将全党工作的重点和国防建设指导思想实行战略性转变。在这一正确指导思想的指引下，我军现代条件下的作战能力和威慑能力有了新的提高，军队建设和国防建设也逐步走上了健康发展的轨道。

（二）我国国防历史的主要启示

1. 经济发展是国防强大的基础，国防强大是经济发展的保障

早在春秋战国时期，我国军事思想家就提出了“富国强兵”的重要思想。从秦到清，这一思想在各个朝代的前期都得以贯彻实施，统治者往往通过一系列改革、变法，在一定程度上解放了生产力，促进了经济的发展，所以秦有统一六国的大业，唐有“贞观之治”，清有“康乾盛世”，这些都是统治者重视经济发展的结果。相反，各个朝代的衰败、更替，大多是因其末期的政治腐败、经济落后所导致的。近现代中国国防史的沉痛教训也告诉我们，没有强大的国防力量，经济的发展也会化为乌有。据有关资料统计：1820 年中国的经济发展水平曾居世界第一，但 20 年后在鸦片战争中遭到惨败；1890 年中国的国民生产总值是日本的 5.8 倍，但 4 年后中国在甲午战争中被日本打败，之后又在中法战争和八国联军侵华战争中战败，被迫签订了一系列丧权辱国的不平等条约。经济发展需要国家主权的存在，更需要有强大的国防。

2. 政治开明是国防巩固的根本

一个国家要长治久安，就必须政治昌明。历史上，凡是兴盛的时期和朝代，都十分注意修明政治，实行较为开明的治国之策。原本属西陲小国的秦国，从商鞅变法开始，修政治、明法度、发展生产、繁荣经济，国防日渐强大，为吞并六国奠定了坚实的基础。大唐初建之时，满目疮痍，百废待兴，正是由于制定并实施了一系列开明的政策，国家很快从隋末的战争废墟中恢复过来，成就了国力昌盛、空前统一的大唐帝国。凡是衰落的时期和朝代，无不是因为政治腐败导致国防虚弱，唐朝中期以后、两宋乃至晚清都是如此。

3. 科技进步是国防有力的保证

迎接世界军事发展的挑战，依靠科技进步推进国防现代化建设，就必须坚持创新、勇于创新。国防科技事业和国家的命运紧密相关。“两弹一星”的伟大成就证明，科技进步与创新，是国防安全、国际地位和国家尊严的坚强后盾与可靠保障。国防高新技术特别是尖端技术的创新和突破，对国家的生存、发展和安全具有重大战略意义。当前，中华民族正处于全面振兴的关键时期，拥有先进的科学技术和强大的国防实力，对于保卫国家安全、维护祖国统一、抵御侵略、遏制战争，为社会主义现代化建设和中华民族的伟大复兴赢得宝贵的、相对和平的发展时期，显得尤为重要。

高新技术在国防领域的广泛应用，深刻地改变着军事斗争的面貌，并引发了全球范围的军事变革，以信息技术为核心的军事技术革命，已经引起军队作战理论、作战手段、组织编制等方面的深刻变化：武器装备呈现出信息化、智能化、一体化的趋势；战争形态、作战样式出现了新的特征，军队的信息战、网络战能力空前提高，数字化部队建设已开始成为发达国家军队建设的重点，世界各主要国家纷纷把发展军事高科技作为抢占新世纪战略制高点的关键，形成了以高技术质量建设为主要标志的竞争新态势。科技进步是经济社会发展的重要动力，也是军队现代化的重要动力。在军事领域，科技成果转化为现实战斗力的周期越来越短，科技进步和创新成为推进国防现代化建设的决定性因素。因此，努力形成和发展我国自身的科学技术特别是国防高科技优势，在日趋激烈的国际竞争中掌握主动，“这是关系中华民族发展的大战略”。

4. 国家的统一和民族的团结是国防强大的关键

翻开中国几千年的国防史，会发现这样一个规律：凡是国家统一、民族团结的时期，国防就巩固、强大；凡是国家分裂、民族矛盾尖锐的时期，国防就虚弱、颓败。

晚清时期，在西方列强的进攻面前，清政府不仅不敢发动反侵略战争，不依靠、不支持人民群众进行战争，反而认为“患不在外而在内”“防民甚于防火”，对人民群众自发组织的反侵略斗争实行残酷的镇压。由于统治者害怕人民，站在与人民对立的立场上，所以尽管广大人民奋起反抗侵略，但都处于自发、分散的状态，缺乏统一指挥，没有形成一致对外的合力，最终无法改变战败的局面。

抗日战争时期，中国共产党主张全国军民团结起来，建立广泛的抗日民族统一战线，共同抵抗日寇侵略。同时，坚持人民战争的战略指导方针，放手发动群众，团结一切可以团结的力量共同抗击敌人。中国共产党领导的八路军、新四军挺进敌后，开辟了广阔的敌后抗日根据地，运用人民战争的战略方针，同全国军民一道有效地打击了日本侵略者，最后取得了抗日战争的全面胜利。

历史证明，国家的统一、民族的团结、军民的一致是一个国家自立、自强的根本，是国防力量的源泉。

第二节　国防法规

一、国防法规的含义和特征

（一）国防法规的含义

国防法规是指国家为加强国家防务，尤其是加强武装力量建设，用法律形式确定并由国家强制力保证其实施的行为规则的总称。国防法规作为国防活动的基本法规规范，是我国法律体系和法制建设中一个重要的、独立的法律条款。健全的国防法规的主要任务是调整和规范国家在国防领域中的各种关系，把国防建设纳入法律化轨道，这既是加强国防建设，确保实现国防革命化、现代化、正规化建设总目标的客观要求，对于调节和发展国防机制，充分发展国防威力和活力有着十分重要的意义，也是一个国家国防现代化的重要标志之一。

（二）国防法规的特征

国防法规是一个国家统治阶级的意志在国防建设领域中的法律体现。国防法规与国家宪法及其他法律一样，都具有鲜明的阶级性。我国的国防法规，除了具有无产阶级的根本性质，还具有以下特点：①国防法规具有很高的权威性，这也是所有法律的共性。②国防法规具有较强的从属性。③国防法规具有一定程度的保密性。

1. 国防法规的共性

国防法规是国家法律的一个组成部分，是由国家制定或认可并由国家强制力保证实施的行为规范，它具有法律的一般特性：鲜明的阶级性、高度的权威性、严格的强制性、普遍的适用性和相对的稳定性。这些是国防法规的共性所在。

2. 国防法规的个性

国防法规有着区别于其他法规的特殊性质，主要表现在以下五个方面：

（1）调整对象的军事性。

法律是调整社会关系的行为规范，不同的法律规范用来调整不同领域的社会关系。比如，民法用来调整公民、法人之间的财产和人身关系；婚姻法用来调整公民的婚姻家庭关系；国防法规则是专门用来调整国防和武装力量建设领域的各种社会关系，包括武装力量内部的社会关系、武装力量与外部的社会关系。这些带有军事性的社会关系是国防法规特有的调整对象，是其他任何法律规范都不能代替的，这是国防法规特性的一个基本表现。国防和武装力量建设领域的社会关系是军事性的，但这些社会关系所涉及的行为主体并不都是军队和军人。国防是国家行为，是整个国家的事，是全民族的事，政治、经济、外交、科技、教育等各个部门和社会各阶层人士都与国防有密切的关系。调整对象的军事性绝不意味着国防法规只管军队，不管地方。一切社会团体和个人都必须按照国防法规的要求，履行自己的国防义务。

（2）调整手段的多样性。

作为一种独立的部门法，除了有自己的调整对象，往往还有一种或几种独特的调整手段来保证它的实施。国防法规的实施需要综合运用各个部门法所使用的各种调整手段。同时，它还有自己独特的调整手段。因此，我们说国防法规在调整手段上具有多样性，或者说综合性。

（3）内容公开的有限性。

公开性是法律固有的特性，因为法律只有公开才能被人们普遍了解和遵守。公元前 18 世纪巴比伦国王汉谟拉比把《法典》刻在黑色玄武石柱上，春秋时郑国的子产把《刑书》铸在铜鼎上，一方面是为了记载，另一方面也是为了使法律公开。现代法制更强调公开：立法程序公开，法律内容公开，执法活动公开，监督检查公开。从整体来说，法制的公开性原则对国防法规也是适用的，一些基本的、主要的国防法规是公开的，如《国防法》、《中华人民共和国兵役法》（以下简称《兵役法》）、《中华人民共和国军事设施保护法》（以下简称《军事设施保护法》）等。但有一部分国防法规，特别是关于军队的作战、训练、编制、装备和战备工作等方面的法规只限一定范围的人员知晓，如《战斗条令》、《中国人民解放军军事训练条例》（以下简称《军事训练条例》）、《战备工作条例》等，都规定了保密等级。所以说，国防法规的公开性是有限的，是公开性和保密性相结合的。为了加强法制建设，对能公开的国防法规要尽量公开，以便大家了解和遵守。为了国家安全，该保密的国防法规也要严格保密，以免国家利益受到损害。

（4）规范效力的优先性。

国防法规优先适用，是指在解决与国防利益、军事利益有关的法律问题时，如果国防法规和其他法规都有相关的规定，就要以国防法规的规定作为司法依据，以国防法规作为评判是非的标准和采取行动的准则，其他法规要服从国防法规。有一条国际公认的法律适用原则——“特别法优先于普通法”。特别法是在特定领域、特定时间对特定对象起作用的法律。国防法规属于特别法，因而在司法过程中实行“军法优先”。如马岛战争对民船的动员就是一个很好的例证。1982 年 4 月马岛战争爆发之后，英国派出 118 艘舰船参战，其中紧急征用了 56 艘民船执行军事运输任务。当时正在地中海航行的“乌干达号”旅游船也接到了征集令。于是，它马上就近在意大利的港口靠岸，请船上的 940 名旅客下船，然后驶往直布罗陀，在三天内改装成医院船，随即开赴战区。按照合同法，承运的客轮如不能把旅客按时送达目的地，应该受到处罚，要赔偿旅客的损失。但按照英国的动员法规定，商船在接到动员令后，必须停止非战时的运输任务，在指定时间内到达指定地点接受军事任务。这时，它就可以不受合同法的约束，虽然违反了合同法，但是不用受任何处罚，也不承担任何赔偿责任。如果它不遵守动员法，就要受到严厉的处罚。这就是所谓的“军法优先”。对司法机关来说，国防法规优先适用；对一般公民、组织来说，就是要对国防法规优先遵守。在公民、组织应该履行国防义务时，如果与其他法律发生冲突，要自觉地优先遵守国防法规。如果不能自觉遵守，也会被执法机关强制遵守。

（5）处罚措施的严厉性。

各国国防法规对危害国防利益的犯罪，都制定了比较严厉的处罚措施。《中华人民共和国刑法》（以下简称《刑法》）规定，抢劫罪通常处 3 年以上、10 年以下有期徒刑；而抢劫军用物资的，处 10 年以上有期徒刑、无期徒刑或者死刑；破坏公用电信设施罪，处 3 年以上、7 年以下有期徒刑；破坏重要军事通信设施罪，处 3 年以上、10 年以下有期徒刑，情节特别严重的，处 10 年以上有期徒刑、无期徒刑或者死刑。同一类型的犯罪，战争时期的处罚要更严厉一些。《刑法》《兵役法》都有战时从重处罚的规定。

在平时，应征公民拒绝、逃避征集，且拒不改正的，《兵役法》规定在两年内不得被录取为国家公务员或国有企业职工，不得出国或者升学，还可处以罚款，战时有以上行为，构成犯罪的，依法追究刑事责任。例如，2011 年 10 月 29 日新修订的《兵役法》规定，对平时应征公民拒绝、逃避征集，拒不改正的，不得被录用为公务员或者参照公务员法管理的工作人员，两年内不得出国（境）或者升学；对国防生违反培养协议规定、不履行相应义务的，要承担违约责任，并根据情节，由所在学校作退学等处理；对毕业后拒绝服现役的，除了承担违约责任，还应按照应征公民拒绝、逃避征集的处罚办法处理，战时有以上两种情况，构成犯罪的，依法追究刑事责任；对机关、团体、企事业单位不履行法定责任的，在规定追究直接负责的主管人员和其他直接责任人员的基础上，追究单位负有责任的领导人员的责任；对违反兵役法的处罚，由县级以上地方人民政府兵役机关会同行政监察、公安、民政、卫生、教育、人力资源和社会保障等部门具体办理。由此可见，新修订的《兵役法》，在健全完善法律责任方面，主要是加大对违反兵役法行为的处罚力度，进一步明确实施处罚的主体，增强执行处罚的可操作性，以强化兵役法的执行力。而战时要依法追究刑事责任，战时拒绝、逃避征召、军事训练罪处三年以下有期徒刑或者拘役；战时拒绝、逃避服役罪处两年以下有期徒刑或者拘役。国防法规所保护的国防利益，是关系国家安危的重大利益，因而对危害国防利益的犯罪实行比较严厉的处罚。

二、国防法规的作用及意义

国防法规是由国家立法机关制定并以国家强制力保证其实施的，用于调整国防体制、武装力量建设、国防科技建设、战争动员体制、国防生产、全民防御和国防教育等方面社会关系的法律规范的总称。国防法规既是国家国防政策的法律体现，是指导国防活动的行为准则，又是国家法律体系的重要组成部分，更是我国法律体系和法制建设中一个重要的、独立的法律门类。健全的国防法规是建设现代化国防的重要保证，是依法治军、提高军队战斗力的强大法制武器，也是衡量一个国家国防建设制度化的重要标志。任何国家的法律体系均是在该国整个历史背景、立国精神及国情需要上相互激荡，逐渐发展而成的。

瑞典王国自11世纪建国之初起，历经了800年的严峻考验，终于在缺乏国际公约及国际舆论的背书下，建立起独具瑞典特色的武装中立型国防体系。然而，瑞典国防教育的实施亦有其特殊之处，在世界各国将全民国防视为现今国防政策的施政重点并纷纷立法的同时，瑞典却没有专门的国防教育法，仅设有专司国防教育的机构。但是，瑞典政府巧妙地利用现行已颁布的国防相关法规，如《国防法》《总体防卫服役条例》《民防法》《动员法》《保护国防设施法》等，有效地结合横跨各部会及民间组织的国防教育专责机构，作为推动中央与地方落实全民国防教育的行动准据。而主导全国国防教育的国防部，亦被视为是瑞典国防教育和平与战争时期转换的调节器。瑞典国防法规中的相关法律规定：未婚男子在28岁以前必须参加兵役体检准备服兵役，如果缓征或免征必须经中央政府批准。一个国家国防法规的权威性及其地位和作用由此可见一斑。1958年，美国总统艾森豪威尔在批准《国防教育法》时明确宣布："这是满足国家基本安全的紧急措施。"

2001年4月28日，第九届全国人民代表大会常务委员会第二十一次会议通过《中华人民共和国国防教育法》（以下简称《国防教育法》）。同年8月31日，全国人大常委会第二十三次会议根据《国防教育法》第十二条"国家设立全民国防教育日”的规定，颁布《关于设立全民国防教育日的决定》，确定每年9月的第三个星期六为全民国防教育日。在此次会议上，李鹏委员长说：“这是一个有深远意义的决定。”国防法规的作用及意义主要表现在以下五个方面：一是有利于巩固社会主义制度；二是有利于保障社会主义经济改革和建设的顺利进行；三是有利于保证国防现代化顺利实现；四是有利于加强国防实力建设；五是有利于指导国防潜力发展和积蓄。

三、我国现行国防法规体系

（一）我国现行国防法规体系的主要内容

国防法规是以国家宪法为依据，根据国防建设的实际需要而制定的。国防法规体系包含的内容很多，主要有以下四个方面：

第一，国防领导方面的法律制度，主要指的是《中华人民共和国宪法》（以下简称《宪法》）和《国防法》中规定的关于我国国防与武装力量领导体制、国家机构在国防活动中的领导职权等方面的法律规范的总和。

第二，武装力量的法律制度，指的是关于我国武装力量性质、建设目标、建设原则、体制规模以及兵役制度等方面的法律规范。这方面的法律制度主要集中体现在我国的《国防法》和《兵役法》及其相关的法律法规当中。除此之外，武装力量建设方面的法制还包括军事组织、军事训练、军事政治工作以及军事后勤等许多方面的法律制度。

第三，国防建设事业与相关活动方面的法律制度，包含的内容非常丰富，通常是指关于国家在国防科研生产、国防动员、国防教育、军事设施保护、安全防卫以及对外军事关系等活动中的法律规范。

第四，军事刑事方面的法律制度，这方面的法律制度是规定军职人员违反职责犯罪和其他公民危害国防利益犯罪及其刑罚处罚的法律规范。

（二）我国现行国防法规体系的主要结构

根据宪法规定和立法权限及立法原则，我国现行的国防法规从纵向结构上可划分为以下五个层级：

第一，全国人民代表大会及其常务委员会制定颁布的基本法律及基本法律之外的其他法律。《兵役法》《国防法》等是由国家最高权力机关——全国人民代表大会制定颁布的，处于国家基本法的地位；《中国人民解放军军官服役条例》《中国人民解放军军官军衔条例》等是由全国人民代表大会常务委员会制定颁布的，属于基本法之外的其他法律。

第二，国务院、中央军委制定颁布的行政法规。《军人抚恤优待条例》《退伍义务兵安置条例》等是由国务院制定颁布的；《中国人民解放军内务条令》

《中国人民解放军法律条令》《中国人民解放军队列条令》等是由中央军委制定颁布的；《征兵工作条例》《中国人民武装警察部队实行警官警衔制度的具体办法》等则是由国务院和中央军委联合制定颁布的。

第三，国务院各部委和中央军委各总部制定颁布的法规与规章，如《应征公民体格检查标准》《交通战备科研管理工作暂行规定》等。

第四，各军兵种和各大军区制定颁布的法规细则。如陆军颁布的《步兵战斗条令》、海军颁布的《海军舰艇条令》、空军颁布的《空军飞行条令》等均属这一等级。

第五，各省、自治区、直辖市人大和政府制定的地方性法规与规章。如《关于加强人民武装部正规化建设的意见》《征兵工作若干规定》《国防教育条例》等。

四、我国现行主要的国防法规

（一）《中华人民共和国国防法》

《中华人民共和国国防法》于1997年3月14日由中华人民共和国第八届全国人民代表大会第五次会议通过，同日中华人民共和国主席令（第84号）公布，自公布之日起施行。《国防法》是中华人民共和国第一部国防方面的基本法，是指导、规范国防和军队建设的基本依据，在国家法律体系中占有重要位置。《国防法》是为了建设和巩固国防，保障社会主义现代化建设的顺利进行，根据宪法而制定的。它包括：总则，国家机构的国防职权，武装力量，边防、海防和空防，国防科研生产与军事订货，国防经费和国防资产，国防教育，国防动员和战争状态，公民、组织的国防义务和权利，军人的义务和权益，对外军事关系，附则，共12章70条。

《国防法》的主要内容包括：规定国防法的适用范围；规定国防的地位、性质和原则；规定国家机关的国防职权；规定武装力量的组成、性质、任务和建设方针、原则及目标、要求；规定公民、组织的国防义务和权利；规定军人的义务和权益；规定对外军事关系。此外，国防法还对边防、海防和空防，国防科研生产与订货，国防经费和国防资产，国防教育，国防动员和战争状态等重大问题作出了规定。国家为防备和抵抗侵略，制止武装颠覆，保卫国家的主权、统一、领土完整和安全所进行的军事活动，以及与军事有关的政治、经济、外交、科技、教育等方面的活动，适用《国防法》。《国防法》的制定与颁布，是我国国防建设和法制史上的一件大事，对于加强国防建设和完善军事法规提供了重要的法律保障，对于适应社会主义民主与法制建设的新形势，加快国防现代化建设的步伐，保障改革开放和经济建设的顺利进行，保证国家长治久安，具有十分重要的现实意义和深远的历史意义。

（二）《中华人民共和国兵役法》

《中华人民共和国兵役法》经1984年5月31日第六届全国人民代表大会第二次会议通过，同日中华人民共和国主席令（第14号）公布；根据1998年12月29日第九届全国人民代表大会常务委员会第六次会议《关于修改〈中华人民共和国兵役法〉的决定》第一次修正；根据2009年8月27日第十一届全国人民代表大会常务委员会第十次会议《关于修改部分法律的决定》进行第二次修正；根据2011年10月29日第十一届全国人民代表大会常务委员会第二十三次会议《关于修改〈中华人民共和国兵役法〉的决定》进行第三次修正，并予公布，自公布之日起施行。《兵役法》分总则、平时征集、士兵的现役和预备役、军官的现役和预备役、军队院校从青年学生中招收的学员、民兵、预备役人员的军事训练、普通高等学校和普通高中学生的军事训练、战时兵员动员、现役军人的待遇和退出现役的安置、法律责任、附则，共12章74条。

《兵役法》的主要内容包括：规定中华人民共和国武装力量的组成；规定公民服兵役的法定年限；规定现役军官的补充形式和途径；规定民兵和预备役人员的组成与训练；规定战时兵员动员制度；规定对拒绝、逃避兵役登记和征集的公民的处罚等。2011年10月29日通过最新修改的《兵役法》，主要有以下新规定：根据军队需要和本人自愿，可以征集当年12月31日以前年满17周岁未满18周岁的公民服现役；国家实行兵役登记制度；每年12月31日以前年满18周岁的男性公民都应当进行兵役登记；经兵役登记并初步审查合格的，称为应征公民；在征集期间，应征公民被征集服现役，同时被机关、团体、企业事业单位招收录用或者聘用的，应当优先履行服兵役义务；应征公民是维持家庭生活唯一劳动力的，可以缓征；国家建立健全以扶持就业为主，自主就业、安排工作、退休、供养以及继续完成学业等多种方式相结合的士兵退出现役安置制度；义务兵退出现役，按照国家规定发给退役金，由安置地的县级以上地方人民政府接收，根据当地的实际情况，可以发给经济补助；义务兵退出现役，报考公务员、应聘事业单位职位的，同等条件下应当优先录用或者聘用；机关、团体、企业事业单位有接收安置退出现役军人的义务，在招收录用工作人员或者聘用职工时，同等条件下应当优先招收录用退出现役军人。

（三）《中华人民共和国国防教育法》

《中华人民共和国国防教育法》由中华人民共和国第九届全国人民代表大会常务委员会第二十一次会议于2001年4月28日通过，中华人民共和国主席令（第52号）予以公布，自公布之日起施行。此法共计6章38条，由国家主席颁令施行，充分体现了国防教育的重要地位。作为规范全国国防教育的基本法律，《国防教育法》和我们目前进行的军训有着密切的联系，也就是说，它是我们有领导、有计划、有组织地进行国防教育和军训的法律依据。

《国防教育法》的主要内容包括：总则、学校国防教育、社会国防教育、国防教育的保障、法律责任、附则。中华人民共和国公民都有接受国防教育的权利和义务。普及和加强国防教育是全社会的共同责任。国防教育是建设和巩固国防的基础，是增强民族凝聚力、提高全民族素质的重要途径，是事关固国兴邦的战略课题。《国防教育法》的制定目的在于普及和加强国防教育，发扬爱国主义精神，促进国防建设和社会主义精神文明建设并通过开展国防教育，使公民增强国防观念，掌握基本的国防知识，学习必要的军事技能，激发爱国热情，自觉履行国防义务。此外，国防教育贯彻全民参与、长期坚持、讲求实效的方针，实行经常教育与集中教育相结合、普及教育与重点教育相结合、理论教育与行为教育相结合的原则，针对不同对象确定相应的教育内容分类组织实施。《国防教育法》的公布实施，标志着我国国防教育事业迈入了法制化轨道。这对于保证全民国防教育的开展，推动新时期的国防建设，增强全民国防观念和民族凝聚力，提高全民素质，乃至促进社会主义精神文明建设，必将产生重大而深远的影响。

（四）《中华人民共和国人民防空法》

古人云："国家兴亡，匹夫有责。"人民防空与国家的兴衰存亡密不可分，是关系国家安全的大事，是国家经济腾飞、人民生活稳定的可靠保障。公民既是人民防空的受益者，又是人民防空的参与者，因此，人民防空与每个公民都有直接的关系。为了有效地组织人民防空，保护人民的生命和财产安全，保障社会主义现代化建设的顺利进行，国家制定了《中华人民共和国人民防空法》（以下简称《人民防空法》）。《人民防空法》已由中华人民共和国第八届全国人民代表大会常务委员会第二十二次会议于 1996 年 10 月 29 日通过，最新修订版本已于 2009 年 8 月 27 日起施行。

《人民防空法》的主要内容包括：总则、防护重点、人民防空工程、通信和警报、疏散、群众防空组织、人民防空教育、法律责任、附则。《人民防空法》规定："一切组织和个人都有得到人民防空保护的权利，都必须依法履行人民防空的义务。"这条规定不仅意味着人民防空与每个公民都有着直接的关系，而且明确了公民的权利和义务。《人民防空法》的颁布实施，标志着我国人民防空事业步入了法制化的轨道，是我国人民防空事业发展史上的一个重要里程碑。它不仅对于加强人民防空建设，提高城市防空抗毁能力，保存战争潜力，具有重要的战略意义，而且对于向国际社会阐明我国人民防空的基本原则和政策，促进国际交流，维护我国爱好和平的国际形象，以及为社会主义现代化建设创造良好的国际环境，都具有重要的现实意义和深远的历史意义。

五、公民的国防义务和权利

国防权利是指公民和组织依照《宪法》和法律规定，在维护国防利益方面所享有的某种权利。国防权利也是法律上的权利，是由国家法律确认并由国家法律保障实现某种行为的可能性。国防义务是指公民和组织依照《宪法》和法律规定，在维护国防利益方面应当履行的法律责任。国防义务是一种法定义务，必然以法律形式表现出来，这就意味着公民和组织的国防义务总是依法来履行的。权利和义务是统一的。《宪法》规定："任何公民享有宪法和法律规定的权利，同时必须履行宪法和法律规定的义务。"没有无义务的权利，也没有无权利的义务。任何人都不会只尽义务而不享有权利，也不能只享有权利而不尽义务。公民只有认真履行法定的国防义务，才能享有相应的国防权利；不履行国防义务的公民，就没有资格享有相应的国防权利。国防义务与权利的一致性，体现了国家与公民之间一种平等的法律关系。一方面，国家赋予公民各项国防权利，并保证其权利的行使；另一方面，公民应当自觉维护国家的安全与利益，严格履行各种国防义务。

权利和义务相互促进、相互转化。公民履行国防义务的自觉性越高，能力越强，越有利于国防建设事业的发展，也就越有利于公民享有国防权利；而公民真正享有了相应的国防权利，才能激发其"天下兴亡，匹夫有责"的使命感，提高其履行国防义务的积极性和创造性。在很多情况下，权利和义务融为一体。例如接受国防教育、服兵役等，这些既是公民的国防权利，又是公民的国防义务。

（一）我国公民的国防义务

我国国防法规赋予公民的国防义务主要有以下六个方面：

1. 履行兵役的义务

兵役义务是公民最重要的一项国防义务。它要求公民根据国家法律规定，在军队中服役或在军队之外承担有关军事方面的责任。我国《宪法》第五十五条和《国防法》第五十条均规定，"依照法律服兵役和参加民兵组织是中华人民共和国公民的光荣义务"。我国《兵役法》第三条规定："中华人民共和国公民，不分民族、种族、职业、家庭出身、宗教信仰和受教育程度，都有义务依照本法的规定服兵役。"我国公民履行兵役义务的形式主要有四种：参加中国人民解放军和人民武装警察部队服现役；编入民兵组织、预备役部队或者经过预备役登记服预备役；高等院校和高级中学的学生按规定接受军事训练；广大公民对义务兵家属承担一定的优抚费，对参加军事训练的民兵及其他预备役人员承担一部分误工补贴。

2. 维护国家统一和安全的义务

我国《宪法》第五十二条规定："中华人民共和国公民有维护国家统一和全国各民族团结的义务。"第五十四条规定："中华人民共和国公民有维护祖国的安全、荣誉和利益的义务，不得有危害祖国的安全、荣誉和利益的行为。"维护国家统一，主要是指维护国家领土的完整，任何公民都不得破坏、变更和以其他各种形式分裂、肢解国家领土。维护国家政权的统一，主要是指不允许任何公民以任何方式分裂国家政权、破坏国家的统一，不允许任何人以任何方式把国家主权割让给外国。维护国家的安全，主要是指维护国家的领土、主权不受侵犯，国家各项机密得以保守，社会秩序不被破坏。

3. 保护国防设施的义务

国防设施包括军事设施、人民防空工程、国防交通工程设施和其他用于国防目的的设施。国防设施是国防的物质屏障。在战时，它是打击敌人、抵抗侵略的重要依托；在平时，它具有制约敌对力量的威慑作用。因此，保护国防设施，确保其效能的实现，是巩固国防、维护国家安全利益的具体体现。我国《国防法》第五十二条第二款规定："公民和组织应当保护国防设施，不得破坏、危害国防设施。"《军事设施保护法》明确规定："中华人民共和国的所有组织和公民都有保护军事设施的义务。禁止任何组织或者个人破坏、危害军事设施。任何组织或者个人对破坏、危害军事设施的行为，都有权检举、控告。"

4. 保守国家军事机密的义务

我国《宪法》第五十三条规定："中华人民共和国公民必须遵守宪法和法律，保守国家秘密……"《国防法》第五十二条第三款规定："公民和组织应当遵守保密规定，不得泄露国防方面的国家秘密，不得非法持有国防方面的秘密文件、资料和其他秘密物品。"国防方面的国家秘密，主要是军事机密，不仅关系着平时政权的巩固、社会的稳定，而且关系着未来战争的胜败、领土的得失，影响着整个国家的生存、安全与发展。因此，保守国家军事秘密是公民的一项重要的国防义务。

5. 接受国防教育的义务

我国《国防法》第五十二条第一款规定："公民应当接受国防教育。"《国防教育法》第五条规定："中华人民共和国公民都有接受国防教育的权利和义务"，"普及和加强国防教育是全社会的共同责任"。在国防教育中，对拒不履行接受国防教育义务的公民，视情节追究法律责任。除《国防法》和《国防教育法》之外，我国已有十多个省、市、自治区颁布施行了国防教育条例。这些地方性法规也对公民的国防教育权利和义务等作了明确规定。

6. 支持和协助国防活动的义务

《国防法》第五十三条规定："公民和组织应当支持国防建设，为武装力量的军事训练、战备勤务、防卫作战等活动提供便利条件或者其他协助。"

（二）我国公民的国防权利

按照国防法规，公民在履行国防义务的同时也享有权利，如接受国防教育、服兵役等。他们的家属也享有某些特殊的权利和待遇，主要包括：

1. 抚恤

革命烈士或因公牺牲、病故的现役军人的家属由政府发给一次性抚恤金，并对其无工作的父母、配偶和未成年的子女发给定期抚恤金。革命残疾军人继续在部队服现役，或者退出现役参加国家党政机关、团体、企业、事业单位工作的，按照因战残疾、因公残疾的不同标准由部队或者地方人民政府发给残疾金。对残疾军人生活方面的特殊需要，要按规定抚恤。

2. 优待

对革命烈士家属，牺牲、病故军人家属，现役军人及其家属，革命残疾军人和退出现役的军人，从生产、生活和社会福利诸方面，给予照顾和优待，包括在和群众同等条件下，拥有参军、入学的录取、助学金待遇的取得、职工的录用、社会救济款的领取等的优先权；医疗、入学等费用和义务工等劳务的减免；生产、生活的妥善安置；精神上的慰问和关怀；义务兵从部队发出的平信，免费邮递；现役军人随军的配偶，驻地政府的劳动、人事部门应负责安排他们的工作，随军的子女需要在中小学上学的，当地政府教育部门应负责安排他们入学；乡镇和城市街道办事处在公民接到入伍通知书，或接到军人在部队立功或获得荣誉称号的喜报时，应组织人民群众给他们的家属贺喜；新年、春节期间，组织人民群众对军属进行慰问。

3. 安置

国防法规规定：根据国家建设的需要和经济形势的发展，妥善组织和安排退出现役的军人，伤、病、残军人和离休、退伍军人的生产、生活和休息。

第三节　国防建设

国防建设是为维护国家安全利益，提高国防能力而进行的各方面的建设措施和行为，它包括物质和精神两个方面的建设。国防建设受国家政治制度、经济实力、国防战略、科学技术、地理和国际战略环境等因素的影响与制约。国防建设的内容很多，主要包括国防领导体制建设，武装力量建设，战略物资储备，人力、物力的多种动员准备，海防、边防、空防和人防建设，国防工业建设和国防科学技术研究，建立、健全国防法规体系，对人民群众和学生进行国防教育，军事理论、军事科学和战略战术研究，国防政策和后备力量建设等。限于篇幅，这里只介绍与大学生相关的国防领导体制、国防建设的目标和国防政策、武装力量建设、新中国国防建设成就等。

一、我国国防领导体制

国防领导体制，是国家领导国防建设，组织和管理武装力量，指挥军事斗争的组织体系及相关制度，是国家体制的重要组成部分。六十多年来，为适应国家政治、经济、科技发展的需要，特别是保障国家安全的需要，新中国国防领导体制进行了多次调整改革，在实践中不断发展和完善。

（一）中国国防领导体制的历史发展

1. 新中国成立初期，国防领导体制在国家政权的建立过程中初步确立

1949 年 9 月，中国人民政治协商会议第一届全体会议制定的《中国人民政治协商会议共同纲领》第三章第二十条规定：“中华人民共和国建立统一的军队，即人民解放军和人民公安部队，受中央人民政府人民革命军事委员会统帅。”这一规定确立了中央人民政府人民革命军事委员会的法律地位，使其成为国家最高国防领导机关，统一领导国防活动，统一管辖和指挥全国武装力量。10 月 19 日，中央人民政府委员会举行第三次会议，组成中央人民政府人民革命军事委员会，该委员会领导成员除中国共产党的著名军事将领外，还包括少数党外著名军事将领。毛泽东作为中国共产党中央委员会主席、中华人民共和国中央人民政府主席、中央人民政府人民革命军事委员会主席，是武装力量的最高统帅。中央人民政府人民革命军事委员会成立后，仍简称为“中央军委”，取代了原有的中共中央革命军事委员会的职能，这一时期党内未再设中央军事委员会。

2. 第一部《宪法》颁布后，国防领导体制开始强调党的领导作用

1954 年 9 月，第一届全国人民代表大会第一次会议决定设立国防委员会和国防部，撤销中国人民解放军总司令的设置，同时撤销了《中国人民政治协商会议共同纲领》中设立的中央人民政府人民革命军事委员会。会议制定的新中国第一部《宪法》，规定中华人民共和国主席统帅全国武装力量，担任国防委员会主席。国防委员会是咨询和统一战线性质的机构，不是全国武装力量的领导机关。9 月 28 日，中共中央政治局作出《关于成立党的军事委员会的决议》。决议指出：“必须同过去一样在中央政治局和书记处之下成立一个党的军事委员会，来担负整个军事工作的领导。中央政治局、书记处和军事委员会有关军事工作的决定，可用军事委员会（简称军委）的名义下达，其需要公开发布的命令和指示则用国务院或国防部的名义下达。”毛泽东任中共中央主席、国家主席、中共

中央军委主席、国防委员会主席，是武装力量的最高统帅。彭德怀主持中共中央军委日常工作，并任国务院副总理兼国防部长和国防委员会副主席。同年 10 月，经中央书记处批准，原冠以“中央人民政府人民革命军事委员会”者，一律改称“中国人民解放军”字样。中共中央军事委员会的重新成立，加强了党对军队的绝对领导。

3. “文化大革命”开始后，国防领导体制在曲折中发展

“文化大革命”开始后，我国的国防领导体制曾一度受到破坏。1967 年 8 月，军委办事组成立。1968 年 3 月，军委办事组代替中央军委常委会主持军委日常工作。1971 年，军委办公会议成立，负责军委日常工作。1975 年 1 月，第四届全国人民代表大会第一次会议通过了第二部《宪法》，规定不再设置中华人民共和国主席这一职位，由中国共产党中央委员会主席统帅全国武装力量，国家不再设国防委员会。同年 2 月，经中共中央批准，撤销了军委办公会议，恢复军委常委会。1978 年 3 月，第五届全国人民代表大会第一次会议通过了第三部《宪法》，继续沿用“中华人民共和国武装力量由中国共产党中央委员会主席统率”这一规定。

4. 党的十一届三中全会以后，国防领导体制在改革中日趋完善

1978 年 12 月党的十一届三中全会以后，伴随着国家体制的调整改革，国防领导体制不断趋于完善。1979 年 11 月，经中共中央批准，再次成立军委办公会议。军委办公会议在军委常委领导下，负责处理军委日常工作。1982 年 12 月，第五届全国人民代表大会第五次会议通过了第四部《宪法》，规定设立中华人民共和国中央军事委员会，领导全国武装力量。中央军事委员会实行主席负责制，主席由全国人民代表大会选举或罢免，对全国人民代表大会和全国人民代表大会常务委员会负责。与此同时，中共中央军事委员会继续存在，其职能和人员组成均与国家中央军委完全相同。中共中央军委和国家军委实际上是“两块牌子、一套人马”，这样就确立了党和国家高度集中统一行使领导职权的国防领导体制。

1997 年 3 月，第八届全国人民代表大会第五次会议通过了《国防法》，明确规定“中华人民共和国的武装力量受中国共产党领导”。同时还对全国人大及其常委会、国家主席、国务院、中央军委以及地方各级党委、人大和政府的国防职能和任务作了进一步的具体规定。根据《宪法》和《国防法》，中华人民共和国的国防领导职权由中共中央、全国人民代表大会及其常务委员会、国家主席、国务院、中央军委行使。这样，既保证了党对国防事业的领导，又便于发挥国家机构领导和管理国防事业的职能，我国的国防领导体制建设由此跨上了一个新台阶。

（二）我国国防领导职权

《宪法》规定了中国共产党在国家生活包括国防事务中的领导地位和作用。《国防法》规定："中华人民共和国的武装力量受中国共产党领导。"《宪法》和《国防法》还分别规定了全国人民代表大会及其常务委员会、中华人民共和国主席、中华人民共和国国务院、中国共产党中央军事委员会和中华人民共和国中央军事委员会在国防方面的职权。根据《宪法》和《国防法》，中华人民共和国的国防领导职权由中共中央、全国人民代表大会及其常务委员会、国家主席、国务院、中央军事委员会行使。

1．中共中央的国防领导职权

中国共产党作为执政党，是领导中国社会主义事业的核心力量。中共中央在国家生活包括国防事务中发挥着决定性的领导作用。有关国防、战争和军队建设的重大问题，都是由中共中央、中央军委、中央政治局及其常务委员会作出决策并通过必要的法定程序后，作为党和国家的统一决策贯彻执行。《中国人民解放军政治工作条例》规定："中国人民解放军必须置于中国共产党的绝对领导之下，其最高领导权和指挥权属于中国共产党中央委员会和中央军事委员会。"

2．全国人民代表大会及其常务委员会的国防领导职权

中华人民共和国全国人民代表大会是最高国家权力机关。它在国防方面的职权主要有：决定战争与和平的问题；制定有关国防方面的基本法律；选举中央军事委员会主席，根据中央军事委员会主席的提名，决定中央军事委员会其他组成人员，并有权罢免以上人员；审查和批准包括国防建设计划在内的国民经济与社会发展计划及计划执行情况的报告；审查和批准包括国防经费预算在内的国家预算及预算执行情况的报告；改变或者撤销全国人民代表大会常务委员会在国防方面的不适当的决定；应当由全国人民代表大会行使的国防方面的其他职权。

全国人民代表大会常务委员会在国防方面的职权主要有：在全国人民代表大会闭会期间，如果遇到国家遭受武装侵犯或者必须履行国家与国家之间共同防止侵略的条约的情况，决定战争状态的宣布；决定全国总动员或者局部动员；制定有关国防方面的法律；在全国人民代表大会闭会期间，审查和批准包括国防建设计划在内的国民经济与社会发展计划，包括国防经费预算在内的国家预算在执行过程中所必须作的部分调整方案；监督中央军事委员会的工作；在全国人民代表大会闭会期间，根据中央军事委员会主席的提名，决定中央军事委员会其他组成人员的人选；根据最高人民法院院长和最高人民检察院检察长的提请，任免军事法院院长和军事检察院检察长；决定同外国缔结的有关国防方面的条约和重要协定的批准与废除；规定军人的衔级制度；规定和决定授予在国防方面国家的勋章与荣誉称号；全国人民代表大会授予的国防方面的其他职权。

3. 国家主席的国防领导职权

中华人民共和国主席在国防方面的职权主要有：根据全国人民代表大会的决定和全国人民代表大会常务委员会的决定，宣布战争状态；根据全国人民代表大会的决定和全国人民代表大会常务委员会的决定，发布动员令；公布全国人民代表大会及其常务委员会制定的有关国防方面的法律；根据全国人民代表大会常务委员会的决定，授予在国防方面国家的勋章和荣誉称号；根据全国人民代表大会常务委员会的决定，批准和废除同外国缔结的有关国防方面的条约与重要协定。

4. 国务院的国防领导职权

中华人民共和国国务院是最高国家权力机关的执行机关，是最高国家行政机关。它在国防方面的职权是领导和管理国防建设，包括：编制国防建设发展规划和计划；制定国防建设方面的方针、政策和行政法规；领导和管理国防科研生产；管理国防经费和国防资产；领导和管理国民经济动员工作及人民武装动员、人民防空、国防交通等方面的有关工作；领导和管理拥军优属工作及退出现役军人的安置工作；领导国防教育工作；与中央军事委员会共同领导中国人民武装警察部队、民兵的建设和征兵、预备役工作以及边防、海防、空防的管理工作；法律规定的与国防建设事业有关的其他职权。

5. 中央军事委员会的国防领导职权

中央军事委员会即中国共产党中央军事委员会和中华人民共和国中央军事委员会的简称，又简称“中央军委”，组成人员为主席、副主席和若干委员，实行主席负责制。为适应现代化国防建设需要，2016 年，军委机关进行了重大改革，由原来的 4 个总部改为 15 个职能部门，即由原来的总参谋部、总政治部、总后勤部、总装备部等 4 个总部，改为军委办公厅、军委联合参谋部、军委政治工作部、军委后勤保障部、军委装备发展部、军委训练管理部、军委国防动员部、军委纪律检查委员会、军委政法委员会、军委科学技术委员会、军委战略规划办公室、军委改革和编制办公室、军委国际军事合作办公室、军委审计署、军委机关事务管理总局 15 个职能部门。各部门按照任务分工，各司其职，各负其责。

中央军事委员会是党和国家的最高国家军事机关，负责领导全国武装力量。中央军事委员会实行主席负责制。其职权主要包括：统一指挥全国武装力量；决定军事战略和武装力量的作战方针；领导和管理中国人民解放军的建设，制订规划、计划并组织实施；向全国人民代表大会或者全国人民代表大会常务委员会提出议案；根据《宪法》和其他相关法律法规，制定军事法规，发布决定和命令；决定中国人民解放军的体制和编制，规定军委机关以及战区、军兵种和其他军区级单位的任务与职责；依照法律、军事法规的规定，任免、培训、考核和奖惩武装力量成员；批准武装力量的武器装备体制和武器装备发展规划、计划，协同国务院领导和管理国防科研生产；会同国务院管理国防经费和国防资产；法律规定的其他职权。

二、我国国防建设目标和政策

（一）我国国防建设目标

1．维护国家主权、安全、发展利益

防备和抵抗侵略，保卫领陆、内水、领海、领空的安全，维护国家海洋权益，维护国家在太空、电磁、网络空间的安全利益。反对和遏制“台独”，打击“东突”“藏独”等分裂势力，捍卫国家主权和领土完整。服从并服务于国家发展战略和安全战略，维护国家发展的重要战略机遇期。贯彻新时期积极防御的军事战略方针，坚持独立自主和全民自卫原则，加强武装力量建设和边防、海防、空防建设，加强国家战略能力建设。中国始终奉行不首先使用核武器的政策，坚持自卫防御的核战略，不与任何国家进行核军备竞赛。

2．维护社会和谐稳定

中国武装力量忠实践行全心全意为人民服务的宗旨，积极参加和支援国家经济社会建设，依法维护国家安全和社会稳定。发挥人才、装备、技术、基础设施等方面的有利条件，为地方基础设施和重点工程建设、扶贫帮困和改善民生、生态环境建设贡献力量。科学组织非战争军事行动准备，针对面临的非传统安全威胁做好战略预置，加强应急专业力量建设，提高遂行反恐维稳、应急救援、安全警戒任务的能力。坚决完成抢险救灾等急难险重任务，保护人民群众生命财产安全。把维护社会大局稳定作为重要任务，坚决打击敌对势力颠覆破坏活动，打击各种暴力恐怖活动。发扬拥政爱民光荣传统，严格遵守国家政策法规，巩固军政军民团结。

3．推进国防和军队现代化

着眼2020年基本实现机械化并使信息化建设取得重大进展的目标，坚持以机械化为基础，以信息化为主导，广泛运用信息技术成果，推进机械化信息化复合发展和有机融合。做好拓展和深化军事斗争准备，牵引和带动现代化建设整体发展。深化信息化条件下联合作战理论研究，推进高新技术武器装备建设，发展新型作战力量，着力构建信息化条件下联合作战体系。深入推进机械化条件下军事训练向信息化条件下军事训练转变，加紧实施人才战略工程，加大全面建设现代后勤力度，提高以打赢信息化条件下局部战争为核心的完成多样化军事任务的能力，全面履行新世纪新阶段军队历史使命。统筹经济建设和国防建设，实行军民融合式发展，建立和完善军民结合、寓军于民的武器装备科研生产体系，建立军队人才培养体系和军队保障体系。积极稳妥地深化国防和军队改革，加强战略筹划和管理，努力推进国防和军队建设的科学发展。

4. 维护世界和平稳定

坚持互信、互利、平等、协作的新安全观，主张用和平方式解决地区热点问题和国际争端，反对任意使用武力或以武力相威胁，反对侵略扩张，反对霸权主义和强权政治。按照和平共处五项原则开展对外军事交往，发展不结盟、不对抗、不针对第三方的军事合作关系，推动建立公平有效的集体安全机制和军事互信机制。坚持开放、务实、合作的理念，深化国际安全合作，加强与主要国家和周边国家的战略协作及磋商，加强与发展中国家的军事交流和合作，参加联合国维和行动、海上护航、国际反恐合作和救灾行动。支持按照公正、合理、全面、均衡的原则，实现有效裁军和军备控制，维护全球战略稳定。

（二）我国国防政策

国防政策，是国家在一定时期所制定的关于国防建设和斗争的基本行动准则，是国家政策的组成部分。国防政策是国家进行国防建设和使用国防力量的准则。国防政策具有鲜明的阶级性。

根据《2013 年中华人民共和国国防白皮书：中国武装力量的多样化运用》，新世纪、新阶段中国奉行防御性国防政策。

中国的发展道路、根本任务、对外政策和历史文化传统，决定中国必然实行防御性的国防政策。中国坚定不移地走和平发展道路，对内努力构建社会主义和谐社会，对外推动建设持久和平、共同繁荣的和谐世界。中国坚定不移地推进改革开放和社会主义现代化建设，既利用和平的国际环境发展自己，又通过自己的发展维护世界和平。中国坚定不移地奉行独立自主的和平外交政策，在坚持和平共处五项原则的基础上同所有国家发展友好合作。中国坚定不移地秉承中华民族优秀文化传统与以和为贵的和平理念，主张用非军事手段解决争端、慎重对待战争和战略上后发制人。不论现在还是将来，不论发展到什么程度，中国都永远不称霸，永远不搞军事扩张。

两岸统一是中华民族走向伟大复兴的历史必然。海峡两岸中国人有责任共同终结两岸敌对的历史，竭力避免骨肉同胞兵戎相见的局面。两岸应积极面向未来，努力创造条件，通过平等协商，逐步解决历史遗留问题和两岸关系发展进程中的新问题。两岸可以就在国家尚未统一的特殊情况下的政治关系展开务实探讨，可以适时就军事问题进行接触交流，探讨建立军事安全互信机制问题，以利于共同采取进一步稳定台海局势、减轻军事安全顾虑的措施。两岸应在一个中国原则的基础上协商正式结束敌对状态，达成和平协议。

三、我国武装力量建设

武装力量是国家或政治集团所拥有的各种武装组织的统称。一般来说，是以军队为主体，由军队和其他正规与非正规的武装组织构成。中华人民共和国的武装力量由中国人民解放军现役部队和预备役部队、中国人民武装警察部队和民兵组成。中华人民共和国武装力量属于人民，受中国共产党的领导。它的任务是巩固国防、抵抗侵略、保卫祖国、保卫人民的和平劳动、参加国家建设事业和全心全意为人民服务。武装力量建设是指为建立和加强国家武装力量所采取的一系列举措。它以军队建设为主体，是国防建设的重要组成部分，目的是提高武装力量的作战能力，为国家的根本利益服务。我国《宪法》第二十九条规定："国家加强武装力量的革命化、现代化、正规化的建设，增强国防力量。"我国《国防法》又重申了这一规定，表明我国武装力量建设的目标是革命化、现代化和正规化。

（一）中国人民解放军现役部队

在2015年12月31日前，中国人民解放军现役部队由陆军、海军、空军三个军种和第二炮兵一个独立兵种组成，它是中华人民共和国武装力量的主体。2015年12月31日，中国人民解放军陆军领导机构、中国人民解放军火箭军、中国人民解放军战略支援部队成立大会在北京举行。中国人民解放军现拥有陆军、海军、空军、火箭军、战略支援部队五大军种。2016年2月1日，中国人民解放军五大战区成立大会在北京举行，原沈阳、北京、兰州、济南、南京、广州、成都七个军区正式调整为东部、南部、西部、北部、中部五个战区，习近平主席向五大战区授予军旗并发布训令。党的十九大报告指出，"国防和军队改革取得历史性突破，形成军委管总、战区主战、军种主建新格局，人民军队组织架构和力量体系实现革命性重塑"。

对领导管理体制和联合作战指挥体制进行一体设计，通过调整军委总部体制、实行军委多部门制，组建陆军领导机构、健全军兵种领导管理体制，重新调整划设战区、组建战区联合作战指挥机构，健全军委联合作战指挥机构等重大举措，着力构建军委—战区—部队作战指挥体系和军委—军种—部队领导管理体系。

1. 陆军

陆军是陆地上作战的军种。现代陆军主要由步兵（摩托化步兵、机械化步兵）、装甲兵（坦克兵）、炮兵、陆军防空兵、陆军航空兵、电子对抗兵（电子对抗部队）、工程兵、防化兵（化学兵）、通信兵、侦察兵、特种部队等兵种和专业兵种组成。有的国家的陆军还有空降兵、导弹兵（火箭兵）、铁道兵等。目前，陆军已经发展为一个多兵种、多系统和多层次有机结合的整体，具有强大的火力、突击力和高度的机动能力，既能独立作战，又能与其他军种联合作战。

中国人民解放军陆军诞生于 1927 年。土地革命战争时期，中国工农红军绝大部分是步兵，有少量骑兵、炮兵、工程兵、通信兵等部队和分队，主要武器是步枪、机枪、手榴弹和少量小口径火炮，在某些部队中还部分使用大刀、长矛。抗日战争时期，陆军的成分基本没有变化，步枪、机枪、手榴弹和小口径火炮等武器装备主要从侵华日军和伪军手中缴获而来，同时，也有少量自造的枪、弹、地雷和刀、矛等。解放战争时期，陆军规模不断扩大，武器装备明显改善，发展了炮兵、工程兵和通信兵部队，新建了坦克兵和防化兵部队、分队。

新中国成立后，我国陆军进入现代化、正规化新的发展阶段，部队逐步装备了国产的步兵武器、火炮、导弹、坦克、步兵战车和直升机，改善与发展了工程、通信、电子对抗等技术装备和器材。自 1950 年开始，先后建立了炮兵、装甲兵、工程兵、通信兵等兵种的领导机关，成立了各类军事院校和军事科学研究机构，组建了陆军防空兵、电子对抗部队、陆军航空兵等新兵种和一些专业兵部队，炮兵、坦克兵的比例增大，步兵的比例逐步缩小。20 世纪 80 年代，陆军改编为集团军编制，部队的合成化程度大大提高。在抵御外敌入侵、巩固国防、保卫祖国领土安全、抢险救灾、支援国家社会主义经济建设等方面，陆军作出了重要的贡献。

2016 年 7 月 27 日，习近平主席视察陆军机关时强调，“要把握信息化时代陆军建设模式和运用方法，按照机动作战、立体攻防的战略要求，在新的起点上加快推进陆军转型建设，努力建设一支强大的现代化新型陆军”。陆军建设转型方向主要包括四个方面：一是从大到小，在组织结构上向小型化方向发展，由“规模陆军”向“效能陆军”转变；二是从少到多，在遂行任务上向多能化方向发展，由“单能陆军”向“多能陆军”转变；三是从低到高，在作战领域上向空中拓展，由“平面陆军”向“立体陆军”转变；四是从近到远，在力量投送上向广域拓展，由“区域陆军”向“全域陆军”转变。

2017 年 4 月 27 日，中国国防部正式公布了解放军陆军集团军番号的调整。此次调整以原 18 个集团军为基础，调整组建 13 个集团军，番号分别为中国人民解放军陆军第七十一至八十三集团军。调整组建新的集团军，是对陆军机动作战部队的整体性重塑，是建设强大的现代化新型陆军迈出的关键一步，对于推动我军由数量规模型向质量效能型转变具有重要意义。各集团军由师、旅编成，分别隶属于东部、南部、西部、北部、中部五个战区。

此外，陆军兵种建设也取得重大进展。装甲兵加强数字化部队建设，加快摩托化部队改建机械化部队步伐，重型、轻型、两栖和空降突击作战体系不断完善。炮兵发展信息化程度较高的武器装备和新型弹药，形成战役战术全纵深火力打击体系，具备侦察、控制、打击、评估一体的精确作战能力。防空兵加快发展新型雷达、指挥信息系统和中高空地空导弹，形成弹炮结合的火力拦截体系，具备较强的对空作战能力。陆军航空兵加快推进由支援保障型向主战突击型转变，进一步优化作战力量结构，根据任务需要实行模块化编组，改进武装、运输和勤务直升机性能，火力突击、战场投送和支援保障能力明显增强。工程兵加速建设平战结合、反应灵活、多能一体的新型作战保障力量，加强抢险救灾应急专业力量建设，综合作战保障能力和遂行非战争军事行动任务能力进一步提高。防化兵积极推进平战结合、军民融合、军兵种结合的核生化防护一体化建设，形成较强的全时空、全地域核生化防护保障能力。

2. 海军

海军是以舰艇部队为主体，在海洋上作战的军种。现代海军通常由水面舰艇部队、潜艇部队、海军航空兵、海军岸防兵和海军陆战队等兵种及专业兵组成，主要装备作战舰艇、辅助舰船和飞机，配备有战略导弹、战术导弹、火炮、水中武器、战斗车辆等，具有在水面、水下、空中及对岸实施攻防作战的能力，有的还具有实施战略袭击的能力，可独立地或与其他军种协同遂行海洋机动作战。

中国人民解放军于1949年4月23日在江苏泰州组建了华东军区海军。1950年4月14日，新中国的海军领导机关在北京成立。1953年2月，毛泽东视察华东军区海军时，为海军题词："为了反对帝国主义的侵略，我们一定要建立强大的海军。"1955年，海军组建东海舰队、南海舰队；1960年，组建北海舰队；1980年，组建海军陆战队。此后，中国人民解放军海军逐步发展成为一支拥有水面舰艇部队、潜艇部队、海军航空兵、海军岸防兵和海军陆战队等诸兵种的合成军种。中国人民解放军海军是在中国共产党领导下的新型人民海军，自建立以来，在解放沿海岛屿、打破敌人海上封锁、反击外来侵略的战斗中，曾独立作战或与陆军、空军协同作战1 200余次，击沉、击伤和俘获敌舰船四百余艘，击毁、击伤敌机五百余架，击毙、俘虏敌军7 000余人，保卫了海防，维护了国家的领土主权和海洋权益。中国人民解放军海军还圆满地完成了首航南太平洋、保障远程运载火箭飞行试验、潜艇水下发射运载火箭试验、大面积海洋调查测量、参加通信卫星发射、首次赴南极考察等重大任务，为支援国家经济建设作出了重大贡献。

近十年来，我国海军新一代国产战舰密集下水，快速形成战斗力。"广州号""武汉号""海口号""兰州号"等新型导弹驱逐舰先后服役，因其出色的区域防空和超视距打击能力，被网友誉为"中华神盾"；"徐州号""舟山号""巢湖号"等十余艘新型导弹护卫舰陆续入列，是兼具防空、对海、反潜的"海上多面手”；新型导弹快艇具有隐蔽性，机动性强，突击威力大的特点，被称为“海上无影利剑”；“昆仑山号”“井冈山号”两栖船坞登陆舰，新型气垫登陆艇，新型猎扫雷舰，大型保障船陆续入列，中国制造的海上“钢铁长城”蔚为壮观。

2012年9月25日上午，中国第一艘航空母舰“辽宁”舰举行交接入列仪式，正式交付海军使用，标志着我国海军跨入航母时代，对于建设强大海军和维护海上安全具有深远意义。2018年5月13日，我国第二艘航母出海进行首次海上试验。从改建到自建，从下水到海试，历经10余年矢志攻坚，航母建设步伐愈发坚实。与此同时，2017年6月28日，中新型万吨级驱逐舰首舰下水，9月1日，新型综合补给舰首舰“呼伦湖”舰入列，中国航母部队初具雏形。航母部队作为海军规模结构和力量体系改革的任务之一，也是海军转型建设的重要标志。中国航母部队的发展，表明我国国防实力和综合国力大大增强，有利于维护国家主权、安全和发展利益，有利于维护世界和平与促进共同发展。

近年来，中国海军努力创新用兵模式，加强与各国海军的联演联训和多边交流，提升遂行多样化军事任务的能力和水平。2017年6月，“合肥”舰编队参加中俄“海上联合2017”第一阶段演习，与俄罗斯的海舰队举行了联合防空、搜救等科目演习。3个月后，“石家庄”舰编队参加“海上联合2017”第二阶段演习，两国海军在日本海开展联合救援、保护海上交通线演习。“黄山”舰参加第六届西太海军论坛多边海上联合演习等系列活动，“郑州”舰参加东盟成立50周年国际舰队检阅活动，“戚继光”舰首次远航实习和出访，“运城”舰参加印度洋海军论坛多边演习，“长沙”舰和“柳州”舰参加“科摩多2018”多国联合演习，与34个国家舰艇同台演兵。中国海军不断拓展和深化海军的兵力运用，积极为维护世界与地区和平稳定作贡献。

2017年以来，中国向亚丁湾派出3批护航编队，平安护送155艘中外船舶。和平方舟医院船首次环非洲访问并开展第6次“和谐使命”医疗服务任务，累计诊疗6万多人次，中国海军正在世界舞台上扮演着越来越重要的角色。2017年底，中国人民解放军驻吉布提保障基地正式交付使用，吉布提保障基地是中国人民解放军首个海外基地，属于港口型保障基地，为海军亚丁湾编队，非洲维和人员提供后勤保障支持。未来，中国护航编队到吉布提靠泊补给休整将成为常态，在远离祖国的海域做到了舰艇随时来随时补给，大大提升了舰艇灵活机动和在远海大洋遂行多样化任务的能力。该基地未来将主要用于中国海军舰艇执行亚丁湾和索马里海域反海盗护航、人道主义救援等任务的休整补给保障，能够为我国承担国际责任、履行国际义务和保护我国合法利益奠定更坚实的基础。

2018年4月12日，中央军委在南海海域隆重举行海上阅兵，习主席检阅部队并发表重要讲话，为加快海军现代化进程进一步指明了方向、提供了根本遵循。当前我国海军的建设方向是：着力构建现代海上作战体系，研究制定统筹推进海军转型建设的实施纲要，进一步推动海军由近海防御向远海护卫转型。注重提高综合作战力量，增强战略威慑与反击能力，发展远海合作与应对非传统安全威胁能力。突出正规系统的基础训练，加强复杂电磁环境下实战化训练，作战能力进一步提高。组织舰艇编队远海训练，建立非战争军事行动训练模式。按计划补充部分新型潜艇、护卫舰、飞机和大型保障舰船。加强综合保障基地建设，基本形成与兵力部署相一致、与武器装备发展相协调的岸基保障体系。加快海上后勤保障平台建设，用大型万吨级制式医院船以及救护艇、救护直升机装备部队，进一步提高海上保障能力。探索海上长时间执行任务的后勤保障方法。海军下辖北海、东海和南海三个舰队，舰队下辖舰队航空兵、保障基地、舰艇支队、水警区、航空兵师和陆战旅等部队。

3. 空军

空军是进行空中作战的军种。它具有快速反应、高速机动、远程作战和猛烈突击的能力，既能协同其他军种作战，又能独立进行战略和战役任务。空军是现代立体作战的重要力量，能对战争的进程和结局产生重大影响，在现代国防和现代战争中具有重要的地位与作用。

早在20世纪20年代，中国共产党就选派干部去苏联学习航空技术。抗日战争初期，又选派四十多名红军干部组成航空队，去新疆学习航空技术。解放战争时期，于1946年在东北建立第一所航空学校，培训了一批飞行和航空工程机务干部。1949年3月，中国人民革命军事委员会决定组建军委航空局，统一领导中国人民航空事业；7月，中共中央决定建立中国人民解放军空军；8月15日，在北平南苑机场正式组建第一个飞行中队；10月，又增编了一个空运分队；11月11日，中国人民解放军空军正式建立。1950年4月15日，毛泽东题词“创造强大的人民空军，歼灭残敌，巩固国防”，指明了中国人民解放军空军的任务。中国人民解放军空军组建仅一年，就出国参加抗美援朝战争并取得击落敌机330架、击伤95架的辉煌战绩。20世纪50年代中期，中国人民解放军空军的航空兵师就达到28个，并开始装备国产飞机。1957年，防空军与空军合并，空军中增加高射炮兵、雷达兵等兵种。1958年，组建地空导弹部队。空军逐步发展成为具有现代武器装备、多兵种组成的合成军种。20世纪60年代中期，人民空军的主要武器装备实现国产化。空军还执行了科研试验、航空探测、空运空投、抢险救灾、飞播造林等任务，为国防现代化和支援社会主义建设作出了贡献。

经过六十多年的建设和发展，中国人民解放军空军的体制、编制在精干、合成、效能方面不断改进，武器装备现代化水平逐步提高，已经发展成为一支由航空兵、地空导弹兵、高射炮兵、雷达兵、空降兵、电子对抗兵、气象兵等多兵种合成，由歼击机、强击机、轰炸机、运输机等多机种组成的现代化高技术军种，具备了执行国土防空、空中突击、空中支援、空中运输和航空侦察等任务的能力。其主要任务是担负国土防空，支援陆、海军作战，对敌后方实施空袭，进行空运和航空侦察。

当前，我国空军正向全疆域作战的现代化战略性军种迈进，围绕"空天一体、攻防兼备"战略目标，空军高新武器装备成体系发展。列装"歼－20"隐身战斗机，进一步提升空军综合作战能力；列装"运－20"大型运输机，使空军战略投送能力迈出关键性一步。武器装备的加速更新，助力空军战略转型由量变积累向质变跨越。

此外，中国空军近年来在强军之路上笃定前行，飞越岛链、管控东海、战巡南海、高原砺剑，吹响备战打仗新的时代号角；以创新驱动军事训练改革转型，探索实战化训练方法，依托"红剑"体系对抗、"蓝盾"防空反导、"金头盔"自由空战、"金飞镖"突防突击等品牌，牵引实战化训练，练兵备战、实战实训成为新常态；联合军演、国际救援、军事竞赛、飞行表演，中国空军以更加开放、务实、合作的姿态，向世界展示大国军队时代风采。

4. 中国人民解放军火箭军

早在60年前，"中国火箭之父"钱学森就已发出了成立中国人民解放军火箭军的呼声，而且这件事就发生在1956年元旦期间。1956年既是新中国第一个科学技术发展规划的开局之年，又是中共中央向全国人民发出"向科学进军"的一年。钱学森大声疾呼："中国人完全有能力，自力更生制造出自己的火箭。我建议中央军委，成立一个新的军种，名字可以叫'火箭军'，也就是导弹部队，是一支不同于现有的陆、海、空三军的新型部队，是一支能够远距离、高准确度命中目标的部队，是现代化战争中极其重要的后起之秀。"

中国人民解放军火箭军是中国人民解放军新的军种，由第二炮兵更名而来，于2015年12月正式成立，习近平主席授予军旗。成立火箭军是党中央和中央军委着眼实现中国梦、强军梦作出的重大决策，是构建中国特色现代军事力量体系的战略举措，必将成为中国军队现代化建设的一个重要里程碑，载入人民军队史册。中国人民解放军火箭军作为原来"第二炮兵"的继承者，不但拥有原来的战略导弹部队，还拥有众多先进的战术常规导弹部队。第二炮兵也由原来的战略性独立兵种，上升为独立军种。从"二炮"到"火箭军"，这反映了中国核力量的发展历程，是中国大国地位的战略支撑，也是维护国家安全的重要基石。

我国火箭军的建设方向是：中国人民解放军火箭军是中国战略威慑的核心力量，是中国大国地位的战略支撑，也是维护国家安全的重要基石。火箭军全体官兵要把握火箭军的职能定位和使命任务，按照核常兼备、全域慑战的战略要求，增强可信可靠的核威慑和核反击能力，加强中远程精确打击力量建设，增强战略制衡能力，努力建设一支强大的现代化火箭军。

5. 中国人民解放军战略支援部队

2015 年 12 月，中国人民解放军战略支援部队正式成立。我国战略支援部队的建设方向是：中国人民解放军战略支援部队是维护国家安全的新型作战力量，是我军新质作战能力的重要增长点，主要是将战略性、基础性、支撑性都很强的各类保障力量进行功能整合后组建而成的。成立战略支援部队，有利于优化军事力量结构、提高综合保障能力。新成立的战略支援部队下设航天系统部、网络系统部等部门，主要任务涉及情报、技术侦察、电子对抗、网络攻防、心理战等五大领域。

（二）中国人民解放军预备役部队

预备役是公民在军队外所服的兵役。预备役部队是国家平时以预备役军人为基础、以现役军人为骨干组建起来的战时能迅速转为现役部队的武装组织，通常分为军种预备役部队和兵种预备役部队。预备役部队是加强军队后备力量建设，解决平时少养兵、战时多出兵的矛盾，保障战时迅速扩编军队的重要组织形式。预备役部队在现代国防和战争中占有重要地位，引起了世界上越来越多国家的重视；预备役部队将逐渐增多，武器装备不断得到改进，军事训练进一步加强，与现役部队的差距逐步缩小，动员速度将越来越快。

中国人民解放军预备役部队组建于 1983 年，是以现役军人为骨干，以预备役军官、士兵为基础，为战时实施成建制快速动员而按统一编制组建起来的部队。其师、团已列入中国人民解放军建制序列，授予军旗和番号，执行中国人民解放军条例、条令。预备役部队平时隶属省军区，战时动员后由指定的现役部队指挥。预备役军官中，有些是地方党政领导干部。预备役部队是中国人民解放军的组成部分，是国防后备力量建设的重点。平时按照规定进行训练，必要时可以依法协助维护社会秩序，战时根据国家动员令成建制转服现役。

近年来，我国预备役部队在保持原有规模的基础上，适度减少陆军预备役部队数量，扩大海军、空军、火箭军预备役部队的建设规模，提高专业技术预备役部队的建设比例，增加后勤和装备保障预备役部队的建设数量，圆满完成了“十五”时期军、兵种预备役部队组建任务。全军预备役部队绝大多数师或团都建有训练基地、装备仓库和必要的办公用房与生活用房，接通了通信光缆。预备役部队坚持把军事训练作为中心任务，严格按纲施训，确保训练任务落实，促进预备役部队军事训练由单兵、分队训练向首长机关、技术骨干、部队合成、实兵演习等更高层次训练发展。

（三）中国人民武装警察部队

中国人民武装警察部队（以下简称“武警部队”）是中华人民共和国武装力量中担负国内安全保卫任务的武装组织。中国人民武装警察部队组建于1982年6月19日（前身是中国人民公安中央纵队，建于1949年9月2日），是担负国家赋予的国家内部安全保卫任务的部队，隶属于国家公安系统，是中国共产党领导的国家武装力量，受中华人民共和国国务院、中央军事委员会双重领导，由内卫、黄金、森林、水电、交通等部队和公安部领导的公安边防、消防、警卫部队组成。内卫部队由各总队和机动师组成。武警部队根据人民解放军的建军思想、宗旨、原则，按照其条令、条例和有关规章制度，结合武警部队特点进行建设，执行《兵役法》，享受人民解放军的同等待遇，但不列入人民解放军序列。

按照2017年12月中共中央印发的《中共中央关于调整中国人民武装警察部队领导指挥体制的决定》（以下简称《决定》）规定，自2018年1月1日零时起，武警部队由党中央、中央军委集中统一领导，实行中央军委—武警部队—部队领导指挥体制。《决定》改变了以往武警部队由国务院、中央军事委员会实行双重领导的局面，明确了武警部队的中央军委建制，不再列入国务院序列。《决定》同时强化了党中央和中央军委对武警部队集中统一领导，坚定贯彻军委主席负责制，按照“军是军、警是警、民是民”的原则，调整武警部队指挥管理体制，优化力量结构和部队编成，实现领导管理与高效指挥的有机统一。

2018年3月，中共中央印发了《深化党和国家机构改革方案》，其中要求深化跨军地改革，进一步贯彻落实党中央关于调整武警部队领导指挥体制的决定，按照“军是军、警是警、民是民”的原则，将列入武警部队序列、国务院部门领导管理的现役力量全部退出武警。在此前，武警部队由内卫、黄金、森林、水电、交通等部队和公安部领导的公安边防、消防、警卫部队组成，内卫部队则由各总队和机动师组成。改革之后，公安边防部队成建制划归公安机关，并结合新组建国家移民管理局进行适当调整整合，现役编制全部转为人民警察编制；公安消防部队现役编制全部转为行政编制，成建制划归应急管理部，承担灭火救援和其他应急救援工作，充分发挥应急救援主力军和国家队的作用；公安警卫部队警卫局（处）由同级公安机关管理的体制不变，承担规定的警卫任务，现役编制全部转为人民警察编制；海警队伍转隶武警部队，按照先移交、后整编的方式，将国家海洋局（中国海警局）领导管理的海警队伍及相关职能全部划归武警部队。

此外，武警部队不再领导管理武警黄金、森林、水电部队。按照先移交、后整编的方式，将武警黄金、森林、水电部队整体移交国家相关职能部门，官兵集体转业改编为非现役专业队伍：①武警黄金部队转为非现役专业队伍后，并入自然资源部，承担国家基础性公益性地质工作任务和多金属矿产资源勘查任务，现役编制转为财政补助事业编制。原有的部分企业职能划转中国黄金总公司。②武警森林部队转为非现役专业队伍后，现役编制转为行政编制，并入应急管理部，承担森林灭火等应急救援任务，发挥国家应急救援专业队作用。③武警水电部队转为非现役专业队伍后，充分利用原有的专业技术力量，承担水利水电工程建设任务，组建为国有企业，可继续使用中国安能建设总公司名称，由国务院国有资产监督管理委员会管理。④武警部队不再承担海关执勤任务。参与海关执勤的兵力一次性整体撤收，归建武警部队。为补充武警部队撤勤后海关一线监管力量缺口，海关系统要结合检验检疫系统整合，加大内部挖潜力度，同时通过核定军转编制接收一部分转业官兵，并通过实行购买服务、聘用安保人员等方式加以解决。

按照党中央和中央军委赋予武警部队的新时代使命，2017 年 10 月十二届全国人大常委会第三十次会议举行第二次全体会议审议通过《关于中国人民武装警察部队改革期间暂时调整使用相关法律规定的决定》，武警部队未来将主要担负执勤、处突、反恐怖、海上维权、抢险救援、防卫作战等任务，拓展了维护国家领土主权完整和国家安全职能。

武警部队作为我国武装力量的重要组成部分，在巩固和加强人民民主专政、维护社会治安、维护国家主权和尊严方面，具有十分重要的作用。武装警察部队装备轻便、精良，有自己的服装式样、识别标志和军衔等级，其内务制度、纪律要求、队列基础训练、思想政治工作等则执行中国人民解放军的有关条令、条例和规定。

（四）中国民兵

民兵是指不脱离生产的群众武装组织。通常是国家或政治集团的武装力量的组成部分，是常备军的助手和后备力量。有的则同预备役相结合，既是武装力量的组成部分，又是预备役的一种组织形式。平时其成员各司其职，接受必要的军事训练，维护社会治安；战时就地配合军队作战或开展游击战，担负各项战争勤务，必要时随军远征或征调入伍补充常备军。中国民兵是毛泽东关于人民战争思想的产物，是一支新型的人民群众武装组织，是中华人民共和国武装力量的组成部分，是中国人民解放军的得力助手和强大的后备力量，在中国革命的各个历史时期均发挥了巨大作用。

中国民兵的任务主要体现在三个方面：第一，积极参加社会主义现代化建设，带头完成生产和各项任务；第二，担负战备勤务，保卫边疆，维护社会治安；第三，随时准备参军参战，抵抗侵略，保卫祖国。

四、新中国成立近70年来国防和军队建设的主要成就及启示

新中国成立时，具有中华人民共和国宪法性质的《中国人民政治协商会议共同纲领》，就对新中国的国防和军队建设作了规定：“中华人民共和国应加强现代化的陆军，并建设空军和海军，以巩固国防。”毛泽东在中国人民政治协商会议开会时的讲话中也郑重地强调“我们的国防将获得巩固，不允许任何帝国主义者再来侵略我们的国土。在英勇的经过了考验的人民解放军的基础上，我们的人民武装力量必须保存和发展起来。我们将不但有一个强大的陆军，而且有一个强大的空军和一个强大的海军”。毛泽东在新中国成立初期还讲过：“中国必须建立强大的国防军，必须建立强大的经济力量，这是两件大事。”新中国成立近70年来，国防和军队建设发生了翻天覆地的变化，取得了举世瞩目的成就。

（一）近70年来国防和军队建设的巨大成就

1. 建立和完善了有中国特色的武装力量领导体制

我国的武装力量领导体制，是在长期的革命战争中形成和发展起来的。新中国成立后，根据中央人民政府1949年10月19日的命令，成立了中央人民政府人民革命军事委员会，作为全国武装力量的最高统帅机关。1954年9月，第一届全国人民代表大会第一次会议通过的《宪法》规定，中华人民共和国主席统领全国武装力量，并决定设立国防委员会和国防部，由国家主席担任国防委员会主席。与此同时，取消了中央人民政府人民革命军事委员会，在同月召开的中央政治局会议上，决定在中央政治局和书记处之下成立中共中央军事委员会，领导中国人民解放军和其他武装力量。军委下设总参谋部、总政治部、总后勤部，作为军委的工作机关。为加强我军武器装备建设，1998年，中央军委增设了总装备部。在中央军委的领导下，还设有负责各军种组织建设、军事训练和战备作战的海军、空军、第二炮兵指挥机关。此外，直接隶属中央军委的还有军事科学院和国防大学等单位，以及负责指挥驻在各大战略区范围内的陆、海、空军部队和民兵的大军区领导机关。

为适应形势发展需要，2015年以来，中国人民解放军进行了重大改革调整，现已发展成为拥有陆军、海军、空军、火箭军、战略支援部队五大军种的强大军队。军委机关也已由原来的总参谋部、总政治部、总后勤部、总装备部4个总部，发展为7个部（厅）、3个委员会、5个直属机构共15个职能部门，进一步优化了军委机关作为参谋机关、执行机关和服务机关的职能。

2. 人民解放军已经由单一军种的军队发展成为诸军兵种合成的强大军队

新中国成立时，人民解放军只是单一陆军，没有空军和海军。陆军也基本上是步兵，炮兵和装甲兵部队极为有限，军队武器装备基本上是在抗日战争、解放

战争中缴获的日军和国民党军队的武器装备，性能落后，型号繁杂。新中国成立初期，人民解放军在这样的基础上迅速发展起来，建立了海军与空军等军种和陆军的炮兵、装甲兵、工程兵、铁道兵等技术兵种部队，并都形成了作战能力，空军和陆军各技术兵种都有部队参加了抗美援朝战争。1966 年，组建了战略导弹部队——第二炮兵。此后，随着军事技术发展，又相继组建了电子对抗部队、陆军航空兵部队、火箭军和战略支援部队等。近 70 年来，人民解放军全面履行保卫祖国、保卫人民的和平劳动的根本职能，胜利完成了保卫国防作战任务，严密守卫边防、海疆，依法履行香港、澳门防务职责，震慑、打击危害国家安全和统一的各种分裂、破坏活动，为国家繁荣发展提供了可靠的安全保障；参加抢险救灾，保护人民生命财产，支援国家建设，有力地支持了国家经济社会发展；参加国际维和、反恐、公海护航活动，为维护世界和平发挥了重要作用。经过多次精简整编和六十多年的现代化建设，人民解放军已经规模适度，结构明显优化，现代化水平和作战能力大为提高，形成了陆军、海军、空军、火箭军、战略支援部队等诸军兵种合成的强大的人民军队。此外，还建立了中国人民武装警察部队，建立了民兵与预备役相结合的后备力量体制。

3. 建立了门类齐全、综合配套的国防科技和国防工业体系

新中国成立时，国防工业的基础也极为薄弱，主要包括两大部分：一部分是由中国共产党领导的在革命战争年代创建并发展起来的根据地兵工厂，共有 94 座，职工九万余人。这些工厂条件简陋，规模较小，技术水平较低，一般只能生产枪弹、手榴弹、地雷、中小口径迫击炮弹等，也生产少量枪械和小口径火炮。另一部分是接管的原国民党政府的军事工厂 68 座，共计职工 10 万人。这些工厂的设备条件和人员的文化技术水平都比共产党自己创办的兵工厂好得多，但我国的整体工业水平和技术水平都较低，这些企业也只能从事旧杂式武器装备的修配和小批量生产，不能生产坦克、大炮、飞机、舰艇等武器装备。新中国的国防工业就是在这样的基础上建立和发展起来的。

20 世纪 50 年代苏联援助我国的 156 个建设项目中，有 41 个是国防工业建设项目。到 20 世纪 50 年代末，我国就建成了包括兵器工业、航空工业、船舶工业、电子工业等一大批军工骨干企业，初步形成了自己的国防工业体系，先后成功仿制飞机、坦克。其间，决策研制导弹、原子弹，制定了《国防科学技术研究工作（1958—1967 年）规划纲要》。1964 年 10 月至 1970 年 4 月，第一颗原子弹爆炸、首次导弹核武器发射、第一颗氢弹爆炸和第一颗人造地球卫星发射先后试验成功。正如邓小平所指出的："如果 60 年代以来中国没有原子弹、氢弹，没有发射卫星，中国就不能叫有重要影响的大国，就没有现在这样的国际地位。"改革开放后制订了"863"工程计划，军队信息化建设在指挥自动化建设

基础上，已由分领域建设为主转为跨领域综合集成为主的全面建设，军事综合信息网已开通，一体化联合作战指挥控制系统建设取得进展。地地洲际导弹试验、潜地导弹发射成功，导弹核潜艇建成下水，通信卫星、实用通信广播卫星、气象卫星先后发射成功。今天，中国人民解放军的武器装备，除空军一部分飞机和海军一部分舰艇是购买的外，陆军和火箭军武器装备基本都是自行研制的。我军还正在建造和完善新型的航母平台。

2012 年 6 月 16 日，中国“神舟九号”飞船成功从酒泉发射中心发射升空。2012 年 6 月 24 日，“神舟九号”圆满完成与“天宫一号”的手控空间交会对接。2013 年 6 月 11 日，“神舟十号”飞船成功发射，并圆满完成了多项太空试验，为我国建立空间站奠定了坚实的基础。2016 年 9 月 15 日我国发射“天宫二号”空间实验室，并与“神舟十一号”载人飞船实施对接，成功开展了多项空间科学实验与空间应用，并验证人在太空长期驻留的关键技术，在此之前，在海南文昌发射场进行“长征七号”运载火箭的首次飞行实验。现在，中国已成为继美国、俄罗斯之后第三个空中手动对接的国家。

2013 年 6 月 11 日，中国“蛟龙号”载人潜水器以 7 020 米的深度创下中国海底载人深潜的最新纪录，这也是世界同类型载人潜水器的最大下潜深度，海底作业技术和能力得到了验证，标志着我国载人深潜技术已进入国际领先行列。2013 年 12 月 14 日，“嫦娥三号”探测器在月球表面成功着陆，“玉兔号”月球车驶上月球，中国成为世界上第三个有能力独立自主实施月球软着陆的国家。无论是从探月工程的角度，或是从中国航天整体发展的战略，还是从世界深空探测的发展来看，“嫦娥三号”月面软着陆都具有里程碑意义。“神舟十号”“蛟龙号”“嫦娥三号”是中国载人航天、载人深潜技术上的重大突破，不但是中国科技发展史的一个里程碑，而且显示出中国综合国力的提升以及大国崛起的战略眼光，这表明中国人民完全有能力、有智慧实现建成创新型国家的目标。

4. 建立了比较完善的军事法规体系

新中国成立伊始，我们对于如何建设国家、如何建设国家军事都没有经验，要向苏联学习。在学习过程中，1952 年 12 月，中央人民政府人民革命军事委员会和政务院联合颁布了《中华人民共和国民兵组织暂行条例》。1955 年 7 月，第一届全国人民代表大会第二次会议通过了《中华人民共和国兵役法》。同年，人民解放军开始实行薪金制、军衔制和义务兵役制三大制度。人民解放军的一些规章，除《中国人民解放军政治工作条例（草案）》是总结解放军政治工作历史经验制定的外，其他基本是照搬或参照苏联红军的一些军事规章。从 20 世纪 50 年代末期开始，军事建设贯彻“以我为主”的方针，从中国国情、军情出发，编写制定自己的条令、规章。改革开放后，特别是进入 20 世纪 90 年代后，军事法规建设明显加快，先后颁布了《中华人民共和国军事设施保护法》《中华人民共和国人民防空法》《中华人民共和国国防法》《中华人民共和国国防教育法》《中华人民共和国现役军官法》《中华人民共和国预备役军官法》等。至2005年底，形成了以《中华人民共和国国防法》为龙头，15部专门规范国防和军队建设的法律以及有关法律问题的决定、181件军事法规、88件军事行政法规、3 000多件军事规章协同作用的军事法规体系。

5. 全面展开了军事人才队伍建设

新中国成立时，人民解放军队伍中除极少数知识分子和懂技术的干部外，总体文化素质很低。据1951年底的调查统计结果，全军部队战士的文化程度，初小以下者约占80%，其中识500字以下者占30%左右；干部中不及高小程度者约占68%，其中初小以下者占30%左右。这与建设现代化、正规化强大国防军的任务要求不相适应。1952年6月至1953年5月，全军进行一年速成文化教育，部队文化水平发生明显变化，一大批文盲、半文盲语文达到高小毕业程度，初小以下文化程度者已从1951年的67.4%下降到30.2%，初小毕业以上者由16.4%上升到42.1%。从新中国成立初期起，全军即逐渐建立了正规的各级各类军事指挥院校和专业军事技术学校，培养军事指挥和专业军事技术干部。

改革开放后，中共第十二次全国代表大会通过的《中国共产党章程》明确规定“努力实现干部队伍的革命化、年轻化、知识化、专业化”。此后军队各级领导班子的历次调整，都严格按“四化”要求选配干部。进入20世纪90年代，建立了依托普通高等院校教育培养军队干部的制度。21世纪以来，中央军委和总部出台一系列政策法规，采取措施大力加强军事人才队伍建设，以建设指挥员队伍、参谋队伍、科学家队伍、技术专家队伍和士官队伍“五支队伍”为重点，造就大批适应信息化建设、胜任信息化条件下作战任务的高素质新型军事人才。今天，人民解放军各级领导班子的文化程度均在大专水平以上，硕士、博士学位的领导干部所占比例越来越大，五支队伍建设已初具规模。同时，采取措施鼓励全日制本科毕业生入伍当战士。

胡锦涛在庆祝中国人民解放军建军80周年大会上的讲话中指出：“人民解放军已经由过去弱小的单一军种的军队发展成为诸军兵种合成、具有一定现代化水平并开始向信息化迈进的强大军队。我们建立起完整的国防科技和国防工业体系，国防实力不断增强。人民解放军走出了一条符合我国实际的军队建设道路，创造了适应我国国情的人民战争战略战术，优化了军队体制编制，提高了后勤和装备综合保障能力，形成了反映现代军事发展规律、体现人民军队性质和优良传统的军事法规体系，培养造就了一大批高素质新型军事人才。所有这些，为人民解放军更好地履行职能使命提供了力量支持，为基本实现国防和军队现代化奠定了坚实基础。”

（二）近 70 年来国防和军队建设的几点启示

新中国成立近 70 年来，国防和军队建设成绩和经验是主要的，但也有失误和教训，这些为未来的国防和军队建设提供了有益的启示。总结起来，主要有以下几点：

1. 加强国防和军队建设必须坚持中国共产党的领导

中华人民共和国是中国共产党领导中国人民经过长期艰难曲折的革命斗争，为推翻帝国主义、封建主义和官僚资本主义的统治而建立的。中华人民共和国是中国共产党领导的以工农联盟为基础的人民民主专政的社会主义国家。新中国成立近 70 年来，国防和军队建设的巨大成就都是在中国共产党领导下取得的。因此，加强国防和军队建设必须坚持中国共产党的领导。中国人民解放军是中国共产党缔造和领导的人民军队，是中国共产党领导的中华人民共和国的武装力量，坚持中国共产党对人民解放军的绝对领导是中国人民解放军的军魂。因此，中国人民解放军的建设更要坚持中国共产党的领导。在中国共产党领导下，按照《宪法》和《国防法》规定，由国务院和中央军委建立协调会议机制，具体研究解决国防和军队建设事务，由国务院和中央军委在各自职权范围内组织实施。

2. 加强国防和军队建设必须首先加强国家经济建设

建立强大的经济力量、建立强大的国防是新中国的两件大事，也是中国现代化建设的两大战略任务，两者不可偏废。经济建设是解决包括国防和军队建设问题在内的国家建设所有问题的基础，国防和军队建设是经济发展和国家安全的保障。但加强国防和军队建设，必须首先加强国家经济建设。这个问题毛泽东早在 1956 年的《论十大关系》中就有深刻阐述。毛泽东指出：“国防不可不有。现在，我们有了一定的国防力量。经过抗美援朝和几年的整训，我们的军队加强了，比第二次世界大战前的苏联红军要更强些，装备也有所改进。我们的国防工业正在建立。自从盘古开天辟地以来，我们不晓得造飞机，造汽车，现在开始能造了。”“我们现在还没有原子弹。但是，过去我们也没有飞机和大炮，我们是用小米加步枪打败了日本帝国主义和蒋介石的。我们现在已经比过去强，以后还要比现在强，不但要有更多的飞机和大炮，还要有原子弹。在今天这个世界上，我们要不受人家欺负，就不能没有这个东西。怎么办呢？可靠的办法就是把军政费用降到一个适当的比例，增加经济建设费用，只有经济建设发展得更快了，国防建设才能够有更大的进步。”“你对原子弹是真想要、十分想要，还是只有几分想，没有十分想呢？你是真想要、十分想要，你就降低军政费用比重，多搞经济建设。”“我们一定要加强国防，因此，一定要首先加强经济建设。”邓小平也指出军队要服从国家建设这个大局：“要紧密地配合这个大局，而且要在这个大局下行动”，“军队装备真正现代化，只有国民经济建立了比较好的基础才有可能”，“先把经济搞上去，一切都好办”。江泽民、胡锦涛等中共中央领导人也都对此进行过深刻的阐述。因此，加强国防和军队建设，必须首先加强国家经济建设。这是国防和军队建设的基本规律，古今中外概莫能外。事实上，新中国成立近 70 年来，国防和军队建设就是遵循这个规律进行的。

3. 国防和军队建设必须与国家经济建设协调发展

国防和军队建设必须与国家经济建设协调发展，这也是国防和军队建设的基本规律。中共中央领导人江泽民、胡锦涛和习近平反复多次阐述过这个问题。江泽民指出：“必须形成国防建设和经济建设相互促进、协调发展的机制。国防建设不仅要服从而且要服务于经济建设，军队要为国家经济建设积极贡献力量……国家在经济建设特别是基础设施建设中，要充分考虑国防和军队的需求，做到既促进经济发展又能增强国防能力。”胡锦涛指出：“坚持以经济建设为中心，坚持国防建设与经济建设协调发展的方针，在经济发展基础上大力加强国防建设，实现经济实力和国防实力同步发展。要通过积极主动的战略筹划，把国防建设融入经济社会发展体系之中，使经济建设和国防建设相互促进、融为一体，努力形成经济建设和国防建设协调发展的科学机制。要把社会主义制度能够集中力量办大事的优势和市场在资源配置中的基础性作用结合起来，既充分利用社会发展成果推进国防和军队现代化建设，又积极发挥国防和军队现代化建设对经济社会发展的重要拉动作用。”习近平强调，“要着眼于贯彻军民融合发展战略，推进跨军地重大改革任务，推动经济建设和国防建设融合发展。着力解决制约军民融合发展的体制机制问题，努力构建统一领导、军地协调、顺畅高效的组织管理体系，国家主导、需求牵引、市场运作相统一的工作运行体系，系统完备、衔接配套、有效激励的政策制度体系，形成全要素、多领域、高效益的军民融合深度发展格局。完善民兵预备役、国防动员体制机制。在国家层面加强对退役军人管理保障工作的组织领导，健全服务保障体系和相关政策制度。下决心全面停止军队有偿服务”。

新中国成立近 70 年来的历史表明，凡是国防建设与经济建设关系处理得比较好的时候，国防建设和经济建设就能相互促进、同步发展，比如 20 世纪 50 年代中后期和 20 世纪 90 年代初期以来至今。而国防建设与经济建设关系偏颇时，要么对经济建设造成不利影响，比如 20 世纪 60 年代中期到实行改革开放前，准备早打、大打、打核战争期间，对国防建设投入过大，一定程度影响了经济建设的正常发展；要么军队现代化建设停滞不前，比如 20 世纪 80 年代中期到 90 年代初期，军队服从和服务于国家建设大局，忍耐的时间太长，军费投入太少，军队建设处于维持状态。因此，国防和军队建设必须与国家经济建设协调发展，在经济发展的同时，投入占 GDP 适当比例（世界上通行的国防经费投入标准，一般是占 GDP 的 3% ~5%，而中国的投入占 2% 左右）的经费发展国防实力。

4. 加强国防和军队建设必须紧跟世界军事发展形势，从中国国情出发

历史是发展的，世界的军事形势特别是军事技术装备不断发展。不了解世界，就会造成闭关自守，闭关自守就会被抛在世界发展潮流的后面。清朝末期的落后除朝廷腐败之外，主要是闭关自守、不了解世界发展潮流所致。“文化大革命”期间的落后，除了犯了全局性的长时间的“左”倾错误外，也是不顾世界的发展潮流所致。而新中国成立初期的抗美援朝战争，让中共中央和中央军委充分认识到军队武器装备落后在现代战争中的困境，从而加速了人民解放军的现代化建设。1955 年，又根据世界核武器的发展，决定研制“两弹一星”，从而在世界高科技领域占有一席之地。1991 年海湾战争爆发后，中共中央和中央军委充分认识到信息技术在高技术战争中的作用，从而加速了人民解放军的机械化和信息化建设进度。但中国是个大国，人口多，底子薄，加强国防和军队现代化建设必须从中国的国情出发，有所为，有所不为，只能用有限的经费集中研究解决关键的高端技术。

5. 加强国防和军队建设必须走自主创新的发展道路

创新是一个民族的灵魂，是一个国家兴旺发达的不竭动力。军事领域是最具活力的领域，最需要创新。中国还是发展中大国，军费有限，加强国防和军队现代化，不能光靠花钱买进外国装备。即便能买来现代化的设备，也买不来军事领域的核心技术、关键技术，最终也只能受制于人。人民解放军海军、空军的一部分主战装备是买的，还存在受制于人的问题。而人民解放军战略导弹部队的主战装备是自主研制的，走出了自己的路子，虽然精度不高、数量不多，但不会受制于人。因此，加强国防和军队建设必须走自主创新的发展道路，必须有自己的“撒手锏”。2006 年 1 月，中共中央和国务院作出了《关于实施科技规划纲要增强自主创新能力的决定》，努力建设创新型国家，“把自主创新能力作为发展科学技术的战略基点，走出中国特色自主创新道路”。加强国防和军队现代化建设的自主创新，就是要按胡锦涛反复强调的努力推进军事理论、军事技术、军事组织、军事管理创新的“四个创新”，努力建设与中国地位相称、同维护国家安全与发展利益相适应的军事力量。中共中央总书记、国家主席、中央军委主席习近平 2016 年 3 月 13 日下午在出席十二届全国人大四次会议解放军代表团全体会议时强调，“把创新摆在我军建设发展全局的重要位置，靠改革创新推动国防和军队建设实现新跨越，是决定我军前途命运的一个关键，必须全面实施创新驱动发展战略，坚持战斗力标准，下大气力抓理论创新、抓科技创新、抓科学管理、抓人才集聚、抓实践创新，以重点突破带动和推进全面创新，不断开创强军兴军新局面”。

第四节 国防动员

国防动员亦称“战争动员”，简称“动员”，是指国家或政治集团由平时状态转入战时状态，统一调动人力、物力和财力为战争服务所采取的措施。国防动员有不同的分类，一般按规模把动员分为总动员和局部动员两个类型（或等级）；按方式把动员分为公开动员和秘密动员；按时间把动员分为初期动员和持续动员。根据我国《国防法》的规定，当中华人民共和国的主权、领土完整和安全遭到威胁时，国家将依照《宪法》和《国防动员法》规定，进行全国总动员或者局部动员。国防动员是国防活动的重要组成部分，不仅是增强国防实力的重要措施，也是增强国防威慑力的有效手段，还是夺取战争主动权的可靠保障。动员程度的完善与否，是国防强弱的标志之一，加强动员准备已成为各国国防建设的重大战略问题。国防动员的内容通常包括人民武装动员、国民经济动员、人民防空动员、交通战备动员、政治动员等。

一、国防动员的地位与作用

国防动员是国防活动的重要内容之一，是准备和实施战争的重要措施，是关系国家安危的大事。无论是古代战争还是现代战争，全面战争还是局部战争，常规战争还是非常规战争，都离不开动员。毛泽东曾明确指出：革命战争是群众的战争，只有动员群众才能进行战争，只有依靠群众才能进行战争；动员了全国的老百姓，就造成了陷敌于灭顶之灾的汪洋大海，造成了弥补武器等缺陷的补救条件，造成了克服一切战争困难的前提。由此可见，国防动员在赢得战争胜利这种关系国家安危的重大活动中，具有非常重要的作用。

（一）可以将战争潜力转换为战争实力，为赢得战争胜利奠定基础

为赢得胜利提供足够的战争实力，是国防动员活动的基本功能。这一功能的实现，是国家通过平战体制的转换和资源的重新配置予以完成的。战争是实力的较量，一个国家纵然拥有雄厚的财富，但是如果这些财富仅仅作为战争潜力，不能迅速地转换为战争实力，仍然难以用于战争并发挥作用。国家持续不断地保持战争实力的供给，才能保证战争取得最后的胜利。动员是国家把战争潜力转化为战争实力的转换器，也是持续保障战争实力不可或缺的重要活动。

（二）可以为遏制危机提供强大的威慑力量，遏制战争的爆发

20 世纪后半叶，在美苏两大集团严重对峙的冷战条件下，国防动员的应战功能由过去的“为赢得胜利提供足够的战争实力”拓展到“为遏制危机提供强大的威慑力量”。进入 21 世纪，随着和平与发展的时代主题越来越深入人心和

世界和平力量的持续增长，许多国家和地区已把遏制危机和战争作为军事战略的重要或首要任务。在实践中，也有许多国家通过显示实力和使用武力的决心，有效地消弭了威胁，遏制了战争，战争动员的“止战”功能越来越突出。

（三）可以为应对突发事件提供有效措施，有利于维护社会稳定和人民群众生命财产安全

国防动员活动对于国家处置重大突发事件，诸如危害社会稳定和人民生命财产安全的严重自然灾害、社会动乱、严重工业事故等重大突发事件，能够发挥重要作用。当国家遇到自然灾害、社会不稳定的紧急状态时，国防动员系统可以凭借自身特有的功能和力量为抗御自然灾害、维护社会稳定提供有效措施和有力支援。

（四）可以通过减轻国家负担，为经济和社会发展提供一定的支援

动员活动可以达到“平时少养兵，战时多出兵”的目的。和平时期，任何国家都没有必要也不可能维持庞大的战争准备规模。如果这样做，就会对国家造成沉重的负担，也会直接影响国家的经济建设和社会发展。因此，各国都在加强预备役部队建设，加强寓军于民的各项动员准备。做好了这些工作，就可以把省下来的经费转用于经济建设发展，从而达到增强综合国力、富国强兵的目的。从这个意义上可以说，做好战争动员准备，也是促进国家经济和社会发展的需要。

二、国防动员的主要特点

随着以信息技术为核心的高新技术的迅猛发展，军事领域正经历着一场深刻的军事变革。在这场军事变革的影响和推动下，人类战争形态正逐步由机械化向信息化过渡。在未来信息化战争中，信息将成为影响军队战斗力的关键因素，联合作战、精确作战将成为主要作战样式，规模大，范围广，突然性强，破坏性大，作战空间日益多维，作战节奏日益加快，作战力量社会化等特征日益明显，特别是核武器、化学武器、生物武器以及高技术武器的出现和使用，使战争更加残酷，人员伤亡、物资消耗巨大。这一切都对国防动员提出了新的要求，使国防动员呈现出许多新的特点，主要表现在：

1. 动员范围大，领域广，技术兵员多，对象更为复杂，应变力强

随着战争规模的发展，动员范围也随之扩展到军事、政治、经济、科学技术、文化教育、外交等各个领域，无论是工业还是农业，人力、物力还是财力，生产资料还是生活资料，都成为动员的对象。随着现代科学技术的不断发展，不仅武器装备越来越现代化，而且军队的体制编制和结构也发生了巨大变化：陆军的比例显著下降，海军、空军的比例显著上升；战斗部队所占比例明显下降，后方的技术和后勤保障部队所占比例显著上升，技术军兵种和部队大大增加；作战

力量构成高度合成，参战军兵种技术种类多样，作战物资庞杂繁多，人员分工具体细化。这些变化使国防动员对象不仅专业强、技术高、质量精，而且种类多、规模小、涉域广，对象较以往更加复杂多样。现代战争由于大量使用先进的武器装备，技术兵种增多，要求兵员具有较高的科学文化水平、专业知识和军事素养，以便能迅速掌握先进的武器装备。许多国家都强调在平时就做好应付各种战争的动员准备，加强战时快速反应能力，既能适应局部战争，又能适应全面战争；既能适应常规战争，又能适应核战争；既能打速决战，又能打持久战。

2. 动员内容多，数量大

如第一次世界大战，参战国家33个，共15亿人口，动员总兵力7 000余万人；第二次世界大战，参战国家61个，共17亿人口，动员总兵力11亿人。1973年爆发的第四次中东战争只打了18天，阿拉伯国家、以色列双方都动员了大量人员和物资投入战争，埃及和叙利亚动员兵力116.5万人，动用坦克3 550辆、飞机1 011架、直升机190架、作战舰艇128艘；以色列动员兵力41.5万人，动用坦克1 700辆、飞机690架、直升机84架、作战舰艇49艘。信息化战争中，由于参战力量多元，作战空间广阔，武器装备先进，作战需求品种繁多，战时动员保障只有在种类、时间、地点上与作战需求高度一致，才能真正提高保障效益。比如，兵员补充需要对口，各类高科技装备、零部件的维修和供给补充要在品种、样式、型号上达到十分精确的程度。如果动员需求不清，资源分配不均，力量投放不准，不仅会出现“动”非所需的情况，难以符合作战实际需要，还会造成资源的积压和物力的浪费，给战时运输带来巨大负担。从这个意义上讲，信息化战争条件下，战场上人员、物资、器材的超常储供与持续有效保障并非成正比，而通过信息技术手段实现动员需求分析、信息传输、资源调配、效能评估的多样化，则是提高战争动员能力的关键所在和必然趋势。

3. 动员时间紧，实施速度快

为夺取战争主动权，要求军队组建、扩建和展开快；人员物资的运输、补充快；国民经济转入战时轨道快；改组工业结构、扩大军工生产快。信息化条件下的局部战争，战争节奏加快，往往初战就是决战。在第四次中东战争中，以色列在48小时内就征召了近30万预备役人员，相当于原有兵力的3倍。在海湾战争中，美国军队开赴海湾战区的时间一般只需2～4天；伊拉克战争中，美英联军仅用了20多天的“快速决定性作战”，就完成了对伊拉克的军事占领。因此，国防动员必须讲求速度和时效，以跟上作战行动的节拍；必须采取超前动员方法，力争在战前完成大部分战时动员工作，以便一旦战争打响就能够迅速释放足够的战争能量。

4．科技、信息动员的地位不断上升

许多国家特别是一些军事大国，十分重视新兴科技的开发研究，致力于建立完整的军事科研体系，筹集巨额资金，集中大批的科研人员，从事先进武器装备的研制。例如美国在第二次世界大战中，集中近4 000名科学家，投入20亿美元研制原子弹。进入20世纪80年代后，其每年用于军事的科研经费占全国科研经费的50%以上。20世纪70年代以来，随着以信息技术为核心的高新技术的迅猛发展，国防动员范围日益扩展，科技动员和信息动员逐步发展成为相对独立的动员领域，在国防动员体系中的地位和作用不断上升。与此同时，信息技术在战争中的大量运用以及作战理论的不断创新，使得战争基本形态逐步由机械化向信息化过渡。而不同的战争形态，又对国防动员提出新的不同要求。在信息化条件下，科技、信息动员不仅直接为军队作战提供相关保障，而且为各个领域的动员提供技术支撑、信息保障和人才支援，从而提高整个国防动员的速度和效率。科技动员包含的内容十分丰富。通常情况下，科技动员是指国家或政治集团为实施战争或应对其他军事危机，统一组织科学技术力量从事科学技术开发的活动。其主要任务，就是通过调整科研机构，把专家、学者和技术人员组织起来，开发新兴科学技术，运用先进科研成果，研制能够克敌制胜的武器装备。

5．战前先期动员准备充分

信息化条件下的局部战争，就是“打准备、打储备”。战争中，占有信息技术优势的一方，为在短期内实现有限的战略目的，往往把动员行动提前，即在开战前完成所需决定性力量的动员部署，以便形成压倒性优势。在科索沃战争、阿富汗战争和伊拉克战争中，美军就是在战前完成决定性力量动员部署，从而有效地保证了作战的胜利。以往机械化条件下的全面战争，由于持续时间长，平时的动员准备主要是打好基础，主要的动员活动往往在战争开始后才全面展开，边打边准备。而信息化条件下的局部战争，由于作战行动一开始就是高强度的，主要作战力量一次性投入，作战物资集中大量消耗，要想赢得战争就必须做好充分的前期动员准备。在伊拉克战争前，美国吸取以往教训，事先制订了周密的动员计划，进行了充分的前期动员准备。2001年12月美军就开始进行战略预置，并根据对伊作战计划，提前做好动员预备役部队和向战区投送兵力的充分准备；在国内则启动工业动员，生产适应沙漠作战的武器装备和物资。由于动员准备和其他各项战争准备提前到位，美国能够根据其政治、外交的需要和战区气象条件，从容选择合适时机发起对伊作战行动，仅42天就取得了对伊作战军事上的全面胜利。由此可见，信息化条件下的局部战争，从一定意义上讲，就是“打准备、打储备”，战前谁先做好充分的动员准备，谁就将赢得战争。所以许多国家平时就制订周密的动员计划，不断完善法规、制度，健全领导机构，加强后备力量建设，大力发展综合国力，以适应战争的需要。

6. 动员活动具有全程性和综合性

未来信息化战争，前方与后方界限将趋于模糊，战争往往是前方和后方同时展开。即使是局部战争，作战行动不仅将在陆、海、空、天、电等多维空间同步进行，而且将通过现代传媒实施心理战和运用互联网实施计算机网络战，使对抗行动波及国家的各个领域、各个方面，并贯穿整个作战过程。因此，国防动员既要为作战部队提供充足的后备兵员，又要组织实施军民一体后方防护行动；既要筹措大批物资器材补充一线，又要保障战役军团快速机动；既要确保本战区各项动员任务的完成，又要着眼战争全局做好相互支援的准备。可以说，信息化战争虽然规模有限，但牵一发而动全身，动员工作有很强的全局性、综合性。

7. 动员一体化程度日益提高

围绕作战目标实施综合集成的一体化动员，是信息化条件下局部战争的客观要求。信息化条件下的一体化动员，是以信息系统为支撑，以综合集成为手段，对军事需求、动员保障、作战行动实施有效连接，对各种动员要素进行系统集成，确保动员与作战无缝连接、融为一体、实时互动的一种动员样式。其主要内容包括两大方面：一是动员活动本身的一体化，即把动员活动作为一个整体来筹划，对各种动员要素进行系统集成，协调一致地组织实施各个领域的动员；二是动员活动与作战行动的一体化，即把军事需求、动员保障、作战行动紧密结合起来，在筹划作战的同时筹划动员，使动员更好地为作战服务。一方面，信息化条件下局部战争目标有限，使得战争动员的力量与作战目标相比，呈现“供大于求”之势，从而在确立作战目标时不会过分受制于动员的力量和规模，这就为实施一体化动员提供了必要的前提。另一方面，信息化条件下局部战争规模有限，一次战役行动就可达成战略目的，战争指导者可以在较小范围内对作战和动员活动进行一体化筹划，从而使动员活动与作战行动融为一体。

三、国防动员的具体内容

（一）人民武装动员

人民武装动员是指国家将军队及其他武装力量由平时体制转为战时体制所采取的措施。它是战争动员的核心，对战争的进程和结局，特别是对战争初期军队的迅速扩编和战略展开，掩护国家转入战时体制，争取战略主动具有重要意义。我国人民武装动员包括兵员（解放军现役部队、武装警察部队、预备役部队、民兵和预备役人员）动员、武器装备动员和后勤物资动员等。军委联合参谋部根据国务院、中央军委的指示，在军委15个职能部门以及国家机关有关部门的协助下，组织开展武装力量动员工作。各军兵种负责本军兵种武装力量动员。战区、省国防动员单位和地方各级党委、政府负责后备力量动员。我国通过保持精干的常备军、完善预备役制度、组建预备役部队、划分兵员补充区、储存武器装备和军需物资以及组织军民联合动员演练等措施，有效地保证了武装力量动员的顺利实施，使武装力量在常备力量精简的情况下仍具有遏制和消除各类安全危机的能力。近年来，通过加快民兵、预备役部队体制编制调整改革，加大地方相关高技术人员和诸军兵种后备兵员的储备，我国国防后备力量建设整体水平有了新的提高。

（二）国民经济动员

国民经济动员是指国家将经济部门、经济活动和相应的体制从平时状态转入战时状态所采取的措施。国民经济动员是战争动员的基础，主要目标是建成比较完善的、具有应付战争兼顾应对突发事件双重功能的国民经济动员体系，形成与国民经济有机融合的国民经济动员基础，能够从经济上为应付局部战争及突发事件提供保障。国民经济动员包括工业、农业、交通运输、财政金融、邮电通信、医疗卫生力量等方面的动员。

国民经济动员的主要做法是改组国民经济各部门，集中管理和使用战争潜力；调整国民经济比例，重新分配人力、物力和财力，统筹安排军需和民用；调整经济建设布局，搬迁、疏散重要工厂和战略物资；改组工业结构和产品结构，实施工业转产，扩大军工生产；调整科研和军工试验部门的任务，加速研制新式武器装备；调动交通运输、邮电通信、医疗卫生以及财贸、商业等各行各业的力量，为战争服务；加强能源生产、粮食生产和资源管理，保障能源、粮食和资源的供给。

（三）人民防空动员

人民防空动员是指国家战时发动和组织人民群众防备敌人空袭所采取的措施，简称“人防动员”或“民防动员”。其主要任务是依据国家有关法律法令，动员社会力量进行防空设施建设、组建防空专业队伍、普及防空知识教育、组织隐蔽疏散、配合防空作战、消除空袭后果。目的是保护居民、经济设施及其他重要目标安全，减少国家及人民群众生命财产的损失，保存战争潜力。随着现代科学技术的迅速发展，各种新式空袭兵器不断出现，空袭和反空袭已成为现代战争的主要作战形式，在现代战争中占有极为重要的地位。因此，做好人民防空动员，对于增强国家的总体防御能力具有重要的战略意义。

（四）交通战备动员

交通战备动员是指在全国或部分地区调集交通力量，全力保障战争需要的紧急行动。交通战备动员通常是在国家动员领导机构的统一领导下，由国防交通主管机构组织，协同政府、军队有关部门共同实施。交通战备动员准备包括：在平时制定完善的交通战备动员的法规和计划、健全国防交通领导机构和机制、建立交通战备保障队伍、储备必要的交通战备物资和器材等。

交通战备动员的主要任务包括：根据战争规模和作战需要，有计划地将平时国防交通领导机构迅速按方案扩编为战时交通运输指挥机构，政府交通运输部门随机转入战时体制；根据作战需要，动员、动用社会运输力量，必要时对交通运输系统实行不同范围、不同形式的军事化管理；动员、组织各交通保障队伍和交通保障物资器材迅速到位，执行运输、抢修、防护任务；根据统帅部的规定，做好对弃守地区的交通遮断准备，确保及时遮断。

（五）政治动员

在政治上、组织上、思想上发动人民群众和军队参加战争。目的在于激发全体军民的爱国热情，动员军队英勇作战和人民群众踊跃参战支前，并积极开展外交活动和对外宣传，争取世界人民和友好国家的同情与支援。

四、国防动员的准备与实施

（一）国防动员的准备

平时的动员准备是战时动员实施的基础。平时做好动员准备，积蓄强大的经济实力和后备力量，不仅对战时实施快速动员、夺取战争胜利具有重要意义，还可以起到遏制战争、威慑敌人的作用。世界许多国家都十分重视平时的动员准备，动员准备的着眼点和所实行的方针政策虽不尽相同，但其基本做法大体一致。主要包括以下几个方面：

1. 建立健全完善的动员体制

根据该国情况，普遍建立健全动员机构和法规、制度，明确动员的权限和职责，完善动员机制，提高动员能力，以便战时能迅速把战争潜力转化为战争实力。

2. 制订动员计划

依据国家的战略计划和综合国力，制订周密的动员计划，主要内容包括动员的任务、程序、时限、范围和要求，以及完成动员所采取的措施等。

3. 实行常备军和后备力量相结合的制度

在减少国家常备军数量，提高质量的同时，大力加强后备力量建设，健全预备役制度，储备大量训练有素的后备兵员，重点是储备技术兵员。有些国家还会组建预备役部队，并不断改善其武器装备和加强军事训练，以提高战斗力。

4. 加强人民防空建设

制订和完善人民防空法规及各种防空动员计划，包括人口、物资疏散，工业搬迁计划和重要目标防护、抢修预案等；加强防空设施建设，储备必要的物资和防空器材；对人民进行防空知识教育，提高防空意识；组建防空专业队伍，进行必要的防空演习和训练。

5. 提高国民经济动员能力

按照军民结合、平战结合的原则合理布局生产力，提高经济战时生存能力；民用工业和军事工业相结合，储备扩大战时军工生产能力；储备一定数量的武器装备和战略物资，保证战争初期军队作战和军工生产的需要；加强交通运输网络和通信保障系统的建设，保证战时人员、物资运输和不间断作战指挥的需要。

6. 发展先进的军事科学技术

建立平战结合的科技动员基础，加强科研设施建设，培养和造就一支精干的军事科研队伍，开发研制新式武器装备；储备具有国防科研能力的人才、设备、工艺和技术，平时为经济建设服务，战时为战争服务。

7. 做好资源调查

对人力、工业、农业、科技等各种资源以及一切可以动员的战争潜力进行深入调查；对工程机械、通信器材、医疗设备、修理工具，以及飞机、车船和机场、港口、码头等进行登记统计，以便为平时制订动员计划提供依据，为战时实施动员奠定基础。

8. 加强国防教育

通过不断教育，提高全民的国防观念，激发爱国热情，使之积极支持和参加国防建设；教育广大青年平时积极应征服兵役，参加民兵、预备役训练，战时踊跃参军参战，支援前线。

（二）国防动员的实施

动员依据国家发布的动员令和动员计划组织实施。动员的实施过程，实质上是将战争潜力转化为战争实力的过程。能否有效而持续地实施动员，不仅取决于一国的领土、人口、资源和工农业生产、科学技术的发展水平等条件，而且取决于社会制度和战争的性质、民族精神和文化传统，还取决于组织动员的能力和动员准备的程度等。由于不同时期各国的军事、政治、经济等情况不同，动员的范围、规模和方式也有差异，但实施动员的基本方法大体相同。通常的做法如下：

（1）国家发布动员令，宣布进入战时状态，实行战时管制，建立健全战时领导指挥机构，实施各项动员计划，落实各项动员措施。

（2）运用广播、电视、报刊、文艺等宣传工具，对全体军民进行爱国主义教育，激发爱国热情，动员参军参战，努力生产，厉行节约，为夺取战争胜利贡献力量，并争取友好国家的同情和支持。

（3）按战时编制将现役部队补充满员，预备役部队转为现役部队；征召预备役士兵和军官，组建扩建新的部队；加强民兵、预备役人员的临战训练，以保证补充扩大军队。

（4）将国民经济各部门迅速转入战时轨道，重新分配人力、物力、财力，统筹安排军需民用；调整经济建设布局，搬迁重要工厂、企业和战略物资；改变产业、产品结构，实施工业转产，扩大军工生产，保障战争需要。

（5）将交通运输部门迅速转入战时体制，利用交通运输线、设施和运输工具，保障军队兵员和武器装备、作战物资的运输，并完成居民疏散、工厂搬迁，以及其他人员、物资的前送后运等任务。

（6）统一组织科研部门、科研人员，利用科研设施和科研成果，开拓新的军事科研领域，加速研制新式武器装备。

（7）按照预定计划疏散城市居民，健全警报系统，加强安全防护措施；组织人民防空专业队伍，进行抢修、抢险，保护重要目标和交通运输线；配合军队防空作战，消除空袭后果。

复习思考题

1. 什么是国防？国防的构成要素有哪些？
2. 数千年来的国防历史给我们留下了哪些启示？
3. 请简述我国国防法规体系的主要内容。
4. 请简述公民的国防义务和国防权利。
5. 新中国成立后的国防建设成就有哪些？
6. 新中国成立近70年来国防和军队建设带给我们的启示是什么？
7. 我国的国防政策和国防建设的目标是什么？
8. 请简述我国武装力量的组成、性质、任务及建设目标。
9. 什么是国防动员？请简述国防动员的分类和主要内容。
10. 现代国防动员的主要特点有哪些？

第二章　军事思想

军事思想不是从来就有的，它是人类战争的产物。自从人类进入阶级社会以来，战争就成了解决阶级矛盾、民族纷争的主要方式之一。随着人类战争活动的不断发生，人们逐渐对战争实践经验进行理论总结和逻辑概括，将之上升为关于战争与军队建设的理性认识。这样，就有了军事思想。

第一节　军事思想概述

一、军事思想的概念

军事思想是关于战争、军队和国防等基本问题的理性认识，是人们长期从事军事实践的经验总结和理论概括。

军事思想的内容主要分为两个层次：一是军事哲学，主要包含战争观和对军事问题的认识论与方法论；二是军事实践的基本方针和原则，主要包含战争指导的基本方针和原则、军队建设的基本方针和原则、国防建设的基本方针和原则。

按照不同的划分标准，军事思想可以分为多种类型。按国家和地域分，有中国军事思想和外国军事思想；按阶级性质分，有奴隶主阶级军事思想、封建地主阶级军事思想、资产阶级军事思想、无产阶级军事思想等；按社会历史发展阶段分，有古代军事思想、近代军事思想、现代军事思想、当代军事思想；按兵器时代分，有冷兵器时代军事思想、热兵器时代军事思想、核武器时代军事思想、高科技时代军事思想等。

二、军事思想的特点

（一）鲜明的阶级性

阶级性是军事思想的本质属性。军事思想的阶级性集中表现在它为战争的阶级利益目的服务。战争是集团与集团之间的较量，是阶级利益的争夺。战争作为一种特殊的社会现象和社会实践，决定了以它为研究对象的军事思想的鲜明阶级性。任何一种军事思想都是一定的阶级利益在军事问题上的反映，不同的阶级所奉行的军事思想，体现了各个阶级对战争不同的认识和立场。

（二）明显的继承性

任何军事思想都是在继承前人理论成果的基础上创新和发展的。人类军事思想的每一次创新和发展，都离不开对以往军事思想的继承。不仅如此，人类的军事思想也是在激烈的角逐与较量中相互借鉴的。由于战争的对立性，谁的军事思想科学、先进，谁就会在军事斗争中处于主动地位，因此，斗争双方总是抢占军事思想的制高点。1960 年，英国元帅蒙哥马利与毛泽东会见。会见中，蒙哥马利对毛泽东说："我读过你的军事著作，写得很好。"毛泽东说："我也是从你们那里学来的，你学过克劳塞维茨，我也学过，他说战争是政治的另一种形式的继续。"蒙哥马利说："我也学过成吉思汗，他强调机动性。"由于中国革命战争的胜利是在敌强我弱的条件下取得的，因而格外引起国外的注意，不论是落后国家还是发达国家，都对此非常注意并加以研究和借鉴。

（三）强烈的时代性

战争产生于人类社会发展进步的历史中，战争的形态、内容随着人类社会的发展而变化，以战争为对象的军事思想不能超越人类社会发展的时代，军事思想的发展受制于社会生产力的发展水平，具有社会生产力发展程度的时代规定性。人类历史上几次大的军事革命，都是基于科学技术进步和生产力大发展的时代产物。第一次军事革命，是随着火药的发明和应用而产生的革命，人类战争从冷兵器时代步入热兵器时代，也就产生了古代的军事思想。第二次军事革命，是随着工业革命的出现而产生的，人类战争从由人力为主，转变为以机械力为主，战争形态向机械化战争演变，也就产生了现代机械化战争的军事思想。第三次军事革命，是随着以计算机和计算机网络为核心的信息技术的发展而出现的，人类的作战思想也随之发生了根本的转变，瘫痪战取代歼灭战占据主导地位；作战方式出现了远程非接触战；战场形态呈现出多维一体和非线式的特征等，相关的新军事思想也迅猛发展。

（四）深刻的实践性

军事思想是通过军事实践归纳、总结出来的理论形态的成果，它来源于军事实践，是军事实践经验的理论升华，同时又对军事实践予以理论上的指导，并随着人类军事实践的发展而不断丰富和完善。正如毛泽东所说："一切带有原则性的军事规律或军事理论，都是前人或今人做的有关过去战争经验的总结。"如果没有丰富的军事实践，就不会有军事理论的产生。当然，杰出人物的高度总结与概括也是军事思想发展的重要条件。

三、军事思想的作用

在军事科学体系中，军事思想占有重要的地位。为什么要进行战争，怎样进行战争，怎样组织训练军队，运用什么战略战术，这些都属于军事思想的范畴。了解军事思想，不仅因为它是指导战争与国防的重要指南，对军队建设、作战行动和国防建设起着根本性的指导作用，而且因为它所揭示的一些规律，常常被用于政治、经济、外交以及商业竞争和体育比赛等方面。学习军事思想，不仅可以了解战争的一般规律，对和平年代的人来说，还可以开阔视野、增长智慧。

（一）为认识军事问题提供基本观点

作为人类军事实践的经验总结和理论概括，军事思想包含了有关战争指导的基本方针和原则、军队建设的基本方针和原则、国防建设的基本方针和原则等理论资源。如果不了解这些，就无法认识军事问题。特别是，如果不了解马克思主义在战争问题上的基本观点，就难以对战争问题作出科学的认识。

（二）为军事预测提供思想方法

作为人类智慧，军事思想包含了战争观、军事问题的认识论和方法论等军事哲学知识，这是人类进行军事预测的重要理论来源。如果不了解这些，人们就无法正确认识战争，对军事预测就难以形成科学的认识论和方法论。例如，唯心主义者将战争胜利的希望寄托在鬼神上，其失败结果不言而喻。而马克思主义者毛泽东，在中国化马克思主义军事哲学的指导下形成的关于中国抗日战争进程和结局的论断，不仅为中国人民反抗侵略与谋求民族独立提供了科学的理论依据，而且在世界军事史上留下了对战争进行科学预测的范例。

（三）为从事各项军事实践活动提供全局性指导

任何成功的军事实践都不是盲目进行的，任何一项军事行动的成功，首先是军事思想正确的结果，缺乏正确思想指导的行动是注定要失败的。萨达姆进攻科威特之所以会失败，就是因为他的军事思想是错误的。他不能清醒地判断世界形势，地区霸权主义野心膨胀，利令智昏，以为使用武力就可以解决一切问题。毛泽东同志的军事思想有一个鲜明特点，就是重视政治在军事中的重要性。他认为政治是军事之魂，战争较量最终一定是政治的较量，战争服务于政治，政治反过来作为战争的力量之源。他说：“政治是统帅，是灵魂。”在革命战争中将政治工作与军事紧密地结合起来，是共产党战胜敌人的锐利武器。

四、军事思想的发展过程

人类对战争、军队和国防军事问题的认识随着社会历史和军事实践的发展，以及科技文化水平的不断提升，经历了一个由浅入深的演进过程。这一过程大致经历了古代军事思想、近代军事思想、现代军事思想和当代军事思想四个阶段。

（一）古代军事思想发展阶段

1. 古代军事思想的发展历程

从时间上说，古代军事思想，主要是指从奴隶社会到封建社会两个历史时期的军事思想。

从原始社会末期到奴隶社会初期，以解决阶级利益纷争的战争活动开始频繁起来，带来了奴隶社会阶级军事思想的萌芽。进入奴隶社会以后，随着战争活动规模的扩大，人们对战争和军队建设的认识不断升华，从而产生了最早的军事思想。其主要代表性著作有中国的《军政》《军志》和《周易》等，外国的《希腊波斯战争史》《伯罗奔尼撒战争史》。从现存的资料看，早期的军事思想主要是从历史和社会的角度对军事问题进行思考与认识。

从奴隶社会向封建社会的过渡时期，随着战争活动的推进和人们认知水平的提升，人们对军事问题的认识不断深化，军事思想取得了飞跃性发展。中国这一时期的主要代表性著作有《孙子兵法》《尉缭子》《司马法》《孙膑兵法》等。这些杰出的军事著作，基本上概括了冷兵器时代一般战争的战争理论和原则、战略战术。对战争的起源和本质，战争与政治、经济、外交、自然条件等因素的关系，都有了相当的认识，体现了朴素的军事辩证法和唯物主义思想。世界其他国家的军事思想，尤其是古希腊、古罗马的军事思想也有了较大发展。在它们的军事活动和军事著作中，对战争与政治、外交的关系，对作战谋略、指挥艺术、战略战术以及军队建设等，都有较明确的论述。

随着封建社会的推进，军事思想的发展逐渐缓慢下来。在中国，虽然汉朝初期出现了《三略》，唐朝出现了《李卫公问对》，宋朝还把武学纳入了国家教育体系。但是，军事思想整体处于缓慢发展状态，特别是中国封建社会后期，无论是社会生产还是军事思想的发展都越来越落后，越来越保守。西方在这一时期，由于封建专制统治与宗教神学的束缚，军事思想的发展也处于缓慢发展时期。

2. 古代军事思想的特点及代表

从空间上说，由于世界历史早期发展的地域差异性和不平衡性，所以，古代军事思想的产生和发展主要集中在两个相对独立的区域，即中国和地中海一带国家。其中主要代表性国家是中国。

中华民族是一个具有优秀历史文化传统的伟大民族。在其源远流长的历史文化中，中国古代军事思想便是一朵绚烂的奇葩。中国古代兵书和论兵著作之多，军事人才之多，军事典章之多，堪为世界之最，其军事思想发展水平一直居于世界领先地位。

(1) 中国古代军事思想的特点。

①历史悠久，著述丰厚。中国古代军事思想形成早、发展快、著述丰厚，史书注录的就有三千多部，为世界之最。据记载，西周时期的《尚书》《军志》《军政》是中国最早的兵书，它们已高度概括和抽象出了一些有关战争的理性原则。春秋末期出现的《孙子兵法》是中国现存最早的兵书，它立意高远、思辨深邃、哲理性强，素有“兵家圣典”“世界第一兵书”之称，对古今中外的军事思想产生了极其深远的影响。及至战国时期，我国又诞生了《吴子》《司马法》《尉缭子》《孙膑兵法》等一大批兵书著作。

②舍事言理，思辨深邃。中国古代对于战争与军队问题，素有从哲学高度进行观察分析的思维传统，因而具有较强的思辨性和较高的理论概括性。例如：《孙子兵法》把战争的取胜因素归纳为“道、天、地、将、法”五个方面；把将帅的素质概括为“智、信、仁、勇、严”五项指标；提出了“不战而屈人之兵”的“全胜”目标；阐发了“出其不意，攻其不备”“避实击虚”“造形任势”“以逸待劳”“兵贵神速”等战争指导原则；作出了“知己知彼，百战不殆”的战争论断。这些思想皆成为古今中外兵家的座右铭。

③崇尚道义，以和为贵。中国是一个深受孔孟思想影响的国度，中华民族历来爱好和平。受孔孟思想的影响，中国军事思想重道慎战、以战止战的传统，古而有之。孔子一贯强调以德服人，主张言兵议战必须慎重，“临事而惧，好谋而成”(《论语·述而》)。孟子反对“争地以战，杀人盈野；争城以战，杀人盈城”的不义之战，主张对“善战者服上刑”(《孟子·离娄》)。作为兵家圣典的《孙子兵法》也提出“百战百胜，非善之善者也；不战而屈人之兵，善之善者也”(《谋攻》)，把“不战而屈人之兵”作为用兵的至高境界。

④注重谋略，以智使力。讲究计谋，力求智取，是中国古代军事思想的一个鲜明特征。作为世界第一兵书的《孙子兵法》首篇即明确提出：“兵者，诡道也”，“上兵伐谋”。该著作中还提到“全胜”“速胜”“巧胜”“不战而屈人之兵”等系列军事谋略思想。在中华民族的传统中，多谋善断、胸藏奇谋方略的军事家向来被当作智慧的化身，备受尊崇。这与西方自古希腊以来，崇尚技术、重视武器装备的军事传统形成鲜明的对照。

当然，中国古代军事思想也存在“重道轻器”“消极固守”“重政抑商”等缺陷。

(2) 中国古代军事思想的杰出代表：《孙子兵法》。

①《孙子兵法》的作者是春秋末期人孙武。孙武，字长卿，人们尊称其为孙子或孙武子，春秋末期齐国乐安（今山东惠民县）人，约生于公元前533年。据史籍推算，他与孔子是同时代的人。孙子自幼喜研兵法，颇有心得。18岁时，

因齐国内乱不止，孙子深感无用武之地，便离开齐国前往吴国，潜心研究兵法。在吴国，孙子结识了伍子胥，伍子胥非常欣赏孙子的军事才能。在伍子胥的推荐下，吴王阅读了孙子所著的兵书十三篇，并特别考察了孙子的军事实践能力。据史料记载，为考察孙子的统兵能力，吴王挑选了180名宫女由孙子操练。这就是传说的孙子“吴宫教战斩美姬”的故事。吴宫操练之后，吴王拜孙子为将军。从此，孙子与伍子胥共同辅佐吴王，安邦治国。公元前506年冬，吴国以孙子、伍子胥为将，出兵伐楚。孙子采取“迂回奔袭、出奇制胜”的战法，溯淮河西上，从淮河平原越过大别山，长驱深入楚境千里，直奔汉水，在柏举（今湖北汉川北）重创楚军。接着五战五胜，一举攻陷楚国国都郢。孙子及其《孙子兵法》高超的战略战术，使吴国以少胜多，大大挫伤了楚国的元气，从此声威大振，使吴国成就了春秋五霸的伟业。

②《孙子兵法》在理论上的主要贡献。《孙子兵法》全书共十三篇，包括计篇、作战篇、谋攻篇、形篇、势篇、虚实篇、军争篇、九变篇、行军篇、地形篇、九地篇、火攻篇和用间篇。其理论上的主要贡献可以概括为：

一是阐发了重战慎战的贵和思想。《孙子兵法》开宗明义，首言“兵者，国之大事，死生之地，存亡之道，不可不察也”。把战争与国家命运、人民的生死紧密联系起来，不仅指出战争在国家事务中的重要地位和作用，而且也明确指出战争的政治目的在于确保国家的生存和发展。其基本思想就是要重战、慎战、备战，以确保“安国全军之道”。

二是揭示了以“道”为首的战争制胜因素。《孙子兵法》全书的核心价值观之一，就是它通过“五事七计”高度地概括了用兵的规律，全面地揭示了以“道”为首的战争制胜因素，朴素地看到了战争与政治的联系。它把战争的制胜因素归纳为“道、天、地、将、法”，即“五事”，分别指政治、天时、地利、将帅素质、军事体制五个方面，并将“五事”演绎为“七计”，即从“政治清明、将帅高明、天时地利、法纪严明、武器优良、士卒训练有素、赏罚公正”七个方面来研究分析战争敌我双方的情况。

三是提出了“不战而屈人之兵”的全胜战略目标。孙子认为：“百战百胜，非善之善者也；不战而屈人之兵，善之善者也。”即用不流血的斗争方法，迫使敌方屈从于我方的意志，以不损己方兵力财力、不破坏对方的兵力物力和将被屈者的兵力财力转化为己力的方式，达到“自保而全胜”的目的。指导战争如果能这样取胜，比起流血战斗取胜，哪怕是百战百胜，也要高出一筹，因而这是用兵取胜的最上策。

四是阐发了以“致人而不致于人”为核心的战争指导原则。所谓“致人而不致于人”，就是调动敌人而不被敌人所调动，夺取克敌制胜的主动权。孙子将其概括为因利制权的任势论、奇正相生的制胜法则、“兵以诈立”的作战指导、因敌制胜的应变原则。这一思想贯穿其兵法十三篇之中，体现在战前准备、战略指导和作战指挥等各个方面。此外，孙子还阐发了“胜兵先胜”“出其不意，攻其不备”“以逸待劳”“兵贵神速”等战争指导原则。

③《孙子兵法》的影响。《孙子兵法》揭示了战争的一般规律和一整套战争制胜的原则、方法和用兵技巧。自问世以来，它对中国古代军事思想的发展产生了巨大而深远的影响，被人们尊奉为“兵经”和“百世谈兵之祖”，历代兵学家、军事家无不从中汲取养料，用于指导战争实践和发展军事理论。三国时期著名的政治家、军事家曹操第一个为《孙子兵法》作了系统的诠释，为后人研究运用《孙子兵法》打开了方便之门。《孙子兵法》之后，也有不少兵书问世，但正如唐太宗李世民所言：“朕观诸兵法，无出孙武。”《孙子兵法》不仅是中国的谋略宝库，在世界上也久负盛名，如今已被翻译成29种文字，在世界上广为流传。英国著名军事理论家利德尔·哈特向人们透露，他的军事著作中所阐述的观点，在2 500年前的《孙子兵法》中就可以找到。《孙子兵法》不仅是中华民族传统文化的瑰宝、世界文化的精华，也是全人类共有的精神财富。

此外，《孙子兵法》的重要价值还在于它丰富的哲学思想内涵。它处处闪耀着朴素唯物主义和辩证法的思想光辉：尊重客观规律，注重对对方情势的分析，强调事物的条件和变化，表现出鲜明的唯物主义立场。《孙子兵法》具有丰富的系统论思想，能够站在历史发展的高度，把握战争、战略问题的全局，从整体上分析战争的一切条件，从而构成一个完整、系统的兵学理论体系。

（二）近代军事思想发展阶段

1. 近代军事思想的发展历程

近代军事思想的总体特征，一是资产阶级军事思想体系得到确立；二是以马克思主义军事理论为代表的无产阶级军事思想宣告诞生。

近代资产阶级军事思想形成于18世纪末至19世纪上半期的欧美大陆，大约经过了3个世纪的时间，它是伴随着工业革命以及资本主义向全球进行的经济和军事扩张而产生、形成与发展的军事理论。这一时期，欧洲的科学技术和生产力得到迅猛的发展，火器的性能有了显著的提高，火器的种类和数量增多。火器已成为战场上主要的作战兵器，尤其是飞机、坦克、火炮等一大批武器装备的出现，对近代世界军事思想的发展产生了深远的影响。

由于生产力的迅猛发展和武器装备的不断更新改进，战争的规模不断扩大，作战的样式不断增多。资产阶级军事家们从他们的立场认识战争，形成了近代资产阶级军事思想。

西方近代资产阶级军事思想在很大程度上是由研究和总结法国革命战争与拿

破仑战争而形成的。在法国资产阶级革命战争中，由于广大民众参战以及武器装备的改进，引起了军队的性质、组织编制、作战方法和兵役制度等的变革，逐步形成了一套新的军事体制和战略战术。拿破仑进一步改进了军队，实行了义务兵役制；建立了由步兵、骑兵、炮兵组成的师和军；在战术上摒弃了线式战术，运用纵队战术。在他所赢得的35次会战中，大多数是以少胜多，形成了自己独特的军事思想。可以说，法国革命战争及拿破仑战争对近代资产阶级军事思想的形成起着决定性的作用，对军队建设和战略战术的发展有着深远的影响。克劳塞维茨的《战争论》和约米尼的《战争艺术概论》正是在对拿破仑战争及拿破仑指挥艺术研究与总结的基础上撰写出来的。这两部军事巨著也成为资产阶级军事思想形成的重要标志。但是由于资产阶级的偏见与认识上的片面性，资产阶级军事思想一般都刻意掩盖战争的阶级实质，并且过度关注武器在战争中的作用。1840年鸦片战争以后，由于中国自身的原因以及西方军事思想的严重冲击，虽然有林则徐、魏源等开明人士提出了“师夷长技以制夷”的军事主张，但中国近代军事思想始终没有形成完整的理论体系。

无产阶级军事思想作为一种崭新的军事理论体系，也是在近代确立的。1848—1849年，无产阶级以特殊的身份参加了欧洲资产阶级革命。马克思、恩格斯及时总结了无产阶级斗争的经验，对人民战争、战争与政治的关系、战略战术和武装起义的思想进行了阐述，体现了马克思和恩格斯早期的军事思想。在其后的19世纪中后期，他们又对包括巴黎公社革命在内的许多战争和起义撰写了大量文章，系统地阐述了关于战争、军队和作战方面的基本思想，从而创立了马克思主义的军事理论体系，为无产阶级军事科学的发展奠定了坚实的理论基础。

2. 近代军事思想的主要代表

在世界近代军事思想史上，由于欧洲之外的国家（包括中国）和地区处于落后的社会发展阶段，科学技术和生产力水平始终停滞不前，致使军事理论难以得到有效发展。因此，近代军事思想主要以西方为代表。

拿破仑·波拿巴（1769—1821年）是法国资产阶级杰出的统帅和军事家。从1784年15岁入军校到1799年发动政变，建立法兰西第一帝国，再到他1815年退位，被放逐到圣赫勒拿岛，其一生几乎都是在战争中度过的。他因打仗才能出色而崛起，也因打仗失败而跌落。拿破仑继承法国资产阶级大革命初期的传统，废除雇佣兵制，代之以征兵制和志愿兵制，广泛地动员和征集农民当兵，建立了一支新型的能征善战的强大的资产阶级军队，兵力最多时达百万之众。恩格斯曾经指出：“拿破仑不朽的功绩就在于他发现了在战争和战略上唯一正确使用广大的武装群众的方法，而这样广大的武装群众之出现只是由于革命才成为可能。”拿破仑“唯才是举”，不拘一格选拔将帅；平时注重教育训练，积极改善装备，特别注重发展炮兵、骑兵。在世界军事史上，从拿破仑开始才将炮兵正式定为一个兵种，这对世界炮兵发展起了重大的推进作用。这些对资产阶级军队建设及其作战理论发展都曾产生了深远的影响。

拿破仑的军事思想主要有：强调要积极采取攻势行动，为了达到消灭敌人的目的，把积极发动进攻作为自己的主要手段；要善于集中兵力，即在必要的时候，在必要的地点，集中比敌人在此时此地更为强大的兵力；强调快速机动，认为行动的迅速可以弥补军队的不足，快速的行军能够提高军队的士气，增加取胜的机会；强调突然性，注重出奇制胜；重视国家军事组织的完善和军队骨干力量的培养；重视赞扬，强调统帅的素质。拿破仑在战争指导上，善于集中兵力，敢于以少击多，力求以一两次总决战决定战争的结局；远距离机动迂回，乘敌不备，出奇制胜；采取以纵队与各兵种密切协同的散开队形相结合的纵深战斗队形，不断加强军队的突击力；以积极进攻作为主要的作战类型，审时度势，灵活用兵；对作战指挥有过许多创新，包括在世界上最早组建参谋部等。这些使资产阶级作战思想发展到一个顶峰，引起了西方军事界的广泛关注。

卡尔·菲利普·戈特弗里德·冯·克劳塞维茨（1780—1831 年）是 19 世纪杰出的资产阶级军事理论家和军事历史学家，也是举世公认的资产阶级军事理论的奠基人。他是普鲁士将军，多次参加对拿破仑的战争。他通过总结拿破仑战争胜利和失败的经验教训，以前瞻性的战略眼光研究分析战争和战略战术问题，撰写了一系列军事著作，提出了许多具有独创性的见解，最主要的代表作是《战争论》。

《战争论》的主要思想有：战争无非是政治通过另一种手段的继续；战争只能根据概然性的规律推断；消灭敌人军队和保存自己军队是相辅相成的；物质力量和精神力量的作用是融合在一起的；军队的武德是战争最重要的精神力量之一；民众战争是战争整个发展过程的扩大和加强；光辉的战例是最好的老师；进攻和防御两种作战形式是相互交替的；战略上最重要而又最简单的准则是集中兵力。

《战争论》反映了新资产阶级在战争理论方面的进步倾向和革新精神，对战争本质、战争目的与手段等问题提出了许多精辟的见解，曾在很大程度上促进了战争理论的发展，对世界军事学术的发展也具有重大影响。

（三）现代军事思想发展阶段

1917 年俄国十月社会主义革命的胜利，标志着人类文明进入了现代历史时期。

第一次世界大战结束后，帝国主义在全球加紧争夺势力范围，军事技术发展迅速，坦克、飞机、潜艇、航空母舰等机械化兵器大量装备部队，新的军种、兵种应运而生，空军成为与陆军、海军并驾齐驱的独立军种，出现了陆、海、空三位一体的战场空间。坦克兵、防空兵、化学兵开始出现于战场。随之而来的是战争样式和作战方法的变革，从而为许多新军事理论的问世准备了条件。例如，意大利军事理论家杜黑的“空军制胜论”，使空军成为各国新的战略发展方向；英国军事理论家和军事历史学家富勒的“坦克制胜论”，为坦克的发展奠定了理论基础；德国军事家古德里安在此基础上提出了“闪击战”理论等。这些理论又在后来的第二次世界大战中得到一定程度的应用和发展。

第二次世界大战中，空军得到了全面发展，出现了侦察机、战斗机、轰炸机等飞机家族，并扩展到海军，出现了海军航空兵；航空母舰、雷达以及导弹和原子弹等远距离大规模杀伤性武器的出现，使战场空间更为广阔。通过实战的检验，德国的“闪击战”理论显示出强大的生命力，而法国的坚固防御理论彻底破产。但是美、英、法等国也开始在战争环境中进行以机械化战争为母体的军事变革，探索了诸如纵深战略轰炸、诸军兵种合成作战、大规模两栖作战和以航空母舰载机为主的立体海战等新的战法理论。

从第二次世界大战后期开始，伴随着广岛、长崎核爆炸的巨响，出现了崭新的军兵种——战略导弹部队，以及崭新的战争样式——核战争，以及适应核战争的军队编制体制和作战方法，核战争理论和核威慑理论随之出现。

第二次世界大战结束后，资产阶级军事思想的发展进入了一个新时期。导弹、核武器的出现和发展，给战争本身和作战方法带来许多新的特点。以美国军事思想为代表，其主要表现在：一是“总体战争”和“联盟战争”的思想进一步确立，致力于结成空前规模的世界性军事同盟；二是发展火箭战略思想，大力发展核武器，研究核战略，奉行核遏制和核垄断战略；三是确立“大战略”思想，即运用国家政治、经济、精神和军事等全部综合力量来达到国家的最终目的；四是重点准备“核威慑条件下的常规战争”。

现代历史时期，无产阶级军事思想也在世界范围内取得蓬勃发展。列宁在领导俄国十月革命和反对帝国主义武装干涉及国内战争中，创立了关于战争与革命、武装起义和建设工农红军、实行全民战争等无产阶级的军事理论和军事思想。斯大林在领导苏联人民反对法西斯侵略、捍卫无产阶级政权和国家现代化建设中，继承和发展了马列主义的军事理论，全面建立了苏联军事思想体系。包括中国共产党在内的世界其他一些国家的无产阶级政党，在领导本国人民革命的武装斗争中，也创立了各具特色的军事思想，特别是毛泽东军事思想，它是无产阶级军事思想的一个重要里程碑。

（四）当代军事思想发展阶段

20 世纪 80 年代起，由于大量先进的非核技术的出现，特别是信息技术的出现及其在军事领域的广泛运用，可以说它们在某种程度上已经替代了核武器，从而使军事思想及其军事实践开始了全然不同于核武器时代的变革。特别是 20 世纪 90 年代以来的几场局部战争，使以美国为代表的资产阶级军事思想提高到了一个崭新的阶段，掀起了军事思想和军事实践变革的浪潮。其他各国也都相继对未来战争的样式、战争指导、作战指挥、未来军队建设和国防建设等进行了积极探索，逐渐形成信息化战争的思想。这是人类军事史和军事思想史上前所未有的深刻变革。

第二节　毛泽东军事思想

从 20 世纪 20 年代至 50 年代，中国人民在中国共产党的领导下，进行了长达二十多年的革命战争。这场战争持续时间之久、规模之大、情况之复杂、影响之深远、指挥艺术之高超，在中外战争史上绝无仅有，并以其辉煌的胜利，彻底洗刷了中华民族百余年遭受列强侵略与欺凌的耻辱，使中国人民重新获得自豪、自信和自尊，表明自己有能力立足于世界民族之林。驾驭这场战争的最高统帅是毛泽东，指导这场战争的理论原则是毛泽东军事思想。新中国成立后，毛泽东军事思想致力于探讨国防和军队现代化建设，成为我国国防和军队建设的根本指导思想。

一、毛泽东军事思想的科学含义

毛泽东军事思想是关于中国革命战争、人民军队建设和国防建设以及军事领域一般规律性问题的科学理论体系，是毛泽东思想的重要组成部分。

（一）毛泽东军事思想是马列主义普遍原理与中国革命战争具体实践相结合的产物

以毛泽东为代表的中国共产党人，在指导中国革命战争的实践中，从中国半殖民地半封建社会特殊的条件出发，运用马列主义的立场、观点和方法来研究中国历史，分析中国社会，探求中国革命战争的特点和规律，解决了在半殖民地半封建的中国组织人民军队、进行人民战争的一系列根本问题，创立了具有中国特色的马克思主义的军事理论。因此，毛泽东军事思想是马列主义普遍原理与中国革命战争具体实践相结合的产物，是马列主义军事理论在中国革命战争实践中的具体运用和发展。脱离了马克思主义的世界观和方法论，不会有毛泽东军事思想的产生；脱离了中国革命战争的具体实践，更不会产生毛泽东军事思想。

（二）毛泽东军事思想是中国革命战争和军队建设实践经验的科学总结

毛泽东常讲，实践出真知。没有什么人生来会打仗，只从书本上学习军事的人不会成为军事家。武装的革命反对武装的反革命，是中国革命的特点。中国共产党成立不久就开始了长期的武装斗争，革命胜利后又有过多次反侵略战争，正如毛泽东自己所说，他指挥过大小数百次战役，胜多负少。何以如此？因为他实践经验丰富，非常善于从实践中学习和总结，所以他越来越会指挥打仗。

（三）毛泽东军事思想是中国共产党集体智慧的结晶

一方面，中国共产党以民主集中制为根本原则、根本组织制度和领导制度，党内实行集体领导，党和军队关于战争问题的重大决策和军事理论的形成，就其总体而言，都是领袖集团集体智慧的体现；另一方面，中国革命战争造就了一大批杰出的无产阶级军事家，他们都是毛泽东军事思想理论大厦的建造者。在战争过程中，毛泽东非常尊重各军区指挥员的意见，并根据他们的意见及时修正既定决策。正是由于战斗在第一线的军事指挥员们的聪明才智和创造精神得到充分发挥，才使毛泽东军事思想在指导战争实践的过程中不断地得到丰富和发展。

（四）毛泽东军事思想是毛泽东思想的重要组成部分

在取得全国政权以前的二十多年里，中国共产党的历史实际上是一部武装斗争的历史，军事斗争是中国共产党工作的重心，占有相当突出的地位。这决定了以毛泽东为代表的中国共产党人不得不以极大的精力关注战争，研究军事。毛泽东的军事活动是他一生中最辉煌、最成功的部分。在毛泽东的著作中，军事著作占有很大篇幅和重要地位。因此，毛泽东军事思想必然是其整个思想体系中最重要的组成部分。

在中国历史和世界历史上，杰出的军事人物灿若星河，可是，像毛泽东这样集政治领袖、军事统帅与军事理论家于一身，融实践的开拓性和理论的创造性于一体，在长期的军事斗争中始终立于不败之地的伟大人物，则是极其罕见的。毛泽东和他的战友们把马克思列宁主义创造性地应用于中国革命战争，凭借中国革命的历史舞台，领导数亿人民群众，在广袤的中国大地上，导演了一幕幕威武雄壮的战争话剧，同时也建造了毛泽东军事思想的理论大厦。

二、毛泽东军事思想的主要内容

在长期的中国革命战争实践过程中产生的毛泽东军事思想，系统地解决了中国革命战争中的指导路线、方针政策、战略战术和建设与保卫国防等一系列问题，形成了认识与指导战争和国防建设的完整的理论体系。

（一）关于战争观和方法论

1. 关于战争观

战争观是人们对战争的看法和态度，是研究和指导战争的立场和观点。它是研究和指导战争的基本依据。对于战争的根源、战争的本质、对待战争的态度等问题，毛泽东军事思想运用马克思的立场、观点和方法作出了科学的回答。

（1）关于战争的起源和根源。

毛泽东根据马克思历史唯物主义的基本原理，给战争下了一个定义，他指出："战争——从有私有财产和有阶级以来就开始了的，用以解决阶级和阶级、民族和民族、国家和国家、政治集团和政治集团之间在一定发展阶段上的矛盾的一种最高的斗争形式。"这一定义深刻揭示了战争与私有财产以及阶级之间的内在联系，指出了战争是伴随私有制和阶级的出现而产生的一种历史现象，它并不是人类社会的一种永恒现象。可见，私有制是战争的起源，而阶级的产生和存在则是战争的根源。

（2）关于战争的本质和目的。

毛泽东军事思想通过揭示战争与政治、战争与经济的关系揭示了战争的本质和目的。关于战争与政治的关系，毛泽东指出："战争是政治的继续，在这点上说，战争就是政治，战争本身就是政治性质的行动，自古以来没有不带政治性的战争。"毛泽东对战争与政治关系的论述揭示了两层含义：一方面，战争从来就不是一种单纯的军事现象，战争一刻也离不开政治，战争从属于政治，为政治服务；另一方面，战争不仅是实现政治目的的手段，它还反作用于政治，推动政治。关于战争与经济的关系，毛泽东认为，战争离不开经济，经济是战争的物质基础，战争依赖于经济，战争就其实质上说，就是交战双方为了一定的经济利益而展开的冲突和斗争。由此得出结论：战争的本质和目的，无非是取得或维护政治地位和经济利益。

（3）关于战争的性质及我们的态度。

关于战争的性质，毛泽东认为，可以"分为两类，一类是正义的，一类是非正义的。一切进步的战争都是正义的，一切阻碍进步的战争都是非正义的"。同时，毛泽东进一步指出，一切反抗阶级压迫和民族压迫，谋求阶级解放和民族解放，保卫国家独立、主权和领土完整，为了人类社会的进步事业而进行的战争是正义的。正义战争同时也是进步的，它符合广大人民群众的根本利益，能推动人类社会的发展。由于战争有正义和非正义的区分，毛泽东明确指出，拥护正义战争、反对非正义战争是我们对待战争的基本态度。

（4）关于战争的最终目的和消灭战争的途径。

关于战争的最终目的，毛泽东指出："战争——这个人类互相残杀的怪物，人类社会的发展终究要把它消灭的。”这说明，我们不是为了战争而战争，更不是为了掠夺和侵略而进行战争。我们的目的是消灭战争，实现人类社会永久的和平。关于消灭战争的途径，毛泽东指出：“我们是战争消灭论者，我们是不要战争的；但是只能经过战争去消灭战争，不要枪杆子但必须拿起枪杆子。”毛泽东在这里非常鲜明地提出了用革命战争去消灭反革命战争，从而将无产阶级对战争的态度与最终目的科学地统一起来，不仅为无产阶级和革命人民指明了消灭战争的目标，而且指明了实现这个目标的根本途径和方法。但消灭战争是一个漫长的历史过程，他认为，要最终消灭战争，必须消灭阶级，铲除产生和滋养阶级的私有制。战争随着私有制、阶级的产生而产生，必然随着私有制、阶级的根除而灭亡。

2. *方法论*

战争方法论是人们在认识战争规律的基础上，依据战争规律确定自己指导战争的根本方法。毛泽东的战争方法论主要有：

（1）必须认识和把握战争规律。

毛泽东认为战争是有规律的，这是认识战争的前提。毛泽东承认战争具有较大的流动性和不确定性，它较之于任何其他社会现象更难捉摸，更少确定性。但是，战争并不是不可捉摸的“怪物”，它仍然是人类社会矛盾发展的一种必然的客观物质运动过程，仍然受其内在一般规律的支配。人们可以从战争的流动性中把握相对固定性的规律，可以通过不确定的征兆和端倪，去探寻其相对确定性。

（2）必须着眼于战争的特点，着眼于战争的发展。

所谓着眼于特点，就是要全力捕捉每一场战争的矛盾的特殊性，从而揭示战争的特殊规律。在毛泽东的革命战争理论与实践中，总是对中国革命战争所处的历史环境及其力量对比等基本条件进行具体分析，总是从分析敌我双方矛盾的基本特点入手。在《论持久战》中，毛泽东就是从分析中日双方相互矛盾的基本特点入手，揭示了抗日战争的根本规律。

所谓着眼于发展，就是人们对战争的认识要随着战争的发展而发展。战争是综合力量的竞赛，在战争中，随着战场形势和敌我力量等因素的不断变化，战争向新的阶段推移，必然会出现新的情况和新的问题，这就不能用老办法去解决新的矛盾，必须使战争指导与新情况相适应。这时，不仅在战略上要适时地转变，战役、战术原则也要及时地发展。

（3）必须实施符合客观实际的主观指导。

毛泽东研究和指导战争的根本方法，就是从战争的实际出发，实事求是地研究和指导战争，使战争的主观指导与客观实际相符合，最终夺取战争的胜利。

①要熟识敌我双方各方面的情况。毛泽东指出：“指挥员的正确的部署来源

于正确的决心，正确的决心来源于正确的判断，正确的判断来源于周密的和必要的侦察及对于各种侦察材料的连贯起来的思索。”

②要善于学习，勇于实践。毛泽东认为，人民军队的指挥员要变得勇敢而明智，不但要有压倒一切敌人的勇气，还要有驾驭整个战争变化发展的能力，要善于学习，勇于实践，以便达到胜利的彼岸。他指出：“读书是学习，使用也是学习，而且是更重要的学习。从战争学习战争——这是我们的主要方法。”

③要充分发挥主观能动性。毛泽东指出：“战争的胜负，固然决定于双方军事、政治、经济、地理、战争性质、国际援助诸条件，然而不仅仅取决于这些；仅有这些，还只是有了胜负的可能性，它本身没有分胜负。要分出胜负还须加上主观的努力，这就是指导战争和实行战争，这就是战争中自觉的能动性。”他认为，在一定的客观物质基础上，主观的指导能力是战争胜败的决定因素。如果主观指导错误，优势军队也会打败仗。

（4）必须立足全局，照顾局部，把握重要关节。

毛泽东指出，战争胜败主要和首先的问题，是对于全局和各阶段关照得好坏与否。如果全局和各阶段的关照出现了重大缺点或错误，那战争是一定要失败的。全局是指事物的整体和发展的全过程，而局部是组成整体的各个部分和发展全过程的各个阶段。关节是对全局有重大影响的关键性环节。战争指挥者必须要有战略头脑，要通观战争全局，能对全局的发展趋势有正确的判断，这样才能制定出贯穿战争全过程的好的战略方针和计划。全局是由局部构成的，全局固然制约着局部，但局部的成败对全局也有重要影响，尤其是关键性的局部，更决定着战争的胜负。战争中有些局部的成败会引起全局的变化，甚至对全局的胜败都有至关重要的作用。这些局部就是足以影响全局的重要关节。如果这些关键性的局部出错了，就可能出现“一着不慎，满盘皆输”的情况。

（二）关于人民战争的思想

人民战争是被压迫阶级和民族谋求自身解放，发动和依靠广大人民群众所进行的战争，战争的正义性和广泛的群众性是人民战争的两个基本特点。在中国历史上，虽发生过一些具有人民战争性质或特征的战争，但受其历史条件和阶级的局限，这些战争的广度和深度都很有限，更没有形成科学的理论。只有以毛泽东为代表的中国共产党领导的人民战争及其理论的创造，才开创了真正的全面人民战争的先河，形成了完整系统的人民战争理论。毛泽东基于对战争的决定因素是人不是物、战争伟力之最深厚的根源存在于民众之中、“兵民是胜利之本”的深刻认识，提出并实践了充分动员群众、组织群众和武装群众，依靠广大人民群众进行革命战争的指导路线，从根本上解决了战胜敌人的力量源泉问题。

毛泽东的人民战争理论提出：在敌人统治力量相对薄弱的农村建立巩固的革

命根据地，实行工农武装割据和土地革命，发动群众，不断积蓄、发展和壮大革命力量，走农村包围城市的革命道路；实行以主力部队为骨干，与地方武装、群众武装相结合的武装力量体制，使人民武装力量有广泛雄厚的群众基础和可靠的组织保障；进行普遍和深入的政治动员，使广大人民群众了解进行战争的意义和目的，从而调动其参加革命战争的积极性和自觉性；组织千百万民众，联合一切可以联合的同盟军，共同对敌，从而最大限度地壮大革命力量，分化、瓦解、孤立敌人；以武装斗争为主，与其他各种形式的斗争（如经济战线、思想文化战线上的斗争）相配合，形成武装群众与非武装群众多条战线的、各个方面的波澜壮阔的对敌斗争局面，陷敌于人民战争的汪洋大海之中。

（三）关于人民军队建设思想

军事斗争主要包括力量的建设和力量的运用两个方面。纵观古今中外有代表性的军事理论著述，放在第一位的通常是力量的运用而不是力量的建设。毛泽东军事思想则不然，它从中国革命的实际出发，深刻把握了没有人民的军队便没有人民的一切的革命真谛，从领导武装斗争伊始，它就把建设新型人民军队问题放在了首位。以毛泽东为代表的中国共产党人，紧紧抓住军队的性质、宗旨及任务等关键性问题，创造了一整套崭新的建军理论和原则。

1. 党对军队绝对领导的原则

毛泽东认为，一方面，在半殖民地半封建的旧中国，占人口绝大多数的农民是革命的主力军；另一方面，应该从历史上农民起义军失败的教训中，认识到农民固有的局限性。因此，必须创建一支由无产阶级政党领导的、以农民为主要成分的武装力量，才能完成夺取政权的伟大任务。毛泽东认为，党对军队的绝对领导主要是通过政治领导、思想领导、组织领导来实现的。政治领导，就是用党的纲领、路线、方针、政策统一军队的思想和行动，以保证军队有坚定、正确的政治方向，始终同党中央保持一致。思想领导，就是用无产阶级思想教育军队中的广大官兵，使之树立无产阶级世界观，克服各种非无产阶级思想。组织领导，就是在党中央、中央军委的统一领导下，建立健全各种制度，发挥党委的核心领导作用、支部的战斗堡垒作用和党员的先锋模范作用，保证政治领导和思想领导的实现。

2. 全心全意为人民服务的建军宗旨

毛泽东军事思想把军队的行动与党的政治任务相统一，把军队的发展同人民群众的根本利益相联系，明确了军队存在的根本意义和目的。1945 年，毛泽东在《论联合政府》的报告中，对于人民军队的宗旨作了精辟的概括，确立“全心全意为中国人民服务”是人民军队唯一的宗旨。他指出，正是因为确立和坚持了全心全意为人民服务的宗旨，人民军队才具有一往无前的精神，不被敌人所压倒，才有一个很好的内部和外部的团结，才有一个正确的争取敌人官兵的政策和处理俘虏的政策，并形成人民战争的一系列的政治工作的基本原则。毛泽东根据人民军队的性质和宗旨，结合中国革命战争和我军实际，规定人民军队必须担负战斗队、工作队和生产队三项任务，这在世界军队发展史上是罕见的。毛泽东指出，中国的红军是一个执行革命政治任务的武装集团，红军绝不是单纯打仗的，它除了打仗消灭敌人军事力量外，还要担负宣传群众、组织群众、武装群众、帮助群众建立革命政权以至建立共产党的组织等重大任务。抗日战争时期，毛泽东发出“积极生产，克服困难，自己动手，丰衣足食”的号召，要求军队一面打仗，一面生产。解放战争时期，毛泽东在《把军队变为工作队》中指出，人民军队永远既是一个战斗队，又是一个工作队。人民军队的三大任务是有主次之分的，最根本的当然是战斗队的任务。

3. 民主制度与严格的纪律

毛泽东对人民军队民主制度与严格纪律的创建作出了突出贡献。毛泽东认为，人民军队内部的民主制度是破除封建军队习俗的重要武器。因此，他领导我军建立了以党委制、政治委员制、政治工作机关制三大根本制度为主体的一整套政治工作制度，贯彻了官兵一致、军民一致和瓦解敌军的三大原则，实行了政治、经济、军事三大民主。在纪律问题上，毛泽东指出，纪律是执行路线的保证，人民军队必须建立严格的纪律，包括党的纪律、军事纪律、政治纪律和群众纪律。因此，他制定了包括“三大纪律、八项注意”在内的建立在自觉基础上的严格纪律，在长期的革命战争中，包括“三大纪律、八项注意”在内的严格的纪律，保证了我军纪律严明，在内部做到一切行动听指挥，在外部赢得了广大人民群众的热烈拥护和支持。

（四）关于人民战争的战略战术思想

战争的一般规律是强胜弱败，但力量的强与弱不是绝对的，它在一定条件下可以相互转化。毛泽东创造的以“你打你的、我打我的”为标志的一整套趋利避害、灵活机动的战略战术，揭示了由中国共产党领导的劣势装备的革命军队，如何战胜优势装备之敌的战争指导规律，解决了复杂艰巨的“以弱胜强”的作战指导思想及其方法问题。毛泽东的战略战术思想极为丰富，主要包括以下七个方面：

1. 保存自己，消灭敌人

毛泽东认为，保存自己，消灭敌人，是战争的目的，更是一切战争行动的基本原则。两方面是对立统一的：只有保存自己，才有力量消灭敌人；只有大量地消灭敌人，才能有效地保存自己。毛泽东把战争目的和作战手段辩证地统一起来，对指导中国革命战争取得胜利起到了巨大作用。

2. 战略上藐视敌人，战术上重视敌人

毛泽东认为，在对敌斗争态度上，要坚持战略上藐视敌人，战术上重视敌人，并据此确立战略思想和战术思想，既在总体上树立敢打必胜的信心，有压倒一切敌人的气概，又局部上采取慎重态度，讲究作战艺术。

3. 军事战略的适时转变

毛泽东对军事战略的转变问题十分重视，他强调，在作战形式上，要采取运动战、游击战和阵地战三种形式相互配合，并根据不同战争时期、不同战略阶段的敌我力量对比和我军作战能力、任务以及战争形势的发展变化，确定其主辅地位，适时进行军事战略的转变，推动革命战争的胜利发展。

4. 实行积极防御，反对消极防御

毛泽东强调，在战略方针上，要实行积极防御，反对消极防御，即在战略的防御战之中采取战役和战斗的进攻战，在战略的持久战之中采取战役和战斗的速决战，在战略的内线作战之中采取战役和战斗的外线作战，以使战略全局上的劣势变为战役和战斗上的局部优势。

5. 实行有利决战，避免不利决战

在作战指导思想上，毛泽东强调，不打无准备之仗、不打无把握之仗，初战慎重，实行有利决战，避免不利决战，力求做到不打则已、打则必胜。

6. 集中优势兵力、各个歼灭敌人

毛泽东非常强调歼灭战的方针。他形象地比喻说："对于人，伤其十指不如断其一指；对于敌，击溃其十个师不如歼灭其一个师。"要达到此目的，在作战方法上，要采取集中优势兵力、各个歼灭敌人的策略，发挥自身特长，以保证有把握地歼灭敌人。

7. 作战的主动性、灵活性和计划性

在作战指导基本要求上，毛泽东强调主动性、灵活性和计划性，强调通过灵活地使用兵力和变换战术，争取作战的主动权，将胜利的可能变为现实。

（五）关于国防现代化建设的思想

新中国成立后，面对从武装夺取政权到掌握和巩固全国政权的重大变化，毛泽东在领导和筹划新中国的国防建设与国防斗争的实践中，系统地阐发了关于国防现代化建设的指导思想和原则，主要包括：

1. 国防建设要与经济建设协调发展

国防建设与经济建设，是国家建设的重要组成部分，要把国防建设纳入国家建设的整体规划之中，统筹安排。经济建设要照顾国防建设的需要，实行军民结合、平战结合；要加强国防建设必须首先加强国家经济建设，使军费保持适当比例。这对减轻国家负担、促进国家经济发展和国防现代化建设都起到了积极作用。

2. 建设正规化、现代化的国防军

为建设正规化、现代化的国防军，毛泽东提出了实行统一的指挥、统一的制度、统一的编制、统一的纪律、统一的训练，实现诸军兵种密切协同动作以及加强组织性、计划性、准确性和纪律性的要求，领导我军由单一军种建设成为包括空军、海军和战略导弹部队等在内的诸军兵种合成的军队，使我军的力量结构和作战能力提高到一个新的水平。

3. 发展现代化国防科学技术

毛泽东倡导建立起我国独立完整的国防科研、工业体系，而且在国家经济还比较困难的时候，果断作出了发展尖端技术，研制原子弹、氢弹、洲际导弹、人造卫星和核潜艇的重大决策，有效地打破了帝国主义、霸权主义的核垄断与核讹诈，促成了我国国防现代化事业质的飞跃。以毛泽东为核心的党中央，在各方面条件都非常困难的形势下，抓住了难得的战略机遇期，充分发挥了计划经济体制的最大优势，毅然领导中国人民把以“两弹一星”为主的国防尖端技术难题攻破，这对中华民族是一个意义深远的伟大贡献。

4. 建设强大的国防后备力量

毛泽东注重现代化军队与强大民兵的有机配合，领导建立起民兵与预备役合一的国防后备力量体制，满足未来人民战争的需要，解决了平时少养兵、战时多用兵的问题。

5. 实行积极防御的战略方针

毛泽东一贯强调，中国决不称霸，不要别人的一寸土地，但是我国的领土、领海、领空也绝不容许任何人侵犯，在军事战略上实行后发制人。正是根据这一原则立场，我军赢得了历次边境自卫反击作战的胜利，捍卫了祖国领土、主权完整和民族尊严，而且还应邀援助友好邻邦抗击外来侵略，为世界和平与稳定作出了重大贡献。

6. 国防建设必须坚持独立自主、自力更生的方针

对于我们这样一个大国，国防建设必须放在自己力量的基点上，独立自主地进行军队现代化建设，建设中国特色的现代国防。当然，毛泽东并不排斥外援，而是争取外援，结合中国自己的特点，有选择性地向外军学习。20 世纪 50 年代，在毛泽东的带领下，我们向苏联学习军事科学，学习现代战争理论，改变我军落后状态。但是，在任何时候，我们的基点都应放在独立自主、自力更生这一基本原则上，争取外援只能是起辅助作用。

三、毛泽东军事思想的鲜明特色

（一）以对中国国情的科学分析和准确把握为深厚根基

旧中国是一个以农民为主体的半殖民地半封建大国，国情相当特殊。没有对中国国情的透彻了解，要创造出满足中国革命战争实际需求的军事思想是不可能的。毛泽东是党内最早注重国情研究并最早认清国情的领导人。对国情的深刻洞

察和准确把握，为形成和发展毛泽东军事思想奠定了牢固的社会认识根基。

（二）以丰富的直接实践为主要源泉

自古以来，许多兵学大师包括最负盛名的孙武和克劳塞维茨，由于经历和实践范围的局限，所创造的军事思想体系大都来自对间接战争经验的归纳和总结。毛泽东军事思想也广泛吸收了古今中外战争经验之精华，但与众不同的是，它主要是来自中国革命战争的直接经验，来自毛泽东领导和指挥革命战争的亲身实践。从1927年秋领导秋收起义开始，毛泽东长时期战斗在军事斗争的第一线，而且于遵义会议后实际担任最高统帅长达四十多年。这一特殊身份，使他最有条件把军事实践斗争和军事理论创造结合起来，并从全局上实现从实践到理论，再从理论到实践的循环往复与升华。毛泽东在领导军事斗争的近半个世纪中，经历了多种作战对象、多种作战样式和不同战争规模的实践，经历了创建和发展新型人民军队的实践，经历了武装夺取政权和进行国防建设的实践。丰富多彩、蔚为壮观而又艰苦卓绝的军事实践活动，为毛泽东的军事理论创造提供了动力、源泉和检验的标准。所以，与古今中外其他军事思想相比，毛泽东军事思想内容更深刻、更科学，体系更完整，更具有实践的指导意义，是人类军事思想库中的瑰宝。

（三）以实事求是的创造精神为活的灵魂

毛泽东具有非凡的开拓意识和首创精神，他不迷信本本，也不囿于已有的科学模式。他不但敢于率领全党和全体人民进行翻天覆地的斗争，而且具有非凡的勇气和智慧，善于从实际出发进行大胆创造。他把马克思列宁主义与中国革命战争的实践相结合，以自己所特有的胆略和才识，具体分析当时的实际情况，博采众长，致力于创造性实践，解决了一个又一个难题，把军事科学和军事艺术推向一个崭新阶段。

（四）集个人能动作用与集体智慧之大成

伟大的中国人民革命战争，造就了千百万群众英雄和一大批卓越的无产阶级革命家、军事家。毛泽东军事思想的形成和发展，包含了亿万人民群众和广大指战员的斗争经验与首创精神，凝聚着中国第一代无产阶级革命家、军事家们的心血和智慧。中国革命战争的实践是群众的实践。从土地革命战争时期的边区武装割据，到抗日战争时期的各抗日民主根据地，直至解放战争时期的各战略区，人民革命力量长期处于不同程度的分割状态。独当一面的各地区、各战略方向的领导人和广大指战员，在对敌斗争中创造了许多富有特色的军事斗争策略和手段；在中央工作的党和军队的其他领导人，通过参与重大决策、起草军事文电、撰写军事著作等方式，直接或间接地参与了毛泽东军事思想的创造活动。兼有政治家的恢宏气度、军事家的韬略、哲学家的思辨与诗人的想象力的毛泽东，相信和尊重群众的首创精神，善于吸收和集中来自领袖群体与广大群众的真知灼见。他在全党全军和广大人民群众进行军事斗争实践的基础上，集个人能动作用与集体智慧之大成，完成了毛泽东军事思想的伟大工程。

四、毛泽东军事思想的历史地位和现实意义

毛泽东军事思想是在中国长期革命战争实践中产生的，在中国军事思想史上翻开了崭新的一页。由于中国革命战争艰难复杂的程度高，最终胜利的辉煌均为战争史所罕见，中国革命战争实践中所开创的成功经验异常丰富多彩，因此，指导中国革命战争实践胜利的毛泽东军事思想也就更加光辉夺目。毛泽东军事思想是中国继两千多年前的《孙子兵法》之后，又一次在世界上产生巨大影响的军事理论。

1. 毛泽东军事思想为马列主义军事理论作出了重大而独特的贡献

毛泽东等老一辈革命家创造性地运用和发展了马列主义的军事理论，并将其发展到一个新的高度，极大地丰富了马列主义军事科学的理论宝库。毛泽东军事思想的主要贡献在于：开创了一条农村包围城市、武装夺取政权的革命道路，创建了一支新型的人民军队，丰富和发展了马列主义的人民战争思想，创造了具有中国特点的人民战争的战略、战术，科学地阐明了关于研究和指导战争的战争观与方法论。

2. 毛泽东军事思想在世界上具有广泛而深刻的影响

在中国革命战争取得胜利后，毛泽东军事思想受到世界各国的普遍重视，特别是20世纪50年代后期，在世界范围内逐渐形成一个研究和学习毛泽东军事思想的热潮，许多国家成立了毛泽东军事思想的研究会和学习会。美国、英国、法国、德国和日本出版了不少毛泽东军事著作。在越南、莫桑比克、津巴布韦、安哥拉等第三世界国家的民族解放斗争中，毛泽东军事思想也发挥了巨大的作用，受到普遍欢迎。毛泽东军事思想的理论和实用价值举世公认，作为人类优秀文化的灿烂结晶，在世界军事理论殿堂中占有显赫的地位，享有很高的声誉。

3. 毛泽东军事思想是我军克敌制胜的法宝

毛泽东军事思想是在运用辩证唯物主义和历史唯物主义的原理，批判吸取了古今中外优秀的军事思想遗产的基础上形成的科学的军事理论。它既揭示了中国革命战争的特殊规律，又反映了现代战争和国防建设的一般规律，是经过实践检验的科学真理。无论过去、现在和将来，毛泽东军事思想都是我军克敌制胜的法宝。

4. 毛泽东军事思想是改革开放新时期我国国防和军队建设思想的理论源泉

改革开放新时期邓小平、江泽民、胡锦涛关于国防和军队建设的思想以及新

时代习近平强军思想都是在毛泽东军事思想的基础上发展起来的，是运用毛泽东军事思想的基本原理来分析当前国际形势、用于指导国防建设与军队建设的新的军事理论和思想。

第三节　改革开放新时期军事思想

在改革开放新时期分别以邓小平、江泽民、胡锦涛同志为核心的各届党的中央领导集体，继承了毛泽东军事思想，并根据时代的发展变化，对我国国防建设、军队建设和军事斗争准备等重大课题作出了一系列新的科学回答，进一步发展了毛泽东军事思想，为我国现代化国防和军队建设提供了理论武器和思想指南。

一、邓小平新时期军队建设思想

邓小平新时期军队建设思想，是邓小平在改革开放和中国特色社会主义建设新时期，关于军队建设及有关军事问题的科学理论体系。作为中国共产党第二代领导集体的核心，邓小平根据新时期国际国内形势变化和现代战争发展的需要，对我国国防和军队建设提出了许多富有创见的思想，卓有成效地继承和创新了毛泽东军事思想。

（一）邓小平新时期军队建设思想的主要内容

1. 战争与和平理论

战争与和平问题是影响一个国家内外政策的重大问题，也是军事领域的基本问题。邓小平依据马克思主义基本原理，通过对国际形势的深刻分析和准确把握，科学地阐明了新的历史条件下关于战争与和平、战争的根源等一系列问题，丰富和发展了马列主义、毛泽东军事思想的战争观，为我们准确认识新的历史条件下的战争问题提供了科学依据。

（1）和平与发展是当今世界的主题。

20 世纪 80 年代，邓小平从经济、政治和军事的密切关系出发，在对当今时代特征进行深入考察的基础上，改变了长期以来关于世界大战不可避免而且很迫近的看法，极有远见地提出了和平与发展是当今世界两大主题的著名论断。他明确指出：“现在世界上真正大的问题，带全球性的战略问题，一个是和平问题，一个是经济问题，或者说发展问题。和平问题就是东西问题，发展问题是南北问题。概括起来，就是东西南北四个字。南北问题是核心问题。”这一论断深刻揭示了第二次世界大战后世界政治经济变化的新格局，这不仅是对毛泽东战争与和平思想的重大发展，而且蕴含着对冷战体制难以维持和世界发展趋势的科学预见。这一理论深刻地反映了当代战争与和平的发展规律，指出维护世界和平是当今世界的历史潮流，促进发展是各国面临的紧迫任务，既为我们的重大决策提供了依据，又对世界政治、经济、军事的发展产生了深远的影响。

（2）战争危险依然存在，但世界大战可以避免。

邓小平通过对当今世界主要矛盾及其发展趋势的深刻分析，对世界大战作出了准确的判断，指出世界大战可以避免，理由在于：一是有资格打世界大战的美苏两个超级大国呈相对均势，谁也不敢轻易发动战争。二是世界和平力量的增长超过了战争力量的增长。三是国际竞争的重点已由军事竞争转向以高科技为基础的综合国力的竞争。同时，他又提醒我们，战争的危险仍然存在，和平只是相对的，局部战争和地区性冲突是战争的主要形式。他还指出，对战争与和平形势的正确判断，是我们一切重大决策的依据。没有这个判断，就不可能确定我们国防与军队建设的正确方向和原则。

（3）霸权主义是现代战争的主要根源。

在马克思主义看来，“战争的根源是社会经济制度”。列宁认为，“帝国主义是当代战争的根源”。毛泽东强调，“只要存在帝国主义制度，战争就不可避免”。通过长期考察和深入分析，邓小平进一步指出，无论是世界性霸权主义，还是地区性霸权主义，都是当代战争的根源。我们着眼于反对霸权主义，是为了维护世界和平。我们的政策应该是“谁搞霸权就反对谁，谁搞战争就反对谁”。邓小平关于霸权主义是当代世界战争的主要根源的思想，丰富和发展了马列主义、毛泽东思想战争根源理论。

2. 军事战略理论

（1）现代条件下的人民战争理论。

人民战争思想是毛泽东军事思想的核心内容，也是指导我们开展军事斗争最基本的战略理论。在新的历史条件下，邓小平首先充分肯定了人民战争的思想，明确指出：“经验证明，只要我们坚持人民战争，敌人就是现在来，我们以现有武器也可以打，最后也可以打胜。”同时强调，随着时代的变化和高科技武器在现代战争中的应用，我们要加强对现代条件下人民战争的研究：

①坚持人民战争同加强国防和军队现代化建设并不矛盾，坚持现代条件下的人民战争，就是要把人民战争同国防和军队现代化建设有机结合起来，从整体战略高度予以考虑。

②强调现代条件下的人民战争，是由我们所进行的战争的正义性决定的，它以人民群众是历史的主体和创造者为理论前提。无论战争条件如何改变，都只是改变了战争的工具和手段，没有改变战争的性质。

③实行现代条件下的人民战争，必须加强研究现代战争特点给人民战争带来

的影响，创造现代条件下人民战争的新战略，认真做好现代条件下人民战争的各项准备工作。

（2）积极防御的战略方针。

新时期，邓小平继承了毛泽东一贯主张的积极防御战略方针，明确指出："我们未来的反侵略战争，究竟采取什么方针？我赞成'积极防御'四个字。"

概括地说，邓小平积极防御的战略方针，提出了以国家利益为最高准则来处理战略问题的总原则，坚持国家利益、阶级利益、民族利益的统一，把国家利益放在第一位；系统阐明了制止战争的思想，提出争取不用战争手段而用和平方式解决国际争端的新思路，要求做好制止和避免战争的工作；倡导研究现代技术特别是高技术条件下战争的特点和规律，做好应付局部战争的准备，保持战略指导的灵活性；提出正确处理人与武器的关系，增强立足现有装备练兵打仗的信心，积极探索克敌制胜的新的作战思想、战略战术及作战指导方针。

3. 军队建设理论

（1）建设强大的现代化、正规化革命军队。

邓小平根据新时期军事斗争的实际需要，明确指出："必须把我军建设成一支强大的现代化、正规化的革命军队。"确立了新时期我国军队建设的总目标和总任务：

①以革命化建设为灵魂，确保政治上永远合格。邓小平以革命家特有的经验，深刻地阐释了加强我军革命化建设的极端重要性。一是革命化体现了人民军队的本质和宗旨，是我军的政治优势。二是革命化是保持人民军队的革命性质和坚持正确政治方向的保证。三是革命化是现代化、正规化的灵魂。四是革命化是现代战争克敌制胜的法宝。

②以现代化建设为中心，努力适应现代战争的需要。邓小平以军事家特有的敏锐，强调指出，新时期军队建设要解决"现代化问题"。一要大力培养现代化的军事人才。二要实现武器装备现代化。三要建立科学的体制编制。四要发展现代军事理论。五要发展军事科技尤其是军事高科技。

③以正规化建设为条件，提升我军现代化管理水平。邓小平以政治家特有的智慧，关注军队正规化建设，强调要完善各种规章制度，实现依法治军，从严治军，提升我军现代化管理水平，实现新时期我军建设组织上的条令化、军制上的科学化和管理上的制度化。

（2）走中国特色的精兵之路。

走中国特色的精兵之路是我军建设的根本方针。现代战争环境下，军队质量问题越来越突出，越来越重要。邓小平强调："质量问题是影响战争胜败的问题。只讲数量，不讲质量，会耽误大事，要正确处理数量和质量的关系，要把质量建设作为军队建设的根本方针，长期坚持下去。”

①注重质量建设要贯彻精兵、平战、合成、高效的原则。兵贵精，不贵多，精兵乃古今中外治军之道。“精兵”原则，即减少军队数量，提高质量。从这一原则出发，中央军委便努力在建军质量上下功夫，1985 年就决定减少军队员额 100 万。“平战”原则，即平战结合，区别情况，组建不同类型的常备军。一个国家不可能总是处在战争状态，因此，军队建设不可能只顾战时不顾平时，必须坚持平战结合，坚持经济建设与战时作战相结合，坚持常备军与后备力量相结合，坚持正规部队与半正规的预备役相结合。“合成”原则，即调整军队编组，组建陆军集团军。现代战争已由过去单一兵种，发展到诸兵种大规模大范围合成作战，因此，合成已经成为编组现代化军队的重要原则。“高效”原则，即合并机构，精简机关。精简机构能使军队指挥系统日益精干，是战争现代化的必然要求。

②科技强军。邓小平强调，科学技术是第一生产力，中国必须在世界高科技领域占有一席之地。他指出，如果 20 世纪 60 年代以来中国没有原子弹、氢弹，没有发射卫星，中国就不能叫作有重要影响的大国之一，就没有现在这样的国际地位。他认为，高技术反映了一个民族的能力，是一个民族、一个国家兴旺发达的标志，同时又是国家安全的重要保障。

4. 国防建设理论

（1）国防建设指导思想的战略转变。

基于对世界战争与和平形势的正确判断，邓小平指出，国防和军队建设指导思想要实行战略性转变，即从过去立足于早打、大打、打核战争的临战状态，转到和平时期正常建设的轨道上来。具体来说，就是要充分利用较长时间内世界大战打不起来的相对和平环境，在服从和服务于国家经济建设大局的前提下，有计划、有步骤地加强军队现代化建设，不断增强国防实力，提高我军在现代战争条件下的自卫能力。他提出，要改革国防科技工业体制，走平战结合、军民结合的发展道路，既为国民经济的发展服务，又不断提高整个国防科技与国防工业的现代化水平。

（2）建设现代化国防。

国防现代化是“四个现代化”的重要组成部分，建设现代化国防是适应现代战争的需要。邓小平从我国的国情、军情出发，提出了建设现代化国防的原则、途径与措施。概括起来，主要有：

①军民兼容、平战结合发展国防工业。实行“军民兼容，平战结合”的国防方针，是邓小平在揭示和平时期国防建设规律的基础上，为我国国防现代化建设提出的重要决策，也是和平时期我国以有限的资金取得较大国防效益的主要途

径。"军民兼容"，就是寓军于民，军民结合，把国防建设寓于国家总体建设之中，把国防工业和国防科技纳入国家经济建设的总体规划之中。"平战结合"，就是国家的平时经济建设，要充分考虑战时国防的需要，要与未来战争的要求相适应。国防工业和国防科技平时实行军转民，以提高经济效益，战时则便于民转军，以保证战争需要。

②建立精干常备军与强大后备力量相结合的国防力量体制。常备军与后备力量是构成现代国防的两大基本要素。常备军是国防力量的主体，是保卫祖国的钢铁长城，后备力量是国防的基础。我国国防存在"兵少则不足其卫，兵多则不胜其养"的矛盾。为了解决这一矛盾，为了应对现代战争，我们必须在建立一支精干常备军的同时，努力建设数量充足、质量较高、动员迅速、机制完善的强大国防后备力量。

③坚持独立自主、自力更生的国防现代化建设道路。"独立自主、自力更生"的国防工作方针是毛泽东同志的首创。在资本主义世界对中国政治孤立、军事包围和经济封锁的年代，它有力地推动了我国国防事业的发展，促进了我国取得"两弹一星"的伟大成就。在新的历史条件下，邓小平进一步丰富和发展了这一方针，指出发展现代化国防"必须依靠我们自己努力，必须发展我们自己的创造，必须坚持独立自主、自力更生的方针"，否则，就只能受制于人。同时，他又强调："独立自主不是闭关自守，自力更生不是盲目排外。"我们要勇于向人家学习，"学习先进，才有可能赶超先进"。

④加强国防教育，强化全民国防观念。国防事业是全党、全军和全国人民的事业，要发展这一事业，必须广泛发动人民群众。对人民群众的发动，除了政策指导和保障外，主要还是依靠国防教育。国防教育是增强国防观念、树立国防意识的重要举措。加强国防教育，有助于增强全国人民捍卫国家、民族和社会主义建设事业的责任感与使命感，充分调动人民保家卫国的积极性。因此，在指导新时期国防建设的实践中，邓小平反复强调，要把国防教育作为国防建设的主要环节来抓。

（二）邓小平新时期军队建设思想的地位和作用

进入社会主义改革开放和现代化建设时期，邓小平作为全党全军全国各族人民公认的享有崇高威望的杰出领导人，以其巨大的政治勇气，在开辟建设有中国特色社会主义道路的历史进程中，开创了一整套具有时代精神和中国特色的军队与国防建设的理论、方针及原则。这些理论、方针及原则是中国军事思想的瑰宝。

1. 邓小平新时期军队建设思想是毛泽东军事思想的继承和发展

邓小平作为党的第一代领导集体的重要成员，对毛泽东军事思想的形成和发展作出了重大贡献。作为党的第二代领导集体的核心，邓小平适应新时期军队和国防建设的客观需要，以大胆创新的精神和求真务实的态度，运用马列主义军事理论和毛泽东军事思想的立场、观点、方法，研究新情况、解决新问题，提出了一系列新时期军队与国防建设的理论、方针和原则，揭示了新时期武装力量建设和军事斗争的基本规律，为创立新时期正确的军队和国防建设的指导思想作出了重大贡献。

2. 邓小平新时期军队建设思想是邓小平理论的重要组成部分

在创立建设有中国特色的社会主义理论体系的过程中，邓小平也创立了新时期军队建设思想。从根本上说，邓小平新时期军队建设思想就是建设有中国特色社会主义理论体系在军事问题上的表现、在军事领域的具体化。也可以说，邓小平新时期军队建设思想是邓小平关于建设有中国特色社会主义的基本理论、基本路线和基本方针在军事领域的展开与延伸，是邓小平理论所坚持的科学世界观、方法论在军事领域的贯彻和运用。

3. 邓小平新时期军事思想是新时期军事斗争和军队建设的科学指南

邓小平新时期军队建设思想是新的历史条件下军队建设实践经验的科学总结和理论概括，反映了新时期军队建设的基本规律，具有强大的生命力。坚持以邓小平新时期军队建设思想为指导，是我军建设沿着正确方向不断发展，夺取新的更大胜利的根本保证。在今后一个很长的历史时期中，邓小平揭示的时代特征不会改变，世界军事变革的发展趋势不会改变，我军建设的总的历史条件和基本规律不会改变，邓小平新时期军队建设思想也就不会过时。

二、江泽民国防和军队建设思想

20 世纪 90 年代以来，我国国防和军队建设所处的历史条件发生了深刻变化，苏联解体、东欧剧变，美苏两极争霸的国际战略格局出现了重大转变，世界科技革命日新月异，世界新军事变革迅猛推进，国家改革开放和社会主义市场经济深入发展，反“台独”斗争任务日益紧迫。面对这些新情况、新变化，作为党的第三代领导核心，江泽民以政治家和科技专家特有的眼光与历史责任感，准确把握国际国内形势，对在新的历史条件下，我国国防和军队建设事业如何进一步发展作出了新的科学回答，与时俱进地继承和创新了邓小平新时期军队建设思想，成为新时期我国国防和军队现代化建设的重要理论武器。

（一）江泽民国防和军队建设思想的主要内容

1. 从国际战略全局与国家发展大局谋划国防和军队建设

20 世纪 90 年代以来，虽然和平与发展的时代主题没有发生根本改变，但是，随着苏联解体、东欧剧变，美苏两极争霸的国际战略格局发生重大转变，世界逐渐向多极化方向发展，作为一极独霸的美国继续奉行冷战思维，推行霸权主义及强权政治，国际社会的地区性冲突和局部性战争不断发生。

由于不愿意看到中国的统一和强大，以美国为首的西方敌对势力采取多种手段对我国施加影响和压力，我国社会主义现代化建设及祖国统一大业面临着国际霸权主义和强权政治的威胁与挑战。

通过对国际局势的冷静观察和深刻分析，江泽民指出："当今世界旧的格局已经打破，新的格局尚未形成，正处于新、旧格局交替时期。虽然东西方关系已趋缓和，但霸权主义和强权政治继续存在，形势动荡多变，世界并不安宁。""国际战略格局正在由两极向多极化发展，天下并不太平，我国安全仍然面临着威胁。"江泽民的深刻分析，一方面，肯定了和平与发展仍然是冷战结束后当今世界的主题；另一方面，也充分说明了国际形势动荡多变，世界并不安宁。我们必须从国际战略全局出发，居安思危，奋发图强，抓住机遇，谋划国防和军队的现代化建设，确保祖国的稳定安全。与此同时，江泽民还强调指出："国防建设和军队建设必须以经济建设为依托，服从国家经济建设大局。"也就是说，发展中国特色社会主义，经济建设是一切工作的中心，是整个国家建设的大局，在谋划国防与军队建设时，要自觉从这一大局出发去想问题、办事情，按有利于这一大局的原则去行动。在目前国家财力有限，军费不足，军队的武器装备和官兵的物质待遇还不够好的情况下，广大官兵一方面要理解和体谅国家的困难，树立"忍耐"的思想，正确地理解和自觉地服从国家建设的整体部署；另一方面要发扬艰苦奋斗、勤俭建军的精神，充分挖掘自身潜力，开源节流，精打细算，不断提高有限经费的使用效益，把国防和军队建设好。

2. 解决好"打得赢、不变质"两个历史性课题

在新的历史条件下，我军能不能打赢未来可能发生的高技术战争，能不能始终保持人民军队的性质、本色和作风，是我国国防和军队建设面临的两大历史性课题。两大历史性课题的提出，是江泽民同志对国防和军队建设方向与任务问题进行理论思考后取得的重大成果。可以说，江泽民关于国防和军队建设的一系列新思想、新观点、新论断，都是围绕解决这两大历史性课题展开的。

"打得赢"是指我军要建设成为一支具有强大实战能力和威慑能力的现代化军队，能够打赢现代条件特别是高技术条件下的局部战争，为维护国家的安全统一，为建设中国特色社会主义事业提供可靠保障。"不变质"是指我军始终坚持中国共产党的绝对领导，永远保持人民军队的性质、本色和作风，经得起任何政治风浪的考验，永远是党的军队、人民的军队、社会主义国家的军队。始终不渝地坚持打得赢、不变质相统一，是我军存在和发展的全部意义与价值所在。

解决好"打得赢、不变质"两个历史性课题，必须按照"五句话"的总要求全面加强军队建设。江泽民指出，"军队要努力搞好各项建设和改革"，"使全军部队做到政治合格、军事过硬、作风优良、纪律严明、保障有力"。这个总要求涵盖

了新形势下军队建设的基本内容。政治合格，就是要始终坚持党对军队的绝对领导，模范贯彻执行党的理论、纲领和维护党的路线、方针、政策，坚持人民军队的性质、本色和作风，始终做党的利益、人民的利益、社会主义国家利益的忠实捍卫者。军事过硬，就是要具有牢固的战斗思想、精湛的军事技术、良好的军事素质和快速高效的反应能力，能够有效履行维护国家安全统一和发展利益的职责使命。作风优良，就是要有良好的思想作风、工作作风、战斗作风和生活作风，做到实事求是，谦虚谨慎；学以致用，言行一致；积极进取，敢于创新；英勇顽强，雷厉风行；艰苦奋斗，勤俭办事。纪律严明，就是要依法从严治军，解决新时期军队指挥不到位的问题。保障有力，就是在一定的经济和社会条件基础上，科学组织和运用人力、物力、财力、技术等，及时、准确、高效地保障军队建设和作战需要。

3. 积极推进中国特色的军事变革

随着高新技术的迅猛发展及其引领军事领域的系列革命性变革，世界各主要国家军队的作战能力已经达到信息化战争初级阶段的水平。为了跟上世界军事变革的步伐，解决我军现代化水平与打赢未来信息化战争要求不相适应的矛盾，江泽民反复强调，要积极推进中国特色的军事变革。

根据世界军事信息化变革形势，江泽民经过深思熟虑，明确指出，世界新军事变革的本质与核心是信息化。因此，新时期中国特色军事变革的最新定位是信息化，变革路径是跨越式发展，即适应世界新军事变革发展趋势，从我国的国情和军情出发，走以信息化带动机械化、以机械化促进信息化的跨越式发展道路，通过深化改革，实现军队建设的整体转型，建设一支能够打赢未来信息化战争的强大的现代化、正规化的革命军队。具体包括：

（1）大力加强装备建设。

我军的武器装备与世界军事强国相比，差距相当大。江泽民认为，迎接世界军事发展的挑战，就要千方百计把我军的武器装备搞上去。他指出，“必须把国防科研和武器装备建设摆在提高军事实力的突出位置，增强我军打赢高技术战争的物质技术基础”，“从现在起，为了适应现代技术特别是高技术条件下的作战需要，我们要积极创造条件，努力改善军队的武器装备”。

（2）大力强化部队军事训练。

新的历史条件下，如何解决部队打高技术战争能力不够的问题？江泽民强调，一方面要大力加强科研、发展武器装备；另一方面要坚持以高技术作战为背景，大力强化部队的针对性训练，努力探讨新的战法。

（3）从战略高度上培养和造就大批军事人才。

培养和造就大批军事人才，为我军信息化建设与军事斗争准备提供强大的人才和智力支持，是推进中国特色军事变革的重要内容和重要保证。江泽民指出：

“未来的仗能不能打赢，军队会不会变质，关键是人。没有高素质的人才，一切都是空话。”

(4) 科学合理地推进体制编制改革。

为迎接世界军事变革的挑战，江泽民强调，我们“要高度重视完善体制编制等‘软件’的作用”。通过调整体制编制，“出军事经济效益、出战斗力”。我们“下决心进行军队体制编制的调整改革，就是要使我军更好地适应高科技发展的要求，适应未来信息化战争发展的趋势”。

4. 坚定不移地走中国特色的精兵之路

走中国特色的精兵之路，实质是不断推进军队建设实现由数量规模型向质量效能型、由人力密集型向科技密集型的根本转变，重心是实施科技强军战略，关键是培养和造就一大批高素质的新型军事人才。当代世界军事领域的竞争，说到底是人才的竞争。无论武器装备如何发展，都不能改变人是战争胜负的决定因素这一法则。越是先进的武器装备，越需要高素质的军事人才来掌握和运用，培养和造就一大批具有高度政治觉悟、掌握现代军事技术、懂得现代战争指挥艺术的优秀人才，是实现我军现代化、赢得未来战争胜利的根本大计。同时，也必须清醒地看到，军队武器装备的高科技化已经成为当今世界军事发展的一个重要趋势。江泽民指出：“在当今世界上，一个国家如果不随着经济和社会的发展，努力增强国防实力，提高军队的素质和武器装备水平，在现代技术尤其是高技术条件下的作战能力不强，一旦战争发生，往往陷入被动挨打的地位，国家利益、民族尊严和国际威望就要受到极大损害。”因此，我们必须尊重科学，高度重视武器装备的作用，千方百计把武器装备搞上去。

5. 建设具有中国特色的军事科学

具有中国特色的军事科学，是在中国革命战争、国防和军队建设实践中，以毛泽东、邓小平为代表的几代革命家和军事家逐步创立、发展起来的。它在中国革命和建设的历史实践中发挥了重大作用。

新的历史条件下，江泽民非常重视军事科学建设，他认为“先进的军事理论，历来是军队建设得以健康发展的必要条件，是战争的重要制胜因素”。他强调指出，现在，“我们的军事理论研究特别是对高技术战争的研究还很不深入、很不系统，有分量的东西还不多。有些同志只看到武器装备等‘硬件’方面的落后，而往往忽略军事理论这一重要‘软件’上的差距”，“将来是要吃大亏的”。因此，他反复呼吁，我们“要发挥军事理论的先导作用，创新军事理论和作战思想，更好地指导和推动我军信息化建设和军事斗争准备”。“如果我们的方针正确，措施得力，就可以实现军队现代化建设的跨越式发展。要重视军事理论的先导作用”。

（二）江泽民国防和军队建设思想的地位与作用

江泽民国防和军队建设思想立足于马克思主义基本原理，立足于国防和军队建设新的实践，对新的历史条件下国防和军队建设的地位作用、目标任务、指导方针、总体思路、根本途径、战略步骤、发展动力、政治保证等重大问题进行了深入阐述，形成了一个以“三个代表”重要思想为统领，以提高军队战斗力为根本，以推动中国特色军事变革为重心，涵盖国防和军队建设各条战线、各个方面，涉及政治、经济、科技、文化、外交等各个领域的科学体系，对我国国防和军队建设具有长远的指导意义。

1. 江泽民国防和军队建设思想是邓小平新时期军队建设思想的继承与发展

江泽民国防和军队建设思想，始终着眼于邓小平新时期军队建设思想的应用，着眼于对实际问题的理论思考，着眼于新的实践和新的发展，对我国国防和军队建设的特点与规律进行了新的探索和新的理论概括，创造性地回答了在世界以高技术质量建设为主要标志的军事竞争新形势下，在国内改革开放不断深入推进的新进程中，如何解决好“打得赢、不变质”两个历史性课题，如何积极推进中国特色的军事变革，全面推进我军“革命化、现代化、正规化”建设，如何打赢现代条件尤其是高技术条件下的战争等系列重大问题，丰富和发展了邓小平新时期军队建设思想，充分体现了与时俱进、开拓创新的科学精神。

2. 江泽民国防和军队建设思想是新的历史条件下国防和军队建设实践经验的科学总结

坚持唯物辩证法的根本要求，一切从不断变化的实际出发，这是江泽民国防和军队建设思想的哲学基石。

江泽民国防和军队建设思想坚持一切从实际出发，立足国情军情，立足国防和军队建设新的实践，从国际战略全局与国家发展大局对新的历史条件下国防和军队建设的地位作用、目标任务、指导方针、总体思路、根本途径、战略步骤、发展动力、政治保证等重大问题进行了深入探讨，提出了一系列新的思想观点，回答了在新的历史条件下，“建设什么样的军队、怎样建设军队，未来打什么样的仗、怎样打仗”等一系列重大问题。这些思想，是“三个代表”重要思想在军事领域的延伸与拓展，是新中国国防和军队建设历史经验的科学总结，也是对高技术局部战争指导规律的深刻揭示，体现了与时俱进的时代精神和马克思主义军事辩证法，为推进我国国防和军队现代化建设的跨越式发展、打赢未来高技术战争，提供了科学指导。

3. 江泽民国防和军队建设思想是新形势下国防和军队建设的科学指南

江泽民国防和军队建设思想，科学分析和回答了在新的历史条件下建设什么样的军队、怎样建设军队，未来可能打什么样的仗、怎样打仗的问题，突出了解决“打得赢、不变质”的问题，突出了坚定不移地走中国特色精兵之路的问题，突出了积极推进中国特色军事变革的问题，实现了党的军事指导理论新的历史性飞跃，是新形势下我军革命化、现代化、正规化建设的纲领，也是推进人民军队建设的强大思想武器和科学理论指南。

三、胡锦涛国防与军队建设思想

进入新世纪新阶段，国际国内形势发生了大变革大调整，国际战略环境复杂多变，国内改革开放和中国特色社会主义建设进入攻坚阶段。面对新形势、新情况，胡锦涛站在国家安全与发展的战略高度，准确把握世界军事形势和军事变革动向，从科学发展的高度审视我国国防和军队现代化建设，围绕新世纪新阶段国防和军队建设问题提出了一系列新思想、新观点、新主张，形成了新世纪新阶段指导我国国防和军队建设科学发展的重要理论体系。

（一）胡锦涛国防与军队建设思想的主要内容

1. 和平主流背景下安全形势复杂多变

随着国际战略格局和世界军事形势的发展变化，从本国安全利益出发，综合考察和分析战争的种类及威胁程度，探索和创新应对战争威胁的理论，已经成为新时期中国国防和军队建设理论创新的首要内容。

胡锦涛在坚持邓小平、江泽民关于和平与发展是当今世界的主题，世界大战一时打不起来，局部战争的危险依然存在的战略判断下，创造性地提出了新的战争威胁理论。他认为，新世纪新阶段，和平主流背景下国际安全形势复杂多变。他强调指出，国际社会“传统安全威胁和非传统安全威胁因素相互交织，影响我国安全的不稳定不确定因素增多，国家安全问题的综合性、复杂性、多变性进一步增强。我国依然面临着军事安全威胁，同时政治安全、经济安全、信息安全、能源安全、海上战略通道安全等方面面临的威胁也不容忽视”。

国家安全问题的综合性、复杂性、多变性进一步增强的态势，对我国国防和军队建设提出了新的更高的要求。为此，胡锦涛指出，要“提高军队应对多种安全威胁、完成多样化军事任务的能力，坚决维护国家主权、安全、领土完整，为维护世界和平贡献力量”。

2. 国防和军队建设要牢固树立科学发展观

党的十六大以来，以胡锦涛为总书记的党中央创造性地提出了科学发展观这一重大战略思想，并把这一思想运用到新世纪国防和军队建设当中，作为加强人民军队建设的重要指导方针。

胡锦涛明确指出，要自觉把科学发展观贯彻落实到国防和军队建设的各个领域与全过程，实现国防和军队建设全面协调可持续发展。科学发展观强调尊重官兵的主体地位，促进官兵的全面发展，强调以提高信息化条件下的威慑和实战能力为根本出发点与落脚点，强调全面加强革命化现代化正规化建设，强调统筹中国特色军事变革与军事斗争准备、统筹机械化建设与信息化建设、统筹诸军兵种作战力量建设、统筹当前建设与长远发展。

以科学发展观指导国防和军队建设，这是胡锦涛领军治军的鲜明特色，也是他对人民军队建设的重大贡献。实践证明，把科学发展观作为加强人民军队建设的重要指导方针，具有深远的战略意义。一方面，这是适应国家安全形势发展变化的迫切要求；另一方面，这也是新世纪新阶段人民军队建设发展的内在要求。

3. 努力提升军队履行新世纪新阶段历史使命的能力

坚决履行新世纪新阶段我军历史使命，是加强人民军队建设的根本要求。胡锦涛明确指出，人民军队必须坚决履行新世纪新阶段的历史使命，一是为党巩固执政地位提供重要的力量保证；二是为维护国家发展的重要战略机遇期提供坚强的安全保障；三是为维护国家利益提供有力的战略支撑；四是为维护世界和平与促进共同发展发挥重要作用。即“三个提供、一个发挥”。

胡锦涛深刻地认识到，军队要履行新世纪新阶段“三个提供、一个发挥”的历史使命，必须加强其能力建设。一是要适应新的形势，积极探索军民结合、寓军于民的新途径和新方法，全面推进经济、科技、教育、人才等方面的军民结合，从国家经济社会发展中获取国防和军队现代化建设的丰厚资源与强大支撑。二是要按照革命化、现代化、正规化相统一的原则加强全面建设，协调推进军事、政治、后勤、装备等领域的工作。要始终把革命化建设放在第一位，更加有力、更加扎实、更加富有成效地推进思想政治建设。要坚持以现代化建设为中心，科学统筹军队建设和改革的全局，努力发展应对多种安全威胁、完成多样化军事任务的能力。要深入研究信息化条件下和社会主义市场经济环境中建军治军的特点、规律，贯彻依法治军、从严治军的方针，推动正规化建设向更高水平发展。三是要适应建设创新型国家的要求，围绕建设信息化军队、打赢信息化战争的目标，进一步实施科技强军战略，依靠科技进步和创新，加快战斗力生成模式转变。

4. 加速推进中国特色军事变革

积极推进中国特色军事变革，是新世纪新阶段人民军队建设的一项战略任务。为迎接世界新军事变革的挑战，胡锦涛指出，我们一定要加速推进中国特色军事变革，要密切观察世界新军事变革的趋势，主动适应世界军事发展的潮流，从国情军情出发，真正走出一条中国特色军事变革的路子，努力夺取国际军事竞争的战略主动权。

为深入推进中国特色军事变革，胡锦涛从战略目标、战略步骤、发展方式、发展动力等方面进一步作了阐述，强调指出，中国特色军事变革的战略目标是建设信息化军队、打赢信息化战争。中国特色军事变革的战略步骤分三个阶段，至21世纪中叶实现国防和军队的信息化。中国特色军事变革的发展方式是努力实现机械化与信息化建设的双重历史任务，努力实现军队现代化的跨越式发展。中国特色军事变革的发展动力是科技进步与改革创新，主要是推进军事理论、军事技术、军事组织、军事管理创新。中国特色军事变革的基本任务是以一体化联合作战为目标，加快武器装备、人才培养、作战理论、体制编制、教育训练等面向信息化战争时代的转型步伐，提高我军应对危机、维护和平、遏制战争、打赢战争的能力。

胡锦涛提出，中国特色军事变革思想是我军迎头赶上世界新军事变革步伐、掌握军事斗争主动权的关键，是新世纪新阶段我军建设的战略重点。

5. 全面推进以军人核心价值观为主导的思想政治建设

思想政治建设是军队最根本、最基础的建设，是军队革命化建设的核心。胡锦涛强调，必须始终坚持把思想政治建设摆在军队各项建设的首位，坚持不懈地用中国特色社会主义理论体系武装全军。

在市场经济条件下，胡锦涛深刻地认识到，军队思想政治建设的主导和关键是军人核心价值观建设。因此，经过深入探讨，他提出了“忠诚于党，热爱人民，报效国家，献身使命，崇尚荣誉”的当代革命军人核心价值观。忠诚于党，就是要自觉坚持党对军队的绝对领导，高举中国特色社会主义伟大旗帜，坚定中国特色社会主义理想信念，任何时候、任何情况下都坚决听党指挥；热爱人民，就是要忠实践行全心全意为人民服务的根本宗旨，视人民利益高于一切、重于一切，永葆人民子弟兵政治本色，与人民群众心连心，同呼吸、共命运，为人民无私奉献；报效国家，就是要大力弘扬爱国主义精神，把个人的前途命运与国家的前途命运紧密联系在一起，坚决捍卫国家主权、安全、领土完整和人民民主专政的国家政权，为建设富强、民主、文明、和谐的社会主义现代化国家贡献力量；献身使命，就是要履行革命军人的神圣职责，爱国精武，爱岗敬业，不怕牺牲，英勇善战，坚决履行好党和人民赋予的新世纪、新阶段军队历史使命；崇尚荣誉，就是要自觉珍惜和维护国家、军队、军人的荣誉，视荣誉重于生命，自觉践行社会主义荣辱观，弘扬革命英雄主义和集体主义精神，提高素质、全面发展，争创一流、建功立业，贞守革命气节，严守军队纪律。

胡锦涛站在时代发展和军队建设全局的高度提出了当代革命军人核心价值观，从我军官兵与党、人民、国家、军队的关系以及我军官兵相互间的关系等方面，提出并确立了当代革命军人必须遵循的最基本、最核心的价值观念，科学阐明了我军官兵应遵循的根本价值取向和道德行为准则，回答了听谁指挥、为谁当兵、为谁打仗的根本问题，抓住了新形势下思想政治建设的关键性、根本性、主导性问题，为加强军队全面建设，强化官兵精神支柱提供了准则。我们必须全面准确地加以理解和把握，大力倡导和培育。要坚持不懈地用当代革命军人核心价值观引领官兵的思想和行为，要把培育当代革命军人核心价值观融入部队建设的方方面面，抓好思想教育、舆论引导、文化熏陶、典型示范、实践养成、制度保障，使官兵始终保持政治坚定和思想道德纯洁，真正做到打得赢、不变质。

（二）胡锦涛国防与军队建设思想的地位与作用

作为新世纪新阶段马克思主义军事理论中国化的重要理论成果，胡锦涛国防与军队建设思想，科学地回答了新的历史条件下国防与军队建设向什么样的科学目标发展、如何实现科学发展的根本问题，谱写了新世纪新阶段党的军事指导理论创新发展的新篇章，开拓了马克思主义军事理论发展的新境界，具有重要的理论地位和突出的实践价值。

1. 胡锦涛国防与军队建设思想是新世纪新阶段马克思主义军事理论中国化的重要理论成果

胡锦涛国防与军队建设思想，坚持了马克思主义的基本立场、观点和方法，继承了毛泽东、邓小平、江泽民的军事思想，开拓了马克思主义军事理论发展的新境界，谱写了马克思主义军事理论发展的新篇章，实现了马克思主义军事理论中国化的新发展，是新世纪新阶段党的军事指导理论创新发展和马克思主义军事理论中国化的重要理论成果。

2. 胡锦涛国防与军队建设思想是新世纪新阶段国防和军队建设实践经验的科学总结

一切正确的思想和理论，本质上都是实践经验的升华、发展规律的揭示。改革开放 30 多年来，党的军事指导理论创新发展的基本经验是，根据不断变化发展的国情军情实际在实践中丰富和发展军事理论。胡锦涛国防与军队建设思想充分地吸收了这一经验。胡锦涛国防与军队建设思想坚持了解放思想、实事求是和与时俱进的思想路线，在国际安全形势复杂多变的背景下，在国防和军队建设进入新世纪新阶段的历史关头，始终注意把国防和军队建设放在当代世界复杂多变的大背景下加以思考，放在当代和平的大环境下中国与世界的相互联系中加以思考，准确地把握住了世界潮流和时代脉搏，科学地分析了国防和军队建设中出现的新情况、新问题，提出了一系列新思想、新观点、新主张，形成了新世纪新阶段指导我国国防和军队建设科学发展的理论体系，解决了在新的历史条件下国防和军队建设向什么样的科学目标发展、如何实现科学发展的根本问题，实现了马克思主义军事理论中国化的又一次历史性飞跃。

3. 胡锦涛国防与军队建设思想是新世纪新阶段国防和军队建设的指导方针

新世纪新阶段，国际战略环境复杂多变，国内改革开放和中国特色社会主义建设进入攻坚阶段。面对新形势、新任务，胡锦涛站在时代发展和战略全局的高度，传承和创新了毛泽东、邓小平、江泽民军事思想，从科学发展高度审视了我国国防和军队现代化建设，对在国际安全形势复杂多变、周边不稳定不确定因素逐渐增多的环境下，如何提高军队应对多种安全威胁、完成多样化军事任务的能力，履行好新世纪新阶段“三个提供、一个发挥”的历史使命；对于在国家经济实力不断增强、对安全保障提出更高要求的情况下，如何统筹经济建设与国防建设、在全面建设小康社会的进程中实现富国和强军的统一；对于新世纪新阶段，我国国防和军队建设同信息化战争需要不相适应的矛盾形势下，如何加速推进中国特色军事变革等，进行了深入思考，作出了一系列重要论述，开拓了马克思主义军事理论发展的新境界，成为新世纪新阶段我国国防和军队建设的科学指南。

第四节　新时代习近平强军思想

习近平强军思想，是习近平新时代中国特色社会主义思想的“军事篇”，是马克思主义军事理论中国化时代化的新飞跃，是新时代推进强军伟大事业的科学指南，是人民军队的强军之道、制胜之道。党的十九大明确强调，要牢固确立习近平强军思想在国防和军队建设中的指导地位。习近平强军思想为实现党在新时代的强军目标、把人民军队全面建成世界一流军队提供了根本遵循和行动指南。

一、习近平强军思想的深刻内涵

习近平强军思想内涵丰富、思想深邃，深刻回答了“新时代建设一支什么样的强大人民军队、怎样建设强大人民军队”的时代课题，以及回答了“人民军队听谁指挥、怎样铸牢军魂”“为什么强军、怎样强军”“打什么仗、怎样打胜仗”等基本问题，是一个内涵丰富、逻辑严密、体系完备的科学理论体系。习近平强军思想，丰富发展了我们党建军治军的思想和方针原则，指引了人民军队的强军新征程。

1. 牢牢把握党在新时代的强军目标，全面建设世界一流军队

提出坚定不移走中国特色强军之路，实现党在新时代的强军目标，把人民军队建设成为世界一流军队，进一步明确了全面实现国防和军队现代化的目标引

领，鲜明确立了军队建设的时代主题。十九大报告指出，“明确党在新时代的强军目标是建设一支听党指挥、能打胜仗、作风优良的人民军队，把人民军队建设成为世界一流军队”。建设一支强大的人民军队，是我们党的不懈追求。习近平同志深入把握国际战略形势和国家安全环境发展变化趋势、总结我们党建军治军经验，鲜明提出“建设一支听党指挥、能打胜仗、作风优良的人民军队”这一党在新时代的强军目标，明确了加强国防和军队建设的聚焦点和着力点，指明了建设巩固国防和强大军队的前进方向，是实现“两个一百年”奋斗目标、实现中华民族伟大复兴的战略支撑。强调坚持总体国家安全观，人民军队要坚决维护中国共产党领导和我国社会主义制度，维护国家主权、安全、发展利益，维护地区和世界和平，进一步明确了国防和军队建设在全面建设社会主义现代化强国中的地位和作用，拓展和规定了我军新时代使命任务。

听党指挥是灵魂，决定军队建设的政治方向；能打胜仗是核心，反映军队的根本职能和军队建设的根本指向；作风优良是保证，关系军队的性质、宗旨、本色。强军目标，是对人民军队发展方向的战略定位，是对军队建设全局的顶层谋划，拎起了国防和军队建设的总纲。继提出强军目标后，习近平同志进一步向全军发出建设世界一流军队的号召。建设世界一流军队，是对强军目标的深化和具体化，是实现中华民族伟大复兴的战略抉择，必将引领我军实现新的历史性跨越。

2. 强调“五个更加注重”，创新军队建设发展的战略指导

强调深入贯彻新形势下军事战略方针，坚持积极防御战略思想，提高基于网络信息体系的联合作战能力、全域作战能力，有效塑造态势、管控危机、遏制战争、打赢战争，立起了统揽军事力量建设和运用的总纲。

强调更加注重聚焦实战、更加注重创新驱动、更加注重体系建设、更加注重集约高效、更加注重军民融合。聚焦实战，是军队履行根本职责的必然要求；创新驱动，是军队发展进步的动力源泉；体系建设，是打赢信息化战争的核心支撑；集约高效，是当今现代化军队发展的基本特征；军民融合，是实现发展和安全兼顾、富国和强军统一的必由之路。强化作战需求牵引，提高创新对战斗力的贡献率，全面提高我军体系作战能力，提高国防和军队发展精准度，促进经济建设和国防建设协调发展、平衡发展、兼容发展，进一步明确了军队建设发展的战略指导。

3. 坚持政治建军、改革强军、科技兴军、依法治军

提出坚持政治建军、改革强军、科技兴军、依法治军，进一步明确了军队建设的重点领域、主攻方向、战略抓手，科学确立了强军兴军的战略布局。

强调政治建军是立军之本，必须坚持党对军队的绝对领导，加强和改进新形

势下我军政治工作，最紧要的是把理想信念、党性原则、战斗力标准、政治工作威信四个具有根本性的东西立起来；强调改革是强军必由之路，必须着力解决制约国防和军队建设的体制性障碍、结构性矛盾、政策性问题，建设强大的现代化陆军、海军、空军、火箭军和战略支援部队，建设绝对忠诚、善谋打仗、指挥高效、敢打必胜的联合作战指挥机构，加快构建中国特色现代军事力量体系，完善和发展中国特色社会主义军事制度；强调科技创新是核心驱动，必须坚持自主创新的战略基点，提高科技创新对军队建设和战斗力的贡献率，建设创新型人民军队；强调依法治军是强军之基，必须强化全军法治信仰和法治思维，构建中国特色军事法治体系，按照法治要求转变治军方式。

4. 提出军队向能打仗、打胜仗聚焦，加强练兵备战

提出军队要向能打仗、打胜仗聚焦，加强练兵备战，强调人民军队永远是战斗队，人民军队的生命力在于战斗力，指出牢固树立战斗力这个唯一的根本的标准，大力提高军事训练实战化水平。坚持用是否有利于提高战斗力来衡量和检验各项工作，确保部队召之即来、来之能战、战之必胜。

贯彻新形势下军事战略方针，聚焦研究打仗、指挥作战核心职能；坚持以军事斗争准备为龙头带动现代化建设，全面提高部队以打赢信息化条件下局部战争为核心的完成多样化军事任务的能力；坚持信息化的发展方向，推动信息化建设加速发展，增强基于信息系统的体系作战能力；聚焦保障打赢，加快转型重塑，努力建设强大的现代化后勤等。这些重要论述，把握住我军的根本职能，牵住了强军兴军的“牛鼻子”，进一步明确了军队建设的根本指向，形成了全部心思向打仗聚焦、各项工作向打仗用劲的鲜明导向，把军事斗争准备推向新高度新阶段。

5. 深入实施军民融合发展战略，坚持富国和强军相统一

提出深入推进军民融合发展，强调军民融合是国家战略，既是兴国之举又是强军之策，形成军民融合深度发展格局，构建一体化的国家战略体系和能力，进一步明确了实现发展和安全兼顾、富国和强军统一的重要途径。十九大报告指出，“坚持富国和强军相统一，强化统一领导、顶层设计、改革创新和重大项目落实，深化国防科技工业改革，形成军民融合深度发展格局，构建一体化的国家战略体系和能力”。

强调推进强军事业，必须深入推进军民融合发展，构建军民一体化的国家战略体系和能力。习近平同志着眼国家安全和发展全局，系统阐述了军民融合发展的目标任务和基本路径。提出要构建统一领导、军地协调、顺畅高效的组织管理体系，国家主导、需求牵引、市场运作相统一的工作运行体系，系统完备、衔接配套、有效激励的政策制度体系，形成全要素、多领域、高效益的军民融合深度

发展格局。坚定不移走军民融合式创新之路，在更广范围、更高层次、更深程度上把军事创新体系纳入国家创新体系之中，实现两个体系相互兼容同步发展。总之，把军民融合发展提到了一个新的战略高度，为推进经济建设和国防建设协调发展、破解军事斗争准备中存在的深层次矛盾和问题标定了科学路径，提供了根本遵循。

6. 坚持运用军事辩证法思想，为强军打赢提供了科学方法

提出全面掌握辩证唯物主义和历史唯物主义世界观和方法论，强调正确认识和把握战争与和平、军事与政治、发展与安全、威慑与实战、人与武器以及军事训练中的辩证法，形成了具有时代性独创性的军事辩证法思想，为强军打赢提供了科学的思想方法和工作方法。

习近平强军思想是马克思主义在军事领域的生动体现，熔铸了战略思维、辩证思维、系统思维、创新思维、底线思维等科学思维方法，处处闪耀着辩证唯物主义和历史唯物主义的思想光芒。比如：站在战略和全局的高度观察和处理问题，从政治上认识和判断形势，增强战略定力；越严格训练越不容易出问题，越消极保安全往往越不安全；能战方能止战，准备打才可能不必打，越不能打越可能挨打；把国家利益作为最高准则和战略底线，决不拿核心利益作交易；始终立足最复杂最困难的情况，着眼应对最严重的事态谋划和推进国防和军队建设；不惹事也不怕事，做好应对最坏局面的准备，努力争取最好的结果。这些科学辩证的思维方法，蕴含着建军统兵的哲学智慧，是马克思主义立场观点方法在军事领域的鲜活运用，是我们党军事辩证法思想发展的时代结晶。

二、习近平强军思想的重大指导意义与作用

习近平强军思想与毛泽东军事思想、邓小平新时期军队建设思想、江泽民国防和军队建设思想、胡锦涛国防和军队建设思想，既一脉相承又与时俱进，是习近平新时代中国特色社会主义思想的“军事篇”，是马克思主义军事理论中国化时代化的新飞跃，是人民军队的强军之道、制胜之道，升华了我们党对军事指导规律的认识，把马克思主义军事理论和当代中国军事实践提升到新境界，为实现党在新时代的强军目标、建成世界一流军队提供了科学指南和行动纲领，点亮了照耀强军征程的时代灯塔，对于全面建成社会主义现代化强国、实现中华民族伟大复兴，都具有重大而深远的意义。

1. 是习近平新时代中国特色社会主义思想的重要组成部分

习近平强军思想，立足中国特色社会主义事业全局，围绕强军兴军伟大实践，创造性地提出了一系列新思想新观点新论断新举措，彰显出巨大的真理价值和无穷的实践威力，具有重大的现实意义和深远的历史意义。

习近平强军思想，是习近平新时代中国特色社会主义思想的重要组成部分。习近平强军思想是习近平新时代中国特色社会主义思想在军事领域的充分运用和全面展开。习主席在治国理政的实践中，始终坚持把国防和军队建设置于中国特色社会主义事业全局中来筹划和设计，着眼实现“中国梦”，提出党在新时代的强军目标，这是习近平新时代中国特色社会主义思想的主要内容之一；突出强调坚持党对人民军队的绝对领导，是新时代坚持和发展中国特色社会主义的基本方略之一；建设一支听党指挥、能打胜仗、作风优良的人民军队，是实现“两个一百年”奋斗目标、实现中华民族伟大复兴的战略支撑等。这些都使习近平新时代中国特色社会主义思想体系更加丰富完善。

2. 是强军实践经验的智慧结晶和根本引领

时代是思想之母，实践是理论之源。习近平强军思想，深深植根于全党全军全国人民加强新时代国防和军队建设的丰厚土壤，是在引领国防和军队建设迈进新时代中体现出强大真理魅力和巨大实践威力的科学理论。在习近平强军思想的指导下，人民军队政治生态得到有效治理，组织架构和力量体系实现革命性重塑，军事斗争准备取得重大进展，在中国特色强军之路上迈出了坚定步伐。习近平强军思想就是这一系列强军实践的理论结晶，是新时代人民军队最宝贵的精神财富。

3. 是党的军事指导理论创新发展的新境界

习近平强军思想，紧密结合时代条件的发展变化，系统阐述了新时代强军兴军的历史方位、战略目标、使命任务、指导方针、强大动力、根本保证、科学方法等，开拓了马克思主义军事理论和当代中国军事实践相结合的崭新境界。

从理论层面看，习近平强军思想是马克思主义军事理论中国化的新飞跃。它把辩证唯物主义和历史唯物主义的世界观、方法论同当代中国加强国防和军队建设的客观实际与时代特征结合起来，把马克思主义关于战争和军事问题的基本观点同新的战争形态与制胜机理结合起来，把我们党一以贯之的建军治军指导思想和方针原则与创新发展军事战略指导的时代需求结合起来，提出一系列新思想新观点新论断新要求，使马克思主义军事理论中国化时代化上升到一个全新的高度。

从实践层面看，习近平强军思想是坚持走中国特色强军之路的行动指南。这一思想深刻阐明了强军兴军的历史方位、目标布局、理念思路、发展动力、战略举措、根本保证等，为我们攻坚克难、开拓前行提供了强大的思想保证，为铸魂励志、凝魂聚气立起了精神旗帜。在新时代的强军征程上，只要我们高擎习近平强军思想的伟大旗帜，人民军队就能不断从胜利走向胜利，创造无愧于历史和时代的新业绩。

习近平强军思想提出了一系列具有独创性、时代性的重大理论观点和战略思想。比如，明确党在新时代的强军目标是建设一支听党指挥、能打胜仗、作风优良的人民军队，把人民军队全面建成世界一流军队；把军委管总、战区主战、军种主建确立为深化国防和军队改革的总原则；科技是现代战争的核心战斗力，等等。习近平强军思想同党的军事指导理论，既一脉相承又与时俱进，极大丰富发展了马克思主义军事理论的思想宝库，实现了党的军事指导理论的新飞跃。

4. 是新时代全面推进强军事业的强大思想武器

党的十九大把习主席关于国防和军队建设的重要论述和决策部署归纳概括为习近平强军思想，作为国防和军队建设的指导思想牢固确立起来，其现实意义与历史意义、理论价值与实践需求都十分巨大。这是军队紧跟党的步伐，坚定维护权威、维护核心、维护和贯彻军委主席负责制的迫切需要；是加快推进国防和军队现代化，破解军队建设深层次矛盾问题，不断开创强军兴军新局面的迫切需要；是用党的意志主张贯注部队，统领全军官兵思想和行动，汇聚实现中国梦强军梦磅礴力量的迫切需要；是科学总结我们党建军治军新鲜实践经验和理论成果，不断推动党的军事指导理论创新发展的迫切需要。习近平强军思想是新时代全面推进国防和军队现代化的行动纲领，必将指引和推动我军实现强军目标，全面建成世界一流军队。

三、全面贯彻习近平强军思想应把握的关键内容

要深刻理解新时代习近平强军思想的科学内涵，必须以习近平新时代中国特色社会主义思想和党的十九大报告精神为指引，结合日益变化的国际形势，牢牢把握如下十个方面的关键内容。

一是把握强国必须强军，巩固国防和强大人民军队是新时代坚持和发展中国特色社会主义，实现“两个一百年”奋斗目标、实现中华民族伟大复兴的战略支撑，必须努力建设与我国国际地位相称、与国家安全和发展利益相适应的巩固国防和强大军队。

二是把握党在新时代的强军目标是建设一支听党指挥、能打胜仗、作风优良的人民军队，必须同国家现代化进程相一致，力争到 2035 年基本实现国防和军队现代化，到本世纪中叶把人民军队全面建成世界一流军队。

三是把握党对军队的绝对领导是人民军队建军之本、强军之魂，必须全面贯彻党领导军队的一系列根本原则和制度，确保部队绝对忠诚、绝对纯洁、绝对可靠。

四是把握军队是要准备打仗的，必须聚焦能打仗、打胜仗，创新发展军事战略指导，构建中国特色现代作战体系，全面提高新时代备战打仗能力，有效塑造

态势、管控危机、遏制战争、打赢战争。

五是把握作风优良是我军鲜明特色和政治优势，必须加强作风建设、纪律建设，坚定不移正风肃纪、反腐惩恶，大力弘扬我党我军光荣传统和优良作风，永葆人民军队性质、宗旨和本色。

六是把握推进强军事业必须坚持政治建军、改革强军、科技兴军、依法治军，更加注重聚焦实战、更加注重创新驱动、更加注重体系建设、更加注重集约高效、更加注重军民融合，全面提高革命化、现代化、正规化水平。

七是把握改革是强军的必由之路，必须推进军队组织形态现代化，构建中国特色现代军事力量体系，完善中国特色社会主义军事制度。

八是把握创新是引领发展的第一动力，必须坚持向科技创新要战斗力，统筹推进军事理论、技术、组织、管理、文化等各方面创新，建设创新型人民军队。

九是把握现代化军队必须构建中国特色军事法治体系，推进治军方式根本性变革，提高国防和军队建设法治化水平。

十是把握军民融合发展是兴国之举、强军之策，必须坚持发展和安全兼顾、富国和强军统一，形成全要素、多领域、高效益军民融合深度发展格局，构建一体化的国家战略体系和能力。

复习思考题

1. 军事思想有什么作用?
2. 中国古代军事思想有哪些特点?
3. 作为中国古代军事思想杰出代表的《孙子兵法》主要贡献有哪些?
4. 现代军事思想的发展趋势和发展特点怎样?
5. 毛泽东军事思想的科学含义是什么? 其主要内容有哪些?
6. 请简述邓小平新时期军队建设思想的主要内容。
7. 请简述江泽民国防和军队建设思想的主要内容。
8. 请简述胡锦涛国防与军队建设思想的主要内容。
9. 请简述习近平强军思想的深刻内涵。
10. 请简述习近平强军思想的重大指导意义和作用。
11. 全面贯彻习近平强军思想应把握的关键内容有哪些?

第三章　国际战略环境

进入21世纪，国际风云变幻莫测，热点地区持续升温，国际恐怖与反恐斗争更加激烈，各国积极调整国家安全战略和军事战略，加速推进军事力量建设。在世界走向多极化的今天，世界主要力量间的关系在不断调整，国际战略格局和国际秩序处于不断变革中。深入研究国际战略环境，分析和研究当下我国的周边安全环境，改善并巩固国家在新的国际战略格局中的地位，才能维持有利的国际地位和应对我国所面临的安全威胁，夺取战略新优势，更好地维护我国的安全和发展利益。

第一节　战略环境概述

任何一个国家的战略，无不受一定战略环境的制约和影响。要制定一个战略，就必须研究其战略环境。战略环境是一个动态现象，它随着自然界和人类历史的发展而发展，随着国内外形势的演变而变化，人们必须不断地对其进行观察和认识。

一、战略

战略的本义指军事战略，可按不同标准分为多种类型。战略的构成要素既是战略本质属性的集中反映，也是战略的内容和形式的具体展现。战略因其特定的研究对象、内容和表现形式而具有鲜明特征。同时，战略还具有重要的地位和作用。

（一）战略的基本含义及其分类

1. 战略的基本含义

“战略”一词最早是军事方面的概念，后来演变成军事术语，指军事将领指挥军队作战的谋略。在中国，“战略”一词历史久远，“战”指战争，“略”指谋略。春秋时期孙武的《孙子兵法》被认为是中国最早对战略进行全局筹划的著作。在现代，“战略”一词被引申至政治和经济领域，其含义演变为泛指统领性的、全局性的、左右胜败的谋略、方案和对策。战略产生于战争实践，长期使用于军事领域，本义即军事战略。故战略的基本含义是指筹划和指导战争全局的方略，即根据对国际形势和敌对双方政治、军事、经济、科学技术、地理等因素的分析与判断，科学地预测战争的发生与发展，制定战略方针、战略原则和战略计划，筹划战争准备，指导战争实施所遵循的原则和方法。

军事战略是国家根本性军事政策，是军事活动的主要依据，是运用军事力量支持和配合国家进行政治、经济、外交斗争的重要保障，它是国家总体战略的重要组成部分。一个国家要生存和发展，必须根据社会发展的要求和现实斗争的特点，从总体上对各个领域的活动和斗争进行运筹与指导。在不同的历史条件下，国家有不同的历史任务和发展目标，实现目标的方式也不尽相同，军事战略在国家总体战略中所处的地位与作用也不完全一样。军事战略只有符合国家战略的总体要求，并与其他领域的战略相协调，才能获得实现既定目标的可靠条件，同时，也才能为共同实现国家战略的总体目标发挥应有的作用。

2. 战略的分类

战略可按不同的标准进行划分。按社会历史时期划分，可分为古代战略、近代战略、现代战略；按作战性质划分，有进攻战略和防御战略；按使用武器的类型划分，有常规战争战略和核战争战略（核战略）；按军种划分，有陆军战略、海军战略、空军战略和火箭军战略；按作战持续时间划分，有速决战略和持久战略，等等。

（二）战略的构成要素

1. 战略目的

战略目的是战略行动所要达到的预期结果，是国家一定时期内总的路线、方针、政策在军事上的反映。它既是制定战略的出发点，又是实施战略的归宿点。

战略目的是根据战略形势和国家利益确定的。首先，战略目的要体现国家利益的时代特点。国家利益最根本的是生存和发展。但在不同的历史条件下，国家利益的具体内容和表现形式不尽相同，其对军事斗争的要求也不一样。在战争条件下，夺取战争胜利是国家的最高利益，也是对军事斗争的最基本要求；在和平条件下，国家的发展是国家利益的最高表现，为国家的发展提供一个安全可靠的内外环境，为国家在国际竞争中处于有利地位提供强有力的支撑，维护国家的各种权益，就成为军事斗争的基本要求。

其次，战略目的要与战略形势相适应。一是要反映国际战略形势的总特点和整个国际斗争的主题，并与其相适应。中国军事斗争的战略目的，既要维护本国的独立、主权、统一、稳定，又是全世界人民反对霸权主义、维护和平斗争的一个有机组成部分。二是要反映国家安全形势的特点，并与现实斗争的重点相吻合。要科学分析安全形势，恰当估计战争威胁，正确认识国家安全面临的主要矛盾，并不断对安全形势的发展趋势作出系统、科学的预测。

2. 战略方针

战略方针即指导战争全局的方针，是指导军事行动的纲领和制订战略计划的基本依据。战略方针正确与否，对军事斗争的进程、结局有着决定性的意义。在和平时期，正确的战略方针可以使国家在复杂多变的国际斗争中站稳脚跟，创造、赢得并保持战略上的主动地位。在战争时期，战略方针则往往决定着战争的胜负。

战略方针是在分析国际战略形势和敌对双方战争诸因素的基础上制定的，具有很强的针对性。对不同的作战对象、不同条件下的战争，应采取不同内容的战略方针。每个时期或每次战争，除了总的战略方针外，还要制定具体的战略方针，以确定战略任务、战略重点、主要的战略方向、力量的部署与使用等问题。

3. 战略力量

战略力量是战略的物质基础和支柱。它以国家综合国力为后盾，以军事力量为核心。军事力量与战略有着密不可分的联系，是战略的基本要素。军事力量既是确立战略的重要物质基础，又是实行战略的主要工具；战略既决定着军事力量建设与运用的性质和方向，又主要依靠军事力量来具体贯彻落实。因此，必须在发展经济和科学技术的基础上，根据战略目的和战略方针的要求，确定其建设的规模、发展方向和重点，并与国家的总体力量协调发展。

4. 战略措施

战略措施，也叫战略手段，是为准备和进行战争而实行的具有全局意义的战略保障，是战略决策机构根据战争的需要，在政治、军事、外交、经济、科学技术和战略领导与指挥等方面，所采取的各种全局性的切实可行的方法和步骤。战略目的和战略方针是战略行动的方向、目标、纲领、准则，但不是行动本身，只有通过战略措施，才能将其付诸实践，使其得以贯彻落实。因此，战略措施是任何一个具体战略都不可缺少的重要组成部分。

（三）战略的基本特征

1. 全局性

全局性是战略的首要特点。全局性表现在空间上，整个世界、一个国家、一个战区、一个独立的战略方向，都可以是战略的全局。全局性还表现在时间上，贯穿于指导战争准备与实施的各个阶段和全过程。战略的领导者和指挥者要把注意力放在关照全局上，胸怀全局，通观全局，把握全局，处理好全局中的各种关系，抓住主要矛盾，解决关键问题；同时注意了解局部，关心局部，特别是注意解决好对全局有决定意义的局部问题。

2. 方向性

战争是政治的继续，具有很强的政治目的。任何战略都反映一个国家或政治集团利益的根本的目标方向，体现它们的路线、方针和政策，是为其政治目的服务的，具有鲜明的方向性。

3. 对抗性

对抗性是战略的一个显著特点。在实践中，制定和实施战略都要针对一定对象。而战略谋划的基本内容，就是通过对一定对象的各方面情况进行分析判断，确定适当的战略目的，有针对性地建设和使用好进行斗争的力量，掌握斗争的特点和规律，采取多种斗争形式和方法，对敌抑长击短，对己扬长避短，以取得预期的斗争效果。

4. 谋略性

战略是基于客观情况提出的克敌制胜的斗争策略。它是在一定的客观条件下，变被动为主动，化劣势为优势，以少胜多，以弱制强，乃至“不战而屈人之兵”的重要方法。运用谋略，重在对战争全局的谋划。制定战略强调深谋远虑，尊重战争的特点和规律，多谋善断，料敌定谋，灵活多变，高敌一筹，以智谋取胜。

5. 预见性

预见性是谋划的前提和决策的基础。在广泛调查研究的基础上，全面分析、正确判断、科学预测国际国内战略环境和敌友关系以及敌对双方战争诸因素等可能的发展变化，把握时代特征，明确现实和潜在的斗争对象，判明面临威胁的性质、方向和程度，科学预测未来战争可能爆发的时机、样式、方向、规模、进程和结局，揭示未来战争的特点和规律，是制定、调整和实施战略的客观依据。

二、战略环境

战略环境包括国际战略环境和国内战略环境，并随着国内外形势的发展而不断变化，是制定国家军事战略的前提和基础。

（一）战略环境的基本概念

战略环境是指影响国家安全或战争全局的客观情况和条件，主要包括国际和国内的政治、经济、军事、外交、科技、地理等方面综合形成的客观情况和条件，以及由此而形成的战略态势，特别是战争与和平的总态势。战略环境是动态的，随着国内外形势的发展而不断变化。

（二）国际战略环境

国际战略环境是指一个时期内世界各主要国家在战略利益方面的矛盾、斗争或合作、共处中的全局状况和总体趋势，其中最重要的是时代特征、世界战略格局、主要国家的战略趋向、世界及周边地区的战争与安全形势等。国际战略利益矛盾和斗争是构成国际战略环境的基本方面，关系到斗争各方的生存与发展、安危与兴衰、国家主权和战略目标得失等根本利益，以及由此决定国家军事力量建设与运用的基本方针和原则，是国家制定军事战略的外部环境和条件。

在研究国际战略环境的过程中，重点应从以下几个方面入手：

1. 时代特征

时代特征是指与特定时代相适应的国际政治经济关系的基本状态以及由世界的基本矛盾所决定和反映的基本特征。它反映了世界发展总进程中的矛盾领域和斗争状况，是整个世界在一定历史阶段的总标志，而不是个别国家的个别现象，也不是国际社会一时一事的情节或短时期的形势变化；因而，它具有世界性、阶段性的特点。正确认识时代特征，有助于战略指导者从宏观上把握当代世界的主要矛盾和总体发展趋势，进而能对国际战略环境作出正确的判断，以避免战略指导上的重大失误。

2. 世界战略格局

世界战略格局是指世界各国政治、经济、军事力量在其消长、分化、组合过程中所形成的，对世界战略形势具有重大影响而相对稳定的力量结构。它反映了一定时期内国家与国家之间的力量对比、利益矛盾和需求，以及基本的战略关系。全面分析与研究世界战略格局，有助于从总体上了解世界各主要国家在世界全局中的地位，以及战略利益方面的矛盾和需求，有助于对世界形势及其未来可能的发展趋势作出基本的估计。

3. 主要国家的战略动向

世界各国之间由于战略利益和政策的异同，既可能是对手，也可能是朋友。各国的战略动向，既互为条件、相互依存，又相互影响和制约。一些实力较强的世界性或地区性的大国，特别是超级大国所推行的战略，对其周边地区乃至世界的安全与稳定都具有重大影响。因此，一定时期内的主要国家的战略及发展趋势，是国际战略环境的重要组成部分。了解主要国家的战略动向，有助于从世界各国特别是大国之间的关系上具体地研究国际战略环境，为正确战略的制定提供依据。

4. 当今世界战争与和平的趋势

战争是解决阶级和阶级、民族和民族、国家和国家、政治集团和政治集团之间利益矛盾与冲突的最激烈的手段。只要战争的根源还在，战争与和平就始终是国际安全面临的重大问题。对于一个国家的主权和安全来说，来自外部的战争威胁是最严重的威胁。因此，当代世界战争与和平的趋势在国际战略环境中最引人注目，也是世界各国研究和制定军事战略时关注的中心。

5. 周边安全形势

周边安全形势是指周边国家直接或间接影响本国安全的条件和因素。其中，周边国家与本国的利益矛盾、对本国的政策企图、与本国密切相关的军事力量及其部署等直接影响本国安全的情况和因素，是研究周边战略环境时最值得关注的内容。

（三）国内战略环境

从军事斗争的角度讲，国内战略环境是指对筹划、指导战争全局有重大影响的国内社会环境与自然环境，主要包括国家的政治、经济、军事、科技等方面的基本状况和地理条件。它反映了国家军事力量建设与运用的可能条件和制约因素，决定军事战略的基本性质、基本方针和原则，是国家制定军事战略的内部环境和基础。

在国内战略环境中，对战略具有直接影响的是国家的地理环境、政治环境和综合国力状况。因此，研究国内战略环境应重点把握以下情况：

1. 地理环境

地理环境主要包括国家（战区）的地理位置、幅员、人口、资源、地形、气候以及行政区划、交通、要地等情况。这些地理要素与军事斗争的关系十分密切，是军事力量生存、活动的空间。军队的集结、机动、作战、训练、后勤补给等一切军事活动都离不开一定的地理空间，都要受到地理环境的影响和制约。地理环境不仅是制定战略的重要客观依据，而且是影响战争胜负的重要因素。

2. 政治环境

国内政治环境涉及的范围较广，但对战略影响最大的有两个方面：一是国家的政治法律制度与基本国策。这是国内政治环境的本质与核心，对军事斗争全局的筹划指导具有决定性影响。二是国内政治安全形势。主要包括一定时期内国内的阶级、民族、宗教（教派）、政治集团之间相互关系的基本状况及其对政局和国家安全的影响。特别是其中敌对势力分裂、颠覆国家和发生武装冲突或国内战争的情况，是直接影响国家统一和稳定的国内因素，是筹划、指导军事斗争必须关注的重要问题。

3. 综合国力状况

综合国力是一个国家全部物质力量和精神力量、实力和潜力的总和，它包括国家的人力、物力、财力、军力、科技与生产力、社会保障与服务能力以及组织动员能力。综合国力是军事斗争特别是战争的物质基础，也是军事理论和作战方法发展进步的重要条件。一切军事斗争和军事活动，归根到底是要依靠综合国力，特别是经济、科技和军事实力的支撑，并受其制约。战略指导者必须立足国家综合国力的实际可能，本着勤俭节约、讲究效益的原则，筹划、指导军事力量的建设与运用，使之与国家建设和社会发展的总体水平相适应。

三、战略与战略环境的关系

战略环境是制定战略的客观基础，但战略对战略环境的发展变化也具有重大的能动作用。

（一）战略环境与战略是客观实际与主观指导的关系

战略环境是独立于战略指导者意识之外的客观存在，是研究和制定军事战略的客观基础，是客观的；而战略是军事斗争规律在人们头脑中的反映，是主观的。各个国家（集团）的战略都会随着战略环境的变化而变化，都基于特定的战略环境而谋求各自的战略利益。新中国成立后，我国也曾多次进行战略调整。每一次调整都与战略环境的变化紧密相关，都是为了适应战略环境的变化和军事斗争的需要，使主观指导更加符合客观实际。由此可见，任何战略都是一定战略环境下的产物，从来就没有脱离一定的战略环境而凭空产生的战略。

（二）正确认识和分析战略环境是正确制定战略的先决条件

战略环境是影响战略的客观因素，战略指导者只有了解和熟悉它，并且正确认识其所包含的各种因素的相互关系、相互作用及对战争全局的影响，才有可能找出其中的特点和规律，并根据这些规律制定出正确的战略。制定战略的过程是战略指导者认识和分析战略环境的过程。对战略环境的认识和分析越客观、越准确，所制定的战略就越符合实际，越有成功的把握。而能否正确认识和分析战略环境，则取决于战略指导者所采取的立场、观点、方法和思维能力。只有坚持辩证唯物主义和历史唯物主义的世界观与方法论，对战略环境进行客观的、全面的、系统的分析，才能把战略建立在对战略环境正确认识的基础之上，进而实现正确的战略指导。

（三）战略对战略环境的发展变化具有重大的能动作用

从军事斗争的历史和现状来看，任何国家都力图通过制定、实施和推行自己的战略，促使战略环境朝着有利于自己的方向发展。实践证明，战略不论正确与否，都会对战略环境产生重要影响。实施正确的战略，可以改变险恶和不利的战略环境，化险为夷，转危为安；而实施错误和不符合客观实际的战略，则只会使战略环境恶化，甚至招致全局的失败。当今世界，各种斗争错综复杂，情况日新月异。这就要求战略指导者密切关注战略环境的发展变化，并根据这种变化的特点和规律，以及主客观条件的实际可能，适时调整自己的战略，以争取和维护有利于和平与发展的战略环境。

第二节　国际战略格局

国际战略格局的形成是国际斗争和国际战略运行的结果。同时，新的国际战略格局一旦形成，必然会对国际战略环境产生直接影响，引发世界军事力量对比关系的重大变化，它对世界军事形势的影响不可忽视。因此，要想从整体上把握国际斗争的基本情况和基本形势，揭示国际斗争的一般规律，就必须注重国际战略格局研究。

一、国际战略格局的基本含义及其类型

所谓格局，是指态势、模式或架构，是几种力量交互作用后出现的一种暂时平衡状态。国际战略格局是指国际社会中各种国际战略力量在一定历史时期内相互联系、相互作用而形成的具有全球性的、相对稳定的力量对比结构及基本态势。

国际战略格局是各种国际战略力量在全球政治层面上的实力对比关系，它包括国际政治格局、国际经济格局和国际军事格局三个部分，有时也称为“国际格局”“世界格局”“大格局”等。国际战略格局不是自古就有的，它是一些国家的生产力发展走向世界的产物。

国际战略格局的结构，是指它所表现出来的基本态势。它是包括国际政治、经济、军事关系在内的国际战略关系的表现形式，是国际战略力量对比的结构形态。区分国际战略格局的不同类型，主要依据格局的内部结构和外在形态。国际战略格局可分为以下四种类型：

（一）单极格局

单极格局即某一个大国在国际战略格局中占据主导地位，形成一国独霸的局面。这种情形在历史上曾经出现过，如资本主义初期的西班牙、荷兰和英国，都曾有过独霸世界的历史。英国的世界霸权地位甚至维系了近两百年。当然，这种格局状态是资本主义刚刚形成时期的特定产物。这个时期，由于资本主义刚刚在局部地区出现，近现代意义上的国际社会正在逐步形成，因而资本主义发展最早的国家往往能够确立独霸地位，但这种霸权在很大程度上局限于欧洲地区，真正的世界霸权并未建立起来。

（二）两极格局

两极格局即由两个世界大国或国家集团在国际政治中占据主导地位。在这种

格局中，两个大国或国家集团之间形成一种势均力敌的状态。它们之间相互联系、相互制约，共同影响国际事务，主导国际进程。这种类型的格局在历史上也曾多次出现。第一次世界大战期间的同盟国和协约国，第二次世界大战期间的轴心国和同盟国，战后初期的社会主义和资本主义两大阵营，以及随后的苏美两极对抗，都是历史上出现过的两极格局。可以看出，“两极”主要是两大对立的国家集团，而不完全是两个国家之间或某个国家单独与另一个国家集团之间的对立。同时，在两极之外总有不从属于两大集团的其他国家存在。第一次世界大战前的两大集团之外有美国和日本，第二次世界大战间也存在一些没有卷入战争的国家，战后初期则存在着广大的“中间地带”国家。

（三）多极格局

多极格局即多种战略力量既相对独立又相互联系、既相互合作又相互制约而形成的一种相对平衡的战略关系。在多极格局中，作为格局构成要素的战略力量，可以是单个国家，也可以是国家集团。这种格局类型在20世纪70年代以后初见端倪，即美、苏、中、日、西欧和第三世界这六大力量的竞相发展。冷战结束后，多极化趋势呈现出更加强劲的发展势头，目前已经形成了初步的轮廓。

（四）多元交叉格局

多元交叉格局即一种由两极向多极，或由多极向两极过渡的格局。在这种格局状态下，存在着两大战略力量或多种战略力量之间的对立，这是格局的主导方面；同时也存在着独立于上述力量之外的其他战略力量。这些战略力量既在一定程度上受到现有格局中的支配力量的影响，又能在国际事务中发挥自身的独特作用，从而构成国际战略格局中潜在的一极。冷战结束后，在向多极格局过渡时期，多元交叉格局表现得更为明显。欧美虽是盟友关系，但欧洲正在成为新的一极。美日同盟也有新的发展，日本的政治独立性有很大的增强，很可能在多极格局中占有一席之地。中、俄既与其他战略力量保持着联系，同时又坚持自身的独立地位。这种多元交叉格局无疑构成了未来多极格局的基础。

二、国际战略格局的演变历程及现状

（一）国际战略格局的演变

19世纪晚期，美国、德国、俄国、日本四个新兴强国的崛起，破坏了全球稳定，导致了两次世界大战，最终形成了以美、苏为主导的两极格局。20世纪末，世界形势发生了转折性的变化，世界正处于一个大变动的历史时期。随着苏联解体，维持了45年之久的以美、苏为主导的两极格局不复存在，国际社会开始步入向多极化方向发展的过渡时期。国际战略格局因此大致经历了“威斯特伐利亚体系”“维也纳体系”“凡尔赛—华盛顿体系”“雅尔塔体系”和“两极

格局”等几个阶段，现在国际战略格局进入了重新调整和过渡阶段，呈现出“一超多强”的态势，同时，世界多极化也在曲折中发展。

国际战略格局形成、发展和变化的政治基础是各国在战略利益上的矛盾和需求。各战略力量对自己国家、民族、阶级和集团利益的认识，决定了他们对外战略的调整，并导致国际战略格局的破裂与重构。

（二）国际战略格局的现状

第一，在力量结构上，“一超多强”是当今乃至今后很长时期内世界主要战略力量对比的总体态势和总体特征。

美国仍然是世界唯一超级大国。1991年，美苏争霸的两极格局以美苏长期军备竞赛、和平演变的非战争方式终结，美国保持了强势，成为无可争议的经济、政治、文化、金融、高科技和军事超级大国。冷战后国际格局的变化具有渐进性，这会使美国“一超称霸”的局面保持相当一段时间。美国将其强大的军事力量作为维持其在世界的领导地位和对付地区冲突的重要支柱，并利用自己的经济和军事技术优势，加速新军事革命，加快武器装备的研制和更新，以求拉大与其他国家的军事技术差距。美国的“新干涉主义”和全球战略是当今国际局势动荡的根源。美国目前正竭尽全力保持“一超”地位，并不断进行战略设计和战略推动，努力构建美国领导下的单极世界。但美国的“保位”也带来消极因素，世界普遍认为美国太自私，太“单边主义”，太不顾国际公共秩序和规则，漠视全人类利益。另外，以俄罗斯、德英法为代表的欧洲国家，以及中国、日本、印度等“多强”的和平崛起是美国阻挡不了的世界发展潮流。

第二，从战略关系看，各战略力量之间经历着深刻的变化与调整，竞争与合作日趋复杂。冷战结束后，“一超”与“多强”之间及“诸强”之间既竞争又合作，既有矛盾又彼此协调，既有利益上的冲突，又有安全等方面的共同需求，大国博弈错综复杂。与格局转换相适应，各国和各种力量集团也在重新组合中不断进行相应的军事战略调整，增强以经济和科技为基础的综合国力，重新估量本国或本集团在冷战后的主要对手或潜在对手，并由此构成相互间的新关系。多数国家的战略趋于“内向”，力求控制军事力量的发展，着眼于本国经济建设和综合国力的提高。各国都更加注重军事高科技的投入与发展，积极加强技术兵种的建设，坚持走质量建军之路。为了保持有利于经济发展的国际和平环境，各主要国家都在强调威慑战略的重要性，遏制大规模武装冲突和战争的爆发。

第三，从发展趋势看，多极化乃大势所趋。当前，国际战略格局总体稳定，“一超多强”的国际战略格局态势依然存在并有所发展。但是，在世界政治、经济发展不平衡规律的作用下，世界主要战略力量此消彼长，新的战略力量逐步形成并加快发展，国际战略格局的力量结构和实力对比正在发生新的微妙变化，世界多极化趋势正在形成并不断加速发展。

当今国际战略格局呈现出以下特点：一是国际局势总体稳定局部动荡。国际力量对比失衡、国家间历史积怨深远、民族与宗教矛盾突出、资源纠纷增多、恐怖活动猖獗和大规模杀伤性武器扩散等因素，使局部战争和武装冲突仍此起彼伏，但世界大战爆发的可能性很小。二是霸权主义依然存在，政治上的新干涉主义、军事上的新炮舰主义和经济上的新殖民主义成为霸权主义的主要表现形式。三是大国博弈激烈，国际战略格局在重构。大国间在加强对话与合作的同时，较量仍在继续，但重点已从以军事力量为主转向以科技为先导、以经济为基础、以军事力量为后盾的综合国力竞争。四是经济全球化、社会信息化、文化多元化势不可当，深刻影响着国际战略格局的演变。

三、国际战略格局的最新变化和发展趋势

在20世纪柏林墙倒塌、冷战结束和苏联解体之后，世界经受了第一次海湾战争、科索沃战争和亚洲金融危机的洗礼，“一超多强”的国际格局逐步形成，国际体系开始和平渐进的历史性变革。在21世纪的头二十年，世界又经历了“9·11”事件、阿富汗战争、伊拉克战争和叙利亚战争的连续冲击，以及席卷全球的金融经济危机的强劲催化，“一超多强”的国际格局又发生重大而深刻的变化，国际战略形势呈现不少新特点和新趋势，世界的大发展、大变革、大调整进程明显加快。中国与世界在新的高度，全方位、多领域频繁密切互动，牵动国际格局加速重组。随着世界进入21世纪的第二个十年，这些变化和趋势都将进一步展开。

（一）美国的“一超”地位明显弱化

在经济上，美国在全球经济中的比重下降。国际货币基金组织统计，2000年，美国GDP占世界经济总量的30.6%，到2013年，美国占全球经济的比例下降为约22%。而中国2000年GDP（汇率算法）占全球经济总量的3.7%左右，到2013年，中国占比达到11.5%，2017年更是达到15%，大约为美国的63%。稳居世界第二位。按发展势头，中美双方绝对经济规模差距还会继续缩小。随着中国、印度、日本、欧盟国家等经济的发展，美国经济在世界经济的比重会继续下降。美国面临的经济挑战当然不限于中国GDP的追赶，经济力量对比也绝非查看几个数字那么简单。美国的技术优势、制造业优势、货币优势、制定国际经济规则的优势正在全面缩小。中国对外经济关系的迅速扩展和深化，特别是“一带一路”、亚洲投资银行等计划的实施和机构的建立客观上对美国主导的国际经济结构形成挑战。

在政治上，美国在冷战后推行的单边主义政策和新干涉主义强权政治做法，

越来越受到国际社会的抵制和反抗。以美国为主导的“二战”后的国际秩序开始重塑，美国的世界主导地位在削弱，国际影响力、掌控力在下降。冷战后，为维护全球霸主地位，美国不断用武力和各种手段制造冲突，颠覆别国政权，使诸多地区持续动荡。特朗普上台以来，美国退出了联合国教科文组织、联合国人权理事会等国际组织，拖欠联合国会费，退出了解决全球气候问题的《巴黎协议》。不顾国际社会特别是阿拉伯国家的强烈反对，强硬地把驻以色列大使馆迁到耶路撒冷。在国际贸易问题上，退出了 TPP，不断指责别国，以美国优先原则把美国国内法凌驾于国际贸易规则之上。目前，为了重振以制造业为主的实体经济，解决美国白人中产阶级这一美国社会主体的生存危机，美国放弃对全球化的主导权，不再醉心于制定全球议程和普遍规则，而是专注双边经济关系和获取实际利益，开始走一条反全球主义的民族主义经济道路。美国在全球治理和国际秩序重构中的地位和作用在逐步下降。

在思想文化上，以美国为代表的西方思想文化的国际影响力也在下降。随着冷战的结束，美国提出的“文明冲突论”将伊斯兰文明列为西方的主要敌人，随之而来的“9·11”事件、阿富汗战争和伊拉克战争使阿拉伯人对美国的敌视达到顶点。“9·11”事件一周年之际的一项民意调查显示，“对美国的憎恨，以及认为布什政府牺牲巴勒斯坦的利益而无保留地支持以色列的想法，在整个阿拉伯世界达到空前的程度。而且与地区以往的反美浪潮不同，目前的憎恨渗透社会各个层面，尤其是受过教育的知识阶层”。除了“文明冲突论”之外，美国学者福山还提出了所谓“历史终结论”。尽管这一理论针对的直接对象是当时苏联东欧的社会主义，但其所宣称的西方自由民主制度是“人类意识形态发展的终点”和“人类最后一种统治形式”的观点，无疑表现出限定世界其他地区发展方向的意图。“9·11”事件之后，西方正式展开针对阿拉伯世界的文化攻势。价值体系迥然有别的西方文化借助西方强势的政治、经济力量和国际关系架构，向阿拉伯世界持续而大规模地传播，对当地的本土文化造成了破坏性甚至是灾难性的影响。这自然受到了阿拉伯世界的抵制和反抗。中国特色社会主义取得的辉煌成就，使中华民族的思想文化在国际社会的影响力日益扩大。中国道路、中国制度、中国理论、中国文化越来越受到世界各国的认同。同时，以自由平等竞争为核心的美国传统意识形态在国内外受到公平和正义思想的挑战。目前，美国貌似仍然占据着民主、自由、人权等政治和道义的制高点，但“美国模式”已经在一定程度上受到质疑，世界文化多元发展势不可挡。

在军事上，美国的绝对优势地位也在削弱。美国霸权的核心支柱是军事力量和国际安全结构，而美国目前面临着越来越大的战略挑战。首先，俄罗斯不仅有能够与美国抗衡的军事尤其是核力量，而且其运用军事力量的意志和能力也绝不在美国之下。其次，中国军事力量的快速增长使东亚战略力量对比的天平客观上逐渐向中国倾斜。再次，朝鲜、伊朗等国家的军事力量明显增强，这意味着反美力量的极大增强。同时，美国全球安全体系中的部分同盟国，由于各种矛盾各种原因对美国表现出了前所未有的离心倾向。这些都表明国际力量对比向着对美不利的方向发展。目前，尽管特朗普政府极力强军，但要长期维持美国军事力量和国际安全结构的绝对优势地位恐怕很难做到。

（二）中国在迅速崛起

中国综合国力在稳步提升。改革开放以来，中国经济快速发展，综合国力稳步提升，用几十年时间走完了发达国家几百年走过的发展历程，创造了世界经济史上的奇迹。我国人民生活水平、国家经济实力、科技和国防实力、国际影响力都迈上了一个大台阶。今天的中国，是世界第一制造大国、第一货物贸易大国、重要对外投资国，是拉动世界经济增长的主要力量。据国际货币基金组织（IMF）统计，2008 年至 2016 年，中国对世界经济增长的贡献率年均达到 48%（按美元汇率计算），或者 26. 3%（按购买力平价即 PPP）。2012 年至 2017 年，中国经济对世界经济增长平均贡献率超过 30%，成为世界经济的领航者。可以说，中国是世界经济增长最大的驱动力。从“中国制造”到“中国创造”，再到“中国资本”“中国标准”，中国为世界经济发展提供了源源不断的动力和活力。

中国的国际地位大幅跃升，世界变动的“中国因素”急剧增强。在经济实力增长的同时，“中国模式”彰显其吸引力，外交创新突出，财政、货币及资源能源外交取得突破性进展，国际话语权增大，在国际事务中的建设性作用日益突出。中国在金融危机应对上提出合作共赢、共克时艰的理念，在国际金融体系改革上提出增加发展中国家投票权的主张，在打击海盗问题上提出“分区护航”的建议，在全球气候变化问题上坚持的“共同但有区别的责任”原则，为《巴黎协议》的签订作出不可或缺的重要贡献，在伊核问题上提出通过外交解决的倡议，在缅甸问题、朝核问题和甲型 H1N1 应对上采取的积极负责的行动等，都赢得较普遍的认同、支持和赞誉。同时，政治上的影响力、形象上的亲和力、道义上的感召力也明显提升。随着中国推动建设相互尊重、公平正义、合作共赢的新型国际关系，因中国因素驱动的大国关系调整与重组趋于频繁，中美日、中美俄、中美欧、中美印等战略三角关系不同程度地朝相对均衡和互利共赢的方向调整，中国的国际战略大环境明显改善。

中国与世界高位互动风险增大。随着世界的目光进一步聚焦中国，各国对中国的担忧也相应加重。由于“中国模式”被越来越多的国家尤其是发展中国家认可和借鉴，各国担心中国搞“模式输出”；担心中国外贸出口恢复，对外直接投资扩大，境外资源、能源采购增加，乃至整个“经济扩张”加快。此外，美国等大国担心中国军事现代化步伐加快而又缺少透明度。与此同时，各国对中国的期待也明显上升，认为中国应该在几乎所有重大的国际和地区问题上承担更多更大的责任，却不愿意相应地赋予中国更多的权利。世界主要国家纷纷把应对“中国崛起”带来的挑战置于越来越重要的位置，加紧谋划和调整相关战略与政策，借助倚重和戒备防范这两种力度都在加大，特别是其他新兴大国面对中国的快速崛起，其心态更显复杂敏感。中国地位被过度拔高、影响被过度渲染、作用被过度夸大、责任被过度加重，若应对不当将可能给中国带来比较大的风险。对内而言，这将影响对现存和潜在严重问题的清醒估计，助长虚骄之气，推升民族主义情绪，对国内改革发展稳定和对外关系造成干扰。对外来说，中国将被过早过快地推向国际格局调整的风口浪尖，扩大与别国利益冲突和摩擦的点面，大幅增加对外关系成本，承受过大的道义压力，使海外利益面临更多危险。内外消极因素形成共振将进一步增大风险和挑战，对中国承担责任和驾驭风险的能力构成巨大考验。

中国是维护世界和平、促进世界发展、建设美丽世界的重要力量。全球化时代，国际关系向何处去，时代之问等待国际社会的解答。“建设一个什么样的世界，如何建设这个世界”等关乎人类前途命运的重大课题，中国给出了自己的答案——构建人类命运共同体。以“推动建设持久和平、普遍安全、共同繁荣、开放包容、清洁美丽的世界”为内涵的构建人类命运共同体思想，超越了国别、党派和制度的异同，反映了大多数国家的普遍期待，符合国际社会的共同利益，为人类问题作出我们的贡献。几年时间，“构建人类命运共同体”已多次被写入联合国决议。2018 年 6 月 10 日，黄海之滨，上海合作组织青岛峰会在万众瞩目中闭幕，“确立构建人类命运共同体的共同理念”等具有鲜明中国印记的内容明确写入成员国元首理事会青岛宣言。“构建人类命运共同体”这一饱含中国智慧与世界情怀的中国理念日益深入人心，正一步步转化为行动，展现出前所未有的生机和活力，已成为引领人类文明进步的鲜明旗帜。

（三）多极化是未来国际战略格局的必然趋势，但进程艰难曲折

冷战后，美国极力构筑单极世界的战略正在推进，但它没有也不可能阻断世界多极化的发展趋势。多极化趋势的发展，有利于世界和平、稳定和繁荣，有利于推动建立公正合理的国际政治经济新秩序。

今后相当长一段时期，美国会竭尽全力保持唯一超级大国的地位，冷战结束后的二十多年来，美国历任总统尽管进行了多次战略调整，但目标始终如一，都是为了建立以美国为领导的单极世界，以保持唯一超级大国地位。俄罗斯继承了苏联在联合国安理会的常任理事国席位，拥有良好的工业和科技基础，拥有丰富的资源和巨大的发展潜力。在经济发展、强军、外交政策等方面，总统普京重振

俄罗斯大国地位的步伐在美欧的多重夹击下艰难而又坚定地向前迈进。欧盟在国际事务中扮演着越来越重要的角色。欧盟采取内统外扩战略，综合实力迅速壮大，在英国“脱欧”、美国打压情况下，独立自主意识逐步增强，发挥越来越大的国际影响力。日本不断强化“军国主义”意志，它早已不甘心于做一个经济大国，而是努力谋求成为军事大国，进而成为政治大国。中国的综合国力在稳步上升，对世界和平与发展越来越有影响力。地区大国不断壮大，区域组织蓬勃发展。印度在积极谋求跻身世界大国之列，而东盟作为一支新兴的力量正在崛起。

长期看，世界政治格局朝着均衡化、多极化趋势发展。但由于国际形势的变化、国际竞争合作及大国博弈的复杂化，多极化进程艰难而曲折。

第三节　我国周边安全环境

周边安全环境是一个国家对其周边国家或集团在一定时期内对自己国家主权与领土完整是否构成威胁，有无军事入侵、渗透颠覆等情况的综合分析和评估。我国地缘环境极其复杂，生存安全和发展安全问题、传统安全与非传统安全威胁交织，不确定和不稳定因素增加。目前，中国周边安全形势的大格局没有发生根本性逆转，求和平谋发展促合作仍然是主流，但我国周边安全依然不稳定，我国周边安全环境仍然不容乐观。

一、我国地缘环境的基本情况

我国位于亚洲东方，拥有陆地面积 960 万平方千米，海洋面积 300 万平方千米。我国与周围各国有漫长的边界线，共有陆地边界线约 22 000 千米，海疆线约 32 000 千米，其中，大陆海岸线长约 18 000 千米，有海岛约 7 100 个，与我国相邻的 3 个边缘海的总面积为 470 万平方千米。

（一）我国周边国家众多，影响复杂

我国周边国家共有 21 个。其中，海上邻国 9 个，分别为韩国、日本、菲律宾、马来西亚、文莱、印度尼西亚、新加坡、越南、朝鲜；陆地邻国有 14 个，分别为朝鲜、俄罗斯、蒙古、哈萨克斯坦、吉尔吉斯斯坦、塔吉克斯坦、阿富汗、巴基斯坦、印度、尼泊尔、不丹、缅甸、老挝和越南。越南和朝鲜，既是我国陆地邻国，又是海上邻国。

众多邻国对我国安全的影响是复杂的。在这些国家中，有的过去曾经对我国进行过侵略，并且目前仍然是经济大国或军事大国；有的邻国之间积怨很深，剑拔弩张，一旦冲突，必将影响我国边境安全；有的国家内部不稳定因素很多，一旦内乱，必将对我国边境造成压力；有的居民与我国边境地区的居民同属一族，

一旦这些邻国国内的狭隘民族主义泛起，就可能引起我国的民族纠纷；有的国家居民与我国某些地区的居民信仰同一种宗教，一旦这些国家内宗教派别斗争加剧，就可能增加我国相关地区的不稳定因素；还有一些国家与我国之间存在着历史遗留下的边界领土争议和海洋国土划界的争议，存在着引发边界事件甚至武装冲突的可能。

（二）我国周边人口稠密，大国和热点集中

我国周边聚居了全世界1/3以上的人口，是世界上人口最稠密的地区之一。世界上11个人口在1亿以上的国家中的5个在我国周边地区。其中，印度13.39亿，印度尼西亚2.64亿，俄罗斯1.45亿，日本1.27亿，巴基斯坦1.97亿，加上我国13.9亿，6个人口大国总计34.62亿，约占世界人口之半数。与发达国家周边地区尤其是欧洲、北美地区的人口相比，我国周边人口较稠密。

我国周边地区也是世界上大国最集中的地区。大国、强国（世界上只有5个国家的军队在100万以上——中国、美国、俄罗斯、印度、朝鲜）几乎都在我国周边。世界公认拥有核武器的7个国家有4个（中国、俄罗斯、印度、巴基斯坦）汇聚在此。我国周边还是世界热点和潜在热点最多的地区。朝鲜半岛、千岛群岛、台湾海峡、南沙群岛、克什米尔等热点都位于这一地区。世界公认的五大力量中心，除欧洲外，美、日、中、俄均交汇于此。这些因素汇集在一起，必然会加大对我国安全环境的压力。

（三）我国周边历史和现实矛盾突出，国家之间差异性大

我国周边历史遗留问题多，如领土（领海）划界问题、战争遗留问题、国内战争问题等，导致政情复杂，现实矛盾突出，冲突不断。我国周边国家，在政治、经济、文化上表现出显著的差异性、不平衡性及多样性。从社会制度上看，有资本主义的，有社会主义的，也有封建制的；从意识形态上看，有的国家占主导地位的意识形态是马克思主义，有的是西方的价值观、人权观，有的是民族主义的价值观；从文化上看，有东方文明，有西方文明；从宗教观上看，有基督教、东正教、伊斯兰教、印度教、佛教、道教等；从发展程度上看，有世界经济强国之一的日本，有像“四小龙”的新兴工业国家和地区，有迅速发展、正在崛起和走向复兴的发展中国家，也有阿富汗、尼泊尔、不丹、蒙古、缅甸等经济欠发达国家。

我国是个多民族、多宗教国家，不少民族和宗教还有跨境联系。近年来，在国际战略格局变化的大背景下，我国周边地区极端民族、宗教势力日益蔓延，并向我国境内渗透，这必将给我国边境地区的安全与稳定带来直接影响。与国际“反华”势力相勾结、相呼应的宗教极端主义、民族分裂主义和国际恐怖主义三股势力的破坏活动对我国社会稳定与民族团结造成严重威胁。

(四)我国位于世界两大地缘战略区的交汇处

目前，世界可划分为两大地缘战略区，即海洋地缘战略区和欧亚大陆地缘战略区。美国属于海洋地缘战略区，而且是超级海洋强国，具有全球性影响。而世界上的强国大都集中在欧亚大陆地缘战略区，俄罗斯则位于该战略区的心脏地带。我国属于欧亚大陆地缘战略区，背靠欧亚大陆，面向浩瀚的太平洋，是连接东北亚、东南亚、南亚和中亚的枢纽，处于两大战略区的交汇处。这种特殊的地缘关系，使得我国在历史上曾经遭到两大战略区强国的侵略和压迫。同时，也使我国如今成为能够对两大战略区关系产生重要影响和作用的国家。

二、我国周边安全存在的主要问题

进入21世纪以来，我国继续坚持“与邻为善、以邻为伴”的方针和“睦邻、安邻、富邻”的政策，大力开展和平外交，积极有效地推动周边形势向着有利于和平与稳定的方向发展，我国的周边环境总体来说是比较好的。但是，我们应该看到，在我国周边确实也存在着局部地区矛盾有所激化的不利因素和可能出现不稳定局面的隐患。

(一)美国的“亚太再平衡”战略和“印太战略”问题

1. “亚太再平衡”战略

美国总统奥巴马上台后，强力推行“亚太再平衡”战略。美国“亚太再平衡”战略的目的，是通过政治、经济、军事和文化等手段加强在亚太地区的存在感，遏制（平衡）中国发展，主导亚太，维持美国的全球霸权地位。其战略措施为：

(1) 巩固传统盟友关系，拉近与非同盟国家的关系。一方面，巩固、强化和整合日韩等传统盟友关系，夯实美国“重返”亚太战略的根基。另一方面，美国注重加强对印度、越南、菲律宾、印度尼西亚等新“战略支点”的扶持力度，尝试缓和与缅甸、朝鲜等敌对国家的关系，为巩固其在亚太地区的战略地位多面下注。

(2) 扩大对亚太经济的影响力。打造以美国为主的亚太经济圈，在进一步夯实同日韩等国经济合作的基础上，尤其强化同新兴经济体的关系。推动《跨太平洋战略经济伙伴关系协定》(TPP) 谈判，深化同区域内各国的经济联系。美国通过推动 TPP 谈判以扩大其在亚洲市场的份额，分享亚洲经济发展成果，在谋取经济利益的同时，制约其他经济竞争对手。

(3) 强化在核心地带的军事安全布局。强化各种“三角”军事同盟，制造亚太紧张局面。力争在2020年前把美国军力的60%部署在亚太地区。

美国“亚太再平衡”战略的实施使中美间摩擦的概率增大，加剧了我国与周边国家的矛盾，引发新一轮的紧张态势，恶化了我国周边安全环境，对我国“一带一路”倡议的推行造成了新的障碍。

2. 特朗普政府的“印太战略”

总统特朗普上任后不久就宣布，结束前任总统奥巴马确立的“亚太再平衡”战略，把美国的亚太战略拓展延伸为“印太战略”。原因很简单，随着中巴经济走廊逐渐成形，中国推进“一带一路”倡议取得广泛响应，中国的利益和力量开始成规模走向印度洋，原有的“亚太再平衡”战略成了一件过时的“衣裳”，已经“罩不住”美国及其联盟遏制中国崛起的“躯体”，因此，它“换装”了。与奥巴马的“亚太再平衡”一样，其战略目标也是遏制中国的崛起，维护美国的霸主地位。

目前来看，特朗普的“印太战略”具有以下几个特点：一是以自由民主价值观为纽带。美、日此前提出过“民主价值观共同体”构想，迄今，“印太战略”的主要参与国也是以民主价值观为标榜的西方国家。特朗普宣称，“印太”地区近年来发生的翻天覆地的变化，源于各国独立自由的发展方式，源于法制、公正和对私人商业的保护。美国作为民主价值观的“带头羊”，必须保护这些作为“自由与繁荣”基石的地区盟国。二是以维护美国主导地位为核心。“平衡”是美国战略家喜欢用的词语，唯有平衡才能稳定，这是常识。但美国战略家口里的平衡，是以美国为主导的平衡。特朗普在亚太经济合作组织（APEC）峰会的演讲中，避免用“领导者”“领导地位”等来形容美国在“印太”的角色，但他举出了历史上的很多事例来证明美国是这一地区秩序的主要维护者，实质仍然是强调美国的主导地位。三是美国优先和以特朗普风格的美式行为准则为原则。贸易是特朗普的核心议题，在日本、韩国、中国访问时，特朗普指责到访国在对美贸易上采取不公平手段。在 APEC 峰会的演讲中，特朗普也非常强硬地指责“有些国家不对等开放市场”“不遵守贸易规则”“盗窃知识产权”等，表示美国将不再容忍此类行为，也希望“印太”国家共同反对这种行为。四是以防范中国成为地区支配性国家为目标。特朗普访华时，非常“大度”地把中国在贸易上占美国“便宜”的责任，推给前几届美国政府。在 APEC 峰会的演讲中，呼吁“印太”国家保护“经济安全”，“经济安全就是国家安全”。说白了，美国以“印太战略”拉帮结派，目的是防范中国成为地区支配性国家。如果任由地区支配性国家出现，美国的全球霸权就会在无形中冰消雪融。

目前“印太战略”并未成形，在驱动“印太战略”朝哪一方面转化——是偏重于区域合作、多方共赢，还是偏重于区域对抗、零和游戏——的各种因素中，最关键的就是中国。我们应该保持经济持续健康发展，军事实力、综合国力不断增强，妥善应对各种挑战。

（二）两岸格局问题

台湾是中国的第一大岛，位于中国东南沿海的大陆架上。台湾东临太平洋，东北邻琉球群岛，与其相隔约600千米；南接巴士海峡，与菲律宾相隔约300千米；西隔台湾海峡与福建相望，最窄处为130千米。台湾省包括台湾本岛和兰屿、绿岛、钓鱼岛等21个附属岛屿以及澎湖列岛在内的64个岛屿，其中台湾本岛面积为35 873平方千米。目前所称的台湾地区还包括台湾当局控制的福建省的金门、马祖等岛屿，总面积为36 188平方千米。台海两岸分治对我国统一与安全构成严峻挑战。

1. “台湾问题”的由来与实质

台湾自古属于中国，中国最早发现并对其进行有效管辖。近代欧人东来以后，西方殖民者曾多次入侵台湾，但最终都为中国人民所成功驱赶。1895年，通过甲午战争，日本将不平等的《马关条约》强加于清政府，割占了台湾。第二次世界大战日本战败投降后，1945年10月25日，中国政府根据《开罗宣言》和《波茨坦公告》的精神，收复台湾、澎湖列岛，恢复对台湾的主权。1946年，国共内战爆发，节节败退的国民党残余势力最后被迫撤至台湾。朝鲜战争爆发后，美国入侵台湾海峡并与蒋介石集团签订所谓的“共同防御条约”，阻碍中国人民解放台湾，并加剧了海峡两岸的隔绝状态。虽然在二十世纪五六十年代，两岸也曾一度秘密接触，试图谈判解决台湾问题，但由于当时特殊的国际环境和复杂的国内情况，国家统一的目标并没有达到，台湾问题也因此久拖未决。

“台湾问题”直接源于国共两党之间的内战，因而本质上属于中国内政，但是，美国等西方势力的介入和干涉，致使“台湾问题”复杂化和长期化。第二次世界大战后，在当时东西方两大阵营对峙的态势下，美国政府基于其全球战略及维护本国利益的考虑，积极介入中国内部事务并在国共争端中大力支持国民党。然而，美国政府最终并未达到它所希望达到的目的。

新中国成立以后，美国不甘心失败，又对新中国采取了孤立和遏制政策。1950年6月，就在朝鲜战争爆发后的第三天，杜鲁门政府一改此前对台湾地位的中国认定以及在台湾问题上对国共两党内战的不介入态度，公开宣扬所谓“台湾地位未定论”，并在其后派遣第七舰队进入台湾海峡，企图以武力阻挠人民解放军解放台湾。1951年9月，美国策划与操纵在旧金山召开对日和会时，蓄意把中华人民共和国政府排斥在外，又拒绝其当时承认为“中国政府”的台湾当局与会的要求；会上所签订的对日和约仅规定日本放弃对台湾、澎湖列岛、西沙群岛的一切权利，而故意不明确将台湾归还中国。1953年7月朝鲜停战协定签字后，美蒋于1954年12月签订了所谓“共同防御条约”，将台湾置于美国所谓的“保护”之下，并加紧推行“划峡而治”，企图制造“两个中国”“一中一台”。此外，美国政府还长期以各种借口承认台湾当局是“中国的合法代表”，并极力维持台湾当局的“国际地位”，阻挠恢复中国在联合国的合法席位。美国政府干预中国内政的错误政策，造成了台湾海峡地区长期的紧张对峙局势，台湾问题自此亦成为中美两国间的重大争端。

由此可见，台湾之所以成为“问题”，主要是两个方面的原因：一是蒋介石集团在内战中败退台湾，负隅顽抗，才有了台湾问题；二是美国利用朝鲜战争，出兵台湾海峡，入侵台湾，直接干涉中国内政，才有了台湾问题。

2. 两岸关系的曲折发展

两岸关系是与新中国诞生形成的一个复杂的历史遗留问题，它经历了从武力解放台湾到和平解放台湾、从和平对抗进入和平发展阶段的曲折过程。在1949—2008年近六十年的历史进程中，中国共产党围绕解决台湾问题、加快祖国统一进程，对台政策大体经历了以下四个阶段：

第一阶段为“武力解放台湾”时期（1949—1955年）。1949年渡江战役结束后，党中央即把解放台湾提上议事日程。1950年初，党的七届三中全会正式确定1951年完成台湾战役并在兵力集结、训练演习、征调民船等方面作了大量准备。1950年6月25日，朝鲜战争爆发，美国第七舰队侵入台湾海峡并在岛内驻军，干涉中国内政。我军战略重点转向东北，而在东南沿海采取守势，台湾问题被搁置下来。

第二阶段为“和平解放、武力反干涉”时期（1955—1978年）。1955年5月，周恩来总理在全国人大常委会议上提出了和平解放台湾的主张，标志着中央对台政策的重大转变。但蒋介石拒不接受我党提出的和平条件，美国也从中作梗，图谋“两个中国”和“台湾地位未定论”。对此，我党针锋相对、文武并举。1958年8月，炮击金门，沉重打击了美蒋的嚣张气焰，粉碎了美国“划峡而治”、分裂中国的图谋。与此同时，我党争取和平解决台湾问题的努力一直未停止。1963年，我党提出“一纲四目”主张，国共两党就此进行了多次秘密接触。但由于其后大陆内部形势变化以及来自美国的强力干扰，两岸政治解决未取得进展。

第三阶段为“和平统一，外交围堵”时期（1979—1994年）。1979年元旦，全国人民代表大会发表《告台湾同胞书》，宣布用和平方式统一祖国的方针政策。此后先后提出“叶九条”“邓六条”“一个国家，两种制度”等构想，最后形成“和平统一，一国两制”的大政方针。针对李登辉顽固推行分裂主义路线，祖国大陆采取“外交上堵住、经济上拉住、军事上震住”的策略，全面施压，同时积极推动两岸事务性商谈，两岸先后达成“九二共识”，并成功举行“汪辜会谈”，牢牢把握住了两岸关系的主导权。

第四阶段为“反分裂、反‘台独’，和战两手并用”时期（1995—2008年）。1995年5月，美国允许李登辉访美，干预中国内政。对此，大陆启动传统状态下处理台湾问题的方式，先后4次在东南沿海举行军事演习，显示了大陆坚持一个中国、反对“台独”的坚强决心，沉重打击了“台独”分裂势力。1998年10月，两岸实现“汪辜会谈”，开启了两岸政治对话。1999年7月，李登辉为扶植“台独”分裂势力赢得选举，抛出“两国论”，再次破坏了两会商谈的政治基础。2000年，李登辉分裂国民党，陈水扁上台，其后陈抛出“一边一国”论，加紧推动“法理台独”活动。2004年，陈水扁制造枪击事件再度执政。大陆果断调整斗争策略，将反“独”、遏“独”作为首要任务，通过发表“5·17声明”，制定和颁布《反分裂国家法》，邀请连、宋来访等措施，有力打击了“台独”的嚣张气焰。

3. 两岸格局现状难有突破

2008年5月以来，两岸关系实现了历史性转折。2009年，两岸关系全面改善。2010年，两岸坚持“建立互信、搁置争议、求同存异、共创双赢”的基本精神，继续按照“先易后难、先经后政、把握节奏、循序渐进”的基本思路。2011年，两岸关系稳中求进，呈现出新特点。2012年，马英九再次当选，国民党维持“完全执政”，重挫民进党夺权锐气，两岸关系彰显出新变化。

2015年11月7日，两岸领导人习近平、马英九在新加坡会面，开启了两岸领导人直接交流沟通的先河，有利于两岸双方增进互信，巩固共同政治基础，推进两岸关系和平发展，维护台海和平稳定，这是两岸关系发展史上具有里程碑意义的大事。但2016年5月以来，随着台湾民进党主席蔡英文的上台，两岸关系又急转直下。目前，影响两岸格局现状难有突破的主要因素如下：

一是美国表面上支持两岸关系继续有序可控发展，但背后的破坏工作仍然持续存在。一方面提高对台军售质量、提高高管互访层级、签署相关协议等，强化美台实质关系。2014年4月8日，美国众议院通过了《2014年确认台湾关系法与军舰移转法案》；美国国会在通过的《2018财年国防授权法案》中，要求增强美台军事互动；2018年5月，美国总统特朗普不顾中方反对，签署了鼓励美台官员互访的《台湾旅行法》。另一方面严控两岸在政治、军事、安全领域对话，影响两岸关系的和平发展进程。

二是民进党朝着“柔性台独”“隐性台独”方向发展，两岸在政治上处于冷对抗状态。蔡英文上任以来拒不接受“九二共识”，阻挠、限制两岸交流，导致两岸关系急速冷冻。安全上亲美日，经济上搞“新南向政策”，军事上搞“强军拒统”。目前看来，两岸关系没有任何改善，也看不见突破的可能。因此，台湾已经连续两年无法参与世界卫生大会（WHA）、国际民用航空组织（ICAO）与国际刑警组织（INTERPOL）相关会议。民进党蔡英文上任后，至 2018 年 5 月，台湾已失去了 4 个“友邦”，目前的“邦交国”只剩下 18 个，创历史新低。

三是岛内“遏独促和”民意持续深化，加强两岸交流、扩大两岸和平红利的愿望增强，但“台湾主体意识”短期内难以有效遏制，民众对两岸和平协议等政治议题疑惑较大。2014 年春，台湾发生的学生“太阳花”反服贸运动就暴露出部分台湾民众，尤其是青年学生在民进党的宣传鼓动下，不愿意看到两岸统一和发展交流的现状，这从 2016 年台湾地区领导人选举投票结果也可窥见一斑。

四是外国干涉势力插手两岸事务，特别是以美国为代表的国际反华势力不愿意看到中国的崛起和强大，对台采取“战略模糊政策”，经常利用台湾问题大做文章，干涉中国内政，阻挠中国发展，促使台湾问题国际化，使台海局势更加错综复杂。2014 年 4 月 8 日，美国众议院通过了《2014 年确认台湾关系法与军舰移转法案》。

五是两岸关系和平发展格局不断深化，但两岸政治互信仍然不足，两岸在“中华民国”的定位等关键问题上的分歧短期内难以解决。

4. 两岸分治对我国安全利益的影响

台湾虽然面积不大，但地理位置非常特殊，对我国的安全和发展具有十分重要的战略意义。台湾雄峙于我国东南海疆，对大陆特别是东南沿海地区的安全具有极好的掩护作用，历来被称为“东南之钥匙”和“腹地之屏蔽”。台湾处于太平洋第一岛链的中枢部位，其东部海域是我国进入太平洋的战略出海口。台湾处于西太平洋航道的中心，是我国与亚太地区各国进行海上联系的重要交通枢纽。

台海两岸分治影响我国海上安全维护与海权拓展。台湾岛不仅是中国大陆进出西太平洋最重要的战略门户，也是扼守西太平洋南北航线的要冲，守住台湾海峡即可切断从菲律宾到日本、朝鲜半岛的航线，也可使中国海军冲破美日“第一岛链”的封锁。由于台湾靠近钓鱼岛，台海局势的发展也深刻影响着中日东海划界、钓鱼岛问题的走向。此外，台湾当局至今仍控制着南沙群岛中最大的岛礁——太平岛，该岛作为南沙群岛中唯一拥有淡水资源的岛，在军事上具有重要价值。然而，两岸长期分立的现状给我国海洋权益的维护带来了不利影响。台湾当局对祖国大陆发展海空力量心存疑虑，双方在海权维护上的合作相对滞后，两岸加强海上合作仍面临诸多挑战。

两岸统一对我国的长远发展影响深远。两岸统一可以增强综合国力，提升我国的国际地位。两岸统一有利于优势互补，共同发展，提高国际竞争力，且我国可以不再受制于人，提高在国际事务中的发言权。从发展利益来看，两岸统一将使我国走向海洋的门户真正畅通无阻，台湾将由此成为未来我们经略海洋的最重要的战略支点，确保我国能够放心地获取海洋资源和进行对外贸易，使我国的长远发展更有保障。

5. 大陆对台大政方针和原则立场

中国共产党的十九大报告阐述了党中央对台大政方针和原则立场。这凝聚了全党全国各族人民追求国家统一的共同心愿和反对“台独”分裂的坚定意志。

解决台湾问题、实现祖国完全统一，是全体中华儿女的共同愿望，是中华民族根本利益所在。必须继续坚持“和平统一、一国两制”方针，推动两岸关系和平发展，推进祖国和平统一进程。

“一个中国”原则是两岸关系的政治基础。体现“一个中国”原则的“九二共识”明确界定了两岸关系的根本性质，是确保两岸关系和平发展的关键。

我们秉持“两岸一家亲”理念，尊重台湾现有的社会制度和台湾同胞生活方式，愿意率先同台湾同胞分享大陆发展的机遇。我们将扩大两岸经济文化交流合作，实现互利互惠，逐步为台湾同胞在大陆学习、创业、就业、生活提供与大陆同胞同等的待遇，增进台湾同胞福祉。我们将推动两岸同胞共同弘扬中华文化，促进心灵契合。

我们坚决维护国家主权和领土完整，绝不容忍国家分裂的历史悲剧重演。一切分裂祖国的活动都必将遭到全体中国人的坚决反对。我们有坚定的意志、充分的信心、足够的能力挫败任何形式的“台独”分裂图谋。我们绝不允许任何人、任何组织、任何政党在任何时候、以任何形式、把任何一块中国领土从中国分裂出去！

（三）海洋权益面临的问题

伴随着国际海洋竞争的新变化，我国承受的安全压力明显增大。不仅我国传统海域频遭周边国家染指，而且域外大国加紧插手我国周边海洋事务，同时我国海上通道安全面临严峻考验。要高度关注海洋安全，提高海洋资源开发能力，发展海洋经济，保护海洋生态环境，坚决维护国家海洋权益，建设海洋强国。

1. 关于东海大陆架和钓鱼岛的争议

东海位于中国、日本、韩国三国之间，北起中国长江口北岸到韩国济州岛一线，南以广东南澳岛到台湾省本岛南端（另一说为经澎湖到台湾东石港）一线同南海为界，东至日本琉球群岛，总面积约 77 万平方千米。中日之所以在东海问题上产生纠纷，是因为双方在划界问题上提出了各自不同的主张。1982 年《联合国海洋法公约》（简称《海洋法公约》）规定，沿海国的大陆架和专属经济区从测算领海宽度的基线量起为 200 海里，不足 200 海里则扩展到 200 海里。中国在大陆架划分问题上，认为中日处于不同的大陆架，主张“大陆架自然延伸”的原则，认为水深达 2 717 米的冲绳海槽应为中日东海划界的天然分界线；而日本认为，中日两国在东海海域属于共同大陆架，冲绳海槽只是两国延伸之间的一个偶然凹陷，主张“200海里”原则，当出现重叠时，用等距离划分“中间线”，并单方面声称拥有钓鱼岛主权，无视《联合国海洋法公约》的规定，以不具效力的无人居住小岛为基点划分所谓的“中间线”。根据这两种不同主张划分的大陆架范围的面积相差约30万平方千米。

2004年，日本对我国在无争议的东海海域开发油气田百般阻挠，同时以在中日有争议的海域开采油气相抗衡。这表明，日本已全力以赴展开与我国争夺东海权益的战略，欲与我国平分东海资源，以解决困扰其数百年的资源匮乏难题，同时拓展其短浅的防御纵深，在东海的重要战略要道对中国等周边国家形成牵制作用，从而在战略上成为掌握亚洲主导权的海洋大国。中日东海争端是一个极其复杂的问题，牵涉到经济、法律、政治以及历史等多个领域，不是一朝一夕能完全解决的。从目前的情况来看，最佳选择就是搁置争议、共同开发。

中日在东海还存在着钓鱼岛归属问题之争。钓鱼岛列屿（也称为钓鱼岛及其附属岛屿）位于台湾东北方，琉球群岛主岛冲绳岛的西南方，先岛诸岛（宫古、八重山三群岛）北方。距台湾基隆港102海里，距日本冲绳岛240海里，由八个小岛组成，面积只有6.3平方千米，最大的一个岛只有3.6平方千米。整个列屿由钓鱼屿（台）、黄尾屿、赤尾屿、南小岛及其附近的三小礁组成，其中以钓鱼屿最大，钓鱼岛命名由此而来。

根据中国史籍记载，钓鱼岛的发现和命名最早可见于明永乐元年（1403年）的《顺风相送》航海图。除此以外，清代（1893年）更有慈禧太后曾将钓鱼岛列屿赏予盛宣怀之诏书，其孙辈的家族成员盛承楠在1949年自江苏迁往台湾后，不时到其家族“产业”钓鱼岛上采茯蓉及其他生草药以制作药丸，并于1970年9月9日在台北市《大华晚报》上发表《钓鱼岛列屿采药记》。历史足以证明，钓鱼岛不是无主岛，属于中国，不属琉球，更不属日本。日本声称对钓鱼岛拥有主权，是因为在1895年甲午战争中国战败后与日本签订《马关条约》时，将台湾连同钓鱼岛割予日本，之后日本才将钓鱼岛列为日本领土。在1895年以前，日本刊行的地图是没有将钓鱼岛列屿划入琉球范围的。1785年日本人林子平刊行的日本地图《三国通览舆地路程全图》所标明的颜色，更是清楚显示钓鱼岛是属于中国的。也就是说，中国发现该列屿比日本人起码早400年。直至1900年，日本才开始称呼钓鱼岛诸岛为“尖阁列岛”，将其划归冲绳县管辖。第二次世界大战期间，在1943年中、美、英三国发表的《开罗宣言》中，明确指出日本用武力从中国夺去的东北、台湾、澎湖列岛等中国领土，战后必须归还中国。事实上，在1945年日本彻底战败后，我国政府在收复台湾、澎湖列岛的同时，客观上也就收复了台湾的附属岛屿——钓鱼岛的主权。但是，在1945年日本投降后，冲绳受美国托管，美国将我国钓鱼岛作为靶场。1971年6月，美国竟公然违背《开罗宣言》的原则，把中国领土钓鱼岛群岛划入“归还区域”交给日本。日本政府马上声明对钓鱼岛群岛拥有主权。从1971年12月30日迄今，中国政府不断发表声明，指出钓鱼岛群岛是中国台湾省的附属岛屿，历来属于中国，日本窃取钓鱼岛主权，侵犯中国领土是可耻、蛮横的强盗行为。美、日两国政府拿中国的领土钓鱼岛群岛私相授受，是严重侵犯中国领土、主权的行为，是完全非法的、无效的，中国政府和中国人民绝不承认。

无论从发现占有权还是从《开罗宣言》和《波茨坦公告》以及20世纪60年代以来生效的《大陆架公约》《海洋法公约》来看，中国对钓鱼岛的主权都是公认的和无可争辩的。

在钓鱼岛主权问题上，我国本着善良的愿望提出“搁置争议、共同开发”的创造性主张，但是如果这种“搁置”给对方带来权利上的依据，则是相当危险的。我们应当考虑在适当时机，用实际行动使日本的时效性中断，使之不能根据“长期不受干扰”的要素而取得主权，进而挫败日本右翼分子的企图。

钓鱼岛在地图上是一个难以标出的小点，为什么日本非要对这块远离其本岛、原本属于中国的小岛垂涎三尺呢？这是因为，按照1992年联合国公布的《国际海洋法公约》关于“主权国家以200海里内的海域为其经济专属区”的条款，钓鱼岛的实际价值是以此岛屿为依托，半径为200海里的庞大海域以及此海域内包括海底石油、矿产、海洋渔业等海洋资源，领海领空的交通、运输权，未来潜在的资源等。如果日本侵占钓鱼岛的阴谋得逞，就意味着中国东海海域将丢失74万平方千米的海洋国土，这个数字几乎是中国与南沙群岛周边国家领土、领海争执面积的总和。

此外，钓鱼岛所处的地理位置极具战略价值，它距日本本土一千余海里，距琉球群岛八十多海里，距台湾基隆仅七十多海里，距中国大陆九十海里。就军事战略价值而言，如果日本占领了钓鱼岛，日本军队就可以在岛上设立海空监控侦察设备以及岸基反舰及对空导弹，很容易对台湾北部重要港口及空中航道加以封锁。如果在钓鱼岛设置雷达，可以监视方圆400～600千米的海域和空域，其范围可到达台湾北部和大陆沿岸的福州、温州、宁波等大片地区。若果真如此，我方军事上的一举一动都可能被对方及时掌握。如果日本在此建立军事基地或部署重型武器，则无异于在中国的家门口设下定时炸弹。2012年9月25日，中华人民共和国国务院新闻办公室发表《钓鱼岛是中国的固有领土》的白皮书。白皮书指出，钓鱼岛及其附属岛屿是中国领土不可分割的一部分。无论从历史、地理还是法理的角度来看，钓鱼岛都是中国的固有领土，中国对其拥有无可争辩的主权。2009年至今，中国海监执法船、中国海警巡航编队多次开赴钓鱼岛，既是依法行使对中国领土钓鱼岛及其附近海域的巡航执法，也是中国行使对钓鱼岛主权的具体体现。

2013 年 11 月 23 日，中华人民共和国国防部根据中国政府关于划设东海防空识别区的声明，发布了东海防空识别区航空器识别规则公告。这是中国海空战略的重大突破，表明中国不仅深切关注钓鱼岛，而且密切关注影响我国突破第一岛链的出海口：宫古海峡。目前，通过采取各种强硬反制措施，我国已经扭转了由日方单方管控和主权无争议国际认知的被动局面，实现了对钓鱼岛的共同管控。

2. 关于南海海域及南海诸岛的争议

南海总面积约 360 万平方千米。南海诸岛包括东沙、西沙、中沙和南沙四大群岛，分布于南海的中心部位，扼住了太平洋和印度洋的咽喉，不仅地理位置非常重要，而且蕴藏着丰富的矿产和水产资源。

海域问题的争议主要是南沙群岛问题。南沙群岛争端的关键是主权归属问题。南沙群岛历来是中国的领土，中国对南沙群岛及其附近海域拥有无可争辩的主权。在 20 世纪 70 年代以前，南海毗邻国家对此从未提出异议。但是，南沙群岛的经济价值、战略安全价值极高。自 20 世纪 80 年代发现南海蕴藏丰富的油气资源后，越南、菲律宾、马来西亚、文莱、印度尼西亚等国相继提出主权要求，在南沙群岛海域进行疯狂的资源开发，致使南沙群岛争端日益突出。现在，南沙群岛已形成六国七方控制的局面，“岛屿被侵占、海域被分割、资源被掠夺”的情况很严重。中国共控制 13 个岛礁，其中大陆控制 11 个，台湾控制 2 个。中国在南沙群岛问题上的立场是非常明确的，其他任何国家对该海域单方面采取的行动都是对中国主权和管辖权的侵犯，对此我国坚决反对。

南海是太平洋通向印度洋的战略要道。目前，南海周边国家对南沙群岛的军事控制进一步增强，对南沙群岛资源的掠夺性开发明显加快。在这种情况下，美国、日本、印度、英国等地区外国家也介入其中，趁机捞一把，试图利用南沙群岛问题挑拨我国与东盟国家的关系，并制造“中国威胁论”，对我国施加“更有针对性的压力”。南海已经成为不少国家对华侦察和制约的前沿。在复杂的国际背景下，我国积极谋求以和平方式解决南沙群岛问题，提出了“搁置争议、共同开发”的方针，这是由我国和平发展的外交路线决定的。在新的海洋法制度下，我国的海上邻国扩展了自己的海洋管辖权主张，与我国的主张出现了重叠。他们采用实际控制、国内立法、国际联盟等多种手段，试图将侵占我南海主权的行为事实化、合法化和国际化。某些国家极力拉拢美国下水，以期把南海问题国际化。事实上，美国也确实正在奉行“介入但不陷入”的模糊政策，以便获取最大的好处。受此影响，岛屿主权的争端变得更加复杂，局势持续升级。我们期待各方保持克制，以合作姿态，通过沟通和协商妥善解决有关问题。

中国在南海问题上的基本立场和主张是明确的、一贯的。中国政府一直致力于通过外交途径，和平解决南沙争议。为此，中国始终采取克制、冷静和建设性的态度，积极谋求解决南海问题的途径。早在20世纪80年代，邓小平就系统地提出了“主权属我、搁置争议、共同开发”解决海洋争端的战略思想。我国与周边国家建立了南海问题磋商和沟通机制。2002年，中国与东盟国家签署了《南海各方行为宣言》，确定推动务实合作，并为最终达成“南海行为准则”而努力，这是东盟国家与中国的共同意愿。南海争议应由直接相关的主权国家通过友好协商和谈判，以和平方式解决，这是《南海各方行为宣言》（以下简称《宣言》）的共识。我们希望各方都能从维护地区和平稳定的大局出发，多做增进互信、促进合作的事情。2017年5月18日，中国与东盟国家落实《南海各方行为宣言》第14次高官会在贵阳举行。与会各方就全面有效落实《宣言》以及“南海行为准则”磋商等议题进行深入探讨，取得积极成果。会议审议通过了“南海行为准则”框架。各方积极评价达成“南海行为准则”框架的重要意义，强调这是整个“南海行为准则”磋商的重要阶段性成果，为下一步“准则”磋商奠定坚实基础。但近年来，在所谓“亚太再平衡”战略和“印太战略”驱使下，美国打着平衡印太力量，维护“航行自由”、亚太和平安全的幌子，一边声称不选边站，一边采取双重标准，不断煽动菲、越等国家持续在南海生事。美国甚至亲自上阵，不时派军舰进入我南海海域进行挑衅。

3. 域外大国加紧插手我国周边海洋事务

一是美国作为头号海洋大国，加紧推进海军力量东移，以维护其在区域及国际事务中的主导权。大力营建以关岛为核心的西太平洋军事防御体系，加紧部署以新型巡航导弹核潜艇、F－22战斗机为代表的新一代海空武器。到2014年，美海军部署在亚太的弹道导弹核潜艇已达二十多艘；60%的核动力攻击型潜艇和航母将部署在太平洋舰队。与此同时，美与日、韩、澳、印，不断在东亚海域和南海、印度洋举行海空军演；借与菲、越、马、新等国的合作，强化对我周边海洋问题的渗透和干预态势。特别是2011年1月6日，美国国务卿希拉里在与日本外相前原诚司会谈时，再次表示，钓鱼岛是《日美安保条约》的使用对象。这一表态，再次显示出美国在钓鱼岛问题上倾向日本，使中日在钓鱼岛问题上的争端更趋复杂。

二是英国、俄罗斯、印度等国也在我周边扩充影响力。其一，不断强化同相关国家的海洋军事合作，借以影响东亚事务。英国加强与新加坡、马来西亚在南海的区域安全合作。印度积极向东拓展，将加强与马、越、泰的军事合作，将其作为影响东亚海洋事务的重要着力点。俄罗斯大力推进与东亚沿海国家的军事合作，以凸显其在这一区域的战略存在。其二，通过跨国公司与我周边国家合作开采海洋油气资源。英、法、加等西方国家普遍重视东亚海域的经济价值，不断加大对该地区海域油气资源开发的技术、资金的支持力度，与有关国家的“利益绑架”程度也不断加深。

4. 海上通道安全面临严峻考验

伴随经济全球化及我国“走出去”战略的深入实施，中国对海上通道安全的关注度日益提高。目前，我国80%以上的外贸需经海上运输，90%以上的进口石油需走海路。其中，马六甲海峡、直布罗陀海峡、霍尔木兹海峡、曼德海峡和龙目海峡，已经成为我国对外贸易的重要运输通道。特别是随着我国对能源、资源的需求不断增长，从大陆出发，途经台湾海峡、南海、印度洋，前往中东、北非的航路安全日益重要。据统计，每年经过亚丁湾开往我国的船只多达4 000至5 000艘，居各国之首。但是，我国在维护海上通道安全过程中，也面临着一系列制约因素：对维护海洋通道安全的政策准备、能力建设仍处于起步阶段，与美日等发达国家相比存在较大差距；当前我国海外运输线路大多经过海上冲突、危机频发地区，安全形势不容乐观。

（四）陆地边境争议问题

1949年中华人民共和国成立后，没有一条边界是确定的，有的只是不平等条约划定的边界、多年形成的传统习惯线和实际控制线。在中华人民共和国成立初期，“团结一切亚非拉民族独立国家”和向社会主义阵营“一边倒”是中国外交的基石，边界问题被搁置。然而，从20世纪50年代中后期开始，随着国际局势的变化，边界争端变得异常激烈和突出。中国与印度、苏联、越南等国发生的战争基本上都是边界战争。战争过后，两国在废墟上再谈边界划分，其难度可想而知。

作为世界上陆地边界最长、陆上邻国最多、边界问题最复杂的国家之一，中国用六十多年的时间，改变了几千年来“有边无界”的状况，结束了几百年来的边界纠纷。从总体上说，中国与周边国家的边界问题大多得到了解决。中俄之间4 300多千米的边界问题已基本上得到解决。1997年11月，江泽民主席和叶利钦总统签署了《中俄联合声明》，标志着中俄边界已在法律上得以划定。中国和哈萨克斯坦已签订了边界协定，解决了两国1 700多千米的边界问题。中国分别同吉尔吉斯斯坦、塔吉克斯坦存在1 000多米和450多千米的边界，其中中塔在帕米尔地区存在2.1万平方千米的争议面积。1999年12月30日，中越两国外交部部长签署了《中国和越南陆地边界条约》，至此，中越两国陆地边界存在的问题已全部解决。

对中国周边安全环境产生不利影响的边界争端主要是中印边界争端。中印边界全长约2 000千米，分为东、中、西三段。中印两国存在大片领土争端，争议面积共达12.55万平方千米，争议领土共8块，均在中印边界传统分界线我方一侧。在东段，争议面积约9万平方千米，现被印度控制，称其为“阿鲁纳恰尔邦”。在中段，争议面积约2 000平方千米，除个别地区外，均为印方控制。在西段，争议面积约3.35万平方千米，除巴尔加斯地区约450平方千米被印军侵占外，其余均在我方控制之下。

边界问题之所以成为中印关系的障碍，是因为印度继承了英国统治印度期间对中国西藏进行扩张的政策，并继续向北推进，在1953年完成了对“麦克马洪线”以南大片中国领土的占领，在个别地方甚至越过了这条线。为了和平解决中印边界问题，中国政府曾一再建议双方在和平共处五项原则的基础上，本着互谅、互让的精神，照顾两国人民的民族感情，通过和平谈判，公平合理地解决边界问题。周恩来总理曾为此于1960年访问印度，同尼赫鲁总理会谈。印方则坚持非法的“麦克马洪线”就是中印边界线，拒绝了中方的一切合理建议，并于1962年在边境向中国发动了全面武装进攻，中国被迫进行自卫还击。中印边境自卫反击作战历时一个月。在这次自卫反击战中，我国边防部队在党中央、中央军委的英明领导和指挥下，同仇敌忾，英勇战斗，以较小的代价取得了重大的胜利，驱逐了入侵的印军，维护了中国的领土和主权，打击了当时印度扩张主义者的嚣张气焰，大扬了国威、军威。

2017年6月18日，印度边防人员在中印边界锡金段越过边界线进入中方境内，阻挠中国边防部队在洞朗地区的正常活动。印度边防部队越过既定边界，侵犯了中国主权和领土完整，违反了1890年条约，违反了《联合国宪章》，是对国际法基本原则和国际关系基本准则的粗暴践踏，性质非常严重。针对这一起损害中国领土主权、威胁中国安全利益的行为，中国本着最大善意，保持高度克制并迅速表明态度且亮出底线。2017年8月28日14时30分许，印方将越界人员和设备全部撤回边界印方一侧，中方人员现场对此进行了确认。

中印两国在边界问题上虽已进行了多轮外交谈判，但仍没有彻底解决分歧。利用领土问题和达赖集团牵制中国、取悦西方，将是印度对华长期政策的重要组成部分。多年来印度在军事上以我国为敌，确立“攻势”防御战略思想；在边界上加强战场建设，实施重兵部署；在武器装备上加强对华核威慑力量。从目前的形势看，中印边界争端难以在短期内全部解决。

（五）影响边疆地区安全的其他不稳定因素

我国是一个多民族的社会主义国家，共有56个民族。由于实行正确的民族、宗教政策，我国各族人民团结一致、齐心协力，共建中华美好家园。但是，境内外一小撮民族分裂主义分子，在国际上某些“反华”势力的操纵和唆使下，置民族大义和国家利益于不顾，采取政治斗争和暴力对抗相结合的方式，进行民族分裂活动，严重影响了我国边疆地区的安全与稳定。

例如，活动在我国新疆境内的“东突”民族分裂势力，与国际恐怖主义势力相勾结，以泛伊斯兰主义和泛突厥主义思想为理论基础，以反对中国共产党领导下的政权、建立“东突厥斯坦国”为目的，以宗教为掩护，大肆进行分裂新疆的破坏活动。他们一方面打着民族、宗教的旗号，煽动民族情绪，鼓动宗教狂热，宣扬伊斯兰“圣战”，叫嚣建立“东突厥斯坦国”；另一方面，又迎合西方，扯起“民主、人权和自由”的旗帜，与境外新疆民族分裂势力遥相呼应，加强联系，发展组织，进行恐怖活动，制造了一系列爆炸、暗杀、纵火、投毒、袭击等恐怖暴力事件，严重危害了新疆各族人民群众的生命财产安全，也严重危害了我国边疆地区的安全与稳定。2014 年 3 月 1 日，在昆明火车站广场发生蒙面暴徒砍人事件，造成 29 人死亡、130 余人受伤，就是一起由新疆分裂势力一手策划组织的严重暴力恐怖事件。2014 年 4 月 30 日，在新疆乌鲁木齐火车南站站外发生一起爆炸案件，造成 3 人死亡、79 人受伤，其中重伤 4 人，也是“疆独”恐怖分子所为。

又如，逃往国外的达赖集团，利用西藏地区交通困难、环境闭塞、经济落后、藏区群众文化水平较低、对宗教宣传极易接受的特点，打着宗教旗号，大肆进行“藏独”分裂活动，具有极大的欺骗性和蛊惑性。加上以美国为代表的西方大国在对我国实施“西化”“分化”的战略中，妄图以“西藏问题”为突破口，支持“藏独”分裂势力搞所谓的“西藏独立”，内外勾结，里应外合。这些都将对我国边疆地区的安全与稳定产生不利影响。2008 年 3 月 14 日，西藏拉萨发生暴恐事件，不法分子纵火 300 余处，烧死或砍死无辜群众 18 人，打伤群众 382 人，其中重伤 58 人。这起严重的暴力犯罪事件就是由达赖集团有组织、有预谋、精心策划煽动的，是由境内外“藏独”分裂势力相互勾结制造的。

三、我国周边安全环境的发展趋势

中国周边地区是维护中国国家安全、捍卫主权统一与领土完整、开展反分裂斗争的主战场，是中国防御外敌入侵的前沿与前哨，是中国御敌于国门之外的缓冲带与战略屏障。因此，我们不仅要分析目前我国周边环境存在的主要问题，而且要认真研究未来我国周边环境的发展趋势，做到居安思危、防患于未然。

（一）美国将始终影响着中国的周边安全

美中两国，一个是头号发达国家，一个是最大的发展中国家；一个是最大的资本主义国家，一个是最大的社会主义国家；一个是西方国家的代表，一个是东方国家的代表；一个是最大的债务国，一个是最大的债权国；一个是最大的进口国家，一个是最大的出口国家。中美之间可以说是当今世界最为特殊也最为复杂的一对关系。在未来相当长的战略期内，美国将影响着中国及其周边的安全。

一方面，如前所述，美国的“印太战略”，对我国周边安全构成战略压力。美国在亚洲的军事调整和不断强化的美日澳等国同盟，对我国周边安全构成持续威胁，特别是对解决我国台湾问题形成障碍。美国通过在韩国和日本驻军、发展同我国台湾的实质性关系，加强同东南亚国家的军事同盟与安全合作关系，实现从东北亚到东南亚与中国“近距离接触”，直接影响中国在东部海洋方向的安全环境和安全利益。美国把印度纳入“印太战略”同盟，利用印度牵制中国的意图不言而喻。美国正在中国周边构建新的“满月形遏制圈”，对中国构成了不可忽视的战略压力。

另一方面，美国还多方面触及我核心利益，威胁我主权安全。中美之间涉台、涉藏、宗教、人权、经贸、汇率等都是长期存在的问题，特别是中国台湾、西藏、新疆、南海等问题都涉及中国的核心利益。美国历届政府的对华政策和相关战略安排都或多或少触及中国的底线。

（二）地区热点仍是威胁我国周边安全的重要掣肘因素

中国周边地区存在印巴矛盾、朝鲜半岛以及东海、南海岛屿争端等问题。印巴冲突是包括领土、民族、宗教和军备在内的综合性、长期性矛盾与争端。近两年来，两国核武器与常规军备竞赛愈演愈烈，克什米尔局势不时紧张，甚至滑向战争边缘，两国总体对立关系难以在短期内得到根本缓解，仍存在很大的变数。

朝鲜半岛问题是东亚地区最大的冷战遗留问题。朝鲜与美、韩之间的矛盾根深蒂固，各自的国家利益和政策目标大相径庭。2018 年 4 月 27 日，朝鲜领导人金正恩和韩国总统文在寅在板门店“和平之家”举行了韩朝首脑会谈，签署并发表了《为促进朝鲜半岛和平、繁荣、统一的板门店宣言》（即《板门店宣言》），确定了朝鲜半岛“完全无核化”的和平发展目标。6 月 12 日，美朝领导人在新加坡举行会谈。朝鲜半岛局势朝着“弃核”和南北和解的方向转变。但是，在朝鲜弃核的时间表和朝鲜弃核后的安全保障问题上，美朝双方分歧很大，朝鲜弃核后美国的全球战略在东北亚如何继续推行落实？有关大国在半岛问题上继续博弈，半岛局势的发展仍存在较大的不稳定和不确定因素，不排除出现武力对抗和军事冲突的可能性。

在南海领域，我国传统海域频遭周边国家染指，海洋资源被掠夺的状况十分严峻，南海周边国家自己或与别国开发海上石油和天然气。由于这些油气资源给南海相关国家带来了巨大的经济效益，再加上域外大国的插手，南海周边国家在南海岛礁主权和海洋管辖权问题上是不会轻易让步的。可以说，南海争端是世界上最复杂的岛礁主权和海洋管辖权的争议。因此，南海诸岛的主权归属和部分海洋管辖权之争是我国面临的最不稳定因素之一。在东海海域，中日在钓鱼岛主权归属问题上分歧很大。近年来，日本积极谋求摆脱战后体制，大幅调整军事安全政策，国家发展走向引起相关国家的高度关注。随着日本的军事战略由“本土防御型”向“海外进攻型”转变和实施海外军事干预意志和能力的增强，日本将成为东亚地区的潜在威胁。因此，围绕钓鱼岛的主权问题，中日双方的争端仍是诱发冲突的不稳定因素。

（三）我国面临的海洋安全环境将日益复杂

进入21世纪以来，我国传统海域频遭周边国家染指，海上通道安全面临严峻考验，围绕公海及国际海底区域的无序争夺损害了我国正当的海洋利益。加之域外大国加紧插手我国周边海洋事务、台海分治影响海上安全维护与海权拓展等客观因素及我国自身海洋战略滞后、海上力量不强等主观原因，在目前及今后一段时期内，我国承受的海上安全压力将明显增大。南海是我国“一带一路”重要的节点和战略支撑点，南海局势的稳定是“一带一路”倡议稳步实施的重要保障。对南海的控制或影响，直接决定了对“航运动脉”——马六甲海峡的控制和影响，直接关系到我国海上交通线的安全。从军事战略来讲，南海是我海军进入大洋重要的前出基地，也是我海军打破岛链封锁非常重要的突破节点，是我海军西入印度洋为我国巨大的海外利益保驾护航最基本、最低限度的保障。

2012年6月21日，国务院正式批准撤销海南省西沙群岛、南沙群岛、中沙群岛办事处，将以前设立的县级三沙市升格为地级市三沙市，管辖西沙群岛、中沙群岛、南沙群岛的岛礁及其海域。三沙市的设立有利于进一步加强中国对西沙群岛、南沙群岛、中沙群岛的岛礁及其海域的行政管理和开发建设，保护南海海洋环境；也有利于使国家维护南海固有领土主权的阵线向南疆推移。近几年，我国在南海岛礁的一系列建设，初步解决了困扰我国已久的南海制空权问题；海军的快速发展，解决了同样困扰我国已久的南海制海权问题。这两个问题的解决，奠定了我国在南海维权问题上不可撼动的地位，为威慑域外国家，应对域内某些国家的挑衅，提供了坚实的保障，也为我国维权巡航的顺利进行开辟了道路。

可以预见，我国要实现和平崛起的伟大复兴，必须重视和加强海洋建设。而伴随我国海上力量的建设，“中国海上威胁论”也不会销声匿迹，我国所面临的海洋安全环境也将日益复杂。其中既包括“台独”势力带来的不安定因素和由岛礁主权和海洋权益争议引发的各类冲突，也包括域外大国的海上争端参与和武装干涉。为此，有必要进一步深化、创新我国的海洋安全战略研究，制定新形势下的综合海洋安全战略，同时也要树立坚定的战略意志，壮大海上力量，增强随时应对海上各种挑战的能力。

（四）非传统安全威胁将日益突出

非传统安全威胁是相对传统安全威胁而言的，是除了军事、政治和外交冲突以外的其他能够对主权国家及人类整体生存与发展构成威胁的因素。非传统安全问题主要包括：经济安全、金融安全、生态环境安全、信息安全、资源安全、恐怖主义、武器扩散、疾病蔓延、跨国犯罪、走私贩毒、非法移民、海盗、洗钱等。目前及今后一段时期，非传统安全威胁，特别是经济金融、生态环境、网络信息、恐怖主义等问题将成为影响中国与周边关系的重要变量。

1. 经济金融安全

在经济金融全球化背景下，我国经济社会发展对外依存度越来越高，能源、金融等安全问题日益突出。1993 年，中国首度成为石油净进口国，当时的原油对外依存度仅为6%。到2009 年我国原油对外依存度已经超过50%，2010 年达到53. 8%，2017 年更是接近60%。中国科学院2010 年发布的《能源蓝皮书》预测，2020 年中国原油对外依存度将达到64. 5%；国际能源署预测的形势更为严峻，认为中国的进口依存度或将升至80%。中国石油进口高度依赖中东地区，一方面，该地区的动荡将严重威胁中国的能源安全；另一方面，由地区局势引发的油价高涨将使中国面临更严重的输入性通货膨胀，增加了宏观经济调控难度和经济发展的不确定因素。同时，2011 年 3 月日本福岛核危机后，尽管我国未放弃核能发展，但明显放缓了步伐，因为核电的发展要把安全放在第一位。

在金融领域，1997 年的亚洲金融危机和2008 年的全球金融危机，都说明随着经济全球化的深入发展，金融领域的风险大大增加。金融危机对世界经济的影响是深远的，教训是深刻的。在不断扩大对外开放的今天，必须抓好金融危机风险的防范应对。

2. 生态环境安全

由于全球气候变暖，近年来气温异常的情况持续不断，极端天气时有发生。我国部分地区出现了严重的干旱和洪涝灾害，土地沙漠化和沙尘暴、酸雨等现象严重，水资源匮乏，造成农作物减产。同时，工业化和城镇化的快速推进及落后的经济发展模式造成了水源污染、大气污染和海洋污染等严重的环境安全问题。土地沙化荒漠化、水土流失严重、大气污染、海洋污染、淡水资源污染枯竭等生态环境破坏严重阻碍了我国经济发展，给我国实施可持续发展战略带来了巨大的挑战。

当前，我国环境总体恶化的趋势初步得到遏制，部分地区有所改善，但我国环境形势依然严峻，不容乐观。随着工业化和城镇化的快速推进，我国能源消费量不断上升，污染物产生量仍将增加，环境压力继续加大，环境形势依旧十分严峻。污染减排任务非常艰巨，环境污染依然严重，损害群众健康的环境问题依然比较突出，生态保护和农村环境保护亟待加强。

3. 网络信息安全

近十年来，我国信息产业持续高速增长，信息化建设取得了长足发展，已经是国民经济的第一大支柱产业。在信息网络快速发展的同时，我国同样在一定程度上受到了全球信息安全领域所带来的巨大影响。当前我国信息安全面临着基础信息产业技术严重依赖国外、自我保护能力弱、信息安全管理体制不够健全、信息安全意识淡薄等问题。包括西方国家在内的各种敌对势力纷纷开辟网络虚拟战场，实施“西化”“分化”我国的战略图谋。

从全球范围看，网络战已拉开帷幕，网络空间的军事化和政治化趋势加剧，并成为各国所看重的外交新战场，各国网军之间的较量将日益激烈。因此，对于我国而言，信息网络安全已成为未来国家安全防范体系中非传统安全的战略性要素，加强信息安全保障已成为最迫切的任务之一。

4. 恐怖主义问题

近年来，在国际恐怖主义活动加剧的国际大背景下，我国也在不同程度上受到境内外带有政治色彩的民族分裂主义和宗教极端主义势力的恐怖活动、以极端暴力手段进行的反社会攻击性恐怖活动、以个人利益为目的的恐怖犯罪活动、以帮派及黑社会势力进行的暴力恐怖活动等的侵害与威胁。

现阶段，“东突”“藏独”和“台独”组织，在一定程度上已经成为国际恐怖主义势力的组成部分。为拓展活动空间，三股势力与境外恐怖主义势力采取缔结联盟、信息共享、互为策应等手段来进行恐怖主义活动，恐怖分子跨境流动成为新趋势。不仅如此，我国国家安全还面临恐怖主义组织与有组织犯罪深度结合的挑战，如何针对恐怖主义的新趋势、新特点，采取积极有效的应对措施，铲除毒瘤，保证安定团结的政治局面和国家安全是值得我们认真研究的课题。

此外，我国还在社会文化领域、人口与社会发展领域、公共卫生安全领域等方面存在非传统安全问题，这些都对我国国家安全形势产生了重大影响，成为今后我国与周边国家关系的重要变量，必须引起高度重视。

第四节　坚持总体国家安全观

国家安全是安邦定国的重要基石，维护国家安全是全国各族人民的根本利益所在。坚持总体国家安全观，是习近平新时代中国特色社会主义思想的重要组成部分，是中国国家安全理论的最新成果，是维护国家安全的行动纲领和科学指南，对决胜全面建成小康社会、加快推进社会主义现代化、实现中华民族伟大复兴的“中国梦”具有深远而重大的意义。

一、国家安全观

安全是指客观上没有或很少威胁、主观上没有或很少恐惧感。

国家安全是指国家政权、主权、统一和领土完整、人民福祉、经济社会可持续发展和国家其他重大利益相对处于没有危险和不受内外威胁的状态，以及保障持续安全状态的能力。

国家安全观是对国家安全及国家安全相关问题的历史、现状、发展、规律、本质等的认知、评价和预期。

首先，国家安全观是对国家安全状态的客观认识。国家安全观所反映的客观对象，既包括国家安全的一般客体，如普遍意义上的国家安全、国家利益、国家安全环境、国家安全体制、国家安全活动等，也包括特定历史条件和地域环境中的国家安全的具体客体，如某个国家的国家安全状态、某个国家的安全体制等；既包括对国家安全的综合性认识（如从整体上认知国家安全状态），也包括对国家安全某领域某方面的认识（如对国家网络安全文化安全的认识）。

其次，国家安全观包括对国家安全客观状况的价值评价。国家安全观，不仅包括对国家安全现实的客观认识，还包括基于自身利益对国家安全客观状况的价值评价。安全状况的主观价值判断会影响对国家安全现实的客观认识。比如，某国在一个地方驻军，对谁（国家、地区、世界）是安全，对谁是威胁？不同国家和利益集团基于各自利益和立场有不同的认识和判断。

最后，国家安全观还包括国家安全状态发展的预测和期望。国家安全观在反映国家安全客观现实并对其作出价值评价的同时，还会对国家安全的发展方向、前途、可能出现的问题等作出预测，并在主观上就应该建立什么样的国家安全机制，如何改善国家安全状态，需要进行什么样的国家安全工作等提出一些想法、观点、意见和建议。这也是国家安全观的重要内容。

从本质上讲，国家安全观是对国家安全现实的反映。不同国家、同一国家的不同时期有着不同的国家安全观。

二、总体国家安全观

（一）总体国家安全观的含义

总体国家安全观是一个富有中国特色的安全概念。习近平总书记在中央国家安全委员会第一次会议上提出总体国家安全观，其基本内涵是：以人民安全为宗旨，以政治安全为根本，以经济安全为基础，以军事、文化、社会安全为保障，以促进国际安全为依托，走出一条中国特色国家安全道路。

这是在新安全观基础上提出的大安全观，系统回答了安全四维关切：

安全观念——树立总体安全观。总体安全包括人民安全、政治安全、经济安全、军事安全、文化安全、社会安全等全方位内涵，兼顾传统安全与信息安全、生态安全、资源安全、核安全等非传统安全，既重视外部安全，又重视内部安全，对内求发展、求变革、求稳定、建设平安中国，对外求和平、求合作、求共赢、建设和谐世界，实现本国安全与他国安全的共同安全，甚至包括人与自然、国家与国际的总体安全。

安全道路——中国特色的国家安全道路，不走西方安全扩张老路，不重复诸如“修昔底德陷阱”之类的历史安全悲剧，在安全领域实现道路自信与可持续发展。

安全体制——国家安全委员会，建立集中统一、高效权威的国家安全体制，加强对国家安全工作的领导。

安全目标——命运共同体，摈弃一国安全建立在他国不安全基础上的安全零和思维与对立式安全理念，树立“你安全所以我才安全”的人类新安全观，确立人类共同家园、休戚与共的安全新思维。

（二）总体国家安全观是超越传统理念的“新国家安全观”

总体国家安全观是全面系统的安全观。总体国家安全观，首先表现在“总体”，即它的全面性、完整性。国家安全涉及各个领域、各个方面，既有经济的又有政治的，既有文化的又有军事的，既有社会的又有生态的，既有国际的又有国内的，既有传统的又有非传统的，等等。总体国家安全观避免像过去只关注政治、军事安全而忽视经济、文化、社会、网络、生态等领域的安全，全面认识和把握各领域各方面的安全问题，比以前的安全观更具全面性、完整性。总体国家安全观抛弃孤立地、简单地、片面地看待安全问题，从全局和战略的高度审视国家安全，统筹好不同领域、不同性质的安全工作，强调既重视外部安全，又重视内部安全；既重视国土安全，又重视国民安全；既重视传统安全，又重视非传统安全；既重视自身安全，又重视共同安全，充分体现了系统、辩证、全面的国家安全理念。

总体国家安全观是动态持续的安全观。总体国家安全观强调维护国家安全，既重视发展问题，又重视安全问题；既要治标，更要治本；既要立足当下，更要着眼长远；既要有应对举措，更要有后续手段，以实现国家安全的长期性、持续性。可持续，就是要发展和安全并重以实现持久安全。发展是安全的基础，安全是发展的条件。发展是硬道理，稳定是硬任务。只有实现经济社会的持续发展，提高人民群众物质生活水平，才能对内夯实社会稳定的物质基础，对外打牢抵御外敌入侵的安全防线，实现可持续的国家安全。

总体国家安全观是合作共赢的安全观。安全不是你输我赢、你死我活，不能一个国家安全而其他国家不安全，一部分国家安全而另一部分国家不安全，更不能以牺牲别国安全谋求自身所谓绝对安全。当今世界，没有一个国家能实现脱离世界安全的自身安全，也没有建立在其他国家不安全基础上的安全。总体国家安全观强调以促进国际安全为依托，既重视自身安全，又重视共同安全，坚持合作共赢、共同发展，走和平发展道路，构建人类命运共同体。这是双赢、共赢的新理念，具有广泛的包容性，也是跨越“修昔底德陷阱”的新途径。各国只有坚持共同、综合、合作、可持续安全的新理念，不以大欺小、恃强凌弱，相互尊重、平等相待，以平等对话、理性协商的方式解决国际争端，以共同参与、互利合作的途径应对国际问题，在维护自身安全时不威胁别国安全，才能实现共享尊严、共享发展成果、共享安全保障，实现自我安全和共同安全的统一。

总体国家安全观是人本民本的安全观。传统国家安全观过度关注国土安全、政权安全，而忽视人民的安全；过度强调政府在维护国家安全上的作用，而忽视人民群众的主体地位。国土、资源、信息等物的安全，对国家安全非常重要。但离开人的安全，国家安全就失去意义。总体国家安全观，把对物的关切与对人的关切结合起来，既重视国土安全，又重视国民安全；坚持以人民安全为宗旨，坚持以民为本、以人为本；坚持国家安全一切为了人民、一切依靠人民，真正夯实国家安全的群众基础。人民安全还是衡量国家安全的根本标准。维护国家安全，就要积极解决人民群众普遍关心的安全问题，不断增强人民群众的安全感、获得感、幸福感。

三、坚持总体国家安全观的重要意义

总体国家安全观是以习近平同志为核心的党中央对国家安全理论的重大创新，是新形势下维护和塑造中国特色大国安全的强大思想武器，充分体现了我们党奋力开拓国家安全工作新局面的战略智慧和使命担当，具有重大的时代意义、理论意义、实践意义和世界意义。

（一）总体国家安全观承载为实现中华民族伟大复兴提供坚强保障的历史使命，具有鲜明的时代特色

总体国家安全观是时代的产物，同时又为时代注入了新的内涵。

（1）适应具有许多新的历史特点的伟大斗争的新要求。实现中华民族伟大复兴，是中华民族的根本利益和最高利益，是我们这个时代的最强音。当代中国正处于由大国向强国迈进的重要关口，正处于全面建成小康社会的决胜阶段，正处于实现中华民族伟大复兴的关键时期。越是接近奋斗目标，前进阻力和风险压力就越大。在新的历史起点上，我们必须时刻准备应对各种风险考验和重大挑战，深入推进伟大事业、伟大工程、伟大斗争。这既对国家安全工作提出了新挑战，也为做好国家安全工作提供了新机遇。坚持总体国家安全观，归根到底是为

了更好维护和延长我国发展重要战略机遇期，确保中华民族伟大复兴进程不被滞缓或打断。

（2）顺应时代发展变化的新趋势。当今世界正处在大发展大变革大调整时期。和平与发展仍然是时代主题。世界多极化、经济全球化深入发展，社会信息化、文化多样化持续推进，新一轮科技革命和产业革命孕育成长。但是，时代潮流中也有险滩、暗礁。各种风险挑战层出不穷，世界“逆全球化”思潮上扬，冷战思维仍存，经济增长乏力，热点问题交替升温，非传统安全威胁持续蔓延，影响全球战略稳定的消极因素增多，复杂和不确定成为国际安全新现实。总体国家安全观强调，只有坚持共同、综合、合作、可持续安全的新理念，同心协力应对各种问题，才能实现共享尊严、共享发展成果、共享安全保障。

（3）回应人民对国家安全的新期待。国泰民安是人民群众最基本、最普遍的愿望。随着我国经济社会发展和对外开放不断扩大，人民对国家安全有了更多更高的期待。人民希望国家更加强大，更有力地维护国家统一和民族团结，更坚定地捍卫国家利益，为实现国家长治久安提供可靠支撑。人民希望党和政府更加主动作为，更有效地保护他们的生命财产安全，为他们营造安居乐业的社会环境。人民希望抓紧解决空气、水、土壤污染以及农产品、食品药品安全等突出问题。人民对美好生活的向往，就是我们党的奋斗目标。总体国家安全观强调以人民安全为宗旨，坚持国家安全一切为了人民、一切依靠人民，不断提高人民的安全感、获得感、幸福感。

（4）回答国家安全面临的新课题。当前，我国国家安全形势保持总体稳定，但面临的安全和发展环境更趋复杂。要在深刻变化的时代中赢得主动，要在伟大斗争中赢得胜利，就要以更长远的战略眼光把握国家安全面临的新课题，在理论上不断作出新概括。比如，如何提高国家安全能力，满足日益增长的国家安全需求？如何增强风险防控意识和能力？如何有效维护我国海外利益？如何增强国际话语权，向世界展示一个真实、立体、全面的中国？等等。这些都是关系国家安全的重大战略问题。总体国家安全观既是认识论，又是方法论，为破解我国国家安全面临的难题提供了基本遵循。

（二）总体国家安全观是我们党关于国家安全理论的重大创新，丰富和发展了中国特色社会主义理论体系

总体国家安全观揭示了国家安全的本质和内涵，科学回答了中国这样一个发展中的社会主义大国如何维护和塑造国家安全的基本问题，标志着我们党对国家安全基本规律的认识达到了新高度。

（1）发展了中国特色社会主义理论体系。习近平总书记把国家安全置于中国特色社会主义事业全局中来把握，提出统筹发展与安全两件大事。他指出，随

着我国快速发展和国际形势的深刻变化，我们面临的风险和挑战只会越来越多，集中力量发展经济的条件发生深刻变化，必须统筹国际国内两个大局、统筹政治经济外交等各方面工作，在维护国家主权、安全、发展利益中努力维护我国发展重要战略机遇期。他强调，我们党要巩固执政地位，要团结带领人民坚持和发展中国特色社会主义，实现中华民族伟大复兴的中国梦，保证国家安全是头等大事。在中国特色社会主义伟大事业中，发展和安全是相辅相成的，发展是安全的基础，安全是发展的条件。习近平总书记的这些新思想新论断，深化了我们党对共产党执政规律、社会主义建设规律和人类社会发展规律的认识。

（2）开辟了中国特色国家安全理论新境界。总体国家安全观科学运用马克思主义基本原理，深刻总结我们党维护国家安全的理论和实践，认真汲取中华传统文化精髓，积极借鉴国际安全理论与实践，在国家安全领域形成了具有中国特色和时代特征的立场观点方法，既有继承又有发展，实现了我们党在国家安全理论上的历史性飞跃。

习近平总书记运用总体战略思维和宽广的世界眼光把握国家安全，实现了对传统国家安全理念的重大突破。总体国家安全观勾画出维护国家安全的整体布局，提出以人民安全为宗旨，以政治安全为根本，以经济安全为基础，以军事、文化、社会安全为保障，以促进国际安全为依托，维护各领域国家安全，深化拓展了我们党国家安全事业的理论视野和实践领域。总体国家安全观提出了维护国家安全的基本原则，强调既重视发展问题又重视安全问题，既重视外部安全又重视内部安全，既重视国土安全又重视国民安全，既重视传统安全又重视非传统安全，既重视自身安全又重视共同安全，准确反映了辩证、全面、系统的国家安全理念。总体国家安全观强调必须把科学统筹作为国家安全工作的根本方法，既立足当前，又着眼长远；既整体推进，又突出重点；既重维护，又重塑造；既讲原则性，又讲策略性；既讲需求，又讲能力；充分调动各方面积极性，汇聚起维护国家安全的强大力量。

习近平总书记提出并深入阐发了一系列具有原创性、时代性的新理念新思想新战略。比如，关于依法维护国家安全，他提出要切实增强全民国家安全意识，把法治贯穿于维护国家安全的全过程各环节。关于意识形态安全，他多次强调，意识形态工作事关党的前途命运，事关国家长治久安，事关民族凝聚力和向心力。关于文化安全，他提出“中华文化是中华民族的根和魂”，必须坚定文化自信。关于生态安全，他提出“要像保护眼睛一样保护生态环境，像对待生命一样对待生态环境”。关于科技安全，他提出，科技是国之利器，要围绕国家重大战略需求，着力突破关键核心技术，抢占事关长远和全局的科技战略制高点。关于网络安全，他提出“没有网络安全就没有国家安全”。关于军民融合，他提出

“军民融合是国家战略，关乎国家安全和发展全局，既是兴国之举，又是强军之策”。他特别强调要增强国家安全工作的战略性、策略性，保持战略定力、战略自信、战略耐心，树立底线思维，坚持原则性和策略性相统一。

（3）揭示了中国特色国家安全的本质特征。习近平总书记强调，国家安全要以人民安全为宗旨，以政治安全为根本，以国家利益至上为准则。这些重要论述，反映了中国特色社会主义的特点和优势，深刻揭示了中国特色国家安全的本质特征。坚持人民安全、政治安全和国家利益至上的有机统一，是走出一条有中国特色国家安全道路的必然要求，是维护和塑造中国特色大国安全的根本保证。

人民安全是国家安全的宗旨，是党的性质和宗旨的重要体现，归根到底就是在党的领导和中国特色社会主义制度下，为群众安居乐业提供坚强保障。不断提高人民的安全感、获得感、幸福感是检验国家安全的根本标准。政治安全是国家安全的根本，核心是政权安全和制度安全，最根本就是维护党的领导，维护中国特色社会主义制度，维护以习近平同志为核心的党中央的权威。只有从维护政治安全的高度谋划和推进国家安全工作，才能更好地保障国家利益，实现人民安居乐业和国家长治久安。国家利益至上是国家安全的准则。维护国家安全，主要是维护国家利益，尤其是核心利益。国家核心利益是主权国家不能被侵犯的红线，关系国家存亡、政权巩固和强国进程。中国不觊觎他国权益，不嫉妒他国发展，更不放弃我们的正当权益，既不惹事也不怕事。

我国的国体政体决定了党、人民和国家是一个共同体，这也就决定了人民安全、政治安全和国家利益至上是紧密关联、相辅相成的有机统一体。人民安全居于中心地位，国家安全归根到底是保障人民利益；政治安全是维护人民安全和国家利益的根本保证，国家利益至上是实现人民安全和政治安全的基本途径。三者的有机结合和辩证统一，深化了我们党对中国特色国家安全的规律性认识。

（三）总体国家安全观是维护和塑造中国特色大国安全的行动指南，具有重大的实践意义

总体国家安全观的形成和发展，是理论创新和实践创新、理论发展和实践发展紧密结合和相互促进的过程。党的十八大以来，我们党全面贯彻落实总体国家安全观，陆续出台一系列重大创新举措，维护和塑造中国特色大国安全取得显著成效。实践充分证明，总体国家安全观蕴含着中国特色国家安全价值理念、工作思路和机制路径，是指导国家安全工作的科学理论。

（1）加强党对国家安全工作的领导。党对国家安全工作的领导，是社会主义制度的必然政治要求，是维护国家安全和社会安定的根本政治保证。为了更好适应国家安全面临的新形势新任务，我们党第一次设立中央国家安全委员会，习近平总书记亲自担任主席，建立集中统一、高效权威的国家安全领导体制。制定

并实施《国家安全法》，极大提升了国家安全法治化水平。制定并实施国家安全战略纲要，出台《中共中央关于加强国家安全工作的意见》，明确了国家安全的总体部署。把国家安全保障能力建设纳入“十三五”发展规划纲要，更好地适应了国家安全工作需要。2017 年 2 月，习近平总书记主持召开国家安全工作座谈会，进一步强调，各地区要建立健全党委统一领导的国家安全工作责任制，强化维护国家安全的责任。可以说，中国特色国家安全体系的“四梁八柱”初步建立起来了，对国家安全的支撑作用日益显现。

（2）始终把人民安全放在最高位置。国家安全一切为了人民，必须把人民安全作为根本目的，充分体现以人民为中心的国家安全理念。面对经济发展新常态，确保经济在合理区间运行，积极发挥社会政策的托底作用，人民生活持续改善。完善立体化社会治安防控体系，坚决打击暴力恐怖活动，坚决遏制严重刑事犯罪高发态势，创造了更加安定的社会环境。妥善应对重大自然灾害和突发事件，保障了人民群众生产生活条件。加强海外利益保护，综合施策保障境外公民和机构安全，积极营救被绑架劫持人员，从局势动荡的马里、南苏丹、也门、尼泊尔等国撤离滞留同胞。坚持走群众路线，大力开展国家安全宣传教育，充分调动人民群众的积极性和主动性，夯实国家安全的根基。

（3）维护和塑造中国特色大国安全。各重点领域国家安全工作稳步推进。全面从严治党，政治安全基础更加牢固。防范化解经济金融风险，经济安全基础不断巩固。深化国防和军队改革，扎实推进文化软实力建设，不断提高社会治理整体水平，军事、文化、社会保障更加有力。坚持“一国两制”方针不动摇，依法遏制“港独”，保持香港、澳门的繁荣稳定。推进两岸关系，坚决开展反“台独”斗争，努力维护两岸关系和平发展局面。积极维护海洋权益，开展卓有成效的维权斗争。

加强安全领域国际合作，巩固睦邻友好格局，深入推进周边命运共同体建设，打造可靠的战略依托。努力构建总体稳定的大国关系框架，推动中美关系持续健康稳定发展，全方位推进中俄高水平战略协作，加强中欧各领域交流合作，稳定了外交大局。大力推进“一带一路”建设，携手打造“绿色丝绸之路”“健康丝绸之路”“智力丝绸之路”以及“和平丝绸之路”。

实践充分昭示，中国特色大国安全既要维护也要塑造，必须立足国际秩序大变局来把握规律，立足防范风险的大前提来统筹，立足我国发展重要战略机遇期来谋划。一方面，要严密防范各种安全风险集聚交汇形成风险综合体，守住不发生系统性风险和不犯颠覆性错误的底线，有力有效维护国家安全。另一方面，要主动塑造内外安全环境，善于观大势，加强对国家安全形势的跟踪研判，力求在变局中把握规律，在乱象中趋利避害，在斗争中争取主动。要加强战略谋划，坚持以全球思维谋篇布局，塑造总体有利的国家安全战略态势。要开拓进取、勇于担当，在国际舞台上积极发出中国声音，坚决维护我国主权、安全和发展利益。

（四）总体国家安全观倡导构建人类命运共同体，具有广泛的包容性，产生了深远的国际影响

中国的国家安全和世界的和平发展息息相关。总体国家安全观强调以促进国际安全为依托，实现自身安全与共同安全相统一，共同构建人类命运共同体。这一安全理念摒弃了零和博弈、绝对安全、结盟理论等旧观念，在国际上树立起一种普遍包容的国家安全理念，体现了中国风格，展示了中国胸怀，彰显了中国智慧。

（1）坚持和平发展，积极承担与我国国力地位相适应的国际责任。总体国家安全观继承和发展了我们党长期坚持的和平发展思想。习近平总书记指出，中国走和平发展道路，不是权宜之计，更不是外交辞令，而是从历史、现实、未来的客观判断中得出的结论，是思想自信和实践自觉的有机统一。中国始终不渝走和平发展道路，奉行积极防御的国防政策，无论国际形势如何变化，无论自身如何发展，中国永不称霸、永不扩张、永不谋求势力范围。中国人民坚持走和平发展道路，也希望世界各国都走和平发展这条道路。中国从一个积贫积弱的国家发展成为世界第二大经济体，不是靠对外军事扩张和殖民掠夺，而是靠在和平环境下大力解放和发展生产力，靠中国人民的勤劳和智慧。中国仍然是发展中国家，需要集中精力发展好自己，无意领导谁，也无意取代谁。实现十三多亿人的现代化，本身就是中国对世界承担的最大的国际责任和历史担当。同时，今天的中国比一百多年来任何时候都更有意愿、更有力量顺应世界人民的呼声，主动适应和引领时代潮流，为促进世界和平与发展承担大国责任。

（2）坚持国际合作，坚定推进全球治理，引导国际社会共同塑造更加公正合理的国际新秩序。习近平总书记指出：“世界上的事情越来越需要各国共同商量着办，建立国际机制、遵守国际规则、追求国际正义成为多数国家的共识。”“很多问题不再局限于一国内部，很多挑战也不再是一国之力所能应对，全球性挑战需要各国通力合作来应对。”建立能够及时、客观反映世界力量格局深刻变化的全球治理框架，增加新兴市场国家和发展中国家的代表性和发言权，群策群力向国际社会提供足够多、易获取、可持续的公共产品，才能为国际秩序不断趋向公正合理提供有力保障。中国坚定发挥现行国际体系建设者的作用，增强规则制定能力、议程设置能力、舆论宣传能力、统筹协调能力，努力为完善全球治理贡献中国智慧、中国力量。近年来，中国通过精心组织二十国集团杭州峰会、首倡创办亚洲基础设施投资银行、建设性参与中东和平进程等努力，带头为解决全球问题提供解决方案，赢得国际社会普遍赞誉。

（3）坚持共建共享，为建设一个普遍安全的世界提供了中国方案。基于对人类社会战争与和平历史进程规律性的准确把握，特别是在深刻反思第二次世界大战惨痛教训的基础上，习近平总书记明确指出：“弱肉强食、丛林法则不是人类共存之道。穷兵黩武、强权独霸不是人类和平之策。赢者通吃、零和博弈不是人类发展之路。”“在经济全球化的今天，没有与世隔绝的孤岛。同为地球村居民，我们要树立人类命运共同体意识。”中国率先把建立伙伴关系确定为国家间交往的指导原则，为构建以合作共赢为核心的新型国际关系和打造人类命运共同体奠定了政治基础。习近平总书记从伙伴关系、安全格局、经济发展、文明交流、生态建设等方面首次系统阐述的人类命运共同体建设方案，描绘了人类社会发展新蓝图。2017 年 2 月 10 日，“构建人类命运共同体”首次写入联合国决议，这一理念已经得到国际社会的普遍认同，这是中国对世界和平与发展的崇高事业作出的积极贡献。

四、《中华人民共和国国家安全法》

党的十八大以来，为适应我国国家安全面临的新形势、新任务，以习近平同志为总书记的党中央提出了总体国家安全观，强调全面维护各领域国家安全，对加强国家安全工作和国家安全立法作出了重要部署。2015 年 7 月 1 日，第十二届全国人大常委会第十五次会议审议通过了《中华人民共和国国家安全法》（以下简称《国家安全法》），该法自公布之日起正式生效。

《国家安全法》以法律的形式确立了中央国家安全领导体制和总体国家安全观的指导地位，明确了维护国家安全的各项任务，建立了维护国家安全的各项制度，对当前和今后一个时期维护国家安全的主要任务和措施保障作出了综合性、全局性、基础性安排，为构建和完善国家安全法律制度体系提供了完整的框架，为走出一条中国特色国家安全道路提供了坚实有力的法律和制度支撑。

（一）制定《国家安全法》是维护国家安全的迫切需要

（1）制定《国家安全法》，是适应国家安全形势发展变化的迫切需要。当前，我国国家安全形势日益严峻，面临着对外维护国家主权、安全、发展利益，对内维护政治安全和社会稳定的双重压力，各种可以预见和难以预见的风险因素明显增多，非传统领域安全问题日益凸显。国家安全内涵和外延比历史上任何时候都要丰富，时空领域比历史上任何时候都要宽广，内外因素比历史上任何时候都要复杂。我国已有的国家安全立法同我国所处的战略安全环境、各项事业发展的新要求相比，还远远不相适应。制定一部应对国家安全的各种威胁和风险，统领国家安全各领域工作的法律，有紧迫的现实需要。

（2）制定《国家安全法》，是贯彻落实总体国家安全观的迫切需要。总体国家安全观是做好新时期国家安全工作的根本遵循。为此，有必要以法律的形式确立总体国家安全观的指导地位，科学界定国家安全的内涵和外延，明确维护国家安全的各项任务，建立健全国家安全制度和国家安全保障措施，为构建国家安全体系，走出一条中国特色国家安全道路奠定坚实的法律基础。

（3）制定《国家安全法》，是完善国家安全体制机制的迫切需要。为落实党的十八届三中全会要求，党中央成立了中央国家安全委员会，建立了集中统一、高效权威的国家安全领导体制。针对维护国家安全工作存在的国家安全资源和力量分散，统筹协调不够；国家安全战略规划缺乏，顶层设计不够；情报信息捕捉滞后，综合研判不够；应对机制运转迟缓，快速反应不够等问题，有必要以法律的形式确立国家安全工作的相关制度，明确各部门、各地方维护国家安全的职责，规范国家机关、公民和组织维护国家安全的责任、权利和义务，形成维护国家安全的整体合力。

（4）制定《国家安全法》，是构建中国特色国家安全法律制度体系的迫切需要。党的十八届四中全会对构建国家安全法律制度体系作出了明确部署：制定一部立足全局、统领国家安全各领域立法工作的综合性法律，同时为制定其他有关维护国家安全的法律提供基础支撑。

制定和贯彻实施好《国家安全法》，对于巩固党的执政地位和人民民主专政政权，维护和发展好最广大人民的根本利益、保卫人民安全，坚持和发展中国特色社会主义，实现“两个一百年”奋斗目标和中华民族伟大复兴，具有十分重大而深远的现实意义和历史意义。

（二）《国家安全法》的主要内容

新的《国家安全法》共7章84条，主要内容包括：

（1）规定了国家安全的含义和国家安全工作的指导思想。《国家安全法》明确：“国家安全是指国家政权、主权、统一和领土完整、人民福祉、经济社会可持续发展和国家其他重大利益相对处于没有危险和不受内外威胁的状态，以及保障持续安全状态的能力。”总体国家安全观，是做好新形势下国家安全工作的根本遵循。为此，《国家安全法》规定：“国家安全工作应当坚持总体国家安全观，以人民安全为宗旨，以政治安全为根本，以经济安全为基础，以军事、文化、社会安全为保障，以促进国际安全为依托，维护各领域国家安全，构建国家安全体系，走中国特色国家安全道路。”

（2）规定了国家安全领导体制和有关国家机构的职责。我国宪法确立了中国共产党的领导地位。坚持党对国家安全工作的领导，是维护国家安全的必然要求，是发挥党总揽全局、统筹协调作用的重要体现。为此，《国家安全法》规定：“坚持中国共产党对国家安全工作的领导，建立集中统一、高效权威的国家安全领导体制。”“中央国家安全领导机构负责国家工作的决策和议事协调，研究制定、指导实施国家安全战略和有关重大方针政策，统筹协调国家安全重大事项和重要工作，推动国家安全法治建设。”根据宪法和法律规定，国家安全法还规定了全国人大及其常委会、国务院、中央军委、中央各部门和地方包括香港、澳门两个特别行政区维护国家安全方面的责任，并对各级国家机关及其工作人员履行职责时应当贯彻维护国家安全的原则作出了专门规定。

（3）规定了维护国家安全工作的基本原则。按照总体国家安全观的要求，根据宪法和有关法律的规定，《国家安全法》规定了维护国家安全工作的原则：坚持法治和保障人权原则，坚持维护国家安全与经济社会发展相协调和统筹各领域安全原则，坚持标本兼治、预防为主原则，坚持专门工作与群众路线相结合原则。此外，为彰显我国促进共同安全、维护世界和平的意愿，《国家安全法》还规定：“维护国家安全，应当坚持互信、互利、平等、协作，积极同外国政府和国际组织开展安全交流合作，履行国际安全义务，促进共同安全，维护世界和平。”

（4）规定了维护国家安全的任务。按照总体国家安全观的要求，《国家安全法》第二章规定了维护国家安全的根本任务，以及维护政治安全、国土安全、军事安全、经济安全、文化安全、社会安全、科技安全、信息安全、生态安全、资源安全和核安全等各项具体任务。“以人民安全为宗旨”是《国家安全法》的一个亮点，与此有关的许多规定体现了维护国家安全应当坚持以民为本、以人为本，坚持一切为了人民、一切依靠人民的立法理念。

（5）规定了国家安全制度和保障措施。《国家安全法》在总结以往实践经验的基础上，明确了建立国家安全制度的基本要求，规定“中央国家安全领导机构实行统分结合、协调高效的国家安全制度与工作机制”，建立工作协调、督促检查、会商研判、协同联动、决策咨询等国家安全工作机制，并分别对财政、物资、科技、专门人才、专门工作手段和教育保障作了规定。此外，《国家安全法》还明确规定：“每年 4 月 15 日为全民国家安全教育日。”

（6）规定了公民、组织的权利义务。《国家安全法》强调国家安全人人有责，明确“中华人民共和国公民、一切国家机关和武装力量、各政党和各人民团体、企业事业组织和其他社会组织，都有维护国家安全的责任和义务。中国的主权和领土完整不容侵犯和分割。维护国家主权、统一和领土完整是包括港澳同胞和台湾同胞在内的全中国人民的共同义务”。此外，《国家安全法》还规定了公民和组织的一般性义务，规定了机关、人民团体、企业事业组织和其他组织的教育动员义务，规定了企业事业组织的特殊义务。

（三）我国公民和组织在国家安全方面的义务

《国家安全法》第77条明确规定了关于社会组织和公民个人在维护国家安全方面的义务，主要是以下几个方面：

遵守宪法、法律法规关于国家安全的有关规定；及时报告危害国家安全活动的线索；如实提供所知悉的涉及危害国家安全活动的证据；为国家安全工作提供便利条件或者其他协助；向国家安全机关、公安机关和有关军事机关提供必要的支持和协助；保守所知悉的国家秘密；法律、行政法规规定的其他义务。此外，该条还明确规定：任何个人和组织不得有危害国家安全的行为，不得向危害国家安全的个人或者组织提供任何资助或者协助。

复习思考题

1. 如何理解战略环境与战略的关系？
2. 怎样理解国际战略格局的现状？当今国际战略格局有何特点？
3. 如何理解国际战略格局的最新变化和发展态势？
4. 我国地缘环境的基本特点有哪些？
5. 我国周边安全主要存在哪些问题？
6. 怎样看待我国周边安全环境的发展趋势？
7. 怎样看待我国面临的海洋、太空、网络空间等安全问题？
8. 什么是总体国家安全观？我国为什么要坚持总体国家安全观？
9. 我国公民在国家安全方面有哪些法定义务？

第四章　军事高技术

现代社会，随着科学技术的迅猛发展，作为独立变量与渗透因素的科技，对一个主权国家的经济、军事乃至政治的影响日益凸显。作为科技的重要组成部分，军事高技术已然成为军事领域变革的核心和关键。因此，研究军事高技术，弄清军事高技术对现代战争的影响，对于正确认识和把握军事高技术的发展与应用，驾驭现代战争，具有重要的理论意义和实践价值。

第一节　军事高技术概述

一、军事高技术的基本概念

（一）高技术

由于科学技术和人类对客观事物的认识能力都处于不断发展变化的动态过程中，至今还没有公认的、统一的关于高技术的定义或概念，但已经出现了很多的新名词，如高新技术、新科技、尖端技术和先导科学技术等。

比较起来，对高技术较为通行的说法是：高技术是指科学技术领域中处于前沿或尖端地位，对发展生产力、促进社会文明和经济发展，增强国防实力有巨大推动作用的技术群。当代具有代表性的高技术是信息技术、生物技术、新材料技术、新能源技术、航天技术和海洋开发技术。

（二）军事高技术

军事高技术，又称军用高技术、国防高技术，是指建立在现代科学技术成就基础上，处于当代科学技术前沿，以信息技术为核心，应用于军事领域中对国防科技和武器装备发展起巨大推动作用的那部分高技术的总称。简言之，军事高技术是指应用于军事领域的高技术。

人们习惯把高技术分成军事高技术和民用高技术两大类，但实际上军事高技术与民用高技术不存在绝对的分界线。纵观高技术的发展历程，军事高技术在高技术的发展过程中往往起带头作用。

二、军事高技术的特点和分类

（一）军事高技术的特点

军事高技术是高技术的重要组成部分，它具有高技术的共同特点：

（1）高智力。

高技术是知识密集型技术。它的发展必须依靠富有创新意识、创新能力的高素质人才，必须依靠创造性的高智力劳动。例如，半导体集成电路，从其成本来说，属于智力的含量占98%，而原材料及能源仅占其总成本的2%。

（2）高增值。

高技术产品主要是知识物化后的成果，其价值远远超过所消耗的原材料和能源的价值，具有很高的附加值。例如，当代的航天技术投资效益比达到1∶14，这是一般技术无法达到的。

（3）高竞争。

高技术的时效性很强，产品性能更新的速度非常快。这就决定了谁先掌握高技术、谁先开发出产品并抢先投放市场或用于战场，谁就能获得优势，占据主动。高技术产业已成为当代发达国家经济中最活跃、增长最快的经济部门，也是世界军事强国和大国激烈竞争的焦点、热点。

（4）高渗透。

高技术具有极强的综合性、技术辐射性和技术潜力。它既用于创立新兴产业，又用于改造传统产业，是社会、经济各个领域发展变化的“驱动器”。例如，计算机技术已渗透到社会各个领域，给社会带来了巨大变化。

（5）高风险。

高技术的研究开发，不但需要耗费巨额资金，甚至要以生命作为代价，本身就隐藏着巨大的风险。高技术的研究开发都处在科技发展的前沿地带，不确定因素多，成败难以预见。实际上，在发展高技术的巨大成功后面往往伴随着大量失败。以航天技术的发展为例，五十多年来，航天技术取得了神话般的巨大成就，但其风险也高得惊人，“挑战者号”“哥伦比亚号”航天飞机失事等，也说明了高技术的研究开发充满了巨大的风险。

但与民用高技术相比，军事高技术又显示出自身的独特性：

（1）发展超前。

出于国家安全的特殊需要，各国都力图将军事高技术置于优先发展的战略地位。大多数的高技术研究开发的成果直接源于军事领域或者首先用于军事上，这已成为共识。世界第一台电子计算机于1946年问世，它是美国为解决当时军事上的弹道计算问题，从军费中开支投入研究开发的。资料显示，当代的科技成果80%以上源于军事领域或者首先用于军事上。

（2）高度保密。

军事高技术在国家安全和军事上有特别重大的影响。各国都从国家战略利益出发，对军事高技术实行严格控制。美国对军事高技术实行分类管理，按“渐进技术”“突破性技术”“王牌技术”三种类型划定保密等级，严格管理。尤其是如核武器类的“王牌技术”，保密程度非常高。美国于 1945 年掌握了核武器技术，至今已过去半个多世纪，仍处于高度保密状态，也未见向别国转让。可见军事高技术的保密程度远远超过民用高技术的保密程度。

（3）双重作用。

军事高技术的作用具有双重性，它既可以军用，又可以民用。因此，军事高技术与民用高技术没有截然的分界线。特别是随着改革与发展的时代潮流，为使本国经济又好又快发展，现在许多国家将大量军事高技术成果转为民用。军民融合已经成为各国军事高技术发展的基本途径和模式。

（4）突袭性效果。

在人类的战争史上，坦克、核生化武器、精确制导武器等的成功研制和使用，都曾为战争带来了突袭性效果。军事高技术是高智力的技术，具有很强的创新性，往往能在军事上给敌方造成突袭性，使其在战争中遭受重大损失后还不明白原因何在，从而在军事上保持己方的优势地位。正因为军事高技术具有突袭性效果的特点，如美国这样的军事大国、强国都高度重视发展军事高技术，以谋求其在世界军事上的优势地位。

（二）军事高技术的分类

当代的军事高技术处在不断发展变化中，就其分类方法而言，众说纷纭，不尽相同。下面介绍两种较为常见的分类方法：

1. 从宏观层面上划分

当代军事高技术可分为六大技术群，即信息技术、新材料技术、航天技术、新能源技术、生物技术和海洋技术，其中信息技术又包括微电子技术、计算机技术等。

2. 从军事高技术与武器装备的关系来划分

当代军事高技术可分为两类技术：一是支撑高技术武器装备发展的共性基础技术，即军事基础高技术，主要包括微电子技术、光电子技术、电子计算机技术、新材料技术、高性能推进与动力技术、仿真技术和先进制造技术等；二是直接应用于武器装备并使之具有某种特定功能的应用技术，即军事应用高技术，主要包括侦察监视技术、伪装与隐身技术、精确制导技术、电子战与信息战技术、指挥自动化系统技术、军事航天技术、核武器和化学武器及生物武器技术、新概念武器技术等。

军事应用高技术还可以再分类，而且其分类方法也是多种多样的。按其完成的军事任务的性质来分，军事应用高技术可分为战略武器装备技术、战役战术武器装备技术、后勤保障装备技术、军事工程技术和军事系统工程技术等；按其研制的武器装备的种类来分，军事应用高技术可分为侦察监视技术、隐身技术、夜视技术、激光技术、电子对抗技术、制导技术、作战平台及常规武器技术、军事航天技术、军事计算机技术、军队指挥自动化技术、核生化武器技术和新概念武器技术等。

三、军事高技术的构成

现代军事高技术由十个方面构成。这十个方面是目前军事高技术争夺的十大热点，并推动着军事高技术进入快速发展时期。军事高技术的构成如下：

（一）军用微电子技术

微电子技术是使电子器件和由它组成的电子设备微型化的技术。它包括大规模和超大规模集成电路、微细加工技术、计算机辅助设计技术等。微电子技术是军用高技术的基础，对整个军事高技术的发展起着巨大的推动作用，其发展速度和规模已成为衡量一个国家军事高技术进步和武器装备水平的重要标志。随着军事高技术的发展，军用微电子技术发展将会越来越受到重视。目前已出现0.6微米芯片，可供亿次机用；0.2微米芯片将很快问世，可供万亿次机用。

（二）军用信息技术

信息技术是为实现获取、交换、处理、运用信息等功能的所有技术的总称。现代信息技术是以微电子技术为基础，以计算机技术、通信技术和控制技术为核心的总体综合技术。随着现代军事的信息量急剧增加，在现代的作战中，夺取制信息权才是真正地控制战场主动权。发展军用信息技术已成为争取现代战争胜利的基本保证。目前，信息进攻与信息防御的攻防研究已成为军事高技术发展的重中之重。

（三）军用电子计算机技术

计算机是战略、战役、战术武器及航天系统的信息处理中心，是军队指挥自动化系统的核心，是实施战场指挥管理和武器控制的主要装备。当前正在研制第五代智能计算机，以发展遥控式和全自动式空中、陆上和水中机器人武器，用其执行侦察、探测、压制防空、战场毁伤评估乃至无人攻击等作战任务，其中发展最为迅猛的是自主无人智能技术。

近年来，由于机器人、人工智能、软件、无线网络和控制技术的快速发展，为军用自主无人智能技术的发展带来了深刻的变革。军用无人系统自主技术水平和能力的快速提升，对未来武器装备发展和作战模式的颠覆性影响日益显现，受到了越来越多国家的高度关注。美国知名智库新美国安全中心于2015年发布报告称，未来战争将转向一种全新的战争模式，无人和自主系统将扮演核心的角色。报告建议，美国的军事领导人应从现在就开始做好准备，迎接并不遥远的机器人时代的战争。

美国大力扩大无人机编队以实践远程战争构想。2015年8月，美国海军演示了50架无人机同时自主飞行的场景。这些无人机由两名操作人员控制，进行了基本的主从式协作飞行，并通过无线链路交换信息。美国空军披露，将进一步扩大其无人机编队，包括增加无人机的数量、增加无人机操作员以及增加无人机作战基地数目。

此外，美军方高度重视智能化士兵装备的发展，正在研发智能化步枪、制导枪弹和智能作战服等新型装备，并取得了新突破。智能化步枪和制导枪弹的使用，将掀起步枪远距离精确射杀的革命，同时可减轻部队训练强度和减少弹药消耗；智能作战服通过将负重智能分布于全身，增强士兵的综合作战效能。智能化装备已成为美军士兵装备发展的重点，将引领士兵装备向智能化方向发展。

目前，机器人的军备竞赛已悄然展开。据统计，全球超过60个国家的军队已装备了军用机器人，种类超过150种。到2040年，预计美军可能会有一半的成员是机器人。除美国以外，俄、英、德、日、韩等也已相继推出各自的机器人战士。在不久的将来，还会有更多国家投入这场无人化战争的研制与开发中。

（四）军用光电子技术

光电子技术是以激光和探测器为基础，由光学、电子、精密机械和计算机等技术融合而成的一项多元技术，主要包括红外光、激光、可见光这三个技术领域。光电子装备具有探测粒波高、信息量大、信息传输快、抗干扰和保密性强等特点，广泛应用于侦察、识别、预警、反隐身、跟踪、制导、火控、通信、导航、模拟训练、信息处理和光电子对抗等。现代光电子技术已进入快速发展时期，其发展趋势是：十分重视红外技术，积极开发光电综合系统和多传感器信息融合技术；重点研制小型、多功能、对人眼无害的激光技术及测距仪和激光雷达；加强光电子器件及其支撑技术的研究。

（五）军用核技术

军用核技术是原子核科学技术的简称，是以原子科学理论为基础，利用原子核反应或衰变释放的射线和能量为国民经济、国防服务的一门新兴科学技术。军用核技术的重点在于发展核武器。目前，核武器已发展到第四代。第一代核武器的标志为原子弹，第二代核武器的标志为氢弹，第三代核武器的标志为中子弹，第四代核武器主要是研究开发反物质武器。反物质的最大作用是：一旦一种反物质与对应的正物质相接触，两者便立刻“湮灭”，由于这时质量完全消失并同时转化成释放的能量，所以反物质核武器的能量特别巨大，比通常爆炸物的能量高出100亿倍，比核反应也要高1 000倍。因此它既可制造出质量很小但能量巨大的发动机，为航空、航天乃至星际飞行提供动力；也可制成杀伤力极强的武器，显示超常威力。此外，第四代核武器还有一个最大的特点，就是不需要核聚变，因而无须做核试验，没有违反国际禁核协议，可作为“常规武器”来使用。第四代核武器技术已成为一些国家竞相发展的重要项目。

（六）军用生物技术

现代生物技术是一门综合性的新科学。它是以生命科学为基础，利用生物有机体或其组成部分来发展新产品或新工艺的一种技术体系。它包括基因工程技术、细胞工程技术、酶工程技术、发酵工程技术、蛋白质工程技术、生物芯片技术、组织工程技术和生物信息学技术等。生物技术在军事上的应用主要是制造生物武器、基因武器、生物电子装备、生物炸弹、军用仿生导航系统、军用生物传感器、军用生物能源、军用生物装备、军用生物医药、军用仿生动力、军用动物武器等。随着现代化生物工程技术的发展，生物武器的研制已进入一个全新的历史阶段。

某些军事大国已在谋求并秘密研制基因武器。基因武器是在生物基因工程技术的基础上，用人为的类似工程设计的方法，依照军事上的需要，利用基因重组技术，将一种生物细胞中的致病基因在体外进行分离、剪切、组合，拼接到另一种生物细胞中去，使致病微生物的毒力基因转入宿主细胞内，再经过大量复制，培养出新的杀伤性强、危害极大的生物战剂，将其放入施放装置内所构成的武器。目前已研制出的基因武器有毒素类基因武器、细菌类基因武器、人种类基因武器等。发展基因武器可能产生“不可制服”的致病微生物，从而给人类带来灾难性的后果。如种族基因武器，它通过识别敌对人种的特殊基因，产生一种遗传变异的细菌或病毒，这些微小的生物组织通过空气及饮用水传播，可改造被袭击者细胞内的DNA，从而造成某种遗传性的疾病在某个种族蔓延，乃至可能造成种族灭绝。因此，基因武器被称为“世界末日武器”。

（七）军事航天技术

军事航天技术是航天技术应用于军事领域，为军事目的进入太空和开发、利用太空的一门综合性工程技术。军事航天技术的发展将会导致航天兵、航天战的出现，外层空间将成为继陆、海、空之外的第四战场，对未来的军事活动产生深远的影响。军事航天技术将成为各大国竞相发展的制高点。目前军事航天技术的发展趋势主要是：发展实用的小型卫星和经济的运载工具；军用卫星系统以直接支援部队作战为主，加强战术应用能力；军用卫星系统将逐步向网络化方向发展；建立更加完备的载人航天体系；加强卫星安全与防护技术的研究。

自从20世纪90年代末美国提出“高边疆”理论以来，太空已经成为杀机四伏的战场。“谁能控制太空，谁就能控制地球。”美国总统肯尼迪半个世纪前的预言，恰如其分地叙述了美国追求太空霸权的目的所在。一方面，美国故意渲染别国太空威胁，指责别国正常的太空活动；另一方面，却一马当先地推进太空军事化。一是研发太空战撒手锏武器。美国具备反卫星实战能力，还掌握了卫星信号干扰与欺骗、微卫星攻击、激光瘫毁等多种反卫星技术。2015年美国空军启动了X－37B轨道试验飞行器的第四次飞行试验。作为美军空海一体战构想中的核心武器系统，X－37B在未来太空战中的作用不言而喻。二是开发新一代军用运载火箭。2015年，美国军方御用航天公司美国发射联盟（波音和洛马公司合资组建）在一次发布会上公布了其新一代军用运载火箭“火神”的部分设计详情，具有两大先进技术。首先，其第一级发动机可重复使用；其次，它的第二级火箭在完成任务后可停留在轨道充当加油站，允许其他航天器与其对接并获得燃料补给。预计这两项技术将在2023—2024年后达到实用水平。

2015年12月21日，美国私人航天企业太空探索技术公司（SpaceX）的升级版“猎鹰9号”运载火箭搭载11颗通信卫星，从佛罗里达州卡纳维拉尔角空军基地发射升空。更具意义的是，在发射10分钟后一级火箭成功着陆地面平台，首次实现安全回收。火箭成功自主回收，将为航空探索设立新的标准，具有跨时代意义。

（八）军用定向能技术

定向能技术又称束能技术，它是利用强激光、高能粒子束、强微波的能量，产生高温、高压、电离、辐射等综合效应，以“能束”的形式定向发射，借以摧毁或损伤目标的技术。军用定向能技术主要应用于研发定向能武器。目前，研发的定向能武器主要有激光武器、粒子束武器和微波波束武器等。定向能武器具有异乎寻常的“本领”，如激光武器，用它射击3 000米处的目标，仅需10^{-5}秒就可达到“零飞行时间”的程度；它发出的高压波可将目标“碎尸万段”；它辐射的紫外线和X射线可造成目标内部严重损伤；它可任意攻击各种目标，而且不易受电子干扰。定向能武器尤其擅长太空作战，被称为太空“神箭”。

（九）军用新材料技术

新材料是指新研制的对现代科学技术进步、国民经济发展和增强国防实力具有重大推动作用的一类材料。新材料技术是指用于新材料的设计、制备、性能检测、加工与生产等的技术。新材料技术是支撑军事装备生产的共性技术，对提高武器装备性能和军队战斗力有着重要的作用。世界各国的军事高技术计划无不把发展新材料技术作为重要内容之一。

当前军用新材料的研究重点是复合材料、隐身材料及特殊结构和特殊功能材料。复合材料是把两种成分或多种成分的材料按一定方式结合在一起，产生一种比单一材料性能更为优越的新型结构材料。军用复合材料具有强度大、比重小、气动性能良好、适于大批生产等优点，广泛应用于航空、航天工业及各种武器装备。隐身材料是指用声波、雷达、红外、可见光、激光等探测器难以探测到的新型材料，主要应用于制造隐身飞机等武器装备。目前，军用隐身材料重点是研发雷达隐身材料、红外隐身材料和可见光或声隐身材料等。特种性能结构材料和特殊功能材料是当前军用新材料发展的重中之重。所谓特种性能结构材料和特殊功能材料是指在特殊情况下使用的高负载、超高温、超低温等特殊材料。军用高温材料和超导材料是这一类材料的典型代表，它们在发展武器装备中越来越受到重用。如果一个国家没有先进的材料技术，就不可能研制并生产出先进的武器装备，也不可能在战场上占有物质上的优势，军队的战斗力也就难以得到显著提高。

（十）军用海洋开发技术

人类认识海洋和开发利用海洋资源已有几千年的历史。人类最早对海洋的开发利用是制盐、捕鱼。现代海洋技术已经使开发海洋的活动在海面、海底、海空全面展开，进入一个综合、立体开发利用海洋的新时代。所谓现代海洋技术又称海洋工程或海洋开发技术，它是指人类为了达到一定的目的，对海洋及其自然资源、环境条件进行科学研究和开发利用时所使用的一系列技术的总称。军用海洋开发技术是海洋技术的重要组成部分，它主要包括海水淡化、海水提铀、海底采矿以及海底工程建设技术。随着“海洋是人类生存与发展的重要空间”的新海洋观的发展，海洋权益斗争日趋激烈，给军事活动带来了重大的影响。发展军用海洋开发技术已成为沿海各国发展军事高技术的重要内容。海底将会建成巨大的军事基地，部署大量遥感设备和各种高效自动杀伤武器，并利用甚低、超低频通信技术和卫星上的 C^3I 系统联网来指挥作战。

除上述十个方面外，由于高新科技的迅猛发展，一些高新技术迅速进入军事应用领域，并取得实质性突破。例如3D打印技术受到世界各主要国家的高度重视。3D打印技术是一种增材制造技术，是以数字模型文件为基础，运用粉末状金属或塑料等可黏合材料，通过逐层打印的方式构造物体的技术。3D打印高性能增材制造技术摆脱了模具制造这一显著延长研发时间的关键技术环节，兼顾高精度、高性能、高柔性，可以快速制造结构十分复杂的金属零件，为先进航空航天器的快速研发提供了有力的技术手段。在未来信息化战场上，装备技术保障人员可随时利用携带的3D打印机，直接把所需的部件打印出来，装配后就可以让武器装备重新投入战场。另外，3D打印还可广泛应用于辅助军事技术研发。未来，不仅小型枪支、简单物资可实现打印，军舰、飞机、坦克等大型复杂的武器装备，甚至食物、军事基地等都可用3D打印机直接或间接“制造”出来。近年来，3D打印关键技术研究不断取得突破，性能不断提升，在军事领域的应用取得重要进展。2012年，美国Sciaky公司的新型电子束3D打印技术取得重要突破，具备大型金属部件加工能力。美国国防部和洛马公司准备将其用于生产F-35战斗机的钛、钽、铬镍铁合金等高价值材料的高品质零部件，前期检测全部达到要求。2013年，美国固体概念公司成功制造了世界上首支3D打印金属手枪，能够连续发射50发子弹并保持完好。在维修方面，美国已开始部署基于3D打印技术的维修保障装备。美国陆军开发了一种轻质廉价的3D打印机，可以放到背包中，用于在战场上快速、低成本地制造替换零件。美国太空制造公司的太空3D打印技术的成熟度达到6级，甚至具备了太空样机演示能力。据称，在2014年向国际空间站运送了首台3D打印机。

另外，仿生物技术也异军突起。仿生物科技是将现代生物科技与军事、物理、化学、材料、信息等领域交叉融合，应用到国防领域的综合性科技，涵盖基因组学、蛋白质组学、脑与认知学、遗传学、组织工程技术等。除传统的生物医学和生化防御两大领域外，近年来，美国已在脑控与控脑、生物材料、仿生机械、生物电子、生物计算、合成生物学等多个领域取得多项重大突破，实现了士兵作战效能倍增、武器装备性能提升、战场医疗水平改善，将颠覆作战模式，引发新一轮军事变革。包括：一是研究脑控与控脑武器，颠覆作战模式。脑控武器能让士兵远程意念控制机器人等先进武器系统，实现人与武器装备的高度融合。二是利用神经科学、分子生物学等技术激发士兵体力、耐力与智力潜力，借助脑机接口技术提高士兵认知能力，打造“超级士兵”。三是开发仿生装备，提高作战性能。大狗机器人、动力外骨骼、勇士织衣、壁虎皮攀爬工具、动力游泳装置等仿生装备可大幅提高士兵负重、奔跑、攀爬、水下作战等能力。四是利用合成生物学打造生物基制造平台，批量生产新材料。五是开发新型救治技术及装备，大幅提高士兵战场生存力，重点研究失血幸存技术，基于声止血原理开发出新型止血材料和设备等。

四、军事高技术对现代作战的影响

（一）武器装备变化巨大

军事高技术对武器装备的影响最迅速、最明显，它使武器装备产生了质的飞跃，产生了巨大变化。主要表现在以下几个方面：

1. 提高了武器的杀伤效能

以信息技术为核心的高技术的应用，推动着武器装备向重量更轻、体积更小、射程更远、速度更快、威力更大、精度更高、机动能力更强的方向发展，从而极大地提高了武器的杀伤破坏效能。

2. 提高了武器系统的综合作战能力和自动化水平

指挥控制自动化系统诞生并广泛应用于战略、战役和战术的各个领域，使武器装备具有系统化、信息化、网络化、自动化的特点，从而提高了武器系统的综合作战能力，并实现了信息获取、传输、处理和显示的自动化，以及武器管理、控制指挥的自动化。

3. 提高了武器装备的生存能力

军事高技术主要是通过三种技术措施来提高武器装备的生存能力。一是使用军用高技术材料，使武器装备的壳体和关键部位的抗毁能力增强，使武器坚固耐用；二是使用隐身技术，提高武器装备的防探测能力，以更好地保护自己；三是使用军用信息技术，实时掌握武器所在的位置、运行的速度、攻防的状况等，增强武器装备的灵活机动性，以提高生存能力。

4. 提高了武器装备全天时、全天候的作战能力

红外、夜视技术能化夜晚为白昼，能有效地提高武器装备全天时的作战能力。雷达成像、热成像、毫米波和红外技术应用到武器系统，将会大大提高武器装备的全天候作战能力。

5. 增强了武器装备的可靠性和可维修性

武器装备的可靠性和可维修性，是直接影响作战效能的两个重要因素。目前，军用高技术已引入模块化设计技术、故障诊断技术、非电子设备的内部自测技术等，使武器装备的可靠性和可维修性得到了明显的提高。随着军用高技术的发展，武器装备的可靠性和可维修性还将得到进一步的增强。

6. 促使新型武器装备的诞生

被称为高技术战争代表的第一次海湾战争就展示了一大批高技术的新型武器装备，如预警机 E－3A、F－117 隐形战斗机、激光制导炸弹、斯拉姆空地导弹、“爱国者”防空导弹、战斧式巡航导弹、阿帕奇反坦克直升机、艾布拉姆斯坦克、布雷德利战车等。目前，人工智能武器系统、计算机病毒武器、基因武器等已经部分应用或即将应用于装备部队。

（二）作战理论深化更新

高技术在军事上的应用使武器装备发生了根本性的变化，从而引起战争形态的变化，进而推动着军事理论不断深化更新。作战理论是军事理论的核心。美国原来针对苏联和东欧，提出“空地一体战”理论。经过海湾战争的实践后，美国又提出新的作战理论——“全球到达，全球威力”。随着高技术兵器时代的到来，以及作战理论的深化、更新和迅速发展，面对未来战争的作战理论正逐步形成。

（三）作战方式复杂多样

军事高技术的发展使战争形态飞跃为高技术战争，引起作战方式的根本变革。现代的海湾战争、科索沃战争、阿富汗战争、伊拉克战争的实践都表明，电子战、导弹战、空战、坦克战已成为高技术战争的主要作战样式。军事家预测，随着高技术的发展应用，未来战争将会在空中、陆地、海洋和太空中展开，不能完全排除全面战争、特种战争、星球大战和大规模的高技术战争等新的战争样式。人们正从高技术中寻找积极的防御手段，从被动式转为主动式来抵制核武器的研制和使用，打破核垄断、核均势，避免核大战。此外，还可能出现高技术的化学战、生物战、激光战和机器人战等形式。总的来说，未来的作战方式将更加复杂多样。

（四）作战空间空前拓展

作战空间是战争活动赖以展开的空间依托。就一般规律而言，作战空间的范围和内涵总是随着技术装备的发展及作战样式的变更而不断扩大的。高技术的发展和应用使技术装备进入高技术兵器时代，作战样式发生了根本性变化，从而导致作战空间空前拓展，形成多维化的特点。主要表现在：

（1）以陆、海、空、天、电、网为核心的多维战场空间逐渐形成。目前，具有强火力、机械化、大纵深、精确火力杀伤特征的陆战场日臻完善；具有大纵深、高主体、实时化等特征的海战场已经成熟；具有全天候、高机动、大范围精确火力覆盖面的空战场已经形成；具有高位优势的太空战场已经诞生；具有全时域、高强度、不间断特征的电磁谱的对抗，使得电磁空间战场基本成型；具有主体“全覆盖”“无缝隙”，融合有形与无形空间特征的网络空间战场正在形成。

（2）信息因素将多维作战空间“黏合”为一体，作战空间呈现多维一体化特征，尤其是战场空间作战行动相互交叉性、相互依赖性和相互协同性方面正在迅速增强。

（五）作战指挥异常复杂

高技术战争具有突然性、立体性、协同性的特点，使作战指挥异常复杂。主要表现在：

（1）情报信息量剧增，处理情报的能力要求更强。

（2）指挥周期缩短，指挥效率要求更高。

（3）战场控制困难，组织指挥需更周密。

（4）指挥系统所受威胁增大，指挥稳定性要求更高。

（5）战场环境残酷、激烈，指挥要更加坚定和灵活。

高技术战争使作战指挥面临着严峻的挑战，单靠传统的手工作业显然已无法适应。为了赢得战争的胜利，如何建立现代化的指挥系统，提高指挥效率，保证指挥灵活、可靠、高效、稳定、隐蔽、保密地进行是一个关键问题。指挥控制的现代化是高技术战争的必然产物。

（六）后勤保障更加艰巨

后勤保障对战争的重要性历来为人们所公认。在机械战争时期，后勤保障通过作战物资的数量规模来保证保障的有效性。在高技术战争时期，后勤保障已成为作战体系的重要支撑，已呈现向复杂化发展的趋势，任务十分艰巨。在高技术战争时期，后勤保障对象多元，需求差别大，物资保障数量庞大，种类繁多，使后勤保障更加复杂；武器装备构成复杂，技术含量高，维护保养难度大，使后勤保障更加繁重；战场非线性式特征明显，保障的不确定因素多，使后勤保障更加困难；全维作战，后勤保障系统受敌威胁严重，生存问题更加突出。

五、正确认识高技术武器装备

（一）高技术武器装备既有光环也有阴影

高技术武器装备具有侦察预警能力强、电子干扰能力强、快速反应能力强、系统配套协同能力强、命中概率高、毁伤力大等优点。其实，高技术的产品既有长处，也有短处。高技术武器装备也不例外，既有光环，也有阴影。例如，高技术武器装备有三大致命弱点：第一是价格昂贵，一架 B－2 轰炸机要价几亿美元，一架 F－117 战斗机要价几千万美元，连超级大国美国也负担不起，提出“要付得起钱的国防”。第二是结构复杂，对使用者要进行长时间、高水平的培训，如“毒刺”肩射防空导弹，在瞄准发射瞬间要完成 18 个动作。第三是易出故障，结构复杂和易出故障往往是孪生兄弟，因而可靠性问题突出。1988 年，价值 5 亿美元的美国“文森斯号”巡洋舰的“宇宙盾”防空系统，竟打下民航机，原因是雷达操作人员“判断失误”。我们要树立正确的高科技观，尤其是在未来战争中，必须纠正那种片面夸大高技术的作用，把高技术武器装备说成是可以决定一切的错误观点。

（二）现代化战争的关键仍然是人

战争不是单纯的意志行为，而是一种暴力行动。武器是战争必不可少的物质力量，但不是赢得战争的决定因素。美国陆军在《作战纲领》也承认，“战争是由人而不是由机器去进行取胜的”，“人的因素将在未来的战役中起决定作用”。两伊战争中，伊拉克拥有“飞毛腿－B”“SS－12”先进导弹，但在战场上，伊拉克士兵根本不会使用这些武器，只好继续使用手榴弹、燃烧瓶。先进武器使现代化人才如虎添翼，而在缺乏文化知识素质的人们手中，它们只不过是一堆破铜烂铁。纵观人类的战争史和对未来战争的分析，“武器是战争的重要因素，但决定战争胜负的因素是人而不是武器”这一战争的基本规律仍然在高技术战争中起作用。人决定着战争的目的、方式、手段、规模、时间并为战争准备了物质条件，人既是军队战斗力的物质因素的重要组成部分，又是军队战斗力的全部精神因素。人是战争的主体。因此，现代化战争的关键仍然是人。我们既要看到高技术武器装备在战争中的重要作用，又要认识到人在战争中的能动作用和驾驭战争的主体地位。

（三）要有选择地发展高技术武器装备

发展高技术武器装备，需要投入大量的资金。各国都走有选择地发展高技术武器装备的路子，其主要内容为：一是采取多代并存，高、中、低档搭配的策略；二是以改进为主、研制为辅，改进和研制并举；三是在对原有武器装备进行现代化或高技术改进的同时，有选择地发展部分急需的高技术武器装备。美国为了给其军队提供五种“未来联合作战能力”，现主要有选择地发展19项高技术，重点研制弹道导弹防御系统和数字化装备等几种武器装备。印度目前发展武器装备采取四条措施：一是发展以导弹为主的精确制导武器；二是引进、仿制和改造高性能作战飞机；三是发展海军武器装备；四是发展和改进信息战设备。我国也走有选择地发展高技术武器装备与改造原有武器装备相并举的路子，以增强打赢高技术局部战争的能力，巩固国防。

第二节 军事高技术的发展与应用

一、精确制导技术的发展与应用

精确制导技术主要应用于发展精确制导武器。精确制导武器是现代战争的重要主战兵器，被誉为“现代兵器之星”，是现代战争的三大支柱之一，对现代作战乃至战争都产生了巨大影响。目前，精确制导武器系统更加注重向高超声速、超远程、隐身、智能化的方向发展。

（一）精确制导技术的基本概念

精确制导技术是指按照一定规律控制武器的飞行方向、姿态、高度和速度，引导其战斗部准确攻击目标的军用技术。精确制导技术是以微电子、电子计算机和光电转换技术为核心，以自动控制技术为基础发展起来的高新技术。它以高性能的光电探测器为基础，采用目标识别、成像跟踪、相关跟踪等方法，控制和引导武器准确地命中目标。

（二）精确制导的基本方式

随着无线电、电视、红外、激光、微波、光电、声电以及精密测量、自动控制等技术的发展，精确制导方式逐渐发展和丰富起来。目前，按产生导引信号的来源不同，可分为自主式制导、寻的式制导、遥控式制导、卫星定位制导和复合式制导等。

1. 自主式制导

自主式制导是根据弹上设备测量武器本身的运动参数或外部固定参考基准，与预先存贮在弹上信息存贮装置中的相关信息比较，产生导引信号，控制武器按预定方案或预定飞行弹道飞行，直至命中目标的制导方式。常用的自主式制导方式有惯性制导、星光制导、地图匹配制导与景象匹配制导等。

2. 寻的式制导

寻的式制导是通过弹上的引导系统探测来自目标的辐射或反射信号后，自动跟踪目标并形成制导指令，控制弹体飞向目标的制导方式。寻的式制导的特点是通过弹体上的导引系统或受目标辐射或反射的能量，自动跟踪目标，制导精度高，但作用距离近，适合打击运动目标。寻的式制导通常按有照射目标的能源和这种能源所处的地点不同分为主动寻的制导、半主动寻的制导和被动寻的制导三种。

3. 遥控式制导

遥控式制导是由设在武器以外的制导站控制武器飞向目标的制导技术。根据所用制导装置的特点可分为有线指令制导、无线指令制导和波束制导等。

4. 卫星定位制导

卫星定位制导又称全球定位系统（GPS）制导。它的工作原理是利用弹上安装的 GPS 接收机接收 4 颗以上导航卫星发出的信号来修正导弹的飞行路线，提高制导精度。

5. 复合式制导

复合式制导是在一种武器中采用两种或两种以上的制导方式组合而成的制导方式。每一种制导方式都有优、缺点，如能取长补短，则能趋利避害，所以精确制导武器一般都要用两种以上的制导方式构成复合式制导系统，这样不仅提高了制导精度，而且增强了抗干扰能力。

（三）精确制导技术在武器系统中的应用

20 世纪 50 年代以后，精确制导技术广泛应用于武器系统中，使精确制导武器迅速发展。所谓精确制导武器，是指采用精确制导技术，直接命中率在 50% 以上的武器。精确制导武器分为导弹和精确制导弹药两大类。

1. 导弹

导弹是依靠自身动力装置推进，并能控制其飞行弹道，为战斗部导向并毁伤目标的武器。导弹通常由战斗部、动力装置、制导系统和弹体四大部分组成。导弹的种类很多，可从多种角度进行分类。若按射程分类，可分为：近程导弹——射程在 1 000 千米以内；中程导弹——射程在 1 000 ~ 5 000 千米之间；远程导弹——射程在 5 000 ~ 8 000 千米之间；洲际导弹——射程在 8 000 千米以上。

2. 精确制导弹药

精确制导弹药是指采用精确制导系统，具有很高命中精度的弹药的总称。它包括制导炸弹、制导炮弹、制导鱼雷等。精确制导弹药自身设有动力装置，弹上装有寻的器和控制系统，在其弹道末段能根据目标和弹药本身的位置自行修正或改变弹道，直至命中目标。

（四）精确制导武器对作战的影响

精确制导武器具有“直接命中率高、自主制导能力强、作战效能好”的作战特点。在20世纪60年代以来的几次局部战争中，精确制导武器以显赫的战绩展示了其对作战产生的深远影响。

1. 精确制导武器大大提高了作战效能

资料显示，“二战”期间，飞机投弹的圆概率为1 000米，轰炸一个钢筋混凝土目标平均需要9 000枚炸弹；“越战”期间，飞机投弹的圆概率误差为100米，轰炸同一目标平均需要200～300枚炸弹；海湾战争期间，激光制导炸弹的圆概率误差为1米，只需1～2枚炸弹即可炸毁同一目标。在海湾战争中，多种精确制导武器纷纷登场亮相，在战争中充当主角，成为双方战斗的主要武器，并显示了超常的作战能力，创造了非凡战绩。

2. 精确制导武器使作战样式发生深刻变化

精确制导武器在战争中大量使用，使作战样式发生了深刻变化：

一是使超视距、全天候、多模式、多目标精确打击变为现实。如海湾战争中，美军从1 000千米外发射的35枚空射巡航导弹、从海上发射的288枚“战斧式”巡航导弹，均准确地命中了预定目标。

二是可以同时连续精确地打击整个战场纵深，减少前沿短兵相接，使前、后方界限模糊，战场呈非线性或无战线化的“流动”状态。如海湾战争中，交战双方兵力超过120万，出动坦克8 000多辆，装甲车8 300多辆，但地面战斗仅100小时就结束了，且未发生大规模步兵格斗和坦克大战。其主要原因就是伊军的装甲部队被多国部队空军机载的上万枚反坦克导弹摧毁。

三是实现“外科手术式”打击，使对点目标攻击的附带杀伤、破坏降至最低程度。1986年4月，美国空袭利比亚“黄金峡谷”行动中，F-111战斗机和舰载攻击机使用精确制导武器对利比亚5个地面目标进行“外科手术式”的空袭，12分钟就完成了作战任务。

四是各国都在不遗余力地构建反导系统。反导系统全称为弹道导弹防御系统，是指“用以拦截在飞行轨道上的战略性弹道导弹或其他组成部分的系统”。通俗地讲，反导系统就是用己方导弹击落或拦截敌方导弹。按拦截空域分为高空（大气层外）、低空（大气层内）拦截导弹。它是由地对空导弹发展而来，通常是二级或三级有翼导弹。由垂直发射井或移动发射车发射，用于全方位拦截敌方发射的洲际弹道导弹。反导系统的预警雷达，由卫星预警雷达、地面监测雷达所组成。地面雷达按使用地域要求，一般探测距离可达3 000～5 000千米。美国有“爱国者”“宙斯盾”“萨德”（THAAD）等系统，俄罗斯有S－300、S－400、S－500等型号，法国有“紫苑”系统，以色列有“剑式”“铁穹”系列。我国分别于2010年、2013年、2014年、2018年进行了四次陆基中段反导拦截试验，试验均达到了预期目的，试验性质均为防御性的，不针对任何国家。陆基中段反导拦截系统组成庞杂、技术难度极高，中国是继美国后第二个进行陆基中段反导拦截试验的国家。

五是高超声速飞行技术竞争更加激烈。高超声速武器被称为可以无视时间和距离限制的武器，是指以高超声速飞行技术为基础、飞行速度超过5倍声速的武器。高超声速技术在军事上具有很重要的意义，高超声速武器航程远、速度快、结构简单、性能超卓，能够快速打击远程目标，被军事专家称为继螺旋桨、喷气推进器之后航空史上的第三次革命性成果。目前，美国、俄罗斯等国都在开发高超声速导弹系统。美军在高超声速技术方面仍是领先者，距离实战化也更近。美军进行了一系列高超声速飞行器试验，全方位开启了X－51A高超声速飞行器、高超声速巡航导弹、HTV－2高超声速滑翔飞行器和X－43A等计划。

3. 精确制导武器成为改变军事力量对比的杠杆

20世纪90年代以来的高技术局部战争都表明，精确制导武器正在改变坦克、飞机、大炮和军舰等大型武器装备的传统军事价值，正在成为改变战争双方军事力量对比的杠杆。具体体现在三个方面：一是精确制导武器与电子战的密切配合成为决定战争胜负的重要因素；二是精确制导武器改变军事力量平衡的作用越来越明显和重要；三是精确制导武器促进了常规威慑力量的形成。

二、侦察监视技术的发展与应用

侦察与监视历来是战争中获取信息的重要手段。深入、细致地了解敌情，是军队指挥员决策的基础，是获取胜利的前提之一。随着现代技术特别是高技术的发展，军事侦察监视技术水平和能力有了极大提高。目前，现代侦察监视技术已进入突飞猛进时期。

（一）侦察监视技术的概念

现代侦察监视技术是指为发现、识别、监视、跟踪目标，并对目标进行定位所采用的一系列技术措施。现代侦察监视技术可提供全时域、大空域的“千里眼”“顺风耳”，做到“知彼知己”，为实时地采取相应对策提供可靠依据，为克敌制胜创造有利条件。

（二）侦察监视技术的特点和分类

1. 现代侦察监视技术的特点

现代侦察监视技术具有四个显著的特点：一是空间上的立体化。随着现代战争多维立体空间战争的形成，现代侦察技术也发展成为现代战场侦察体系。在这个体系中，无论是在发挥各自的优势和克服其局限性方面，还是在侦察的地域、时域、周期以及情报利用方面，都可以互为补充、互为印证，以获得准确、完整的情报。二是速度上的实时化。由于现代侦察监视技术应用了高技术的侦察监视技术手段和以计算机为核心的军队指挥自动化系统，因而能够提高收集、分析、处理、判断、传送战场信息的时效性，能够为指挥员提供及时、准确的战场情报。三是手段上的综合化。现代侦察监视技术开发的侦察监视系统是一类多频段、多传感器综合使用的系统。这种系统能把可见光、红外、夜视、电视、激光和雷达等各种侦察监视技术有机地组合起来，形成功能齐全的综合化侦察监视能力。四是侦察与攻击一体化。具有高技术武器装备的部队，都基本上实现了情报、指挥与控制、打击一体化，能在各种恶劣的天气和夜幕条件下作战，实施侦察搜索和有效攻击。

2. 现代侦察监视技术的分类

现代侦察监视技术的分类方法很多。按照各种运载侦察监视技术装备平台划分，可以分为地面侦察、水面（下）侦察、空中侦察、航天侦察；按照侦察任务范围划分，可以分为战略侦察、战役侦察和战术侦察。还可按照侦察活动方式划分，按照不同兵种的任务范围划分，按照侦察监视所采取的手段划分，按照实现探测和识别的技术原理划分等。

（三）现代侦察监视技术的基本原理和手段

现代侦察监视技术的基本原理是：利用多种媒介传感器，探测目标的红外线、光波、声波、应力（振动）波、无线电波等物理特征信息，从而发现目标并监视其行动。各种侦察监视器材装备搭载不同的作战平台，就形成了对战场侦察监视的不同手段。

1. 电子侦察技术

电子侦察技术是利用己方的电子侦察装备去搜索、截获敌方电子设备的电磁信号，经过分析、识别和定位，以掌握敌方电子设备的有关技术参数、威胁程度、部署情况和行动企图等情报的一种侦察手段。电子侦察技术按照任务和用途的不同分为预先侦察和现场侦察两类。

2. 光电侦察技术

光电侦察技术是利用光源在目标和背景上的反射或目标、背景本身辐射电磁波的差异来探测和识别目标并对它们进行跟踪与瞄准的一种侦察手段。现代光电侦察装备有可见光、微光、红外、激光和光电综合侦察仪器等。

3. 雷达侦察技术

雷达侦察技术是利用物体对无线电电波的反射特性来发现目标和探测目标状态的一种侦察手段。军事上，雷达侦察技术由武器系统的雷达来实现应用。目前，按照用途，雷达可分为远程预警雷达、警戒雷达、导航雷达、炮瞄雷达、导弹制导雷达、机载截击雷达、火控雷达、侦察雷达等。按照技术原理可分为（X）波雷达、引力波雷达、“多普勒”雷达、相控阵雷达、无源相控阵雷达、天波超视距雷达、合成孔径雷达等。

我国哈工大研制的引力波雷达，利用任何有质量的物体都会向外发出引力波的原理，通过观测大速度物体引力波的“多普勒”效应，来探测隐形飞机的行踪。新体制引力波雷达采用无源设计，雷达本身对外并不发出任何电磁信号，使敌人的反辐射导弹也成了盲人瞎马。

4. 传感器侦察技术

目前，传感器侦察分为地面传感器侦察和水下传感器侦察两类。地面传感器是一种能够对地面目标引起的战场环境的物理场变化进行探测的侦察设备。地面传感器通常分为震动传感器、声响传感器、磁性传感器、红外传感器、应变电缆传感器等。水下传感器主要就是“声呐”。声呐是利用声波在水中传播来完成对水中目标探测和通信任务的电子设备。声波在水中传播的速度是每秒 1 500 米，由于声波在水中传播衰减小，因此声呐的探测距离比其他的探潜设备作用距离更远，故成为探测水中目标的主要手段。声呐按照工作方式可以分为被动式声呐和主动式声呐。

5. 其他侦察监视技术

现代侦察监视技术还有战场窃听侦察技术、战场电视侦察技术、炮位声测侦察技术等。

（四）侦察监视技术在军事上的应用

现代侦察监视技术在军事上的应用，按空间地域及其运载工具的不同，可分为以下几种：

1. 空间侦察监视

空间侦察监视是利用航天器上的光电遥感器和无线电接收机等侦察设备获取侦察情报的技术。空间侦察监视的主要特点：一是轨道高，发现目标快，侦察范围广，可在短时间内侦察辽阔的地域；二是可长期、反复地监视全球，也可以定期或连续地监视某一地区；三是可在较短时间内或实时地提供侦察情报，能满足军事情报的时效性要求；四是不受国界和地理条件的限制。因此，空间侦察监视主要是负担战略侦察任务，也可以执行战术侦察任务或为战术侦察情报提供旁证材料。现在，世界上空间侦察监视设备主要有成像侦察卫星、电子侦察卫星、预警卫星、海洋监视卫星等。

2. 空中侦察监视

空中侦察监视是指用航空器环绕地球的大气空间，对敌方军队及其活动、阵地、地形等情况进行的侦察监视。空中侦察监视具有时效性强、机动灵活等特点，不仅能在短时间内同时发现大量的各种目标，向各级指挥官提供实时的战场情报信息，而且还可以对目标进行跟踪识别，直至目标被摧毁。现代空中侦察监视设备主要包括预警机、有人驾驶侦察机、无人驾驶侦察机和侦察直升机，以及联合监视与目标攻击雷达系统等。

3. 水下（面）侦察监视

水下（面）侦察监视是利用水下（面）侦察监视设备来探测水下的各种目标，是现代侦察监视系统的重要组成部分。通常用于水下侦察监视活动的设备是声呐和水下电视，用于水面侦察监视活动的设备是水面舰艇舰载雷达。

4. 地面侦察监视

地面侦察监视是在陆地上进行的侦察监视行动，是一种传统的侦察监视方式。地面侦察监视的手段很多，除了常见的光学侦察外，主要还包括无线电通信侦察、雷达侦察、地面传感器侦察及炮射电视等。

5. 查打一体

查打一体是指利用无人侦察机挂载精确制导武器，进行带弹飞行。通过侦查、跟踪、甄别、实时攻击，来达到一些特种作战的最终目的。目前在中东地区打击国际恐怖组织 ISIS 的行动中，通过“人在地面回路操控模式”实行定点清除这样一种作战样式，已经击毙多个 ISIS 的核心领导头目。查打一体将是未来战争中普遍采用的一种重要的作战方式。

（五）对抗侦察监视技术的措施

1. 伪装技术

伪装技术就是进行隐真示假，为欺骗或迷惑对方所采取的各种隐蔽措施。它是军队战斗保障的一项重要内容。伪装按其在战争中的运用范围可分为战略伪装、战役伪装、战术伪装。目前，伪装的主要技术措施有天然伪装、迷彩伪装、植物伪装、人工遮障伪装、烟幕伪装、假目标伪装、灯火与音响伪装等。

2. 隐身技术

隐身技术又称隐形技术或低可探测技术，是通过降低武器装备等目标的信号特征，使其难以被发现、识别、跟踪和攻击的综合技术。目前的隐身技术分为雷达隐身技术、红外隐身技术、电子隐身技术、可见光隐身技术和声波隐身技术等。隐身武器是应用隐身技术研制的不易被敌方雷达、红外、电子、可见光和声波探测系统发现的武器。目前，一些隐身轰炸机、隐身战斗机、隐身侦察机、隐身巡航导弹等已相继面世并投入使用。

三、电子对抗技术的发展与应用

电子对抗自从在第一次世界大战中登上军事舞台以来，经过几十年的发展，技术装备和作战理论已经相当成熟。目前，电子对抗已成为现代战争的一个重要组成部分和显著特征。

（一）电子对抗概述

1. 电子对抗的定义

电子对抗又称电子战，是为削弱、破坏敌方电子设备（系统）的效能，保护己方电子设备（系统）正常发挥效能而采取的各种措施和行动的统称。

2. 电子对抗的分类

电子对抗有多种不同形式的分类。按电子设备工作的频谱范围，可分为射频对抗、光电对抗、声呐对抗等；按战场行动主体的层面，可分为陆军、海军、空军和第二炮兵等的电子对抗；按作战表现形式，可分为电子侦察与反侦察、电子干扰与反干扰、电子摧毁与反摧毁；按作战空间，可分为地面、海上、空中和外层空间的电子对抗；按作战内容及电子设备的类型，可分为通信对抗、雷达对抗、光电对抗和水声对抗等。

3. 电子对抗的主要内容

电子对抗的主要内容有无线电通信对抗、雷达对抗、光电对抗、水声对抗等。

4. 电子对抗与指挥控制战、信息战的关系

信息战是在电子对抗的基础上发展起来的，其主体仍然是电子对抗。电子对抗是信息战的主要手段，是指挥控制战的基本支柱。信息战明确揭示了信息时代战争最重要的特征是夺取信息优势。

（二）电子对抗在军事上的应用

1. 电子侦察与反侦察

电子侦察是指利用电子装备获取敌方电子情报的侦察活动。反电子侦察是为了防止敌方截获、利用己方电子设备发射的电磁信号而采取的措施。和平时期，电子对抗集中表现为电子侦察与反侦察。通信和雷达是电子侦察的主要目标。通常使用的电子侦察的手段有无线电通信侦察、雷达侦察、光电侦察和水声侦察。反电子侦察的手段主要有：使用异常通信或其他通信手段；采用保密通信设备或引进无线电台伪装，实施佯动和欺骗；使用定向天线，适当控制发射功率；使用新的调制方式等。

2. 电子干扰与反干扰

电子干扰与反干扰是电子对抗的主要形式。所谓电子干扰，就是通过电磁波

或使用其他器材吸收、反射电磁波，达到干扰和欺骗敌方电子设备，使其不能正常工作的目的。常见的有无线电通信干扰和雷达干扰。为有效地实施无线电通信干扰，在技术上必须做到频率相同、功率和样式合适。无线电通信反干扰的主要措施有增大发射功率、缩短通信距离、提高信号与干扰的强度比，使信号强度超过干扰强度。目前的雷达干扰主要有有源干扰和无源干扰两种。利用雷达干扰设备发射无线电波对敌方雷达造成的干扰，称为“有源干扰”。有源干扰常用的有压制性干扰和欺骗干扰。无源干扰与有源干扰的区别在于它不是通过发射无线电波对敌方造成干扰，而是利用反射无线电波或缩减“吸收”无线电波的器材造成干扰。反射性干扰器材主要有干扰“箔条”和角反射器等。较常用的雷达反干扰的主要措施有增大雷达的发射功率、改变雷达的工作频率、提高雷达天线的方向性、动目标显示等。

（三）电子对抗在现代战争中的地位和作用

1. 电子对抗在现代战争中的地位

由于电子技术在军事领域的广泛渗透，电子优势的争夺已成为作战双方激烈争夺的焦点。电子对抗日显重要，身价猛涨。近年来的高技术局部战争进一步表明，电子对抗是贯穿高技术战争始终的重要战线，是信息战的主体和夺取信息优势的重要手段，是战斗力构成要素的力量“倍增器”。

2. 电子对抗的主要作用

电子对抗在战争史的长河中已走过了近 80 年的历程。在现代战争特别是世界近几场局部战争中，电子对抗如一颗夺目的新星大放异彩，展示出在获取重要军事情报、破坏敌方作战指挥、掩护突防和攻击、保卫重要军事目标、夺取战场主动权等方面的重要作用。

四、军事航天技术的发展与应用

（一）航天技术概述

1. 航天技术的基本概念

航天技术又称空间技术，是一项探索、开发和利用太空以及地球以外天体的综合性工程技术。航天技术是一个国家现代技术综合发展水平的重要标志。军事航天技术是把航天技术应用于军事领域，以军事为目的进入太空和开发、利用太空的一门综合性工程技术。军事航天技术是军事高技术的一个重要组成部分。

2. 航天技术的组成

航天技术由运载器技术、航天器技术和航天器测控技术三大部分组成。运载器技术是航天技术的基础，是指把任何有效载荷从地面运送到预定轨道或把有效载荷带回地面的运输工具技术。运载器一般由 2～4 级火箭组成。运载火箭主要由动力系统、控制系统、箭体结构和无线电测量系统组成。航天器是在地球大气层以外的宇宙空间执行探索、开发或利用太空等航天任务的飞行器。航天器一般由通用系统和专用系统两部分组成。航天器测控技术是指跟踪测量航天器飞行状态并控制其运动和工作状态的专用技术系统。它由航天控制中心和分布在全球各地的测控站、测量船和测量飞机组成航天测控网，简称“测控网”。

（二）航天器的军事应用

航天器的军事应用大致分为三大类：一是已大量使用的支援地面军事行动的卫星系统，如侦察卫星、预警卫星、军用通信卫星等；二是处于研发中的天基或部分天基武器，主要指攻击敌方航天器用的反卫星系统；三是在理论上可行，但仅进行个别探索和试验的，主要用于执行军事任务的载人航天器，包括载人飞船、空间站、航天飞机等。

1. 军用卫星

军用卫星是指专门用于各种军事目的的人造地球卫星的统称。按其用途可分为侦察卫星、海洋监视卫星、军用通信卫星、导航卫星、气象卫星和测地卫星等。军用卫星是发射数量最多的一类卫星，现已达 2 000 多颗，约占所有发射航天器的 70%。

2. 空间武器类航天器

空间武器类航天器也称天基武器系统，主要是指攻击敌方航天器所用的卫星及卫星平台，如反卫星卫星、反卫星及反弹道导弹动能武器平台和定向能武器平台等。反卫星卫星有两种类型，即对目标卫星有两种拦截方式：一种是携带有常规炸药的卫星，当它在轨道上接近目标卫星时，以地面遥控或自动引爆的自毁方式与目标卫星同归于尽，即所谓的“天雷”或“太空雷”；另一种是装备有导弹或速射炮的卫星平台，当目标卫星进入武器的射程之内时便进行发射摧毁。

3. 军用航天载人航天器

载人航天器包括载人飞船、空间站、航天飞机和正在研制中的单级火箭式的空天飞机等。

（三）军事航天技术对现代战争的影响

1. 增强了军事侦察能力和指挥控制能力

部署在空间轨道上的各种军事空间系统，可以居高临下地，全时域、全空域、全天候地监视和掌握地面、海上、空中战场所发生的一切变化，为军事指挥员不断提供所需的各方面情报，从而保证作战方案的正确制订及对整个作战过程实施正确的指挥。

2. 提高了武器装备的作战效能

利用军事航天技术可及早地监视、发现敌人，为火炮、导弹、飞机和舰艇提供敌方目标的精确位置，并为它们导航，还可结合空间侦察系统对作战效果进行评估，便于决定是否需要再次发起攻击。所有这些作用是地面系统或空中系统难以起到的。

3. 对建立数字化部队和数字化战场起关键作用

现代战争需要各种军事卫星和通信卫星提供与传输数字化的战场信息，即使是单兵，也必须携带并使用卫星终端。因此，军事航天技术对未来的军队建设、作战指挥、武器装备及战场的信息化、数字化、自动化起着关键的作用。

4. 促使军事理论和军队构成发生深刻的变化

随着军事航天技术广泛的应用，相关的军事理论也发生了深刻的变化。如美国先后提出和深化了“制天权”理论、“太空威慑”理论和“海地空天电”一体作战理论等。随着军事航天技术的发展及战场向太空的延伸，组建一支具备空天作战能力的“天军”已成为现实。

五、军队指挥自动化技术的发展与应用

现代战争证明，只有建立军队指挥自动化系统，才能最大限度地发挥各种作战部队和武器的潜能，增强军队的战斗力。没有军队指挥自动化，就不可能有军队的现代化。

（一）军队指挥自动化技术的基本概念

军队指挥自动化技术是指在军队指挥系统中综合运用以信息技术为核心的现代科学技术及军事理论，实现军事信息收集、传递、处理自动化，以实现高效的指挥、领导与管理，保障军队指挥最大效能的“人机”系统。军队指挥自动化技术亦称军队指挥自动化系统。它是用电子计算机将指挥、控制、通信和情报各分系统连在一起的综合系统。因为指挥（Command）、控制（Control）、通信（Communication）的英文第一个字母都是C，情报（Intelligence）的英文第一个字母是I，所以人们把军队指挥自动化系统简称C^3I系统。近年来，人们在C^3I系统基础上加上电子计算机（Computer）、监视（Surveillance）、侦察（Reconnaissance），形成了C^4ISR系统。一般把C^3I系统统称为军队指挥自动化系统。

军事指挥自动化系统和军队指挥自动化系统是该领域两个最基本的概念。军队指挥自动化是指在军队指挥体系中建立和运用指挥自动化系统，辅助指挥员和指挥机关实现科学、高效的指挥控制与管理活动。其目的是提高军队的组织指挥和管理效能，最大限度地发挥军队的整体作战能力。

（二）军队指挥自动化系统的分类和构成

1. 军队指挥自动化系统的分类

军队指挥自动化系统有几种不同的分类方法。按军种，可分为陆军指挥自动

化系统、海军指挥自动化系统、空军指挥自动化系统等。按指挥层次，可分为战略指挥自动化系统、战役指挥自动化系统、战术指挥自动化系统、作战平台与单兵指挥自动化系统等。按用途，可分为作战指挥自动化系统、武器控制指挥自动化系统和后勤保障指挥自动化系统等。

2. 军队指挥自动化系统的一般构成

军队指挥自动化系统就其组成要素来看，大体一致，一般由指挥控制分系统、通信分系统、情报分系统、电子对抗分系统和综合保障分系统五大功能部分组成。

（三）军队指挥自动化系统的主要功能

从作战指挥角度出发，军队指挥自动化系统的功能可归结为信息功能、计算机功能、决策功能和监控功能四个方面。

1. 信息功能

军队指挥自动化系统是以信息为媒介的信息系统，因而信息功能是其主要的功能之一，主要体现在信息收集、信息传递、信息处理、信息存储与检索和信息显示五个方面。

2. 计算机功能

计算机主要对数值信息进行处理，其结果仍是数据。计算机功能可以帮助人们定量地认识作战规律和指导作战活动。在现代作战中，为了实现指挥员的决心，必须进行周密的计划与计算。如开进计划、战役保障计划和协同作战计划等，都需要进行快速准确的计算。军队指挥自动化系统具有很强大的计算功能。

3. 决策功能

军队指挥自动化系统能将指挥员的聪明才智和创造性与其逻辑功能结合起来，能将静态的历史经验与动态的系统分析和测算结合起来，能将决策的机动性和科学性结合起来，提出决策的建议，为指挥员作出最佳的决策提供强有力的保障。

4. 监控功能

监控功能的实质也是对信息的收集和传递，只不过实施的是对命令计划执行情况和控制指令的反应结果的收集，并及时反馈回指挥主体，使其了解决策和指令实现的程度，以便作出必要的调整。监控功能由执行监控子系统实现。

（四）军队指挥自动化系统对作战的影响

1. 对作战指挥的影响

军队指挥自动化系统的发展与应用，对作战指挥产生了重大影响。一是使指挥机关的组织结构发生变革。军队指挥自动化系统的现代化办公能力很强，使指挥机关更加精干、高效。此外，为确保系统能正常工作，指挥机关人员必须由指挥人员和工程技术保障人员组成。二是使指挥工作方式发生变革。战场上的信息管理由纸质手工操作转变为无纸的人机管理。为了使指挥机关的工作方式适应指挥自动化系统的运行节奏，必须改革作战文书的写作格式和指挥方式。三是使指挥决策更加科学化。指挥自动化系统的决策功能为保证决策的科学性提供保障。四是使战场调控更趋完善。军队指挥自动化系统的先进通信手段，使战场信息能及时反馈给指挥机关。据此，指挥员可对战场的兵力部署作出及时调整，还可控制战场节奏。

2. 对军队机动能力的影响

军队指挥自动化系统对战区内实施机动或在其他地域执行任务的装甲车、飞机和舰船等武器装备，能提供实时的精确位置、运动速度和时间，可以保障部队在机动中随时与上级联系，为军队机动能力的提高创造了条件。

3. 对武器效能的影响

武器控制自动化是军队指挥自动化系统的一个主要内容。武器使用中的观察、搜索目标、确定攻击方案、实施攻击均可由该系统的计算机自动控制完成，从而使武器系统发挥最大效能。

4. 对作战保障的影响

军队指挥自动化系统对作战保障的影响主要表现在两个方面：一是信息保障。现代战争是信息化战争，信息成为配置与分配作战物质流、能量流和信息流的关键，能否夺取制信息权成为能否夺取战场主动权的主要因素。军队指挥自动化系统的信息功能为满足战争信息管理需要提供了保障。二是后勤保障。现代战争要求后勤保障必须实现全方位、全天候的保障。显然，传统的后勤保障无法达到这种要求。军队指挥自动化系统可以通过对作战的模拟等手段，科学地预测不同规模作战的后勤保障需要，并制订相应的后勤保障需求方案，使后勤保障日趋科学化，为解决现代战争后勤保障问题开辟有效途径。

六、新概念武器的发展与应用

新概念武器主要是指在工作原理、结构、功能和杀伤破坏机制上与传统武器不同的新型武器。现代军事技术的发展为发展全新的武器开辟了广阔的前景。可以预见在不久的将来，一些新概念武器会陆续投入战场，并将给战争带来革命性的变化。

（一）高能激光武器

1. 高能激光武器的基本概念

高能激光武器又称为强激光武器，它是利用高能激光束摧毁飞机、导弹、卫星等目标或使之失效的定向能武器。高能激光武器主要由高能激光器、精密瞄准跟踪系统和光束控制与发射系统组成。激光武器的杀伤破坏效应有烧蚀效应、激波效应和辐射效应三种。

2. 高能激光武器的特点和分类

高能激光武器与常规武器相比，其特点是速度快、机动灵活、精度高、无污染、效费比高、不受电磁干扰，但它也有局限性。在稠密的大气层中使用时，雨、雪、雾和战场烟尘、人造烟幕等对其影响很大，会耗散光束的能量，使其降低甚至失去攻击的能力。

高能激光武器的分类方法有以下两种：一是按用途分可分为战略高能激光武器和战术高能激光武器；二是按部署方式可分为天基高能激光武器、地基高能激光武器、机载高能激光武器、舰载高能激光武器和车载高能激光武器。

3. 高能激光武器的现状及发展趋势

研制高能激光武器的国家主要有美、俄、英、法、德等国，其中尤以美国发展历史最长，技术水平最高。目前，美国正在研制的高能激光武器主要有美国海军的舰载高能激光武器、美国陆军的区域防御综合反导系统、美国空军的战区防御机载激光反导武器。美国弹道导弹防御局正在研制天基"阿尔法"化学激光器，并正在实施"阿尔法/大型先进反射镜计划综合试验"计划。高能激光武器现已从战略应用向战区和战术应用方向发展。

当前，定向能技术实用化步伐加快，可能将在短时间内取得突破。当前，美国空军用于主战平台的高能激光器加快演示验证，正在分阶段推动激光武器实战化。2015 年美国陆军也委托洛马公司，开始为高能激光机动演示系统建造和集成功率为 60kW 的模块化光纤激光器。远期目标是研制出能够远程毁伤敌方飞机和地面目标的功率为 300kW 的激光系统。

另外，世界军事强国都把激光武器和信息技术结合起来，研制出"激光目眩干扰压制系统"，并将其广泛应用于地面坦克、装甲车机械化实战。该系统包括激光测距预警系统（LWR）、激光致盲发射器（LSDW），还有激光通信/敌我识别系统。当 LWR 接收到敌方发射的激光信号后，LSDW 可以在 1 秒钟内自动瞄准目标，并发射高能致盲激光来干扰，破坏敌方光电感测器，甚至能伤害敌方操作人员的眼睛。激光目眩干扰压制系统是一款主动式激光防御武器，我国最新列装的 99 式坦克也具备这样的功能。随着各国对定向能武器系统研发的大规模投入，将来会有各类新式激光武器源源不断地投入战场。

（二）高功率微波武器

1. 高功率微波武器的基本概念

高功率微波是指峰值功率在 100 兆瓦以上，频率在 1 ~ 300 吉赫之间的电磁波。所谓高功率微波武器又称射频武器，是利用高功率微波发射机和高增益定向天线发射高强度、能量集中、具有方向特征的微波射束来毁坏敌方电子设备的一种定向能武器。它通过毁坏敌方电子元件、干扰敌方的电子设备来瓦解敌方武器的作战能力，破坏敌方的通信、指挥与控制系统，并能造成人员的伤亡。

2. 高功率微波武器的分类

按照辐射频谱来划分，高功率微波武器通常可分为窄带高功率微波武器和超宽带高功率微波武器两类。按照使用方式来划分，高功率微波武器又可分为单脉冲式微波弹和多脉冲重复发射武器两种类型。

3. 高功率微波武器的特点

根据高功率微波武器的概念及其破坏机理，它在作战使用方面具有一系列特点：

（1）打击速度快。高功率微波武器是靠射频电磁波能量打击目标。所以，其打击速度极快，通常接近光速甚至达到光速。

（2）破坏范围广。高功率微波武器虽然具有方向性，但由于波速频谱范围宽，既有宽带高功率微波定向能武器，又有窄带高功率微波定向能武器。通常高功率微波武器破坏目标覆盖范围不是某一种电子设备，而是某一地区所有的电子设备。

（3）使用成本低。高功率微波武器采用电源供电，在许多应用中，唯一的消耗器材是常规/直流发电机的燃料。因此，高功率微波武器制造、使用和维护保养费用都较其他定向能武器低廉。

（4）适应能力强。高功率微波武器能全天候工作，受战场环境影响较小。微波无论是在大气层内还是大气层外，都可以畅通无阻地高速传播，并且不受电离层的影响。其穿透力很强，它可以穿过光纤、玻璃等不良导体进入目标内部进行破坏。

4. 高功率微波武器的现状及发展趋势

从20世纪90年代以来，美、俄、英、德等国家陆续披露的高功率微波武器的一些试验和样机的研制情况来看，高功率微波武器个别系统现在已经或接近实现武器化。具体表现在：高功率微波技术已获得实质性突破，单脉冲式高功率微波弹已具备作战能力，多脉冲重复发射高功率微波武器迈向实战应用阶段。

特别是近年来，高功率微波武器化进程加快。2015年5月，美国空军宣布，增程型联合防区外空面导弹（JASSM－ER）已被确定为反电子装置高功率微波导弹的最佳平台。JASSM－ER于2014年初服役，已部署在B－1轰炸机上，未来还将装备B－52轰炸机和F－15、F－16战斗机。经过改装小型化的高功率微波弹头后，JASSM－ER将能远程定点清除敌方的电子设备及数据系统，提高美军作战飞机的突防能力。

（三）粒子束武器

20世纪40年代，英国科学家曾设想用高能粒子束作为武器。20世纪80年代美国提出“战略防御倡议”计划时，粒子束武器就被作为反导防御武器的一种候选方案开始进行大量研究工作。到了20世纪90年代，这项研究工作仍在进行。粒子束武器在未来有可能成为一种重要的高技术武器。

1. 粒子束武器的基本概念

所谓粒子束武器，是利用高能加速器所产生并发射出的高能粒子束杀伤目标的武器。粒子束武器有多种分类方法，按射程可分为近程、中程、远程和超远程粒子束武器；按部署方式可分为陆基、舰基和天基粒子束武器；按粒子的性质可分为带电粒子束武器和中性粒子束武器等。粒子束武器主要由五大部分组成：粒子束生成装置、能源系统、预警系统、目标跟踪与瞄准系统、指挥与控制系统。其中，高能粒子束生成装置是整个粒子束武器系统的核心部分，它用来产生高能粒子束，并聚集成狭窄的束流，使其具有足够的能量和足够的强度；能源系统是粒子束武器各组成部分的动力源，它为整个粒子束武器系统提供动力，可以认为是粒子束武器的“弹药库”。高能粒子束射中目标所产生的作用特点明显：一是使结构材料汽化或融化；二是提前引爆目标中的引爆炸药或破坏目标的热核材料；三是使目标的电路损坏、电子装置失灵。

2. 粒子束武器的发展趋势

粒子束武器的原理并不复杂，但要转化成实战的武器，还存在一系列技术难题。1989年7月，美国利用“白羊座”火箭进行了第一次中性粒子束装置试验，并且首次建立了中性粒子束的空间物理数据库。20世纪90年代以来，美国已把对大气层中的带电粒子束研究转到探索破坏机理方面。目前，粒子束武器研究主要集中于设计紧凑轻型粒子加速器和研究粒子束在大气中的传播，并把能量传递给目标的方法。研究课题涉及粒子束与目标的相互作用、粒子束控制和粒子束产生的效应等问题。

（四）动能武器

动能武器与定向武器相比，其速度要慢一些，但技术上可行，价格低廉，并且难以采取有效的反制措施。因此，动能武器被认为是非常有发展前途的高技术武器。

1. 动能武器的基本概念

动能武器又称超高速射弹武器，是指能发射出超高速运动的、具有极大动能的弹头，通过直接碰撞（而不是通过常规弹头或核弹头的爆炸）的方式摧毁目标的武器装置。动能武器是一种典型的直接拦截武器，关键技术是高精度制导和快速响应控制，追求的目标是“零脱靶量”。动能武器不是靠爆炸、辐射等其他物理和化学能量去杀伤目标，而是靠自身巨大的动能，在与目标短暂而剧烈的碰撞中杀伤目标。

2. 动能武器的分类

动能武器常见分类方式有以下四种：一是根据作战范围划分，动能武器可分为战术动能武器、战区动能武器和战略动能武器三类。二是根据攻击对象划分，动能武器可分为反装甲动能武器、反飞机动能武器、反导弹动能武器、反卫星动能武器等。三是根据武器平台划分，动能武器可分为天基动能武器、空基动能武器、陆基动能武器和舰载动能武器四类。四是根据武器性能划分，动能武器可分为动能拦截弹、电磁炮和群射火箭等。

3. 正在研制的动能武器

目前，研制中的动能拦截弹主要有三类：第一类是主要用于拦截洲际弹道导弹的动能拦截弹，包括天基动能拦截弹、地基红外寻的动能拦截弹、地基雷达寻的动能拦截弹和空基反卫星动能拦截弹；第二类是用于战区弹道导弹防御的动能拦截弹，如以色列“箭”式拦截弹、美国“爱国者”导弹改进型——PAC－3 增程拦截弹、美国的战区高空防御拦截弹、美国的大气层外轻型射弹和机载助推段拦截弹等；第三类是美国国防部研制的先进动能导弹，包括地对地、地对空、空对空和空对地等作战应用的多种超高速导弹。

电磁炮是利用电磁发射技术制成的另一类先进动能杀伤武器。与传统大炮将火药燃气压力作用于弹丸不同，电磁炮是利用电磁系统中电磁场产生的洛伦兹力来对金属炮弹进行加速，使其达到打击目标所需的动能。与传统的火药推动的大炮相比，电磁炮可大大提高弹丸的速度和射程。对于电磁轨道炮，美国海军研究局于 2017 年 7 月发布消息，美海军水面战中心已经对电磁轨道炮进行多发连续射击，标志着美国的电磁轨道炮在朝着实用化的道路上又迈进了一大步。

（五）非致命武器

非致命武器是一种利用声、光、电、磁和化学等技术手段，使敌军人员和作战设备暂时或永久地丧失正常机能而不造成人员死亡的新概念武器，又称失能武器或软杀伤武器。非致命武器随着世界人道主义呼声的日渐强烈和非军事行动需求的增大而受到各国的重视。20 世纪 90 年代以来，非致命武器得到迅速发展。目前，已研制成功或正在研制的非致命武器大体上可分为反人员非致命武器和反装备非致命武器两大类。

1. 反人员非致命武器

反人员非致命武器是指利用低能激光、高功率微波、声波发生器，以及光学弹药、软杀伤弹头、非致命化学战剂等，使人员致盲、致晕从而暂时失去作战能力的非致命武器。现在发展的反人员非致命武器有激光致盲武器、声能武器、化学战剂、动能弹丸以及电能武器等。

低能激光致盲武器是国外发展较快、技术较成熟、已有装备部队的一种非致命武器。美国拥有美陆军的 AN/PLQ ±5 型激光对抗系统、美海军陆战队的“SABER203”激光照明器、美三军定向红外干扰系统等。美海军陆战队的“SABER203”系统在 1995 年美军从索马里撤离时曾经用于驱散示威的人群；美陆军的 AN/VLQ -7 车载激光致盲武器曾在“沙漠风暴”行动中部署。美国还拥有“复仇女神”定向红外干扰系统和激光致眩器，而英国的激光致眩器曾在英阿马岛战争中使三架阿根廷战机坠毁。美海军称，曾有俄罗斯间谍船使用激光武器向加拿大军用直升机发射激光，使机上的加拿大飞行员和美海军情报官员严重受伤。

非致命声能武器是利用各种技术产生不同频率和音量的声音，使人感到不适或内脏受损而无法工作的武器。最典型的是次声波武器和高能超声波武器。次声波武器是利用频率低于 20 赫兹的次声波与人体发生共振，使共振的器官或部位发生位移和形变而造成损伤的一种探索中的武器。次声波可对人产生精神性和机能性的损伤，其主要症状为全身不适、无力、头晕目眩，严重的可发生神志失常、癫狂不止、腹部疼痛、内脏震颤等现象。实验证明，大功率定向辐射次声波能穿透 5 米厚的混凝土建筑物，可以毁坏飞机、坦克和舰艇，因而次声波武器可用于反装备武器。高能超声波武器是利用高能量的高频声波造成强大的大气压力，使人产生视觉模糊、恶心、呕吐等生理反应，进而减弱或丧失战斗力。高能超声波武器还可用于定向扫雷和破坏电子系统等。

非致命化学战剂会对人的神经系统和生理机能造成损害，从而使人丧失或暂时丧失战斗能力。目前，国外使用的这类战剂主要是化学失能战剂，包括催泪瓦斯、失能毒剂、骚乱控制战剂以及各种刺激剂等。

非致命动能弹丸主要是利用橡皮子弹等软弹丸击中人体，使人产生剧痛而导致心理上的胆怯，使其暂时失去或削弱作战能力。美国等一些国家提出利用现有地雷作为平台，将之改装为利用动能弹丸的非致命武器。但是，从作战效果来看，这种非致命武器难以完成防步兵地雷所担负的任务，较适用于国内执法。

非致命电能武器是指利用高压电击的方式使人暂时失去作战能力的非致命武器。目前这类武器具有代表性的是“泰瑟枪”。“泰瑟枪”在使用时发射两个飞镖，飞镖通过 6 米长的细线与系统电源相连。飞镖击中人体后黏附在衣服上，并释放出让人无法忍受的电脉冲（频率为 100 次/秒，持续时间为 4 毫秒，电压高达 5 万伏），以使人暂时失去作战能力。

2. 反装备非致命武器

反装备非致命武器是指对人员不造成杀伤，专门用于对付敌方武器装备的武器。目前正在研制的专门用于反装备的非致命武器主要有以下两大类：

一是化学物质类反装备非致命武器。这是利用特制的化学制剂的某种特殊的物理、化学性能，使武器装备或有关设施不能使用或被损坏的反装备非致命武器。它包括超级润滑剂弹、碳纤维炸弹、化学致瘫弹和超级腐蚀剂弹等。

二是计算机病毒反装备非致命武器。所谓计算机病毒，实际上就是一种特殊的计算机程序，就像病毒侵入人体引起生病一样，它们侵入计算机系统后，能够干扰、修改正常运行的计算机程序，破坏其有效功能，并能够复制和自动侵入其他程序，使周围计算机的程序也遭到破坏。美军从 1987 年开始研制计算机病毒武器。美国国防部在"军队小型业务创新研究"计划中资助了两个研究项目，研制高效军用计算机病毒和侵入敌方计算机系统的方式。1990 年 5 月，美军方曾出资 55 万美元招标，研制干扰和摧毁敌方电子系统的计算机病毒，并耗资 1.5 亿美元成功研制出微电脑芯片的"病毒固化"技术。

近年来，实施网络攻击的计算机病毒向武器系统蔓延。2015 年 7 月，部署在土耳其边境的德国爱国者防空导弹系统遭受不明网络攻击，短暂失控。据推测，攻击者可能是通过入侵指挥控制系统，或控制导弹轨控和姿控系统的计算机芯片实施网络攻击的。这一事件表明，网络攻击对象已从单个计算机信息系统、网络化的信息系统、大规模民用基础设施，蔓延到与互联网实施严格物理隔离的武器装备系统，其危害已不仅是数据被窃、服务被中止，而是正在部署的武器系统被瘫痪或被接管，从而达到关键时刻左右战局的目标。

为了学习和研究的方便，可将目前具有代表性的新概念武器装备归为四大类：一是定向能武器装备，主要包括高能激光武器、粒子束武器、高功率微波武器等；二是动能武器装备，主要包括电磁炮、超高速火箭类动能拦截弹等；三是智能机器武器装备，主要包括军用机器人、人工智能车辆；四是非致命武器装备，主要包括反人员非致命武器和反装备非致命武器。军事专家认为，掌握一种新概念武器对军事作战效能的提高具有倍增作用，而且新概念武器这一"无形杀手"的突然出现和使用，往往会带来战术上的突然性，从而对战争的胜负产生重大影响。正因为如此，一些国家不惜投入巨资纷纷加入这场旷日持久的竞争之中，力求掌握能够出奇制胜、置敌于死地的"撒手锏"武器。

（六）燃料武器——云爆弹

云爆弹又称燃料空气炸弹。顾名思义，云爆弹的装药不是炸药，而是燃料。一般装有高性能燃料剂如环氧乙烷、硝酸铵、硝酸铝等。云爆弹是两次爆炸的特种炸弹，第一次爆炸主要是炸散开弹体内的燃料剂，第二次引爆飘浮在空中的燃料剂，形成一定面积内的高温高压的爆燃区。利用爆燃消耗一定区域内的氧气，在 4～6 分钟内形成缺氧真空，使人窒息身亡。其爆炸当量是同重 TNT 炸药的 4～5倍；所产生的高温达到 2 000℃～2 500℃；云爆弹所产生的爆轰波，可以在掩体、室内墙壁间反射叠加，形成的超压波可杀死掩体内所有武装人员，特别适用于打击室内、掩体内的有生力量。1975 年 4 月，美军在一次越战空袭中，由五架 C－130 运输机，在越南春禄地区投下 100 枚降落伞吊降的云爆弹。第一次爆炸天空一片白色云雾；第二次雷霆万钧般的轰爆，相当于 20 多个足球场大小面积的区域被炸成一片火海，人们惨叫声不绝于耳，死伤惨重。那些死在室内、掩体内的人员，死相尤其惨烈，面部焦煳扭曲，都用自己的双手抓破了喉咙。但他们都有一个共同的特征，就是尸体完整无缺。这就是美军第一次使用云爆弹给人们留下的印象。直到今天，越南胡志明市美军战争罪行展览馆的标志物就是一枚当年美军撤离时遗留下来的 BLU－82 型云爆弹模型。

海湾战争中，英军曾经有一个侦察小队沿伊拉克和科威特边境巡逻时，恰逢美军刚刚用云爆弹轰炸过伊军阵地。英军还误以为自己进入了“核爆区”，于是向自己的上级报告：发现该地区遭核武器袭击，所以云爆弹又有“亚核武器”之称。

苏联对云爆弹也颇有研究，主要弹种有 TOS－1 型。在此基础上，开发出空投、炮射、导弹、火箭弹等多种云爆弹型号。俄罗斯现装备主要是 ATBIP 型云爆弹，爆炸当量为 44 吨 TNT 炸药，由图－160 战略轰炸机投送。

我国也引进了云爆弹技术，引进雏形为“什米尔－2”型单兵云爆弹。1996 年开始国产化研制，2000 年定型，命名为 PF97 式 93mm 单兵云爆弹。该云爆弹不受编制控制，单兵携带，塑料制成，随打随扔，灵活使用。

七、高技术作战平台的发展与应用

（一）高技术作战平台的概念及分类

1. 高技术作战平台的概念

武器系统一般可以将其分成作战平台与负载两部分。作战平台是指现代各种武器系统中，具有运载功能并可作为火器依托的载体部分。作战平台是火器系统所依托的运载工具，火器系统是作战平台的负载。火器系统依靠作战平台发挥作战效能和威力，作战平台使火器的作用范围扩大，使其作战效能和威力得到更好的发挥。同一种负载放到不同的作战平台上，具有不同的作用；同一种作战平台搭载不同的负载同样可以发挥不同作用。作战平台主要包括作战飞机与直升机、水面舰艇及潜艇、坦克与装甲车、火炮与导弹发射装置等除火器之外的部分。它是武器系统的重要组成部分，对发挥武器系统的火力威力、扩大火力打击范围具有极其重要的作用。

高技术作战平台，是指应用各种军事高技术制造或改造的，高技术含量较高（一般认为在 70% 以上），并且在作用机理和设计观念上等许多地方都突破了机械化时代设计概念的作战平台。高技术作战平台的机动性能好，突防和生存能力强，为充分发挥武器装备作战效能提供了良好的依托。与传统作战平台相比，高技术作战平台大大扩展了军事装备的使用范围，显著提高了军事装备的整体作战效能，效费比高。

2. 高技术作战平台的分类

高技术作战平台的分类方法有多种，但最重要、最常用的分类方法是按照其所处的战场空间进行划分。因此，高技术作战平台可分为地面作战平台、海上作战平台、空中作战平台三大类。

（1）地面作战平台。

地面作战平台是指地面武器系统中除火器以外的装载部分，主要包括坦克、步兵战车、装甲输送车、自行火炮车、导弹输送和发射车及指挥控制车辆等。高技术地面作战平台是地面武器系统的基础，其数量和质量决定着陆上作战能力，是陆军装备现代化的重要标志。在地面作战平台中，主战坦克是主要的战斗兵器，可完成多种作战任务。

（2）海上作战平台。

海上作战平台主要指在海洋进行战斗活动的舰艇，主要用于海上机动，进行战略核突袭，保护己方或破坏敌方的海上交通线，进行封锁或反封锁，参加登陆或抗登陆作战和对陆攻击作战。海上主力作战平台，包括弹道导弹核潜艇、攻击型潜艇、航空母舰、巡洋舰、驱逐舰、护卫舰、两栖攻击舰和猎扫雷舰等。

（3）空中作战平台。

空中作战平台是指用于作战的各种飞行器的总称。空中作战平台是高技术的复合体，具有快速响应和致命打击的特点，以此为核心组成的空中打击力量已成为现代战争中的决定性力量。空中作战平台作为空空和空地作战的主要技术装备与运载工具，主要包括：歼击机、轰炸机、歼击轰炸机、强击机、直升机、反潜巡逻机、侦察机、军用运输机、预警机、电子对抗飞机、空中加油机和军用教练机等。

（二）高技术作战平台的地位和作用

1. 高技术作战平台是国家政治独立的象征

高技术作战平台是实现国家安全战略和军事战略的重要物质基础，是国家军事力量强大的重要表现。其发展变化备受世界各国尤其是军事大国的重视。一个国家建设什么样的高技术作战平台，能够反映这个国家的军事战略的主导思想。因此，国际社会对各国高技术作战平台的发展非常关注，对其发展也有所约束。国家在政治上独立自主，在经济上强大，就可根据需要自主决定发展高技术作战平台。否则，如果国家在政治上受制于人，就不能自主地发展高技术作战平台。导弹核潜艇载有配备核弹头的潜射弹道导弹，可从远洋深海布置战略目标，主要执行战略核威慑和第二次核打击任务。这是极具进攻性的作战平台，现在世界上拥有导弹核潜艇的仅有美、俄、英、法、中五个国家，这些国家都是联合国安理会中具有否决权的常任理事国。由此可见，高技术作战平台与国家政治地位间的关系密切。

2. 高技术作战平台是国家综合国力的重要体现

高技术作战平台既代表了国家的军事实力，也反映了一个国家的经济实力和科技发展水平。现代高技术战争对经济的依赖性进一步增强，主要反映在高技术装备更加依赖国家的经济实力和科技发展上。一方面，高技术作战平台的生产制造是一项高投入的事业。高技术作战平台技术复杂，不仅生产制造的成本大，需要巨大的资金投入才能建造，而且使用维修费用也相当高，一般都高于其研制费。另一方面，高技术作战平台是各种高新技术的综合体，如果没有较高的科技发展水平，就难以研制和生产出更先进的高技术作战平台。只有具有较强综合国力的国家才能生产制造并保持一定数量的高技术作战平台。因此，拥有一定数量的高技术作战平台是国家综合国力的重要体现。

3. 高技术作战平台是军队战斗力的核心和支柱

在武器系统中，作为负载部分的运载工具，高技术作战平台是高技术武器装备系统中的基础，其运载功能是武器系统所不可缺少的。任何高技术武器都必须依靠作战平台的运载功能，否则就难以发挥其应有的作战效能，甚至会失去应有的作用。

（三）地面作战平台

1. 地面作战平台的现状

当前，世界主要国家的地面作战平台以第三代为主，并呈现多代并存的局面。20 世纪 80 年代服役的地面作战平台仍将是主要国家陆军装备的主体；20 世纪 90 年代初研制的新一代陆军装备将逐步投入实战使用，并代表着 21 世纪初军事装备的先进水平，从而构成了多代并存、高中低档相结合的地面主战装备体系。

（1）主战坦克的现状。

在现代战争中，坦克占有重要的地位，其数量和质量已经成为各国陆军实力的重要标志。20 世纪 90 年代中期以来，发达国家陆战平台仍以坦克为主，大体可分为三代。从现役坦克分布状况来看，除美国有部分第三代半坦克开始服役外，其他国家均没有第三代半坦克服役。当前，美国陆军的地面作战平台以第三代的 M1A1 和 M1A2 为主，并有少量的第二代主战坦克。英、法、德、俄等国的主战坦克仍呈现二三代并存的局面，但第三代坦克所占比例正在增大。如德国的豹 2A6、美国的 M1A2、日本的 90 式、法国的勒克莱尔、俄罗斯的 T－90、中国的 99 式主战坦克等，都是世界上最先进的主战坦克，它们具有以下两方面的特点：

①防护能力强。新型坦克为减少被敌发现和命中的可能，除提高其机动性能外，还尽可能改善防弹外形、降低车高、减小噪声和红外辐射；增强其装甲的防护能力，除减小装甲的水平倾角、改进装甲材料和合理分配装甲厚度外，几乎都采用了复合结构的装甲。目前，主战坦克的正面装甲防穿甲能力可达500毫米，防破甲能力达600～650毫米。美国M1A2坦克炮塔周围采用防弹能力极高的含贫铀材料的复合装甲（贫铀装甲）。苏联的T－72型坦克最先采用复合装甲（钢—玻璃钢—钢）。俄罗斯T－80坦克的性能与M1A2相差不大，炮塔部分均采用防破甲能力很强的多层不同的轧钢装甲和玻璃纤维夹层构成的新型复合装甲，且通体周围还披挂了反作用装甲，履带外侧装有整块的橡胶护裙板。

②机动性能好。现代坦克广泛采用高增压柴油机和机械闭锁的传动装置等高新技术，使坦克发动机的功率高达1 500马力，最大公路速度由原来的45千米/小时提高到72千米/小时，最大越野速度由原来的20～25千米/小时提高到48～55千米/小时。从起步加速到32千米/小时只需6秒。可见，现代坦克的战场机动性能有很大的提高。

ZTZ－99是中国新一代主战坦克，除改良装甲提升车体防护性能外，动力采用了国产WR703/150HB系列柴油机，最大输出功率1 200马力。在火力上，99式主战坦克采用了俄罗斯授权的125毫米滑膛炮，可发射尾翼稳定脱壳穿甲弹、破甲弹和榴弹三种不同类型的炮弹，列装了激光制导炮射导弹系统。99式主战坦克的火控系统由激光测距仪、弹道计算机、炮手稳定式瞄准镜、火炮双向稳定以及控制仪表和各种传感器组成，也装备了二代热像仪。99式坦克战斗全重51吨，炮口向前时全长10.312米，炮口向后时全长9.656米，车长7.363米，宽3.5米，高2.37米，最大公路速度65千米/小时，0～32千米加速时间为12秒钟。最新改型99A式最大公路时速80千米/小时，越野最大时速60千米/小时。与西方的M1A2、豹2A6属于同一水平。

（2）步战车的现状。

在现代地面战场上，坦克发起高速进攻，必须有步兵迅速及时的支援和配合，以便扫除障碍，夺取阵地。步战车的主要任务就是搭载步兵协同坦克作战，与坦克协同进攻。目前地面装甲车大都采用自行式车辆，且以履带式为主，少数采用轮式车。自行火炮时速最高达100千米/小时，最大行程600千米。美陆军两栖突击车的水上速度达46千米/小时，地面行驶最大速度为72.4千米/小时。装甲车机动能力的提高，有利于各种平台相互之间进行协同作战。

①机动性能好。为配合主战坦克作战，各国都十分重视步战车机动能力的提高。新型步战车的机动性能已经接近甚至超过了主战坦克。履带式步战车的陆地最大时速达65～75千米，超过了主战坦克。大多数还能水陆两用，遇到江河、

湖泊等障碍时，无须准备即可直接浮渡通过，水上航速可达10千米/小时。一次加足燃料，履带式步战车可行驶500～600千米，轮式步战车最大行程可达1 000千米。

②具备一定的装甲防护力和较好的特种防护能力。为了不影响车辆的浮渡能力和便于空运，现代步战车的装甲一般都比较薄。但与20世纪60年代以前的车型相比，其装甲防护力已有明显提高。现代步战车的前部和炮塔可防1 000米距离外发射的20毫米穿甲弹，侧面也能防普通枪弹和炮弹碎片。现代多数步战车均装有完整的三防系统、自动灭火抑爆系统和性能良好的烟幕施放装置，既适应常规条件下作战，又能在核、生、化条件下作战。

2. 地面作战平台的发展趋势

展望21世纪，陆战平台的发展重点是提高火力、生存能力和战场机动能力，实现标准化、通用化和系列化。近年来，世界各国调整了地面作战平台的发展进度，突出对现有装备的改进和提高。

（1）进一步提高机动性能。

提高机动性能的重点是提高地面作战平台的越野机动性、加速性和转向性。其中，动力装置的发展趋向：除继续改进增压、水冷柴油发动机外，燃气轮机的采用将逐步增多，功率有可能增至1 500千瓦。还将进一步研究陶瓷绝热发动机，其与同功率的柴油机相比，体积与重量将减少40%，节约燃料30%。而传动装置的发展重点是：设计先进的综合推进系统，采用电子操纵，增大功率密度（单位体积功率），达到结构紧凑、传递功率大、操纵维修方便等目的。此外，液气悬持使用增多，并有可能出现主动式悬持系统。为进一步提高作战平台的战场机动性，国外还提出在平台上建立战场管理信息系统，安装显示器、配设导航仪，供乘员阅读地图信息、明确敌我配置态势等。

（2）进一步提高生存能力。

较强的生存能力是保持战斗力必不可少的条件，未来地面作战平台将通过以下多种途径，全面系统地提高平台的防护性能。

①采用隐身技术来提高防护能力。由于隐身技术、电磁技术、信息技术、主动防护技术将在未来地面作战平台中得到广泛的应用，未来地面作战平台的隐身能力将得到全面提高。新一代坦克将全面采用隐身技术，除采用隐身材料外，还采用防红外涂料、迷彩，安装烟幕施放装置和排气管冷却装置及其他隐身技术等，提高地面作战平台的隐身能力。

②大量采用复合装甲提高车体的防护能力。重点是研究新型复合装甲、反作用装甲和主动防护系统。主动防护系统的任务是实施光电对抗，用以及时探测、定位和辨别敌核生化武器、导弹、激光、直升机等各种威胁，同时立即采取相应

的对抗措施，如发射激光或红外热成像假目标、施放烟幕等，用以预警、干扰和破坏来袭的光电武器。美陆军提出的“未来地面战斗系统概念车”，是采用可变式悬挂装置，使车辆高度能在 1.6～3.1 米之间改变，以便减少目标的暴露面积。车体正面有 100 毫米厚的装甲，采用先进的被动装甲和反作用装甲；车体侧面及炮塔正面有电磁装甲。

③地面作战平台的总体结构设计将有新的突破。未来主战坦克的战斗全重因受道路桥梁与越野路面通行能力的限制，西方国家多主张限制在 50 吨左右。俄制坦克仍将保持在 40 吨级，总的要求是在控制车重的条件下提高战斗力与生存力。为此，总体结构设计将有新的突破，主要是探索顶置火炮式坦克方案与遥控车组方案。

（3）发展系列化、通用化作战平台。

系列化是根据某类产品或装备的使用需求和发展规律，按一定序列来排列其主要性能参数和结构形式，有计划地指导产品的发展，以满足广泛需求的一种标准化方法。如美陆军的 M 系列的坦克、装甲车，俄罗斯的 T 系列坦克等都是系列化的地面主战装备。通用化是将现有的或正在研制的具有互换性特征的通用单元用于新研制武器系统的一种标准化方法。未来将把导弹和火炮综合在同一辆装甲车上，构成弹构一体化武器系统，使坦克具有直射、间射和对空作战能力，“新型装甲作战平台（NGP）”装上不同的武器就可以成为主战坦克、步兵战车或防空系统。

（四）海上作战平台

1. 海上作战平台的现状

（1）航空母舰的现状。

航空母舰，以其突出的制海、制空和对岸攻击能力，被视为海军水面作战力量的核心。世界上有 10 个国家的海军拥有近三十艘各型航空母舰。其中，美国的“尼米兹”级核动力航空母舰是世界上较为先进的大型航母。主要特点是：适用于远洋和长期海上作战；具有突出的攻防作战能力；制造和维护费用极为可观；需组织其他舰艇掩护作战。“尼米兹”级航空母舰是美海军 21 世纪初的核心兵力和主力战舰，标准排水量 81 600 吨，最大排水量为 100 200 吨；舰长 332.9 米，舰宽 40.8 米，吃水深 113 米，载员 3 100 余人；动力装置为 2 座压水式核反应堆，4 台蒸汽轮机，总功率 260 000 马力；最大航速 30 节以上，续航力 13 年以上；可载常规起降的各种作战飞机 85～90 架。舰载武器和电子设备包括：3 座“海麻雀”对空导弹发射装置，4 座“火神”密集阵反导火炮，三坐标空中搜索雷达，水面搜索雷达，制导火控雷达，导航、航空管制雷达等；具有优越的攻击作战能力，可执行制空、制海、反潜、对岸攻击等多种任务，其对空作战半径可达700千米左右，对海（陆）作战半径为800～1 000千米。

"辽宁号"航空母舰（PLAN Liaoning，以下简称"'辽宁'舰"）是中国人民解放军海军第一艘可以搭载固定翼飞机的航空母舰，是中国海军001型航空母舰的首舰。"辽宁"舰是在苏联海军的库兹涅佐夫元帅级航空母舰第二艘的"瓦良格号"（俄文为Варяг，英文为Varangian）航空母舰的基础上发展而来的。在总体设计上沿袭了原来的设计特点，其舰型特点、尺寸、排水量、动力装置等都与库兹涅佐夫元帅级航母基本相同，在上层建筑、防空武器、电子设备、舰载机配备等方面均做了较大改进。"辽宁舰"的编制等级为正师级，编制员额一千余人。首批舰员中，具有本科以上学历的军官达到98%以上，其中具有硕士和博士学位的有五十余人。与其他国家的航空母舰一样，"辽宁"舰上有5%的航员为女性人员。由于"辽宁"舰上载舰员人数众多，其各种生活配套设施也十分完备，设有餐厅、超市、邮局、洗衣房、健身房、垃圾处理站等，连酒吧都有闹吧和静吧两种，生活相对比较便利。基本性能参数（部分数据为原"瓦良格号"，改装后略有不同）：舰长304.5米（吃水线长270米）；舷宽75米（吃水线宽38米）；吃水10.5米；排水量4 500吨（标准），5 400吨（满载）；动力系统为8台蒸汽轮机，149兆瓦200 000匹马力（4轴）；航速32节，自持力45天；舰载飞机为歼－15（J－15），是由中国沈阳飞机公司从2001年开始负责立项研发的，现已正式服役。

此外，我国的第二艘航空母舰（即001A型航空母舰）是我国首艘自主建造的国产航母，基于对苏联库兹涅佐夫元帅级航空母舰、我国"辽宁"号航空母舰的研究，由我国自行改进研发而成，已经于2018年5月完成了首次海上试验任务。

（2）巡洋舰、驱逐舰、护卫舰的现状。

巡洋舰、驱逐舰、护卫舰为现代水面作战舰艇的主要力量，也是各国海军装备数量最多的水面舰艇。巡洋舰是一种大型战舰，自给力、续航力较大，火力强，能在恶劣气象条件下进行较长时间的远洋机动作战。世界上较先进的巡洋舰有美国的"提康德罗加"级、俄罗斯的"基洛夫"级和"光荣"级。驱逐舰是一种具有多种作战能力的中型舰艇。护卫舰是一种以反潜、护航为主要任务的轻型舰艇。驱逐舰和护卫舰具有较高的航速和较好的武器装备。世界上较先进的驱逐舰有美国的"阿利·伯克"级、俄罗斯的"现代"级、英国的"谢菲尔德"级等；护卫舰有美国的"佩里"级、俄罗斯的"克里瓦"级、英国的"23"型等。以下各介绍一种巡洋舰、驱逐舰、护卫舰的现状。

①"提康德罗加"级导弹巡洋舰。"提康德罗加"级导弹巡洋舰，是美国海军20世纪90年代最新型主力巡洋舰，主要用于舰队防空，也可担负反潜、攻舰和对岸攻击任务。舰长172.5米，舰体宽16.8米，吃水深9.5米。标准排水量

7 800 吨，满载排水量 9 055 吨。采用全燃动力装置，总功率 80 000 马力。最大航速 39 节以上，续航力为 6 000 海里。该巡洋舰有 2 个垂直发射系统，可发射“战斧”式巡航导弹、“标准”防空导弹和“阿斯洛克”反潜导弹；2 座“鱼叉”导弹发射装置；2 门 127 毫米舰炮；2 门 20 毫米“密集阵”近程火炮；2 具轻型鱼雷发射管；2 架“海鹰”直升机。主要的舰载设备有：多功能相控阵雷达、对空对海警戒雷达、火控雷达、导航雷达、卫星通信设备等，还有各种声呐系统、反潜系统等。

舰载武器系统的核心为“宙斯盾”作战系统，其主要功用是完成编队区域防空任务，能够同时搜索、识别和跟踪几百个目标，并根据其威胁程度进行抗击，具有抗炮和攻击能力，是目前最先进的水面舰艇防空系统。

②“阿利·伯克”级导弹驱逐舰。“阿利·伯克”级导弹驱逐舰是美国海军现役最新型以防空为主的多用途驱逐舰，其作战使命和作战能力接近“提康德罗加”级巡洋舰。舰长 153.68 米，宽 20.4 米，吃水深 6.1 米，满载排水量 8 400吨。采用全燃联合力系统，总功率 10 000 马力，航速大于 30 节，续航力为 5 000 海里。

③“23”型护卫舰。“23”型护卫舰是英国海军现役新型导弹护卫舰，该舰以远洋反潜为主要任务，性能先进、效费比高，是 20 世纪 90 年代较先进的护卫舰。舰长 133 米，宽 16.1 米，满载排水量 4 200 吨，采用蒸燃联合动力装置，有 2 台燃气轮机，单台最大功率 24 400 马力，最大航速 28 节，续航力 7 800 海里。该舰舰载武器包括 2 座“鱼叉”反舰导弹发射装置、1 座备弹 32 枚的导弹垂直发射装置、1 门 114 毫米舰炮、2 门 30 毫米单管自动炮及 2 具轻型鱼雷发射管、1 架“山猫”直升机。

（3）潜艇的现状。

潜艇主要包括弹道导弹核潜艇、攻击型核潜艇和常规攻击潜艇，是海上作战平台的重要组成部分，具有隐蔽性好、突击威力大的特点。

攻击型核潜艇，主要用于反潜和攻击水面舰艇，同时也具有对地攻击能力，较为先进的攻击型核潜艇有美国的“海狼”级、“洛杉矶”级，英国的“特拉法加”级，俄罗斯的“M”级。“海狼”级核动力攻击型潜艇，是美国第四代核动力攻击型潜艇。首艇于 1989 年 10 月 28 日正式动工建造，1995 年 5 月服役。该潜艇可执行反潜、攻舰、对岸攻击、布雷和为航母编队护航等多项任务，是一级先进的多用途攻击型核潜艇。该潜艇采用水滴形艇型，单壳体结构，水下排水量 9 510 吨，艇长 99.4 米，宽 12.9 米，吃水深 10.9 米，水下最大航速 35 节，最大下潜深度 600 米。“海狼”级潜艇的动力装置是一座新型加压水冷式反应堆，该反应堆功率大、噪音小、结构紧凑、安全可靠，最大输出功率 60 000 马力。

设有 8 具大深度水下发射管，可发射鱼雷、导弹和水雷等多种弹药。装备最先进的综合作战系统以及潜用雷达、多用途潜望镜、低频水下通信接收机、卫星通信、GPS 导航和惯性导航等大量先进的观通导航设备。

2. 海上作战平台的发展趋势

在近期几场局部战争和军事冲突中，海上作战平台显示了强大的威力，各濒海大国都高度重视海上作战平台的发展。20 世纪 70 年代入役的部分舰艇和 80 年代入役的全部舰艇，将构成 21 世纪初海军的主力。水面作战舰艇仍是各国海军的主要装备，核潜艇的数量将会增加，大型气垫舰艇可能入役。海军武器装备的现代化程度将显著提高，水面舰艇和潜艇将进一步向大型化、导弹化发展，舰载导弹将向远程、全向、高速、垂直发射和强抗干扰发展。大中型水面舰艇将普遍携载直升机。海上作战平台的发展趋势有以下六个方面：

（1）重视航空母舰的建造。

多次海战证明，制海必先制空，没有制空权，水面舰艇将无法完成任务。因此，先进的海军国家都十分重视航空母舰的建造，一些国家（日本、印度）正试图建造或购买航母。航空母舰将向提高航速、多用途和指挥控制自动化的方向发展。其作战能力的提高重点体现在舰载武器装备性能的改进上。

（2）增大海上作战平台的排水量。

今后，海上作战平台将继续增大舰艇排水量，为携载更多的先进武器奠定基础。自 20 世纪 70 年代中期以来，大中型水面舰艇单舰吨位逐步增大。就增长率而言，航空母舰达 13. 8%，巡洋舰达 64. 7%，驱逐舰和护卫舰分别达 40% 和 67%。现在，舰艇的大型化趋势更加明显。舰船吨位增大后将提高携载新型武器和电子设备的能力，改善适航性与居住条件，提高海上的持续作战能力，发掘进行现代化改装的潜力。被视为大国海上兵力核心、综合国力象征和国防威力缩影的航空母舰，是增大排水量的重点。

（3）进一步增加隐蔽性。

现代舰（潜）艇为了减小其雷达反射截面积和降低光学、红外、声学、电子等特征，广泛采用包括反光学侦察、反雷达侦察、反声呐侦察、反红外侦察、反电子侦察在内的隐形技术。水面舰艇采用隐身技术后，可造成敌人判断失误，缩短敌方巡航导弹、反舰导弹及声制导鱼雷等制导武器的作用距离并降低命中概率。一艘 4 000 吨级驱逐舰采用隐身技术后可使机载雷达的发现距离缩短 53%，如再配合实施电子干扰，则可降低 78%。美国 9 万吨级“尼米兹”级航母采用该技术后，可将其雷达散射面积减小到万吨级巡洋舰大小。通过涂敷吸声材料等措施来降低舰艇下水辐射噪声，下水噪声若减小 6 分贝，便可使敌方声呐的发现距离缩短一半，提高本舰声呐发现距离一倍。在红外隐身方面，燃气轮机采用红外抵制装置。在减小水下辐射噪声方面，主机采用双层隔振和大倾斜螺旋桨等。攻击型核潜艇继续以降低噪音、提高隐蔽性为第一技术指标，增大航速和潜深；改善水声设备和艇载武器。常规动力攻击型潜艇将继续在原有基础上提高性能，增大潜深，降低噪音；改进武器系统，加装性能先进的大型水声设备和大容量指挥控制系统。

（4）动力装置多样化。

为了改善舰艇性能，提高适航性和自持力，将采用先进的核动力装置与全燃动力装置。核动力装置在大型的水面舰艇和潜艇上将被广泛地采用，特别是在潜艇上应用最多。现代核动力技术更加成熟，单堆大功率、长寿命活性区及自然循环技术得到广泛应用。比功率大的钠冷堆技术也取得了突破。新式核动力自然牡压水堆总功率达6万马力，活性区寿命长达13年。活性区寿命的延长，使核动力装置换料和大修的时间间隔延长，从而进一步提高了海上作战平台的在航率。为提高潜艇水下航速，可采用比功率大的钠冷堆和气冷堆。采用钠冷堆技术后，堆功率密度将提高4倍，水下航速将超过40节。同时，燃气轮机和蒸汽轮机复合动力装置，也是海上作战平台很有潜力的动力系统。它是利用燃气轮机排放的废气产生蒸汽，驱动蒸汽轮机，从而产生驱动力。采用复合动力装置可减少燃油消耗，增大续航力。美国拟在“阿利·伯克”级后续舰采用这种动力系统，该系统利用“金兰”循环能量回收系统，不但节省燃油，还可使红外特征降低60%。

（5）采用耐压新材料。

潜艇的下潜深度是衡量潜艇战斗能力的重要标志，也是衡量潜艇规避反潜探测能力的重要方面。潜艇下潜深度主要取决于艇体结构和材料的强度。新型潜艇都采用高强度耐压壳体材料，以加大下潜深度。如采用HY－89型钢，潜艇的下潜深度可达300米（一般常规潜艇的潜深为200余米）；俄罗斯“A”级攻击型核潜艇上，由于首次应用了钛合金材料，下潜深度可达600~914米，最大下潜深度可达1 350米。

（6）全舰综合性能集成优化。

未来建造的舰艇，在作战能力、生存能力（稳定性、不沉性等）、快速性、操纵性、适航性、隐蔽性（雷达和红外隐身，减少水下辐射噪声等）、兼容性（电磁和声兼容性）、居住条件等方面要求综合集成、全面优化。作战能力主要是采用相控阵雷达和导弹垂直发射技术，加强防空反导能力；加装新型直升机、声呐、反潜鱼雷和导弹，提高反潜能力；改善航海性能，提高适航性和自持力；提高舰艇生存能力在于提高舰艇的稳定性和不沉性，将作战指挥室等重要部位布置在舱内，采用总体结构分布式处理的作战系统，采用高强度钢材上层建筑，在重要舱室设置轻型装甲，提高“三防”（防核武器、化学武器、生物武器）能力，提高舰艇的消防能力等。

（五）空中作战平台

空中作战平台，主要指各种作战飞机和武装直升机。作战飞机主要包括歼击机、攻击机、轰炸机及直升机。

1. 空中作战平台现状

（1）作战飞机的现状。

作战飞机是空军最主要、最基本的装备。作为空中作战平台，它可装载导弹、机炮、航弹和各种电子战装备。作战飞机的机动性能好、突防能力强，能出敌不意发起攻击，给敌以歼灭性的打击，并能有效地支援地面和海上作战。作战飞机呈现出以下现状：

①多代并存。20 世纪 90 年代以来，发达国家战斗机，通过新研制飞机的高、低档次搭配，多阶段发展计划，一专多能的多用途设计及老式飞机不断现代化翻新改造等措施，已经形成一个以第三代为主，第二代半、第三代半与第四代并存的格局。其中美英两国以第三代居多，平均占两国战斗机总数的 60%；第二代半次之，占 38.5%；第三代半占 0.5%，这一比例将逐渐增加；第四代战斗机逐渐成熟，并着手酝酿第五代战斗机。现在，发达国家的主力战斗机仍属第三代，第四代正初步形成作战能力。美国的 F-15E、F-16C/D、F-117A 隐身战斗机，俄罗斯的米格-29、米格-31、苏-27、苏-30，英国、德国的“狂风”，法国的“幻影-2000”等为第三代战斗机；法国的“阵风”，欧洲的 EF-2000，我国的歼-10 为第三代半战斗机；美国的 F-22 和俄罗斯的米格 1.42，以及我国的歼-20为第四代战斗机。轰炸机将以第二代为主，第三代初步形成作战能力。21 世纪初，美、俄的主力轰炸机是第二代轰炸机，如美国的 B-1B、俄罗斯的“逆火”式轰炸机。美国的 B-2 和俄罗斯的“海盗旗”将初步形成作战能力。第二代和第三代轰炸机在性能上都强调较大的作战半径、较大的载弹量、较强的突防能力，在技术上采用变后掠翼布局和隐身技术。美国的 B-2 在科索沃战争中表现出超强的作战效能，从而引起世界各国的关注。

②一代多型、一型多用。作战飞机可装航炮并携带导弹、火箭、炸弹和鱼雷等武器，用于攻击空中、地面、水面和水下目标。美空军 F-16 战斗机是第三代轻型战斗机，主要用于争夺制空权，也可执行支援地面部队的对地攻击任务，它是目前美空军的主力机种之一，目前已生产的型号有 A、B、C、D、E 及其简化出口型 6 种。F-16A 是基本型单座战斗机，B 型为双座战斗/教练型，C 型为 A 型的改进型，D 型则由 C 型发展而来。法国生产的“幻影-2000”型战斗机主要用于争夺制空权和进行空中格斗，也可执行支援地面部队的对地攻击任务，还可担负核攻击任务，其中，C 型为单座机，B 型为双座教练机，N 型为双座核攻

击机，D 型为双座攻击机，E 型和 5/S 型为出口型多用途战斗机。

③开始采用隐身技术。飞机的反侦察隐身技术受到世界各国的普遍重视。20 世纪 80 年代以来，一些国家已研制生产了一批隐身战斗机、隐身轰炸机、隐身侦察机和隐身无人机等。如美国的 F－117A 隐身战斗轰炸机、B－2 隐身战略轰炸机和 RAH－66“科曼奇”武装直升机。F－117A 是当前美军武库中最先进的装备之一，是第一种按低可探测性技术原理研制的实用隐身战斗机，雷达散射截面积仅为 0.01～0.1 平方米，较一般飞机减小 2～3 个数量级，雷达几乎难以发现；同时，其红外特征和噪声也显著减小，因而突防能力和生存能力都很强。B－2则综合采用了多种低可探测性技术设计，其隐身性能远远超过以往的战略轰炸机，雷达散射截面积仅 0.3 平方米。相比之下，B－52 为 100 平方米，B－1B 为 1 平方米。RAH－66 有效地实现了对雷达、红外、可见光、电子、声音的综合隐身，是隐身性能最好的攻击直升机，将作为 21 世纪美国陆军的主力机种。

④综合配套。除具有较强作战能力的主战飞机外，现代空中作战平台还相应地配套发展作战支援飞机及保障飞机，如电子战飞机、空中预警机、侦察机和空中加油机等配套机种。陆军航空兵装备武装直升机、侦察直升机等机种。舰载和岸基飞机中也配套发展，主要包括各种舰载战斗机、攻击机、预警机、电子战飞机、舰载直升机和岸基反潜巡逻机等，它们的性能水平和发展趋势与空军同类飞机大体相同。目前较先进的型号有美国的 F－14 战斗机、F/A－18 战斗/攻击机、E－2C 预警机、EA－6B 电子战机，英国的“鹞”式，俄罗斯的“雅克－141”垂直/短距起降战斗机。舰载直升机是海军航空武器发展的一个重要机种，它可执行反潜、攻舰、预警侦察、垂直登陆和多种勤务任务，对载舰要求低，受到各国海军的重视。目前较新的中型以上水面舰艇普遍设有机库和飞行甲板，可搭载 1～2 架直升机，载机舰舰数和单舰载机数仍在继续增加。

我国自行研发的第三代半战机歼－10B，是歼－10 多任务战斗机的一个改型，修改了机身和航空电子设备。中国航空工业集团公司下属成都飞机公司在 2004 年 5 月左右开始继续发展它的歼－10 战斗机改型。歼－10B 原型在 2008 年 12 月首次飞行，飞机的图片在 2009 年 3 月首次在网上披露。2011 年试飞的 1035 号机发动机为太行发动机。歼－10B 的基本参数是：机长 16.43 米（不含空速管），机高 5.43 米，翼展 9.75 米，全机空重 8 840 千克，发动机推力 125KN，正常起飞重量 12 400 千克，最大起飞重量 19 277 千克，最大速度 2.0 马赫（高空）、1 马赫（低空），最大表速 1 250 千米/时（低空），最大过载 9G，最小过载－2G，起飞距离 350 米，着陆距离 450 米，作战半径 1 600 千米（经过证实），最大航程 3 500 千米，载弹量 7 000 千克。

歼－20 作为中国第四代重型战斗机，融合全球多种优秀战机的精彩设计于一体。歼－20精心设计的气动布局可谓独步全球，能有效弥补歼－20发动机的先天不足。歼－20的基本布局继承于歼－10，而歼－10就是一种机动性、敏捷性和大仰角能力非常突出的战机。可以预计，歼－20继承了歼－10的高速瞬盘角速度，并进一步放宽了静稳定度，同时采用了独一无二的“鸭翼＋边条＋前后襟翼＋全动尾翼”的综合气动布局来提高飞控能力。歼－20的鸭翼差动和全动小垂尾同步偏转更是独门绝技，再加上将来具备更大推重比和三维矢量推力控制能力的新型发动机，将获得比歼－10更高的灵活性和大仰角能力。歼－20大舵效的全动垂尾可提供足够的航向操纵力矩，进而提供较大的滚转速率。它采用了飞发一体化控制技术，也就是说发动机加入了飞行自动控制系统中。歼－20在信息化能力上领先于F－22，歼－20全身布满相控阵天线（主翼、尾翼、机头及机身多侧），具备全息感知能力。在全息感知系统的支持下，依靠飞发一体化控制技术，歼－20可实现多机自动组网、任务自动分配和自主格斗功能。这种技术从多机组网、任务加入与分配到自主格斗，依靠的是系统的信息化能力和战斗战术解决方案。根据外军研制隐形战机的经验，隐形能力和气动外形往往不能兼备，普遍认为“鸭式”布局会影响战机的隐身效果，所以外军已装备或在研的隐身战机都无“鸭式”布局的先例。这种理论是否会在歼－20上得到印证，还不得而知。但用常规眼光来看，歼－20战机空中机动时前端鸭翼的偏转，以及机尾固定的腹鳍，都会在飞机前方和侧面形成较大的雷达反射面。或许这也是歼－31保持常规气动布局的原因。不过可以期待歼－20研制厂商掌握更高的材料科技，来弥补“鸭式”布局对隐身效果的影响。有消息称已经采用的局部等离子体隐身技术、反无源探测涂料，可以使中国第四代重型歼击机隐身性达到或超越F－22的隐身性。

（2）武装直升机的现状。

武装直升机又称攻击直升机，是一种新型空中作战平台。它由于具有独特的功能和广泛的用途而越来越受到各国的重视。武装直升机主要用于为地面部队提供火力支援、摧毁坦克和其他装甲目标、压制敌防空兵器、掩护其他直升机的战斗行动等。当前，世界主要国家陆军航空兵部队装备和即将装备的比较先进的武装直升机有：美国的AH－1S、AH－64，俄罗斯的米－24E、米－28，英国的“山猫”，法国的“黑豹”，意大利的A－129，德国与法国联合研制的PAH－2/EIAC－2C/HAC（反坦克/火力支援/护航直升机）等。武装直升机的现状如下：

①战场适应能力较强。目前，先进的武装直升机都采用了改进后的机载电子设备，提高了座舱的自动化程度，在火控、报警、飞行管理系统中提供一定程度的人工智能，使之具有夜间或复杂气象条件下的作战能力。美国的AH－1W“超眼镜蛇”是一种具有对地和对空双重作战能力的直升机，它的综合武器系统

包括：执行任务的高级电脑、活动地图、多功能水平仪表显示器，以及各种防雷达、红外和其他威胁的报警对抗措施。

②采用复合材料。大量采用复合材料可减轻直升机的重量，提高直升机的有效载重能力。如美国研制的 S－75 和 D－292 全复合材料，可使直升机的重量减轻 17%，同时节约成本 20%。

③生存能力强。现代直升机将广泛采用各种隐形技术和自动报警对抗措施，从而大大提高直升机的生存能力。作为一种高技术作战平台，武装直升机性能将进一步提高。如美国的 AH－64 "阿帕奇" 武装直升机，除外形设计减小受弹面积外，还采取低反光、低噪声、低雷达回波等措施以及选用抑制红外辐射的 "黑洞" 装置，其叶桨和关键传动部件可抗 12.7 毫米弹，机身可抗 23 毫米弹，多种减震设计可吸收下坠时的冲击能量，机上人员在以 12.8 米/秒的速度下坠时仍有 95% 的生存概率，这些装置极大地提高了生存能力。

2. 空中作战平台的发展趋势

（1）采用高性能发动机。

现代空中作战平台大多采用的 "三高一低" 涡轮风扇发动机，推重比一般可达 7.5～8.0。设计推重比的加大提高了飞机的空战机动能力。正在研制的下一代战斗机的高性能发动机，采用先进的进气道、耐高温合金、二元推力转向喷管和数字式全功能发动机电子控制系统，推重比可达到 10，具有耗油率低、零部件少、结构简单、可靠性高、易维护的特点。

（2）采用先进的气动布局。

现代空中作战平台在气动外形上虽仍多数采用常规布局，但增加了机翼边条和前缘机动襟翼，从而改善了大迎角机动性，减轻了重量；还采用了翼身融合体，可提高升阻比，加大机内可用空间，减少雷达反射截面积。下一代空中作战平台大多采用鸭翼/三角翼布局、翼身融合体、自适应机翼或可变弯度襟翼，以保证在各种飞机条件下都有最佳气动特性。

（3）采用主动控制技术。

现代先进的空中作战平台采用电传操纵系统和主动控制的放宽静稳定度与颤振抑制技术，既能够改善飞机的操纵品质，又可提高生存能力和武器投射能力。正在研究的用于未来空中作战平台的智能化航空光电设备和超级座舱，旨在实现 "电子辅助员" 和真正的人机对话，使驾驶员更多地成为决策者和管理者而不是操纵者。

（4）广泛采用隐形技术。

各国不惜花费大量的人力物力在作战飞机上，广泛采用隐形技术。主要措施包括：改进机体外形；使用结构型吸波材料和涂层以减少雷达反射截面；采用红外抑制技术（如二元喷管、隔热层、红外抑制挡板和添加剂）以降低红外辐射特性，使敌方难以发现。空中加油技术、直升机防坠毁技术、抗弹击技术、垂直/短距起降技术、光电技术等，也广泛地运用到空中作战平台上。

（5）采用电子技术和信息处理技术。

现代先进的空中作战平台普遍采用脉冲多普勒雷达，为飞机提供下视下射的功能。先进的火控雷达具有多种功能，分别用于空战和对地攻击，具有全方位攻击能力。数学技术的应用，使雷达具有同时跟踪多个目标的能力。下一代空中作战平台将广泛采用微电子技术和信息处理技术，使航空电子设备功能更多、更小型化和更可靠；一般的作战飞机自卫电子对抗设备将进一步发展，除进一步扩大频宽、增大有效辐射功率外，还将发展以电子计算机为核心的自适应系统。这种系统能在复杂的电磁环境中截获、分析和处理各种电磁信号，并根据这些信号反映出的威胁类型和程度，自动选择对抗措施。

（6）采用高级复合材料和新型合金技术。

现代先进的空中作战平台开始使用高级复合材料，使飞机结构重量减轻。正在研究的金属基或抗氧化碳/碳复合材料、复合陶瓷、金属互化物等先进结构材料，具有重量轻、强度高、耐高温和寿命长等优点，可使战斗机机体重量减轻50%，使巡航速度超过3倍音速。

（7）强调功能集成。

为适应现代战争发展的需要，作战飞机已开始向集歼击机、强击机和战斗轰炸机于一身的方向发展，使其成为“一机多型”“一机多能”的“全能飞机”。一些国家正在研制（有的已试飞成功）“一机多型”的新型歼击机，如美国的YF－22A重型歼击机和俄罗斯的“雅克－141”垂直/短距起降战斗/攻击机等。

第三节　高技术与新军事变革

20世纪70年代以来，以信息技术为核心的高技术迅猛发展，致使世界军事领域发生了一场新军事变革。目前，新军事变革已经出现了加速发展的趋势，正在进入一个新的质变阶段，这将发展成为一场波及全球、涉及所有军事领域的深刻革命。

一、新军事变革

（一）新军事变革的基本概念

1. 军事变革

所谓军事变革，是指由科学技术的进步而引起武器装备的演进，进而引起军队编成、作战方式和军事理论等方面逐步发生根本性变化，最终致使整个军事形态发生质变的特殊社会现象。在人类社会发展史上，已发生过多次断代性飞跃的军事变革。

2. 新军事变革

新军事变革亦称新军事革命，是指20世纪70年代以来在军事领域发生的根本性变革。它包括军事技术、武器装备、军队结构、作战方法、军事思想及理论等方面的变革。新军事变革是把工业时代的机械化军事形态改造成为信息时代的信息化军事形态的过程，是军事发展过程中的一次质的飞跃。这场军事变革是世界军事发展史上范围最为广泛、影响最为深刻、力量最为强劲的一次革命性的变革。新军事变革究竟新在哪里？新在它引起了武器装备系统的断代性更新；新在它导致了作战理论和作战方式的根本变化；新在它促使军事组织结构走向全新的构架。

（二）新军事变革发生和发展的动因

军事变革的发生和发展不是偶然的，而是有其特定的内部原因和外部条件的。新军事变革发生和发展的动因主要有以下四个方面：

1. 高技术的强劲推动

科学技术的进步决定着军事的发展趋势，这是一条经人类战争史充分证明的军事发展的普遍规律。20世纪70年代以来，以信息技术为核心的高技术发展的浪潮，以锐不可当之势冲击着人类社会的各个方面。它一登上军事舞台，就引发军事领域出现了许多革命性的变化。飞速发展的高技术直接推动了新军事变革的发生和发展。

2. 大国战略需求的内在驱动

在一定的技术基础上，战略需求和战略主体的选择成为决定军事变革进程与结局的重要因素。回顾历史可以看到，新军事变革源于美国与苏联争夺世界霸权的需要。冷战时期美苏双方为了维护其物质经济利益和政治利益展开对抗，千方百计地确保自己在对抗中取胜。因而，美苏竞相发展尖端技术，开展军备竞赛，在军事领域的各个方面着手实施根本性的调整与变革。美苏是这场军事变革的鼓吹者和先行者。

3. 理论创新的牵引

军事理论的创新是新军事变革的先导。20世纪70年代以来，世界军事领域各种新思想、新观点竞相出台，呈现出异常活跃的局面。军事理论的创新与繁荣引导了新军事变革的方向，丰富了新军事变革的内容，加速了新军事变革的进程。

4. 战争实践的直接催生

20世纪70年代以来，世界上共发生了几百场局部战争和武装冲突。人们从实战的经验教训中更加清楚地认识到新军事变革到来的必然性。研究高技术战争，进行军事改革，提高军队建设质量和效益，成为世界军事发展的一大趋势。

（三）新军事变革的主要特征

新军事变革在深度和广度上都超过以往任何一次军事变革，是对旧的军事形态的彻底改造，是世界军事史上一次新的历史性飞跃。它的主要特征体现在以下五个方面：

1. 发起的主动性

以往的军事变革，是被动地应对军事技术和武器装备的发展变化，作战思想和作战方法均滞后于军事变革的实践。当前的这场军事变革不是为应对外部威胁的不得已选择，而是在相对和平的环境中，充分利用技术进步和经济实力，追求军事实力的大幅度跃升，表现出积极主动的特点。新军事变革把战争作为一项未来工程进行设计，具体思路是：先创新理论，统一思想，再绘制蓝图，制定标准规范，然后才进入操作层面，开始具体施工。美国在这方面的经验教训值得我们借鉴。

2. 范围的广泛性

这次新军事变革从军事技术、作战方式、军事理论、体制编制、战争形态等各个方面，积极地进行改革和创新，是一场全面的军事变革。这次新军事变革又是一场全球性的军事变革，各国都致力于推进这场变革。

3. 变革的整体性

这次新军事变革，目的是彻底改变工业时代的军事形态，创造信息时代的军事形态，整体性尤为突出。在具体的做法上，实行整体筹划，全面发展；相互促进，滚动发展；三军联动，协调发展；以商促军，共同发展。

4. 发展的长期性

这次新军事变革的长期性主要体现在三个方面。一是人们对新军事变革的认识需要有一个过程。新军事变革的发展有其自身规律，人们对它的认识是需要经过实践、认识、再实践、再认识的循环往复过程。二是社会转型的渐进性决定了新军事变革的长期性。目前，人类社会正处在由工业社会向信息社会转变的过渡时期，这就决定了新军事变革将是一个长期的过程，不是一蹴而就的。三是进行新军事变革需要大量资金投入和物资保障，即使是发达国家也只能从长计议，逐步推进。据推测，即使是美国这样的发达国家，基本完成新军事变革也还需要用三十多年的时间。

5. 发展的不平衡性

由于各个国家或地区在经济、政治、科学技术、军事和思想观念上的差异，新军事变革不可能同步发生。先进的武器系统、创新的军事学说、变革的体制编制，是新军事变革的三个基本要素。只有这三者同时存在并有机地结合，新军事变革才可能基本完成。然而，在军事变革的发展过程中，这三者的发展并不都是同步和协调的，而是不平衡的。

（四）新军事变革的战略影响

1. 新一轮世界军事竞争更加激烈

世界新军事变革正在更深的层次和更大的范围内加速发展，不仅是大国，而且一些中小国家也积极推行军事理论、作战思想、武器装备、组织体制、后勤保障等方面的创新，引发了世界范围内更高层次的军事竞争，争夺战略主动权的较量也日趋激烈。主要表现在：一是战略调整幅度扩大；二是军费投入额度增加；三是军事改革力度加大。

2. 世界战略力量对比将出现新的失衡

新军事变革有可能加剧世界战略力量对比的失衡，使各国已经存在的差距不仅不易缩小，反而有可能扩大。美国对于其他国家的优势地位将更加明显，发达国家与发展中国家的差距将日趋扩大，世界多极化进程将延缓，从而对世界和平、发展和安全构成新的威胁。

3. 强权政治和新干涉主义将有所抬头

新军事变革不仅使军事手段的地位和作用明显上升，而且为运用军事手段达成政治目的提供了低风险、高效能和多样化的选择可能，从而刺激强权政治和新干涉主义进一步抬头。以美国为首的西方发达国家认为，拥有绝对军事优势是处理国际危机的前提。利用军事手段解决国际争端的趋势更加泛化，这给世界和平与地区安全增添了新的变数。

4. 新军事变革将不断促进各国军事机构改革

“二战”结束后，美国出于全球霸权主义和冷战思维的思考，在欧洲成立了“北大西洋公约组织”，把世界划分成若干个战区来经营建设。苏联也成立了“华沙条约国组织”，俄罗斯在苏联解体后，为了使国家的核心利益不受损失，根据打击国内外恐怖组织和国家分裂主义势力的需要，也重新划分了战区。实行区域化战区作战体制，有利于军队的集结、运输、投送，有利于战场的指挥、组织、协调，也有利于作战资源的调配，能使战略利益获取最优、最大化。

习主席主持党中央和军委工作以来，审时度势，把我国的军事机构重新进行了改革和调整。一是对中央军委领导体制进行了重大改革。中国人民解放军四大总部被撤销，改由中央军委领导下的 15 个职能部门担任。军委改革较好地体现了指挥协调灵活、精简整编、反应灵敏、办事高效、党指挥枪的建军原则。二是改革了战区体制。第一，将过去七大军区调整为五大战区，即东部战区、西部战区、北部战区、南部战区、中部战区。第二，建立联合指挥部，统筹指挥战区内陆海空三军武装力量和国家的战略打击、战略保障力量。第三，成立陆军司令部，使三军领导机构并列，统筹陆、海、空三军部队建设任务。第四，改革四大总部，成立组建军委联合作战参谋指挥部。战区体制改革贯彻了军委抓总、兵种主建、战区主战的总体改革思路。

通过改革，战斗力将大幅度提升，真正实现精兵与强军的有机统一，也是新时期我国人民战争体制的全新体现。

二、高技术与新军事变革的关系

（一）技术进步与军事变革的历史发展

以整个军事形态是否发生质变为标准来衡量和判断人类军事发展史上出现的四次军事变革（见表4－1)：第一次是金属兵器取代木石兵器，建立农牧时代军事体系的金属化军事变革；第二次是火药兵器取代金属兵器，建立工场手工业时代军事体系的火药化军事变革；第三次是机械化武器装备取代火药兵器，建立大工业时代军事体系的机械化军事变革；第四次是信息化武器逐渐主宰战场，建立信息时代军事体系的新军事变革。从上述军事变革的历史可以看到：技术进步推动社会转型和新兵器取代旧兵器，军事变革伴随着社会转型和武器装备更新而发生、发展。换言之，技术进步与军事变革关系十分密切，息息相关。

人类军事发展的四次军事变革情况表

序号	社会形态	兵器	军事变革	军事体系
1	农牧时代	金属兵器取代木石兵器	金属化军事变革	农牧时代军事体系
2	工场手工业时代	火药兵器取代金属兵器	火药化军事变革	工场手工业时代军事体系
3	大工业时代	机械化武器装备取代火药兵器	机械化军事变革	大工业时代军事体系
4	信息时代	信息化武器装备主宰战场	新军事变革	信息时代军事体系

（二）高技术与新军事变革的辩证关系

高技术与新军事变革存在内在的辩证关系，它们同声相应，同气相求，相互作用，相辅相成。高技术为新军事变革提供了前提和基础；新军事变革又作用于高技术，推动高技术进一步发展。

1. 高技术为新军事变革提供了重要的前提条件

20世纪70年代以来，以信息技术为核心的高技术的迅猛发展，不仅极大地推动了社会生产力的提高和生产关系的改变，而且对以物质为基础的工业社会经济发展模式产生了巨大的冲击。新的技术和工具的采用，推动着人类社会由工业时代社会向信息时代社会转型，为新军事变革提供了重要的前提条件。

2. 高技术为新军事变革提供了必要的技术条件

20 世纪下半叶以来，高技术飞速发展，逐步形成了信息技术、生物技术、新材料技术、新能源技术、航天技术和海洋开发技术六大高技术。高技术的光辉不仅照耀到社会的各个角落，而且其成就总是优先运用于军事领域。马克思曾经指出，一旦技术的进步可以用于军事目的并且已经用于军事目的，它们便立刻几乎强制地，而且往往是违反指挥官的意志，而引起作战方式的改变甚至革命。由高技术所形成的信息化是新军事变革的本质与核心。新军事变革是以提高信息条件下的整体作战能力为目标的诸领域、诸要素互动发展、有机联系的大系统。高技术为新军事变革提供了必要的技术条件，奠定了技术基础。

3. 高技术为新军事变革提供了物质基础

纵观历史，军事变革往往首先是从军事技术变革开始的。军事技术的重大突破促进了武器装备系统质的飞跃。新的武器装备系统的应用，必然导致作战方式、军事理论、体制编制的变革以及战争形态等要素的改变。高技术应用到军事领域引发了军事技术变革，从而导致高技术武器装备系统的产生。高技术为新军事变革提供了物质保障，是新军事变革产生和发展的物质基础。

4. 新军事变革推动高技术进一步发展

任何事物都具有两面性。军事科学技术发展最终推动作战理论、军事思想和军事战略产生革命性变革，变革的军事战略又反过来指导武器装备和军事科学技术的发展。战争是一种实践性极强的对抗性活动，战争战略、战役设定、作战方式和武器装备等所有军事斗争准备的成果，只有在经历一场你死我活的实战检验后，才能最终证明其科学性、客观性和正确性。在实践的过程中，一方面深化完善了新军事变革，另一方面新军事变革也向高技术提出新的需求，推动着高技术在新的领域、新的层面上进一步发展。

复习思考题

1. 什么是军事高技术？它有什么特点？
2. 军事高技术对现代作战有什么影响？
3. 反侦察监视有哪些措施？
4. 导弹有哪些制导方式？
5. 简述高技术与新军事变革的关系。

第五章　信息化战争

信息化战争是指信息时代信息技术高度发展及核威慑的背景下，交战双方以信息化军队为主要作战力量，在陆、海、空、天、电等五维空间展开的多兵种、一体化的战争。它是充分利用信息资源并依赖于信息而有别于机械化战争等传统战争的一种新战争形态。它依托网络化信息系统，大量地运用了信息技术、新材料技术、新能源技术、生物技术、航空航天技术、海洋技术等当代高新技术武器装备系统。它在相应的战略战术驱动下，影响力空前。

第一节　信息化战争概述

信息化战争以信息为主要资源、以信息化军队为主体、以信息中心战为基本作战方式，以争夺信息资源为首要目标，并以相应的军事理论为指导。信息实力是信息化战争区别以往战争形态的主要特征，主要包括信息高速公路、指挥自动化系统、精确制导武器、智能化部队，以及具有高技术、高知识、高素质的军队作战人员。

一、信息化战争的基本概念

信息化战争是信息社会的产物，这一崭新的战争形态，与信息、信息技术有着密切的内在联系。因此，要了解信息化战争，首先必须了解信息和信息技术。

（一）信息和信息技术

1. 信息

信息，指音讯、消息、通信系统传输和处理的对象，泛指人类社会传播的一切内容。信息与物质、能量并称为当今人类社会生存发展的三大基本要素。它对人类的生存与发展有着极其重要的影响，它不仅影响了人类的生命运动和思维活动，也对信息化战争起着巨大的推动作用。

（1）信息是人类认识和改造世界的首要条件。

人类认识外部世界的过程，实际上就是获得外部世界信息并对这些信息进行加工的过程，而改造世界的过程则是把由认识主体加工所形成的信息（目标和策略）反作用于外部世界，并不断按照策略信息来引导外部事物达到目标信息的过程。没有信息，人类就不可能认识世界；没有信息，人类更不可能改造世界。掌握了信息，可使人类对外部世界的运动状态及其规律有更深刻的认识，从而减少人类活动的盲目性，在战争领域也不例外。

（2）信息在与物质、能量的互动中推动人类发展。

信息普遍存在于自然界、人类社会和人类思维领域，它与物质、能量一样，向人类提供生存与发展的根本资源。在社会生活中，信息与物质、能量互依互动。信息的开发、处理和利用，每个环节都要依靠物质和能量的支持；反过来，信息对物质、能量也有能动作用，人类利用信息资源和信息技术可以开发更多、更好的新材料、新设备和新能源。而在战争领域，没有信息的一方将是落后的、无助的。

（3）在信息时代，信息是人类生存与发展的主导。

在农业社会和工业社会，由于信息传播处理技术手段的限制，信息的作用无法得到充分发挥。随着信息技术的不断发展和社会经济活动规模的扩大、层次的提高，人类知识和信息量以几何级数膨胀，信息在经济和社会活动中的作用开始超过资本，上升到一个更高的层次。在战争领域，信息的作用远远超过火力和机械力，成为影响现代战争成败的主导因素。

信息化战争中的信息，具体来说，就是指一切与交战双方的军队、武器和作战有关的事件、过程、状态和手段，直接或间接地被指挥自动化系统所接收和理解的信息载体。从信息（数量和质量）的依赖程度来分析，以往任何形态的战争都不及信息化战争。在传统战争中，特别是机械化战争，作战双方更注重在物质力量基础上的综合较量。机械化战争主要表现为钢铁和意志的较量，这是整个国家机器大工业生产能力和综合国力的一场全面竞赛。虽然，信息化战争并不排斥物质力量方面的较量，但更主要的是以知识为载体的在信息方面的较量，是一场体现创新能力和创新速度的竞赛。知识将成为战争毁灭力的主要来源，战争的实践也表明："计算机中一盎司硅产生的效应也许比一吨铀还大。"

2. 信息技术

信息技术（Information Technology，即 IT）是以微电子技术为基础，以计算机和通信技术为标志，渗透于各种传统技术中的一门综合性很强的技术，是管理和处理信息所采用的各种技术的总称，主要包括传感技术、计算机技术和通信技术。

现代信息技术应用到军事领域，形成了军用微电子技术、军事计算机技术以及在信息技术参与或支撑下的军事光电子技术、军事定向能技术、军事隐形技术、军事航天技术、军用新材料技术、军用纳米技术等。由信息化作战平台、信息化弹药、单兵数字化装备和 C^4ISR 系统组成的作战体系，将使战争真正走向信息化。在伊拉克战争中，萨达姆的抵抗之所以如此软弱，与他缺乏战场信息有直接关系。在战争中，美军做到了“不让萨达姆得到战场情况，甚至他自己的军队的活动情况的反馈”。美军特种部队装备先进，但他们最重要的装备就是他们携带的无线电和卫星通信设备。这些设备能使他们与中央情报局或美军中央司令部迅速取得联系，并使他们通知美国发动空袭或防卫空袭。

火力、机动、信息是构成现代信息化军队作战能力的重要内容，而信息能力已成为衡量作战双方作战能力高低的明显标志。信息能力主要表现在信息获取、处理、传输、存储，特别是利用和对抗等方面，通过对信息优势的争夺和控制具体体现。信息优势，其本质就是在了解敌方的同时，尽最大努力屏蔽敌方对己方情报的获取。这是一种动态的信息对抗行动，已经成为交战双方争夺制空权、制海权、陆地控制权的前提，直接影响整个战争的进程和结局。从信息优势的争夺到最终转化为决策优势，并付诸战争过程的实际，更多的是参与作战双方中人员的知识和智慧的竞争。

（二）信息化战争

2011 年版《中国人民解放军军语》对信息化战争的定义为：一种新的战争形态，它是以机械化战争的装备平台为载体，以大量使用信息化武器、信息技术为支撑，以信息为主导，以能量为后盾，以网络为神经触角的战争形态。

信息化战争是信息时代的产物，是信息时代经济、技术、生产力水平和生产方式在战争领域的一种客观反映，也是交战双方在信息化战场上，以信息化军队为主要作战力量、以信息化武器装备为主要作战手段、以信息战为主要作战形式、以争夺“制信息权”为主要对象，在陆、海、空、天、电等五维空间展开的多军兵种一体化作战的一种战争形态。

信息时代的战争是相对于工业时代及其之前的战争而言的，信息时代的战争形态是以信息化战争为主体的，但在相当长的时期内仍有机械化战争形态存在。信息化战争是军事、政治、经济、文化、外交和科技等因素的一体战，军事领域的交战是主体，其总的形式是信息中心战，同时要与军事、政治、经济、文化、外交和科技领域的斗争相配合。信息中心战是贯穿信息化战争全过程的战场作战形式，但在信息化战争发展的不同阶段又有其特殊的作战形式。在数字化阶段，主要作战形式是协同性联合作战；在网络化阶段，主要作战形式是一体化联合作战；在智能化阶段，主要作战形式是智能一体化。信息中心战强调以信息作战为核心，但不排除非信息作战行动的辅助作用，它的基本思想将通过多种作战样式来体现，包括情报战、电子战、网络空间战、心理战等，如图 5－1 所示。

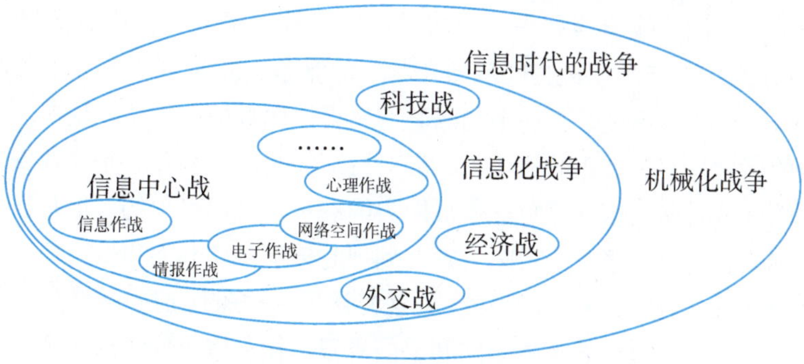

图 5－1　信息时代的战争

二、信息化战争的本质

（一）信息化战争没有改变战争的政治本质

对于信息化战争与政治间的关系，当前有不同的观点。有一种看法认为，在信息时代，战争的诱因发生了许多变化，企业、宗教团体、犯罪团伙、恐怖组织、贩毒集团，都可以发动战争；还有的看法认为，一些拥有计算机设备、掌握计算机技术的人，也可以利用网络发动一场特殊战争。由此进一步认为，信息时代，战争的本质开始泛化，特别是它的政治性开始淡化。事实上，信息化战争仍然是流血的政治，仍然是“用来解决阶级、民族、国家与国家、政治集团与政治集团之间矛盾的最高的斗争形式，是政治通过暴力手段的继续”。在信息时代，霸权主义仍然是引发战争的主要根源。之所以出现战争政治性质泛化论，其根本原因是混淆了一般性冲突和战争的界限。

（二）政治动机仍然是判定战争正义性的主要标准

战争是不是正义的，只能取决于它的政治动机、它所产生的社会效果即对社会发展的作用，以及战争手段的变化。信息时代，社会关系和战略格局在不断发生变化，经济的全球化也使人们对战争本质和关系的判断更加困难，因而判断战争正义性的客观标准也发生着一些变化。为了适应信息时代国际政治的变化和复杂的战争背景，应该积极探讨判断战争正义性的一些时代标准。比如，世界各国把和平共处五项原则作为普遍的国际关系标准，这可以作为判断战争性质的重要标准。按照这个标准，由霸权主义和强权政治引发的战争无疑是非正义战争；违背联合国宪章和国际法准则的战争也应视为非正义战争。国际恐怖主义是世界人民的共同敌人，真正的以反对国际恐怖主义、保卫世界人民和平生活为目的的战争当然就是正义战争。

（三）战争与和平的界限没有消失

关于信息时代的战争与和平，美国空军学院教授格兰特·哈蒙德格兰说过一段话："国家为准备战争而进行的激烈和紧张的竞争，才是真正的、永久的、永不停顿的战争，交战只不过是对和平间隔时期获得的优势的一种公开证实。因此，被称为战争的事物并不是真正的战争，无敌对行动的间隔时期并不是一片安宁，而是战争准备的竞争时期。这种竞争对作战能力的展示是必不可少的。但是，一味等待让武装冲突校验实力，很可能带来失败。到那时再确保胜利而集聚人力和物资、提出激励人心的道义目标，就为时已晚。"这种认识，很难区别哪些是战争行动，哪些不是战争行动，这势必导致战争与和平的界限模糊，以至战争广泛化。由此也可以认为，在法律框架内的行动是和平或和平状态下的对抗冲突，超越了法律框架的冲突就成为战争，这个特征也不因信息化战争的到来而改变。

（四）信息化战争没有改变战争的暴力本质

有观点认为，信息化战争主要是通过信息领域的对抗来攻击敌人的认知和信仰，使敌人放弃抵抗意志，暴力性将不再是战争的突出特征，战争转变为一种脑力思维战，将由硬打击转为软毁伤，由血与火的战场搏击转为精神、意志和智慧的角逐。可以预见，21 世纪的战争将是信息主导、综合制胜的战争。信息、物质与能量的结合，是战争制胜的永恒主题。信息优势不可能完全撩开"战争迷雾"，人的判断力和科学的决策，在信息化战争中仍发挥着主导作用。

（五）信息化战争没有改变战争的军事目的

保存自己、消灭敌人，是战争的根本军事目的。虽然进入信息时代，信息化战争仍然没有改变战争的军事目的，但战争的军事目的已经不再是传统战争形态的保存自己、消灭敌人，而是转变为控制敌人、保全自己，这是由战争这种特殊的社会矛盾本身所具有的特殊本质决定的。随着信息化战争中人员伤亡率的显著下降，直接对敌方进行大规模的火力损伤或者硬杀伤，已经不再是战争的直接体现了。实际上，信息化战争消灭或杀伤敌人，并非单纯地消灭敌人的肉体、占领领地和掠夺资源，而更多的是围绕有效毁伤敌人的战斗力而言的。

三、信息化战争的形成与演变

信息化战争的形成与发展同信息技术的形成与发展是一致的，同时又受到国际、国内等条件和其他因素的限制。信息化战争是由低级到高级、由量变到质变逐步演变过来的。总体看来，信息化战争的形成与发展经历了萌芽、初步发展和形成三个阶段：20 世纪 50 年代至 70 年代是信息化战争的萌芽阶段，80 年代至 90 年代是信息化战争的初步发展阶段，90 年代末至今是信息化战争的形成阶段。

（一）信息化战争的萌芽阶段

战争形态的变化，是随着社会生产力水平、科学技术水平的发展而发展的。第二次世界大战后，世界各国在恢复战争创伤的基础上兴起了一场新的科技革命，它推动了作为信息化战争物质基础的高技术群的涌现和武器装备的更新换代，并被广泛地运用于战争。由于信息化武器装备的发展和运用是一个渐进性的过程，因而，战争中的信息化含量也是一个由少到多的发展过程。

以美国为首的西方资本主义国家极力扼杀社会主义革命和民族解放、民族独立运动，导致 20 世纪 50 年代在世界各地发生了 40 多起局部战争和武装冲突。但是由于当时科学技术还处于较低水平，这些战争中交战双方大多使用一般常规武器，只有个别局部战争使用了当时除原子弹以外的所有先进武器，具有一定的信息化战争的特点，这一时期的信息化战争主要体现在朝鲜战争和越南战争中。

1950 年 6 月 27 日，美国纠集了 16 个国家的军队，打着“联合国军”的旗号，疯狂向朝鲜民主主义人民共和国发动进攻，同时轰炸我国东北边界城镇，并派其第七舰队侵占我国台湾省，企图绞杀朝鲜民主主义人民共和国，并最终颠覆社会主义中国。为了保家卫国、支援朝鲜人民反侵略斗争，应朝鲜政府的请求，中国派出了志愿军赴朝作战。在朝鲜战争中，美军大量使用了信息化武器，如 1949 年服役的 F－86 后掠翼喷气式战斗机，是美国的第一代喷气式战斗机的代表，而T－48型坦克是一种中型主战坦克，战斗全重 47 吨。由于在朝鲜战争中受到苏制T－34坦克的威胁，1953 年 4 月美国陆军部将原 T－48 坦克列入装备，改称M－48坦克，也称 M－48 巴顿坦克，该系列坦克生产量达 11 703 辆，其中克莱斯勒公司制造 6 000 辆，该型车生产持续到 1959 年。朝鲜战争已经反映了信息化战争的某些特征，例如充分发挥空军的威力、大规模的三维立体作战等。

信息化战争萌芽阶段另一场有代表性的战争是越南战争。1961 年 5 月，美国为了推行其新殖民主义，企图把越南变为它的殖民地，发动了侵略越南的所谓特种战争。历时 14 年的越南战争，成了美国各种新式武器的试验场。在这场美军称之为特种战争的以游击战和特种作战为主的战争中，美军强调发挥其“海空优势”，研制并大量使用各种最新武器装备：多种新式战斗机、战斗/轰炸机、电子战飞机、高空侦察机、大型高空（超出高炮射程）的战略轰炸机（如 B－52），大型军用运输机、直升机等作战飞机；气浪弹、电视制导炸弹、激光制导炸弹等新型炸弹；“百灵鸟”“响尾蛇”等新式导弹；二元化学武器、失能性毒剂、破坏植被和庄稼的落叶橙剂等化学武器；新式的通信、导航、瞄准、电子侦察器材（首次使用了大面积投放的地面侦察传感器）、电子干扰设备等技术设备。

越南战争与朝鲜战争的不同在于越南战争体现了较多的信息化战争的特点，主要体现在：

(1) 使用新式武器品种多，数量大。导弹的使用，使得空对空、空对地、地对空不论在打击能力还是作战方法上，都上升到一个新的水平。

(2) 电子战已成为必不可少的作战内容。特别是在争夺制空权的作战中，反辐射导弹首次投入实战，空对地电子战理论和方法的进一步发展，为信息化战争中大规模的电子战打下了基础。

(3) 利用新技术优势对新的作战手段进行了广泛探索。利用人工降雨破坏道路、利用化学战剂破坏越南游击队赖以隐蔽的植被和破坏农作物制造饥荒等；以及直升机与特种作战部队相结合，地面部队大量使用直升机进行空中机动，进行“蛙跳”式的袭击作战，突破了传统的线式作战样式；特别是依靠优势空中力量进行长时间“地毯式轰炸”的空袭作战，成功迫使对手坐到谈判桌旁，更将空中力量在战争中的角色由以往的配角变成了主角之一。

（二）信息化战争的初步发展阶段

随着科学技术的高速发展，特别是第三次技术革命向纵深发展，美国和苏联竞相把新技术引入军事领域，改进了原有的武器装备，研制了新式武器，把卫星技术引入战争，使这一期间发生的局部战争更加立体化，海战、陆战、空战以及新型的天战混为一体，使战争形态发生重大变化，明显地表现出信息化战争的特点。这一阶段发生了英阿马岛战争和海湾战争等几场信息化战争。

1982 年 4 月爆发的英阿马岛战争是一次信息化条件下的海空联合作战，突出的特点表现在：一是在战争中第一次大规模地集中使用制导武器。交战双方共投入 17 种类型的战术导弹、制导鱼雷和制导炸弹进行对抗。由此彻底改变了传统“巨舰大炮”式的海战模式，在作战中制导武器发挥了重要作用。阿根廷有 73 架飞机被英军导弹摧毁在空中，占空中击毁总数的 84%，英军先进的“谢菲尔德号”驱逐舰和“大西洋运送者号”大型货船以及其他十几艘舰船都毁于阿根廷“飞鱼”导弹之手。二是指挥自动化系统发挥了巨大的作用。当美国侦察卫星发现阿根廷唯一的一艘万吨级巡洋舰“贝尔格拉诺将军号”正在马岛附近行驶时，就将这一情报及时提供给英国特混舰队，该舰队立即制订了消灭巡洋舰的作战方案，并报送英国战时内阁，战时内阁批准了这一方案，特混舰队又把任务下达给已在靠近该舰海域的英国核动力潜艇“征服者号”，“征服者号”随即发射了两颗鱼雷，使“贝尔格拉诺将军号”葬身海底。马岛战争明显体现出信息化战争的特点：战争发生在海上，而情报却来自天上的侦察卫星；作战在南半球进行，而指挥命令却发自北半球；信息由空到地、由东到西、由南半球到北半球多次远程传递。这仅凭借感官是无法详察和控制的，必须依靠信息化手段来实施指挥。

海湾战争以机械化战争为主导，将大规模机械化作战发展到极致，信息化作战初露端倪，信息化武器装备在战争中发挥了重大作用。海湾战争是机械化战争向信息化战争过渡的一个重要转折点。海湾战争所体现出来的信息化战争的特点如下：一是以精确制导武器为主实施了高强度的空中打击。这次战争一改过去以地面作战为主的方式，而以空中打击为主，空战中使用的精确制导弹药虽然仅占总投弹量的9%，却炸毁了70% ~80%的目标，起到了战争的主角作用。空战中还有一个创举，那就是巡航导弹进入了空中打击行列，多国部队共发射了两百多枚“战斧”巡航导弹实施远程打击。二是进行大规模的电子战。多国部队投入电子战部队，人数达五千多人，电子战飞机和预警机两百多架，从战前到战争结束进行了全方位的电子干扰。三是使用了先进的 C^4ISR 作战指挥系统。多国部队投入战场的计算机就达3 000多台，确保了快速、准确的信息传递。四是使用了大规模的高性能侦察器材。共动用了30多颗卫星、130多架侦察机以及大量的侦察器材，进行了地、空、天覆盖性侦察，保证了及时可靠的情报来源。五是使用了多种新型的夜视器材，使夜战的地位有了显著的提高，形成了连续作战的能力。

（三）信息化战争的形成阶段

20世纪90年代后，国际政治格局发生了重大变化，苏联解体，世界进入了一个多极化的过渡时期，美国企图独霸世界的欲望更加膨胀。一些地区霸权主义国家也趁机行动，企图充当地区霸主。信息化战争形成阶段最具代表性的是科索沃战争、阿富汗战争、伊拉克战争。

1999年3月，以美国为首的北约打着“人权高于主权”的旗号，对南联盟发动了科索沃战争。相比之下，夺取信息优势、控制机动、精确打击成为本场战争的主导。主要表现有：一是在 C^4ISR 系统运用方面，实现了全球网络化、信息化、一体化，具备了跨军兵种、跨地域无缝连接和实时指挥控制能力。二是首次使用了电磁脉冲炸弹、计算机病毒、石墨炸弹等信息化武器装备。三是首次大批量使用了“JDAM”等精确制导弹药。通过科索沃战争，美军验证了信息战理论和联合作战理论，创新了全纵深精确打击作战、“非对称”作战理论、非接触作战理论等。

2001年10月，美国以“反恐”为名发动了阿富汗战争。这场战争的规模不是太大，强度也不是太高，但信息化程度和联合作战水平都很高。主要表现在四个方面：一是首次使用了侦察攻击型无人机、全球信息栅格，验证了网络中心战理论。二是首次使用了单兵数字通信系统、掌上电脑、光电侦察设备、地面传感器和GPS等系统，验证了信息化战争中的特种作战理论。三是首次作用了GBU－28钻地炸弹、BLU－118B燃料空气炸弹等新型武器，验证了大规模毁伤性武器的可控性理论。四是首次实现了以 C^4ISR 系统为主的全球一体化作战模式。

2003年3月，美国发动了伊拉克战争。战争中，美国成功地验证了“先发制人”战略和“震慑”理论；创新了夺取信息优势、实施全频谱控制、联合对地攻击、精确闪击作战和快速决定性作战等作战理论；创新了地面作战中接触与非接触相结合、空中遮断及空中近距支援与地面快速推进相结合的战法，为美军大规模信息化作战奠定了理论和实践基础。经过这三场战争，美军的信息化战争理论得到了充分验证，信息化军队建设的步伐加快。目前，美国陆军信息化装备已占50%，海军、空军信息化装备已占70%。估计2025年前后，美国的主战武器装备将全面实现信息化。

2011年初，利比亚发生反政府示威抗议，从第二大城市班加西向全国蔓延，民众要求从1969年上台统治长达42年的革命领导人卡扎菲下台，进行民主变革，反对势力组成“全国过渡委员会”。2月26日，联合国安理会通过决议，冻结卡扎菲资产，把事件交由国际刑事法院处理。3月初，卡扎菲军队进攻反对派班加西的据点。3月17日，联合国安理会再度通过决议，授权成员国在利比亚设置禁飞区。3月19日，在联合国第1973号决议“掩护”之下，以美、英、法等国为首的北约多国联军发动了代号为“奥德赛黎明”的对利比亚军事行动，投入了B2隐形轰炸机，F15、F16、F18、“幻影2000”、“阵风”、“旋风”战机，“捕食者”、“全球鹰”无人机，E-3空中预警机，“战斧”巡航导弹，“戴高乐”、“企业”号核动力航母等先进武器，以及使用各类卫星系统作战略支撑和战术保障，对卡扎菲政府武装力量展开狂轰滥炸。军事行动持续半年多，直至卡扎菲10月20日在苏尔特被杀，“全国过渡委员会”宣告全国解放，战斗结束。

利比亚战争是一场极不对称的战争。多国联军以高密度空袭配合利比亚反对派的地面攻击，打击目标集中在利比亚防空系统和指控系统，联军作战中使用的武器全部属于精确制导武器，包括战斧巡航导弹、风暴前兆空地导弹、SCALP空地导弹等，第一轮空袭至少将利比亚的防空能力降低了50%，出动大量电子战装备压制和摧毁利比亚的防空体系，领空完全在多国部队的掌控之下。在打击政府军地面部队的过程中，联军使用AASM、“硫黄石”、“宝石路”等中近程精确打击武器，未使用任何非制导弹药。还使用了“先声夺人”“认知操纵”“斩首震慑”“心智欺骗”“离间策反”等各种心理战法。

信息化战争形成阶段的这几场战争，体现了与以往战争明显不同的新特点：一是大量使用精确制导武器，极大地增强了打击效果；二是使用多种平台的高性能侦察器材，提供广泛而不间断的情报保障；三是电子战装备多样化、电磁斗争全程化，争夺制电磁权的斗争成为作战的一个重要内容和环节；四是使用先进的C^4ISR系统，保证及时有效的指挥控制；五是新型夜视器材的使用，使部队在夜间和各种恶劣环境条件下的作战能力得到极大提高。

四、信息化战争的基本作战样式

每一种战争形态都有其特定的作战样式，不同类型的战争有其不同的基本作战样式。与以往的战争形态一样，信息化战争也必然有其特定的基本作战样式，这些基本作战样式是：情报战、电子战、网络空间战、精确战、心理战。

（一）情报战

在整个信息化战争中，情报战是一种十分重要的作战样式。从本质上说，信息获取权的争夺与对抗，既是整个信息争夺与对抗的重要组成部分，也是它的先导。不能有效地获取信息，就不可能有效地控制和使用信息；没有对信息的争夺，就不可能展开对信息控制权和使用权的争夺。而情报战实质上就是信息获取权的争夺与对抗。因此，它理所当然地成为信息化战争一个十分重要的组成部分。一般来说，情报战是指一个国家或集团为满足战争的需要，采取各种手段，有意识、有目的、有组织地搜集和窃取敌人情报，为其制定战争政策、方略、计划和行动方案提供依据，为作战行动直接提高遂行任务的手段，同时防止对方的类似行动而展开的一种作战样式。围绕情报信息的获取与反获取而展开的情报战，是战争史上最古老的信息对抗形式之一。在信息技术的推动下，其不仅更新了手段，丰富了内容，拓展了范围，成为信息化战争形成和发展的重要基础之一，而且作为其中一种重要的作战样式，在信息化战争中将发挥重大的作用。

狭义的情报战是指敌我双方为获取对方情报和防御对方搜集己方情报而进行的各种对抗活动，不仅涵盖军事斗争领域，也囊括了经济、文化、外交等其他领域。广义的情报战则是指敌我双方为最终达成军事斗争的胜利、保障己方的案例和利益而展开的以争夺信息控制为中心的情报系统的对抗。情报战是信息化战争形成和发展的重要基础。在战争史上，任何新的战争形态的出现，都是战争体系演变发展的必然结果。首先，情报战的发展推动了信息获取能力的跃升，情报战的核心就是情报信息的获取与反获取。其次，情报战的发展促进了信息处理与控制能力的增强。情报战的过程并不是单纯的信息获取与反获取的过程，也包括对信息的处理与控制过程，而且对信息的处理与控制存在于情报对抗的每一个方面，贯穿于情报战的始终。再次，情报战的发展加速了信息传输与使用能力的提高。情报战的发展必然加速人类信息传输手段和工具的发展，促进信息传输能力的提高。

情报战是信息化战争的重要作战样式。情报战的发展不仅为信息化战争这种新型战争形态的形成和发展奠定了重要基础，而且也将作为信息化战争的一个重要作战样式，在信息化战争中发挥重要作用。首先，情报战是信息化战争中信息对抗的重要组成部分。情报战，实际上是围绕信息的获取而展开的信息对抗，它理所当然地成为信息化战争的一个重要组成部分，是信息化战争的一种重要作战样式。其次，情报战是信息化战争中其他作战样式实施的前提条件和重要基础。没有情报战，就不可能有效地实施心理战、精确战、电子战、网络空间战等其他作战样式。最后，情报战将推动信息化战争中其他作战样式的发展。在信息化战争中，情报战作为信息化战争的先导，将一如既往地促进和推动信息化战争中其他作战样式的发展。

情报战在信息化战争中将呈现出新的特点：

一是形式更加多样。在信息化战争中，情报战的形式将更加多样，既有在有形空间进行的间谍战，也有在无形的电磁空间展开的电子情报战，更有在虚拟的信息空间进行争夺的网络情报战。其中，以计算机网络为主要战场的网络情报战，将成为信息化战争中情报战的主要领域。

二是手段更加先进。这些新型情报战手段和工具的出现及使用，将使信息化战争中情报战的面貌发生彻底的改变。

三是范围更加广阔。激烈的信息争夺将在政治、经济、科技以及军事等各个领域展开。与此相对应的，情报战的范围也必然随着人类信息活动的深度和广度的扩展而迅速扩展，不仅政治、经济、科技、文化、军事等各个领域都将成为情报战的主战场，而且包括个人习惯、家庭关系等个人隐私，也将成为情报战的目标和内容。

（二）电子战

电子战实质上是指挥控制作战，已成为信息化战争中一种非常重要的基本作战样式。所谓电子战，是指利用电磁能和定向能以控制电磁频谱，为削弱和破坏敌方电子设备正常发挥效能而采取的措施和行动。这种作战样式，美国及北约国家称为“电子战”，苏联称为“无线电电子斗争”，我国称为“电子对抗”。电子战主要包括电子侦察、电子进攻和电子防御三部分。涉及的领域主要有通信对抗、雷达失灵、导航对抗、红外对抗、可见光对抗、激光对抗、水声对抗等。

2011 年，多国联军对利比亚的“奥德赛黎明”军事行动空袭过程中，美军的 EP－3E、RC－135 等信号情报飞机专门对利比亚的雷达和通信信号进行严密的监视，EA－18G、EC－130、F－16CJ 反辐射攻击战斗机以及意大利的“狂风”ECR 电子作战与侦察飞机等执行了对利比亚政府军的防空设施的电子攻击以及防空压制与摧毁任务，为空袭的作战飞机提供安全保障。

电子战是信息化战争的基本作战样式。从战争的整体行动上看，信息化战争大致可以分为信息获取、信息进攻和信息防护三个关键环节。这三个关键环节中都反映着电子战所发挥的重要作用：

第一，电子战主要“消灭”的不是敌方的人员，而是各种信息系统和装备，使其侦察无能，信息中断，雷达迷盲，武器失控，指挥瘫痪，战斗力丧失，整架战争机器如同废铜烂铁。

第二，电子战所使用的武器不是飞机、坦克和大炮等有形杀伤武器，而主要用无形的软杀伤型弹药，所攻击的是信息系统和装备，是各个层次的 C^4I 系统，它们是战争机器的关键系统、关节点和大脑。

第三，基于上述原因，电子战是一种人员和物质损失小、战争附带性毁伤小、作战消费比较高的作战样式。

电子战具有以下特点：

第一，电磁环境更加复杂。信息化战争中，无论电磁信号的复杂程度还是电磁信号的密集程度，都是其他战争形态所不具备的。这种复杂的战场电磁环境，势必加大电子战的难度。

第二，作战速度更加快速。对付敌方各种高技术兵器的信息系统特别是各类精确制导武器的制导系统，进而减弱其作战效能，是电子战一个很重要的目标。

第三，作战能力更加强大。随着信息技术的发展，信息武器装备在战场上的大量使用，特别是数字化部队的组建和数字化战场的实现，战场上电磁辐射的数量加大，电子战目标的数量也将猛增。

第四，作战自动化和智能化程度空前提高。为了提高电子战的速度和效率，使之具有很强的作战能力，电子战必须实现自动化、智能化。

第五，作战空间不断扩大。在信息化战争的空间战场上，以军事卫星（民用卫星也难以幸免）为攻击目标的电子战将不可避免，太空将成为电子战的一个崭新领域。

电子战不仅是信息化战争中的一种基本作战样式，而且在信息化战争中具有特别突出的作用。电子战是信息化战争的一个重要的有机组成部分，是实现信息化战争的最有力保证之一。

（三）网络空间战

网络空间战是一种与情报战、电子战、精确战和心理战等信息化战争样式有根本区别的全新作战样式。网络空间战样式的出现是信息化战争的一个根本性标志，在信息化战争中处于特殊地位，发挥特殊作用。网络空间战是以计算机和计算机网络为主要目标，以先进信息技术为基本手段，在整个网络空间上进行的各类信息攻防作战的总称。随着云计算、物联网、移动互联网、大数据、智能化等网络信息化新兴应用持续拓展，未来网络安全威胁将持续扩大。这使得大量数据和信息单方面流向西方发达国家的问题更加严重，信息失衡将成为未来更主要的安全威胁。

未来网络空间战最重要的手段，一是计算机病毒，二是网络黑客。计算机病毒实际上是专门用来破坏计算机正常工作的特殊程序。在军事领域，最容易感染计算机病毒或受病毒破坏的武器装备是各种军用武器信息系统和由计算机控制的各种高技术武器系统。黑客一开始是指那些熟练掌握计算机知识和技能的计算机爱好者，现在则是指那些非法使用计算机系统进行犯罪的活动者。

要在战场上使用计算机病毒，就要想方设法通过某种手段或途径将计算机病毒注入攻击目标的计算机里使其无法正常工作。从目前的情况来看，计算机病毒注入方式除网络传播之外，主要有预先设伏和无线注入等方式。由于目前计算机使用的芯片、集成电路板、硬盘、显示器、打印机、不间断电源、软盘、光盘及通用软件等产品大多数由几个发达国家生产，所以他们完全有能力把计算机病毒事先“埋伏”在产品中，再出售给其他国家。计算机病毒平时处于休眠状态，不产生危害，但可以繁殖蔓延，使其他信息设备感染病毒。当发生战争时，向敌对国的信息系统发射特定无线电信号，激活病毒，有可能使敌方信息系统和武器发生意想不到的故障，陷入瘫痪。

黑客闯入一般有两种形式：强行进入和利用缴获器材进入。强行进入是指利用掌握的计算机技术，通过技术手段进入对方的网络系统。而利用缴获器材进入是指在战场上直接通过俘虏随身携带的通信器材进入敌方的网络系统。这种情况随着数字化部队的建设而越来越成为可能。黑客入侵对方信息系统后，可以采取窃取机密信息、传播计算机病毒、散布虚假信息等形式对敌方进行攻击。黑客对敌方网络进行攻击的目的主要包括威胁、干扰、瘫痪、摧毁等。

2013 年 4 月联合国裁军研究所最新调查结果显示，全球有 46 个国家组建了网络战部队。当今世界，较早重视和组建网络部队的国家有美国、俄罗斯、英国、德国、法国、以色列、巴基斯坦、澳大利亚、日本、韩国和伊朗等。

（四）精确战

从目标毁伤机制来说，信息化战争的全部作战手段可以归纳为两大类型：一类是有形的物理毁伤型或硬杀伤型作战手段，另一类是无形的非物理毁伤型或软杀伤型作战手段。精确战则是以有形的物理毁伤型或硬杀伤型手段实施的作战样式。精确战作为信息化战争的基本作战样式之一，具有直接攻击战争重心和实施全纵深、全方位、全时空、机动、精确打击的突出特点。精确战与其他作战样式融为一体，在有形的地理空间（海洋、陆地、空中和太空）和无形的信息空间（电磁频谱空间和计算机网络空间），精确地完成信息战争所赋予的作战任务。精确战是指作战双方通过精确地确定对方的位置，协调控制友军的行动，以精确制导武器精确地攻击敌人的关键力量或能力，同时限制或剥夺敌方精确攻击的能力，以完全掌握战争的主动权。近几场局部战争中，精确制导武器的使用占总投弹量的比例越来越高。

表 5-1 近几场局部战争精确制导武器使用情况

年份	1991 年	1999 年	2001 年	2003 年	2011 年
战场	海湾战争	科索沃战争	阿富汗战争	伊拉克战争	利比亚战争
比例	8%	35%	60%	70% ~80%	90% 以上

注：占总投弹量的百分比。

精确战的主要特点有：

第一，可以直接摧毁敌人战争重心。所谓战争重心，是指“所有作战力量和作战行动都必须依靠的中心”。重心也就是整个军事体系（战争大系统）的核心要素。一般来说，战争大系统通常由五环组成（如图 5-2 所示）：第一环或中心环是指挥控制系统，包括政治和军事决策层的首脑及战略 C^4ISR 系统；第二环称为“有机必需品环”，在战略层是指电力、石油、粮食等物质和能源生产工业，在战役层是指弹药、油料和食品；第三环是“基础结构环”，主要包括交通设施、通信设施及军事保障设施等；第四环是“单体群环”，在战略层为一个国家的人口，在战役层为与作战有关的军事与非军事人员；第五环为野战部队环，该环自我保护能力最强，最难以消灭。在这一环上的战斗行动往往都是时间最长、伤亡最大的。战争的重心就存在于上述五环当中。在精确战中，一旦发现了敌人的战争重心，就完全可以对其实施“点穴式”的精确攻击，摧毁敌方作战体系赖以生存的基础，从而使敌人彻底瘫痪。精确战往往选择敌方 C^4I 系统特别是指挥中枢、后勤保障系统、信息武器系统及其保障设施等“要穴”，以点制面，攻其一点，波及其余，以造成敌方战争大系统运行失调，力量结构失衡，整体运转失灵，最终使敌方整个作战体系彻底瘫痪。

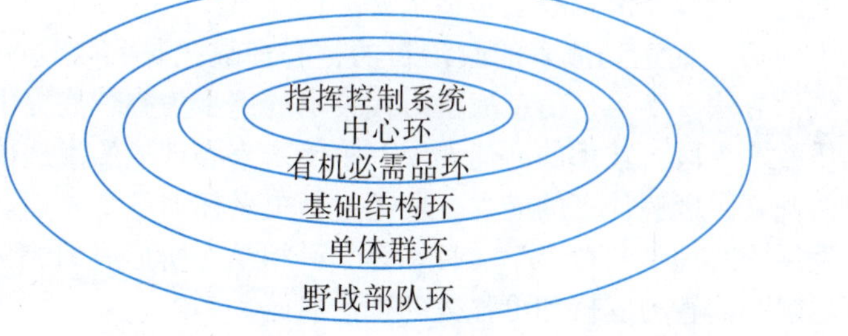

图 5-2 五环作战理论

第二，精确战的作战节奏将明显加快。精确侦察、实时传输、精确定位、精确控制、精确打击、精确评估，以“五精一实”为基础，精确战通过直接攻击敌人的战争重心，致力于破坏敌方战争体系而达到战胜敌人的目的。因此，作战行动变得精确、迅速而具有致命性。

第三，精确战使战场的生存问题变得至关重要。精确战的威胁日益突出，使战场目标的生存问题成为信息战争必须解决的特殊课题，其解决与否，解决的程度如何，将直接关系到战争的进程和结局。

精确战的基本行动包括：利用空基、海基、陆基和天基硬杀伤型信息武器，同时攻击敌人的卫星系统，既可以同时攻击敌人的侦察卫星和通信卫星，也可以先攻击侦察卫星，后攻击通信卫星；利用反辐射武器和搭载电磁脉冲弹的导弹或无人驾驶飞行器，同时攻击敌人防空雷达网和预警指挥系统；利用空基、海基、陆基和天基武器，破坏敌人指挥控制系统，或同时攻击敌人联合司令部、各军种司令部和防空作战司令部；利用精确制导武器和电磁脉冲武器攻击敌人通信系统；利用空基、海基、陆基硬杀伤型武器，同时或先后破坏敌人的战争潜力，如重要军事工业、电力、交通设施等经济基础部门。

（五）心理战

心理战是一种针对人的意识和情感等心理的作战。心理战是一种特殊的作战样式，其特殊之处就在于具有与时代发展密切相关的特殊的作战目的、特殊的作战武器、特殊的作战方法。信息技术和信息时代的迅猛发展，推动着信息化战争的发展。作为信息化战争中的重要作战样式之一，心理战已经进入了一个全新的发展阶段。心理战主要基于心理学的相应原理，以人类的心理活动为作战目标，有计划地运用各种手段，对作战目标的认知、情感和意志等心理活动施加一定的影响，打击、摧毁敌人的心志，以最小的代价换取最大的胜利。

心理战的地位和作用空前提高。第一，心理战与信息化战争的战略指导之间存在着高度的一致性。信息战争是追求并力图实现“不战而屈人之兵”的战争，追求“兵不血刃”而达到战争的政治目的，心理战正是实现这一战争目的的一种行之有效的方法。第二，信息战争时代技术的进步为心理战提供了更先进、更有效的物质技术手段。技术的高速发展，将使未来心理战的渗透性、实用性、震撼性和以假乱真、以假代真的能力，要超过历史上任何一个时期。第三，心理科学的不断发展，心理学与社会学、哲学等学科相结合所形成的综合学科，为心理战提供了更强劲的智力支持和更强大的理论武器。

心理战将是知识和技术力量的较量。传统的宣传心理战的方法将不断翻新。宣传是心理战的基本手段，宣传心理战在心理战中占有突出的地位。以纸张为信息载体、以文字为信息媒体的传统局面将被打破，在信息化战争时代心理战的传单世界里，将大量出现多媒体和光盘等信息技术产品。更快和更新完全是信息时代技术特征的直接反映。电视宣传是宣传心理战的最佳途径。电视技术特别是卫星电视广播技术不仅为正面宣传提供最强大的技术支持，而且为宣传心理战提供最强大的技术支持。计算机网络空间是宣传心理战的新领域。在众多新技术中，集信息技术之大成的网络技术更加显得突出和重要。无处不在的信息网络系统将成为心理战的重要战场。

心理战对抗的成败将对信息化战争产生决定性影响。心理战包括进攻性心理战和防御性心理战，它们共同构成心理战对抗的全部内容。心理战对抗的目的在于通过强大的心理攻势瓦解敌人意志，通过有效的教育与宣传来巩固自己的心理防线。由于心理战对抗在信息化战争中的重要性和特殊作用，以及信息化战争中心理战对抗的广泛性和艰巨性。因此，高度重视和研究信息化战争中的心理战对抗，全面解决心理战中的防御问题，便成为心理战对抗乃至信息化战争的一个基本课题。心理战对抗问题解决与否以及解决得好坏，不仅直接影响心理战的成败，更重要的是将对信息化战争的全局产生重大的影响。

第二节　信息化战争的基本特征与发展趋势

作为一种战争形态，信息化战争尚在发展之中。信息化战争是信息主导的战争，时间缩短、空间扩大、精度提高、力量精干、节奏加快、非线性特征突出、体系对抗特征明显，传统战争的界限将被超越甚至打破。战争目的发生异化，从注重对有形资源的争夺与控制，转而重视对无形资源（即信息和知识）的争夺与控制。和平状态与战争状态的界限将趋于模糊，暴力行动与非暴力行动的最终结果将趋于一致。作战效能将具有亚核战争的威力，信息化时代的军事技术将把常规作战效能推到极限，大量新概念武器的使用将使信息化战争的作战效能具有亚核战争的效果，军队组织将高度小型化、一体化和智能化。

一、信息化战争的基本特征

研究信息化战争，既要宏观地把握战争的基本形态，又要把握信息时代信息化战争阶段新的形态，后者更具理论指导和实践意义。同时，随着世界新军事革命的深入发展，科学地揭示信息化战争的阶段性特征，有着越来越迫切的意义。对于信息化战争的基本特征的描述有不同的观点，但就目前的研究来看，可以从以下不同的角度对信息化战争特征进行观察思考。

（一）战争资源信息化

信息是信息化战争中决定战争胜负的关键因素和核心资源，从这种意义上讲，信息权的争夺成为信息化战争的首要任务，“制信息权”的夺取成为作战双方对抗的焦点。“制信息权”的争夺实际上是作战双方信息化装备的较量，当代信息化武器装备是多项新技术组合的结果。但是，其中最关键的技术是信息技术。可以说，现代化作战平台与其说是物质和能量的统一体，不如说是一个装载着各类信息设备的“动力容器”，信息在起着配置战争物质和能量的重要作用，因而它在信息化战争的地位和作用也越来越大。在今天的战争中，军队只有掌握了制信息权，才有行动自由。所以争夺制信息权的斗争在现代战争中更加激烈和复杂。

（二）战争目的有限性

在农业社会和工业社会，战争的根本动因是政治斗争掩盖下的经济利益之争，往往以占领或收复领土和获得资源而结束。在信息时代，经济利益仍是导致战争的重要原因，但通常情况下不再以攻城略地、占领敌国、全歼敌军等作为“终极目标”，而是适可而止，在取得对抗主导权、获得一定的经济利益、提高国际地位的前提下，或达成惩罚、教训、报复敌国的目的后就停止战争。

在经济全球化和政治多极化的信息时代，如果追求过高的战争目标，在征服对方的同时也会极大地削弱自己，即使赢得了战争的胜利，也会在战后国际竞争中丧失优势和主动地位。另一方面，战争的可视化使全世界都能看到战场上的情况，使战争指导者不得不对战争的规模和目的严加限制。此外，信息化武器装备具有高效性和很强的可控性，为实现战争有限的政治目的提供了更为有效的手段。

（三）战争主体多元性

在农业社会和工业社会，战争主要表现为敌对双方在有形战场上的厮杀与较量。进入信息时代后，社会信息化、网络化以及武器装备信息化的实现，为战争提供了多样化的对抗手段，战争将表现为敌对双方军民一体多元化的战争主体在有形和无形战场上同时进行的整体综合对抗与较量。进行战争将不再是军队的专利，非国家主体、非政府组织、跨国公司、恐怖集团和“信息勇士”都能在信息空间实施或帮助实施信息作战行动。

（四）作战空间多维化

作战空间多维化是信息化战争的一个显著特征，航空航天技术在战争中的应用使得战场空间发生了新的变化，从传统的海、陆、空作战领域拓展成海、陆、空、天、电磁、网络和心理多维一体的战场空间，而且每一维空间还有扩大化的趋势。伊拉克战争中，美军以信息和情报为主导，以军事太空领域的绝对优势，在海、陆、空、天、电磁、网络和心理多维空间进行了一场信息化战争，特别是在“天”这一维作战空间中，美军使用太空装备和侦察机获取大量有价值的情报。美军通过空间间谍、侦察、通信卫星，对伊拉克实施全天候侦察监视，并在战前借核查为名，多次使用空中间谍 U－2 高空侦察机，对伊全境进行军事侦察，并不间断地向后方指挥部发送实时的战场态势图像和重要情报，掌握了伊军的兵力部署情况。中央司令部在战中通过卫星图像来评估每天双方的进展情况，并向新闻媒体公布最新战果。

（五）作战过程短暂化

信息化战争不同于机械化战争，信息化武器装备的精度提高、射程增大以及情报的快速传递导致作战过程短暂化，战争持续时间短。信息化战争中，信息化装备的大量运用和战场情报的快速传递使得作战双方对瞬息万变的战场态势能够快速反应，实时指挥，使得决策与实施几乎同步进行，从而大大缩短了战争的进程。在 20 多天短暂的伊拉克战争中，美英联军大量运用了具有当代高新技术水平的信息化武器装备，对世界格局和政治板块产生了重大的影响。

（六）作战样式非接触化

随着科学技术，特别是信息技术的迅猛发展及其在军事领域的广泛应用，使非接触化这种新的作战样式应运而生，在军事学术界有些学者把采取非接触化作战样式的战争称为第六代战争。所谓非接触化作战，是指敌对双方作战单元借助信息技术和远程精确打击技术的优势，在敌方防区外实施超视距打击的一种作战样式。战争实践证实了非接触化作战的诸多优势：隐蔽性强、易于达成战术的突然性、出奇制胜、减少伤亡、风险代价低等。美国陆军提出 21 世纪信息化战场上的基本作战方针：以情报信息战发现敌人，以火力战杀伤敌人，以机动战最终完成战斗。科索沃战争中，美军之所以实现零伤亡，实际上就是非接触化作战的结果。

（七）战争毁坏趋小化

在任何形态的战争中，都会造成人员伤亡和财产损坏，信息化战争也会出现战争毁坏。但与其他形态的战争不同，特别是机械化战争，信息化战争的战争毁坏程度相对较小。机械化战争一般以强大的火力战摧毁既定目标，战争毁坏非常严重，随着既定目标的摧毁往往伴随周边广大区域的大面积破坏，但是信息化战争则可以将战争毁坏降到最低限度。首先，作战双方可以减少近距离短兵交接作战时的重大人员伤亡，防止实施不必要的具有重大杀伤力的火力战；其次，双方攻击的目标是具有军事价值意义的目标，作战时间短，部队伤亡小；再次，信息化作战的“精确战”可以使机械化战争中大面积毁坏程度降低，类似于第一次世界大战时期马恩河战役的“绞肉机”般的惨烈伤亡不会再次发生；最后，制信息权的争夺减弱了地面作战部队的作用，特别是重兵集团的对抗不复存在。

（八）战争消耗扩大化

现代信息化的高技术战争消耗巨大。一是武器装备研制、采购、维修费用高；二是人员培训费用高；三是战场物资消耗巨大。如海湾战争中，弹药消耗是朝鲜战争的十倍、越南战争的四倍；油料消耗四万桶，物资人均消耗两百多千克，是朝鲜战争的近十倍、越南战争的五倍；美军共消耗各种物资一万七千余种、三千多万吨，几乎相当于苏军在4年卫国战争中消耗物资的一半。信息化战争的高消耗对军队的后勤保障能力乃至国家的经济动员提出了更高的要求。

二、信息化战争的发展趋势

一种新的战争形态从萌发到成熟，是一个漫长的历史过程。战争形态的演变过程，在不同国家其发展是不平衡的，在一个国家的不同阶段，其发展也是不平衡的，充满了历史复杂性和无穷变数。随着信息技术的快速发展、新军事变革的深入和政治战略需求的根本性变化，导致信息化战争将以前所未有的速度催生适应新常态的作战方法。战争的发展历程如表5－2所示。战场空间变化如表5－3所示。信息化战争同人类其他社会活动一样，也要经历一个从萌生、发展到成熟的过程。

表5－2　战争的发展历程

区分	形态				
	冷兵器战争	热兵器战争	机械化战争	核战争	信息化战争
起始时间	奴隶社会	1648年	1918年	1945年	1991年
武器	刀、剑、弓箭等	滑膛枪、机枪等	坦克、飞机等	导弹、核武器	C^4ISR、精确制导武器
能源	体能	热能	机械能	核能	信息能
战术	密集队形	线式队形	机动闪击	重点突击	攻击指挥系统
特点	大规模人力	火力	大规模火力	局部毁灭	控制信息
目的	消耗	消灭	歼灭	恫吓	瘫痪

表5-3　战场空间变化

历史时期	平均战场面积（km^2/万人）	战场空间（维数）	战场高度（km）
18世纪以前	1	地面	0
18世纪末—19世纪初	2~20	地面、海上	0
19世纪中叶	5~30	地面、海上	1
20世纪初叶（“一战”前后）	10~50	陆、海、空	3
20世纪中叶（“二战”前后）	200~300	陆、海、空	10
1973年第四次中东战争	350~500	陆、海、空、电	500
1991年海湾战争	约4 000	陆、海、空、电、天	36 000
2003年伊拉克战争	约10 000	陆、海、空、电、天、信息	36 000

（一）信息的竞争愈演愈烈

随着信息技术在军事领域的广泛运用，战争形态正由“机械化”向“信息化”方向转变，战场对抗的焦点也由“物能”的碰撞转向“信息”的获取、争夺和利用，作战行动由强调以兵力、火力大量杀伤敌方有生力量为主转变为围绕信息的获取、传输、利用而展开。在信息化条件下作战，“制信息权”的争夺将成为作战的重心，战斗力的形成不再是火力、机动力、突击力的简单叠加，而是建立在以信息为主的系统综合功能发挥上。信息作为渗透于作战系统的结构性要素，对杀伤力、机动力、防护力的形成起着维系和支撑作用，指挥控制着人流、物流、能量流的适时集中和分散，围绕预定的作战目的，形成有序的运动。交战双方将利用各种手段，围绕“制信息权”展开摧毁与反摧毁、干扰与反干扰、破坏与反破坏的对抗行动并将贯穿于作战全过程。随着信息高速公路的建立和C^4ISR系统的不断完善，在未来战场上，每个士兵都将成为作战网络的一个节点和作战系统的有机构成部分。如果信息网络一旦遭到破坏，那么兵力、火力的运用也就无从谈起，而且，信息网络本身又固有其易被攻击的脆弱性。因此，攻击敌方信息网络将成为有效的制敌手段，传统的单纯追求兵力、火力、突击力优势的机械化作战的观念已经过时，信息的竞争将愈演愈烈。

（二）信息化作战平台将成为战场支撑

伊拉克战争中，美英为了夺取伊拉克的制空权、制天权，动用了包括天基、空基、海基和陆基在内的各种侦察、监视、预警、通信等手段。在外层空间，投送各类卫星一百余颗，为夺取制天权提供了情报保障。在空中，由U-2、“捕食者”、“猎人”等侦察机，E-2C、E-3、E-8等预警机，EA-6B、EC-130、

RC－135D等电子战飞机和F－15、F－16D等主战飞机开辟“空中走廊”。部署在海上的三十余艘舰船都装有电子对抗设备，从而形成了从外层空间到高空、中空、低空及地面、水面等多层次、全方位、大纵深、综合性制天、制空网络，严重削弱了伊拉克防空作战的基础。这表明，制天、制空权已经成为现代及未来作战的先决条件和军事优势的重要体现，信息化作战平台将成为战场支撑。

（三）智能化武器装备将大量涌现

随着计算机技术的快速发展，传统计算的采集、传输、处理与储存将转化为思维与推理，以计算机网络为核心的C^4ISR系统将真正实现情报搜集、侦察监视、通信联络和指挥控制的无缝集成，智能化武器装备将大量涌现。未来信息化军队将改变传统作战方式，转而以多种智能化作战手段在海、陆、空、天、电磁、网络和心理多维一体的战场空间作战。智能化武器装备是指不用人直接操作和控制，采用成熟的人工智能技术，自行按照预先设定的指令完成侦察、搜索、瞄准、击发以及情报的采集、传递和分析等多种军事任务的高科技武器装备，主要有智能机器人、智能装甲车、智能炸弹、智能地雷等。

（四）军队将向小型化、一体化、智能化方向发展

针对未来作战节奏进一步加快的显著特点，世界主要军事强国都在对自己的武装力量进行必要的调整，以使作战力量达到“编成精干、装备轻型”的要求。要求作战部队的编成必须小型化，更快捷、灵活和轻便，以适应局部战争对快速部署和远距离投送的要求。随着C^4ISR系统的日臻完善和高速、安全、共享信息网络的建立，目标侦察、信息处理、火力打击、指挥控制系统将逐步联结成一个有机的整体，作战系统的一体化程度将空前提高。在信息化条件下作战，任何一个军兵种、一种兵器都难以主宰战场，各种作战力量和武器装备必须相互依赖、密切配合，形成整体作战力量，实施合作制胜。同时，由于信息技术在军事领域的全面渗透和应用，军事指挥和作战手段将实现高度智能化。这表明，在信息化战争未来发展的过程中，作战形式将发生质的飞跃，军队结构空前变革，数量规模型让位于质量效能型，人力密集型让位于科技集约型，树状指挥型让位于扁平指挥型，军队将向小型化、一体化、智能化方向发展。

（五）信息化战争对经济和科技的依赖性越来越强

信息化战争的形成与发展，不是历史的偶然现象，而是人类社会政治、经济、科学技术和战争实践发展的必然产物。社会经济与科技的变化引起战争形态的改变，农业时代的手工业生产方式决定了战争能量的释放形式主要依靠人的体能，而工业时代机器大工业的生产方式决定了热能作为战争的能力释放方式，由于经济和科技的飞速发展及生产力水平的大幅度提高，以计算机技术和信息技术为先导的高新技术群不断涌现，大量信息化武器装备投入战场使用，为信息化战争的形成与发展提供了物质基础与技术支撑。美国B－2A隐形战略轰炸机单架

研发费用就高达20多亿美元，组建一个具有基本作战能力的航母编队需要100多亿美元，一枚巡航导弹价值百万美元，42天的海湾战争美军耗资1 100多亿美元。人类社会和战争历史的发展表明，社会经济和科技的发展水平是战争形态的母体，有什么样的经济和科技水平，就会孕育出什么样的战争形态，而信息化战争对经济和科技的依赖性将会越来越强。

第三节　信息化战争与国防建设

国防建设的指导思想反映了一个国家国防活动的规律，针对信息化战争的实际特点，具有信息时代明显的作战特点。而是否能根据国际战略形势的变化及时调整国家的国防建设指导思想，关系到国防建设的方向和成败。信息技术的发展对国防建设和军队建设，特别是信息化战争样式的变革对国防科技工作发展、武器装备更新、军事战略和作战样式以及军队编制体制都产生了决定性的影响，并提出了新的要求。

一、信息化战争对国防建设的影响

随着信息化社会的到来，信息化战争对国防建设产生着巨大的影响，认真研究这些影响，有利于我国做好新时期军事斗争准备，从而更好地指导国防建设。

（一）促进国防科技工业结构重新调整

第二次世界大战以来，许多尖端科学有了重大突破：20世纪40年代出现了原子反应堆、现代火箭技术、电子计算机和电视技术；50年代出现了人造地球卫星、录像技术；60年代出现了激光技术、集成电路；70年代出现了光纤通信技术、超大规模集成电路、遗传基因剪接技术。目前，这场新技术革命的一个重要特点是，各种新技术以群体结构产生，一项新技术出现之后，往往不仅促使一个新的部门兴起，而且带动一“群”新的产业部门“蜂拥而至”。例如，现代信息电子技术就是一个综合性很强、涉及面极广的技术领域，电子计算机、雷达、导航、遥控、遥测、遥感、通信、广播、电视、激光、原材料、元件器件、电子测量、自动控制以及各种类型的声电、光电设备等几十个门类都已演变成新的产业。预计21世纪初的几十年内，已经兴起和正在兴起的信息技术将会更广泛地应用于国防工业部门，使国防生产力出现飞跃性的发展，信息技术、高知识产业的比重将在国防工业的总产值中明显提高，使国防工业部门的结构发生深刻变化。新技术在引起一系列产业崛起的同时，也会使传统的国防工业部门得到改造，信息化、高知识产业的比重将在国防工业的总产值中明显提高，使主要包括枪炮弹药、坦克车辆、钢铁冶金、船舶制造、飞机制导等在内的国防工业部门得到改造，从传统的国防工业产业结构向信息化、高知识型的产业结构转化。目前，世界上许多国家都在积极地采取措施，把信息技术、电子计算机、微电子技术和各种柔性技术广泛地应用到传统的国防工业部门，在技术设备、工艺流程等方面充分运用自动控制等新技术，以降低生产成本、提高产品质量，使传统的军工产品向着“轻、薄、短、小”，战斗技术性能更先进，军事效果更好和经济效益更高的方向发展。

（二）引起军事战略思想不断变革

第二次世界大战中，美国成功地引爆了世界上第一颗原子弹。战后不久，美国便提出了军事上的“遏制战略”，企图以原子弹作为一种讹诈的手段，控制西欧和日本，向亚、非、拉地区扩张，以称霸世界。几年后，苏联原子弹、氢弹的爆炸成功，使之也改变了战略方针，强调军事上的积极进攻。美国核垄断的格局被打破后，美国针对两国技术发展不平衡的状况，又提出“大规模报复战略”，强调第二次打击的力量。当美苏两国的高技术差距逐渐缩小、基本处于均势的情况下，美国又提出“在核威慑条件下，侧重打常规战争”的战略。随着高技术的迅猛发展，美国又修改了以“星球大战”计划为主体的“高边疆”战略，加紧实施NMD和TMD系统计划，主要目的在于建立一道能够保护美国及其盟国不受核弹袭击的防御屏障，这套系统包括监视、目标搜索和跟踪、定向能武器、系统分析与作战管理以及支援计划等项目，指出结合运用各种高技术武器，建立大纵深、多层次的反导弹系统。随着“高边疆”战略的确定，美国的军事战略研究正在孕育着第五次浪潮，并对过去整个世界战略力量对比、美军的战略理论、战略思想提出重新论证、重新评价，从而确定新的战略防御思想、空间战略思想。根据高技术兵器在军队中的装备，美军在战役上还不断发展完善“空地一体作战”的理论，重视进攻性常规战略，准备在多条战线上打赢战争。

（三）加快武器装备更新换代

随着科学技术的发展，武器装备的威力和性能已经发生了巨大的变化。正如生产上科学技术已成为生产力一样，在军事上，信息已成为军队的重要战斗力。因此，信息化战争除了是国家人力、物力和财力的较量外，还是信息技术发展的竞争，这场竞争的很大一部分，现在还在科学家的试验室里。据估计，由于信息技术的竞争，可能出现比原子弹、氢弹威力更大的战略武器系统。目前定向能、激光武器的研制工作已有了重大的进展，不久便可投入使用。除了出现威力更大的新武器系统以外，信息技术的发展和应用还将使现有的武器系统在技术性能上发生重大变革。例如，精确制导武器是微电子、敏感器技术、计算机技术、信号处理技术、推进技术等信息技术的产物。它的命中概率比无制导的同类武器提高了上百倍。新型武器装备使军队战斗能力大大提高，今天美军一个营可控制的地域，比第二次世界大战末期增加了50倍。由于电子技术的广泛应用，21世纪初将出现智能化的战场机器人，负责火炮射击、坦克操纵、飞机驾驶等各种危险的工作。现在，激光技术、精确制导技术、“隐形”技术等已运用到现有的武器系统上，大大提高了现有武器装备的战术技术性能。由于精确制导武器是打击坦克、飞机、军舰这些重武器的强有力的手段，所以它也可以成为弱国和穷国有效地遏制军事强国侵略的低成本防御手段的战略性选择。

（四）精简军队，调整编制体制

由于信息技术的发展，军队总体发展战略趋势是：总员额减少，总体构成的人员比例进行适当调整。军兵中各类技术人员比例上升，直接参战的人员的比例下降，各种勤务保障人员（包括高技术保障人员）所占比例不同程度地增加。此外，信息技术还以“软”的形式对国防发展战略产生影响，它对国防人才的素质、知识结构、年龄结构提出了新的、更高的要求。特别是军用卫星、电子计算机和军事系统工厂等应用于作战，使原有的指挥方式不能适应现代战争的需要，于是出现了更科学的作战指挥方法和手段，这不仅对作战指挥人员和参谋人员，而且对政治工作人员、后勤保障人员都提出了军事理论知识、专业技术知识上的要求，使国防人才培养问题成为国防发展战略中的首要问题。美国、俄罗斯、日本等发达国家都十分重视信息技术的发展对国防发展战略的影响，制定出以打赢高技术信息化战争为目标的国防发展战略，在信息技术领域展开激烈的竞争。

二、我国国防信息化建设

2015 年 5 月 26 日发表的《中国的军事战略》白皮书指出，世界新军事革命深入发展，武器装备远程精确化、智能化、隐身化、无人化趋势明显，太空和网络空间成为各方战略竞争新的制高点，战争形态加速向信息化战争演变。世界主要国家积极调整国家安全战略和防务政策，加紧推进军事转型，重塑军事力量体系。军事技术和战争形态的革命性变化，对国际政治军事格局产生重大影响，对中国军事安全带来新的严峻挑战。

实行新形势下积极防御军事战略方针，调整军事斗争准备基点。根据战争形态演变和国家安全形势，将军事斗争准备基点放在打赢信息化局部战争上，突出海上军事斗争和军事斗争准备，有效控制重大危机，妥善应对连锁反应，坚决捍卫国家领土主权、统一和安全。实行新形势下积极防御军事战略方针，创新基本作战思想。根据各个方向安全威胁和军队能力建设实际，坚持灵活机动、自主作战的原则，你打你的、我打我的，运用诸军兵种一体化作战力量，实施信息主导、精打要害、联合制胜的体系作战。

党的十九大报告指出，适应世界新军事革命发展趋势和国家安全需求，提高建设质量和效益，确保到 2020 年基本实现机械化，信息化建设取得重大进展，战略能力有大的提升。同国家现代化进程相一致，全面推进军事理论现代化、军队组织形态现代化、军事人员现代化、武器装备现代化，力争到 2035 年基本实现国防和军队现代化，到本世纪中叶把人民军队全面建成世界一流军队。

因此，国防信息化建设是当前“十三五”规划中我国国防投入的重要方向，目标是信息化建设取得重大进展。贯彻新形势下军事战略方针，必须紧紧围绕实现党在新形势下的强军目标，以国家核心安全需求为导向，着眼建设信息化军队、打赢信息化战争，全面深化国防和军队改革，努力构建中国特色现代军事力量体系，不断提高军队应对多种安全威胁、完成多样化军事任务的能力。

当前，信息技术的迅猛发展对我国国防建设产生了巨大的影响，为了实现“基本实现机械化，信息化建设取得重大进展”，做好打赢信息化局部战争的准备，我们要做好以下几个方面的工作：

（一）加强信息化战争理论研究

军事理论是进行战争的先导，这已被古今中外的战争史证实。在21世纪初期，我们面临的主要战争样式将是信息化战争这一客观事实，这要求我们必须加强信息化战争理论的研究。加强对未来信息化战争的研究，应建立信息化战争理论研究的专门机构。在不断提高对研究重要性认识的基础上，从统帅机关到高级研究部门，从院校到部队，都要有从事信息化战争研究的机构，组织对局部战争研究有较深造诣的有关人员，针对未来局部战争的特点、规律及战争指导等重大问题，进行专题攻关，及时为领导决策和部队建设提供咨询。

加强对未来信息化战争的研究，根本的是要对局部战争进行客观的、整体的、系统的研究。要运用马列主义来研究和指导战争的立场、观点与方法，探讨局部战争的特点和规律，特别是对海湾战争后出现的新的重大问题作出科学的解释，提出相应的对策。要对局部战争的历史经验、教训进行科学全面的总结，把一些零散的经验、教训上升为理论。要对全球多极战略格局，特别是亚太地区的战略形势进行综合分析，正确认识中国在世界多极格局和亚太地区中所处的地位和所发挥的作用，要对未来可能面临的战争进行科学的预测。对局部战争的动因、性质、类型、样式、对象，甚至战争爆发的时间、空间、条件等问题都要进行科学判断，为制定未来正确的指导方针、原则奠定基础。要加强信息化战争指导原则和以劣胜优战法的研究，以建立和完善信息化战争战略指导的理论体系。

（二）培养高素质的信息国防人才

信息化战争的核心资源是信息和知识。因此，信息化战争是以信息和知识为力量的战争。在信息化战争中，掌握信息和知识的高素质人才是战争胜负的决定因素。信息化战争发展面临最严峻挑战的是国防人才培养问题。世界上信息技术的竞争，关键是人才。随着信息技术的迅速发展和广泛应用，对人才的科学文化水平提出了更高的要求，如果不注重人才的培养，就不能适应国防现代化建设的需要。为此，必须坚持物力资源的开发同智力资源的开发相结合，把智力开发放在首位。注重科学技术人才的培养，调整国防人才结构，更新现有科技人员的知识结构，已成为时代的要求。不仅如此，随着信息技术的不断发展，现代武器装备技术日益复杂，对战争的形态和军队的组织结构产生极大的影响。许多专家、技术人员都可能直接参加作战，士兵的知识结构和军事技能将发生深刻的变化，他们可以成为本行的专家。

2015 年《中国的军事战略》白皮书指出，抓好新型军事人才培养。大力实施人才战略工程，完善军事人力资源制度，深化军队院校改革，健全军队院校教育、部队训练实践、军事职业教育三位一体的新型军事人才培养体系，吸引更多优秀人才，培养和造就适应信息化战争需要的人才群体。

（三）推动国防科技工业军民融合深度发展

国防科技工业是军民融合发展的重点领域，是实施军民融合发展战略的重要组成部分，对提升中国特色先进国防科技工业水平、支撑国防军队建设、推动科学技术进步、服务经济社会发展具有重要意义。当前和今后一个时期是军民融合发展的战略机遇期，也是军民融合由初步融合向深度融合过渡进而实现跨越发展的关键期，国防科技工业领域军民融合潜力巨大。

实施军民融合发展战略，要突出问题导向，聚焦重点领域，完善政策法规，落实改革举措，推进军民结合、寓军于民的武器装备科研生产体系建设，实现军民资源互通共享和相互支撑、有效转化，推动国防科技工业军民融合深度发展，建设中国特色先进国防科技工业体系。

推动国防科技工业军民融合深度发展的基本原则包括：一是在中央统一领导下，加强国防科技工业军民融合政策引导、制度创新，健全完善政策，打破行业壁垒，推动军民资源互通共享。充分发挥市场在资源配置中的作用，激发各类市场主体活力，推动公平竞争，实现优胜劣汰，促进技术进步和产业发展，加快形成全要素、多领域、高效益的军民融合深度发展格局；二是针对制约国防科技工业军民融合深度发展的障碍，围绕“军转民”、“民参军”、军民两用技术产业化、军民资源互通共享等重点领域，突出解决深层次和重点、难点问题，向更广范围、更高层次、更深程度推动军民融合发展；三是充分发挥有关部门和地方政府作用，调动军工集团公司、军队科研单位和中科院、高等学校以及包括民营企业在内的其他民口单位等多方面的积极性，形成各方密切合作、协同推进的强大合力。注重政策统筹协调，有序推进，成熟一项、落实一项。

推动国防科技工业军民融合深度发展的主要措施包括：一是进一步扩大军工开放，主要包括推动军品科研生产能力结构调整、扩大军工单位外部协作、积极引入社会资本参与军工企业股份制改造、完善武器装备科研生产准入退出机制、推进武器装备科研生产竞争等；二是加强军民资源共享和协同创新以及促进军民技术相互支撑、有效转化，主要包括推动科技创新基地和设备设施等资源双向开放共享、加强军工重大试验设施统筹使用、完善军民协同创新机制、推动技术基础资源军民共享、积极利用民口产能、健全信息发布和共享制度、加强国防科技工业人才队伍建设等；三是支撑重点领域建设，主要包括加强太空领域统筹、推进网络空间领域建设、支撑海洋领域建设等。

（四）建立信息化联合作战指挥系统

党的十九大报告指出，国防和军队建设正站在新的历史起点上。面对国家安全环境的深刻变化，面对强国强军的时代要求，必须全面贯彻新时代习近平强军思想，贯彻新形势下军事战略方针，建设强大的现代化陆军、海军、空军、火箭军和战略支援部队，打造坚强高效的战区联合作战指挥机构，构建中国特色现代作战体系，担当起党和人民赋予的新时代使命任务。

坚决贯彻军委管总、战区主战、军种主建的总原则，建设绝对忠诚、善谋打仗、指挥高效、敢打必胜的联合作战指挥机构。目前我军已经按照联合作战、联合指挥的要求，对军委联指，各军种、战区联指和战区军种的作战指挥职能进行了调整规范。主要是科学划分职能、理顺指挥关系、规范指挥流程，形成符合我军实际、顺畅高效的指挥体系，更好地适应打赢信息化战争、有效履行使命任务的要求。战区作为本战略方向的唯一最高联合作战指挥机构，根据中央军委赋予的指挥权责，能够对所有担负战区作战任务的部队实施统一指挥和控制。

未来一体化联合作战中，信息化联合作战指挥系统是夺取战场制胜权的核心，是保证多兵种协同作战并发挥最佳战术战略效能的核心。为应对未来更加复杂的信息化战争的挑战，必须结合现代战争的信息化特点，建立完整的信息化联合作战指挥系统。

指挥控制系统是信息化条件下作战指挥信息系统的核心，通过搜集战场态势信息，完成作战决策、战术推演、计划拟制和协调控制等功能，从而实现现代战场信息的共享和各作战单元的协同动作，最大程度发挥联合作战效能，在现代信息化联合作战中起到决定性作用。

在作战单元机动性和武器性能大幅度提升的现代战争中，指挥控制系统更是现代作战体系的“大脑”和“神经中枢”，是分散的作战系统的“黏合剂”，是作战效能的“倍增器”。信息化联合作战指挥系统主要体现在网络中心战及智能化指挥控制中，重点要扩展的能力主要包括联合作战协同能力、快速反应能力（又包括信息交换能力和指挥决策自动化水平）等。

当前，我军信息化联合作战指挥系统的关键需求包括：一是信息标准化及基础设施服务支持，即通过建立采用统一的技术体制、标准规范，可将位于不同平台、不同空间的资源统一调配、统一控制、统一管理，实现作战资源的联合、协同。二是多元信息管理及智能化决策系统，通过多种实时与非实时信息的接入和交换方式，全面综合处理不同信源的情报，完成信息融合，以形成全方位的战场信息化保障支持。同时加强指挥系统的智能决策能力，通过建立信息融合规则库、决策知识库以及各类特征“指纹”库，运用人工智能和计算机辅助决策技术，实现快速准确的多元信息融合、战场态势评估及战略战术决策，最终形成“定性与定量相结合”的智能化指挥系统。三是大力接入无人作战平台，充分发挥无人作战平台战场优势，将其接入指挥系统网络，逐步发挥无人作战平台的机动、精确、隐蔽的战略战术优势，执行诸如情报侦察、诱饵欺骗、通信中继、对敌打击等任务。

（五）发展我军信息化武器装备

2015 年《中国的军事战略》白皮书指出，发展先进武器装备。坚持信息主导、体系建设，坚持自主创新、持续发展，坚持统筹兼顾、突出重点，加快武器装备更新换代，构建适应信息化战争和履行使命要求的武器装备体系。

发展我军信息化武器装备，主要采取以下措施：

一是重点发展常规武器装备，主要发展以精确制导为主的反坦克、防空、反舰武器系统及灵敏可靠的指挥、通讯和侦察系统，提高现代信息化条件下的作战能力，改进和发展适合边防和海防作战的武器装备。包括火力强大的杀伤兵器、机动性能优越的运输装备，以及后勤综合保障手段，并使之相应配套，以提高我军的合成作战能力。二是着眼 21 世纪，相应发展战略核武器，完善信息化指挥，努力形成一支数量有限但可靠的战略威慑力量。加快研制先进的陆基和潜艇新型战略弹道导弹、战役战术导弹、巡航导弹和战略预警系统。三是循序渐进、梯次换装、新旧搭配、多层次地改进现役装备。要允许老式装备与新式装备同在、一般技术与先进技术并存。把现役装备更新一部分、改造一部分、淘汰一部分。这不仅符合我国、我军的情况，而且也是一条比较科学的编配原则。武器装备研制要坚持“标准化、通用化、系列化、规格化”的方针，先搞基本型，然后改型，满足各方面的要求。这样做可以减少研制型号，节省研制费用，提高经济效益，还可以给战场供应和维修、保障及战术运用带来方便，这是发展我军武器装备的一条基本途径。

复习思考题

1. 什么是信息化战争？信息化战争的本质是什么？
2. 信息化战争有哪几种基本作战样式？
3. 信息化战争的特征是什么？
4. 加强我军信息化国防建设，应该从哪些方面着手进行准备？
5. 国防科技工业的军民融合发展战略的内涵包括什么？
6. 信息化战争与高技术战争有什么关系？

下　编

军事技能篇

第六章　条令条例教育与训练

条令是全体军人必须共同遵守的法规，是军队管理的基本依据。中国人民解放军条令是中央军委以简明的形式发布给全军的命令，是军队战斗、训练、工作、生活的法规和准则。

第一节　概述

一、军队颁布共同条令的意义

我军是执行政治任务的武装集团，担负着巩固国防、抵抗侵略、保卫祖国、保卫人民、和平劳动、参加国家建设的任务。我军的使命要求部队必须要有高度的集中统一和严格的组织纪律。而军队的成员来自五湖四海，出身、经历、生活习惯各不相同，文化水平、思想修养、觉悟程度也不完全一致，这就必须要用科学、严谨、统一的军事法规来规范每个人的行动。中央军委颁布的共同条令，就是军队战斗、训练、工作、生活的法规和准则。

认真贯彻执行共同条令，坚决做到令行禁止，全军才能步调一致，整齐划一，保持高度的集中统一；才能维护良好的军人形象，保持人民军队的政治本色，更加赢得人民群众的爱戴与信赖；才能保证军队经受住各种困难和复杂局面的考验，充分发挥人民民主专政坚强柱石的作用，完成党和人民赋予的神圣使命，成为名副其实的钢铁长城。

认真贯彻和执行共同条令对于我军贯彻执行党中央、中央军委关于新时期军队建设方针、原则，继承和发扬优良传统，坚持从严治军、依法治军，加强革命化、现代化、正规化建设，保持部队高度集中统一，提高战斗力，都具有极为重要的意义。

在高等学校开展学生军事教学与训练，进行中国人民解放军共同条令教育，对于增强学生的组织纪律性，培养学生良好的作风和集体观念，做好学校教学行政管理，维护校园正常的学习、生活和工作秩序，促进校风、校纪建设将起到积极作用。

二、中国人民解放军共同条令简介

（一）“内务条令”简介

“内务条令”是以法规的形式规定军人职责、军队内部关系、日常制度、管理和勤务规则的条令，是军人的基本行为准则之一，是军队进行行政管理和军事生活的主要依据，是我军正规化建设的一项重要法规，在我军建设中具有极为重要的地位和作用。对于建立和维护正规的内务秩序、良好的内外关系，培养优良的作风和严格的组织纪律性，巩固和提高战斗力有着重大意义。

1936 年 8 月，我军颁布了第一部内务建设的法规，即《中国工农红军暂行内务条令》。随着军队的发展，1942—2010 年，中央军委对内务条令先后进行了 9 次修订。现行《中国人民解放军内务条令》于 2010 年 6 月 3 日由中央军委主席胡锦涛签署颁发（军发〔2010〕21 号）。

该条令共有总则，军人宣誓，军人职责，内部关系，礼节，军容风纪，对外交往，作息，日常制度，值班，警卫，零散人员管理，装备日常管理，生产管理，卫生，营区及房地产管理，安全工作，野营管理等。中国人民解放军军旗、军徽、军衔肩章样式见图 6 - 1。

中国人民解放军军人誓词

我是中国人民解放军军人，我宣誓：

服从中国共产党领导，全心全意为人民服务，服从命令，严守纪律，英勇战斗，不怕牺牲，忠于职守，努力工作，苦练杀敌本领，坚决完成任务，在任何情况下，绝不背叛祖国，绝不叛离军队。

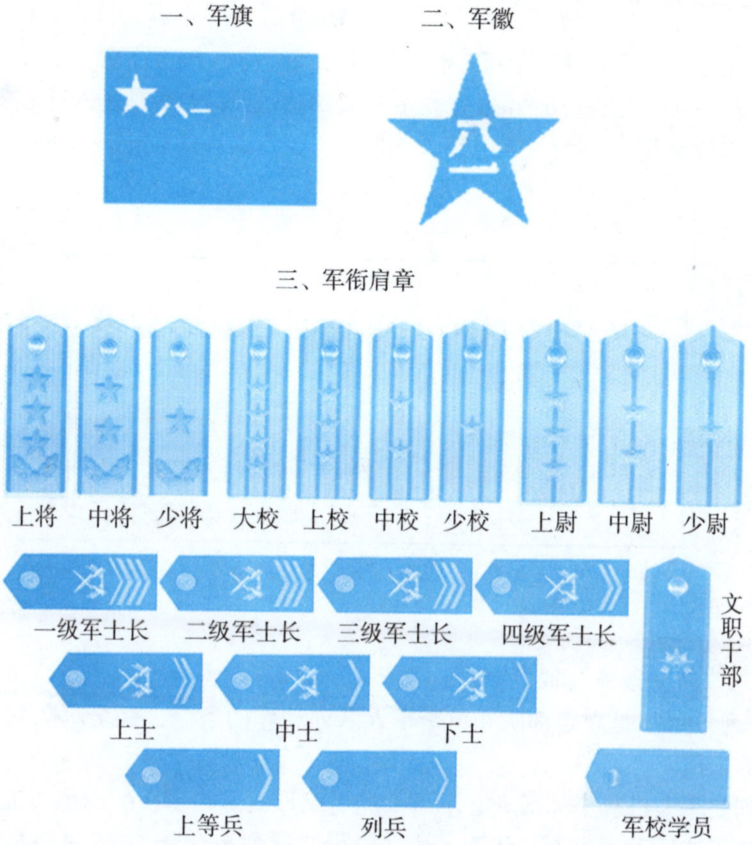

图 6 - 1　中国人民解放军军旗、军徽、军衔肩章

（二）“纪律条令”简介

“纪律条令”是规定军队纪律的条令，是军人的行为准则和军队维护纪律、实施奖惩的基本依据。它有极大的权威性和约束力，是维护部队高度稳定和集中统一、巩固和提高战斗力的强有力武器，是保障我军其他条令、条例、规章制度贯彻落实的保障性法规，对于依法治军和军队正规化建设具有十分重要的作用和地位。

1930 年 10 月，我军颁布了《中国工农红军纪律条例（草案）》。1933 年 8 月，该条例经修订后再次颁布，称为《工农红军纪律暂行条令》，成为我军历史上第一部“纪律条令”。1935—2010 年，中央军委对“纪律条令”先后进行了 13 次修订。现行《中国人民解放军纪律条令》于 2010 年 6 月 3 日由中央军委主席胡锦涛签署颁发（军发〔2010〕22 号）。

该条令包括总则、奖励、处分、特殊措施、控告和申诉、首长责任和纪律监察、附则附录，共7章15节179条，并有三大纪律、八项注意，个人奖励登记（报告）表，单位奖励登记（报告）表，处分登记（报告）表，行政看管审批表，行政看管登记表，士官留用察看审批表，控告、申诉登记表等8项附录。

三大纪律、八项注意

三大纪律：①一切行动听指挥；②不拿群众一针一线；③一切缴获要归公。

八项注意：①说话和气；②买卖公平；③借东西要还；④损坏东西要赔；⑤不打人骂人；⑥不损坏庄稼；⑦不调戏妇女；⑧不虐待俘虏。

（三）“队列条令”简介

“队列条令”是规定部队和单个军人队列动作的条令，是全军队列训练和队列生活的依据。

队列是军人进行集体活动必不可少的组织形式。在军队的训练、工作和生活中，凡是集体活动都离不开队列。认真执行“队列条令”，对于进一步规范全军的队列生活，培养良好的军姿、严整的军容、协调一致的动作、优良的战斗作风和严格的组织纪律性，保持军队的高度集中统一，加强我军正规化建设，提高部队的战斗力具有十分重要的意义。

1951年1月，颁布了我军第一部队列条令，即《中国人民解放军队列条令（草案）》。1951—2010年，中央军委对队列条令先后进行了8次修订。现行《中国人民解放军队列条令》于2010年6月3日由中央军委主席胡锦涛签署颁布实行（军发〔2010〕23号）。

该条令包括总则，队列指挥，队列队形，单个军人的队列动作，班、排、连、营、团的队列动作，分队乘坐汽车、火车、舰（船）艇和飞机，敬礼，国旗的掌持、升降和军旗的掌持、授予与迎送，阅兵，晋升（授予）军衔、授枪和纪念仪式，附则，共11章71条，并有队列口令的分类、下达的基本要领和呼号的节奏，队列指挥位置示例，标兵旗的规格，符号等4项附录。

第二节　队列动作训练

一、单个军人队列动作训练

（一）立正、跨立、稍息、停止间转法

1. 立正

立正是军人的基本姿势，是队列动作的基础。军人在宣誓、接受命令、进见首长和向首长报告、回答首长问话、升降国旗和军旗、奏国歌和军歌等严肃庄重的时机与场合，均应当自行立正。

口令：立正。

要领：两脚跟靠拢并齐，两脚尖向外分开约60度；两腿挺直；小腹微收，自然挺胸；上体正直，微向前倾；两肩要平，稍向后张；两臂下垂自然伸直，手指并拢自然微曲，拇指尖贴于食指的第二节，中指贴于裤缝；头要正，颈要直，口要闭，下颌微收，两眼向前平视（见图6－2）。

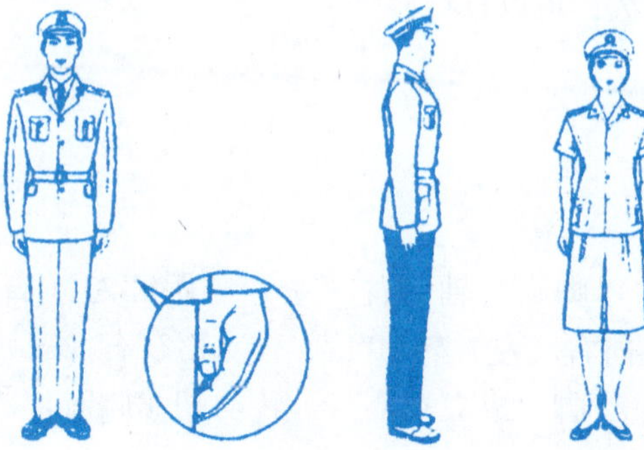

图6－2　徒手立正姿势

2. 跨立

跨立，即跨步站立，包括徒手跨立和持枪跨立。主要用于军体操、执勤和舰艇上分区列队等场合，可与立正互换。

口令：跨立。

要领：左脚向左跨出约一脚之长，两腿挺直，上体保持立正姿势，身体重心落于两脚之间。两手后背，左手握右手腕，拇指根部与外腰带下沿（内腰带上沿）同高；右手手指并拢自然弯曲，手心向后。携枪时不背手（见图6－3）。

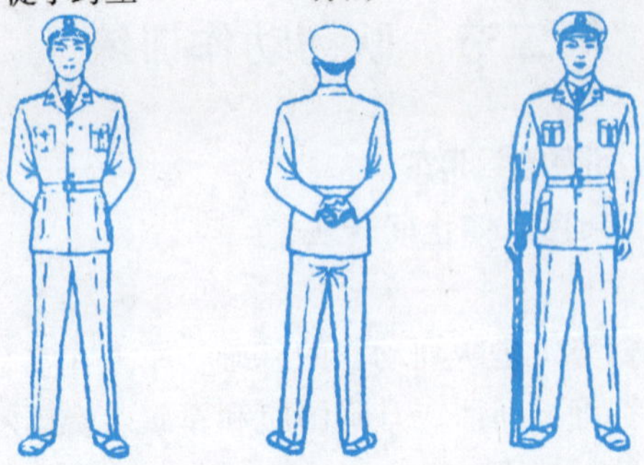

图6-3 跨立姿势

3. 稍息

口令：稍息。

要领：左脚顺脚尖方向伸出约全脚的三分之二，两腿自然伸直，上体保持立正姿势，身体重心大部分落于右脚。携枪（筒）炮时，携带的方法不变，其余动作同徒手。稍息过久，可以自行换脚。

4. 停止间转法

（1）向右（左）转。

口令：向右（左）——转。

半面向右（左）——转。

要领：以右（左）脚跟为轴，右（左）脚跟和左（右）脚掌前部同时用力，使身体和脚一致向右（左）转90度，体重落在右（左）脚，左（右）脚取捷径迅速靠拢右（左）脚，成立正姿势。转动和靠脚时，两腿挺直，上体保持立正姿势。

半面向右（左）转，按照向右（左）转的要领转45度。

（2）向后转。

口令：向后——转。

要领：按向右转的要领向后转180度。

（二）行进与立定

行进的基本步法分为齐步、正步和跑步，辅助步法分为踏步、便步、移步和礼步。

1. 齐步与立定

齐步是军人行进的常用步法。

口令：齐步——走；立——定。

要领：左脚向正前方迈出约 75 厘米，按照先脚跟后脚掌的顺序着地，同时身体重心前移，右脚照此法动作；上体正直，微向前倾；手指轻轻握拢，拇指贴于食指第二节；两臂前后自然摆动，向前摆臂时，肘部弯曲，小臂自然向里合，手心向内稍向下，拇指根部对正衣扣线，并高于春秋常服最下方衣扣约 5 厘米（着夏常服、水兵服时，高于内腰带扣中央约 5 厘米；着作训服时，与外腰带扣中央同高），离身体约 30 厘米；向后摆臂时，手臂自然伸直，手腕前侧距裤缝线约 30 厘米。行进速度每分钟 116～122 步（见图 6－4）。

听到“立定”口令，左脚再向前大半步着地，两腿挺直，右脚取捷径迅速靠拢左脚，成立正姿势。

2. 正步与立定

正步主要用于分列式和其他礼节性场合。

口令：正步——走；立——定。

要领：左脚向正前方踢出约 75 厘米（腿要绷直，脚尖下压，脚掌与地面平行，离地面约 25 厘米），适当用力使全脚掌着地，同时，身体重心前移，右脚照此法动作；上体正直，微向前倾；手指轻轻握拢，拇指伸直贴于食指第二节；向前摆臂时，肘部弯曲，小臂略成水平，手心向内稍向下，手腕下沿摆到高于春秋常服最下方衣扣约 15 厘米处（着夏常服、水兵服时，高于内腰带扣中央约 15 厘米处；着作训服时，高于外腰带扣中央约 10 厘米处），离身体约 10 厘米；向后摆臂时（左手心向右，右手心向左），手腕前侧距裤缝线约 30 厘米。行进速度每分钟 110～116 步（见图 6－5）。

听到“立定”口令，左脚再向前大半步着地（脚尖向外约 30 度），两脚挺直，右脚取捷径迅速靠拢左脚，成立正姿势。

3. 跑步与立定

跑步主要用于快速行进。

口令：跑步——走；立——定。

要领：听到预令，两手迅速握拳（四指蜷握，拇指贴于食指第一关节和中指第二关节上），提到腰际，约与腰带同高，拳心向内，肘部稍向里合。听到动令，上体微向前倾，两腿微弯，同时，左脚利用右脚掌的蹬力跃出约 85 厘米，前脚掌先着地，身体重心前移，右脚照此法动作；两臂前后自然摆动，向前摆臂时，大臂略直，肘部贴于腰际，小臂略平，稍向里合，两拳内侧各距衣扣线约 5 厘米；向后摆臂时，拳贴于腰际。行进速度每分钟 170～180 步（见图 6－6）。

图6－4　齐步

图6－5　正步

(1)　(2)

图6－6　跑步

听到“立定”口令，再跑两步，然后左脚向前大半步（两拳收于腰际，停止摆动）着地，右脚靠拢左脚，同时，将手放下，成立正姿势。

4. 踏步

踏步用于调整步伐和整齐。

停止间口令：踏步——走；立——定。

行进间口令：踏步；立——定。

要领：两脚在原地上下起落（抬起时，脚尖自然下垂，离地面约15厘米；落下时，前脚掌先着地），上体保持正直，两臂按照齐步或者跑步摆臂的要领摆动（见图6－7）。

听到“立定”的口令，左脚踏1步，右脚靠拢左脚，原地成立正姿势（跑步的踏步：听到口令，继续踏2步，右脚靠拢左脚，同时将手放下，成立正姿势）。

图6－7　踏步

5. 便步

便步用于行军、操练后恢复体力及其他场合。

口令：便步——走。

要领：用适当的步速、步幅行进，两臂自然摆动，上体保持良好姿态。

6. 移步

移步用于调整队列位置。

(1) 右（左）跨步。

口令：右（左）跨×步——走。

要领：上体保持正直，每跨1步并脚1次，其步幅约与肩同宽，跨到指定步数停止。

（2）向前或后退。

口令：向前×步——走。

后退×步——走。

要领：向前移步时，应按单数步要领进行（双数步变为单数步）。向前1步时，用正步，不摆臂；向前3步或5步时，按照齐步走的要领进行。向后退时，从左脚开始，每退1步靠脚一次，不摆臂，退到指定步数停止。

7. 礼步

礼步用于纪念仪式中礼兵的行进。

口令：礼步——走。

要领：左脚向正前方缓慢抬起（腿要绷直，脚尖上翘，与腿约成90度，脚后跟离地面约30厘米），按照脚跟、脚掌顺序缓慢着地，步幅约55厘米，右脚照此法动作；上体正直，两臂下垂自然伸直、轻贴身体（抬祭奠物时除外）；手指并拢自然微曲，拇指尖贴于食指第二节，中指贴于裤缝。行进速度每分钟24～30步。

（三）步法变换

步法变换，均从左脚开始。

齐步、正步互换：听到口令，右脚继续走1步，即换正步或者齐步行进。

齐步换跑步：听到预令，两手迅速握拳提于腰际，两臂前后自然摆动；听到动令，即换跑步行进。

齐步换踏步：听到口令，即换踏步。

跑步换齐步：听到口令，继续跑2步，然后换齐步行进。

跑步换踏步：听到口令，继续跑2步，然后换踏步。

踏步换齐步或者跑步：听到“前进”的口令，继续踏2步，再换齐步或者跑步行进。

（四）行进间转法

1. 齐步、跑步向右（左）转

口令：向右（左）转——走。

要领：左（右）脚向前半步（跑步时，继续跑2步，再向前半步），脚尖向右（左）约45度，身体向右（左）转90°时，左（右）脚不转动，同时出右（左）脚按照原步法向新方向行进。

半面向右（左）转走，按照向右（左）转走的要领转45度。

2. 齐步、跑步向后转

口令：向后转——走。

要领：左脚向右前迈出约半步（跑步时，继续跑2步，再向前半步），脚尖向右约45度，以两脚的前脚掌为轴，向后转180度，出左脚按原步法向新方向行进。

转动时，保持行进时的节奏，两臂自然摆动，不得外张；两腿自然挺直，上体保持正直。

（五）坐下、蹲下、起立

1. 坐下

（1）徒手坐下。

口令：坐下。

要领：左小腿在右小腿后交叉，迅速坐下（坐凳子时，听到口令，左脚向左分开约一脚之长；女军人着裙服坐凳子时，两腿自然并拢），手指自然并拢放在两膝上，上体保持正直。

（2）携枪坐下。

口令：枪靠右肩——坐下。

要领：携枪坐下时，两腿按照徒手坐下的要领进行，而后枪靠右肩（枪面向右），右手自然扶贴护木，左手手指自然并拢，放在左膝上。肩冲锋枪、81式自动步枪坐下时，听到预令，右手移握护木，使背带从肩上滑下，将枪取下。

（3）携便携式折叠写字椅坐下。

要领：当听到“放凳子”的口令时，左手将折叠写字椅提至身前交于右手，右手反握支脚上横杠，左手移握写字板和座板上沿，两手协力将支脚拉开；而后上体右转，两手将折叠写字椅轻轻置于脚后，写字板扣手朝前，恢复立正姿势；当听到“坐下”的口令，迅速坐在折叠写字椅上。

使用折叠写字椅的靠背或者写字板时，应当按照“打开靠背”或者“打开写字板”的口令，调整折叠写字椅和坐姿；组合使用写字板时，根据需要确定组合方式和动作要领。

（4）背背囊（背包）坐下。

要领：听到“放背囊（放背包）”的口令，两手协力解开上、下扣环，握背带；取下背囊（背包），上体右转，右手将背囊（背包）横放在脚后，背囊口向右（背包口向左）；按照口令坐在背囊（背包）上。携枪（筒）放背囊（背包）时，先置枪（架枪、筒），后放背囊（背包）。

2. 蹲下

口令：蹲下。

要领：右脚后退半步，前脚掌着地，臀部坐在右脚跟上（膝盖不着地），两腿分开约60度（女军人两腿自然并拢），手指自然并拢放在两膝上，上体保持正直。蹲下过久，可自行换脚（见图6-8）。

持枪时，右手移握护木（95式班用机枪，握上护盖前端；冲锋枪、自动步枪的携带方法不变），左手手指自然并拢，放在左膝上。

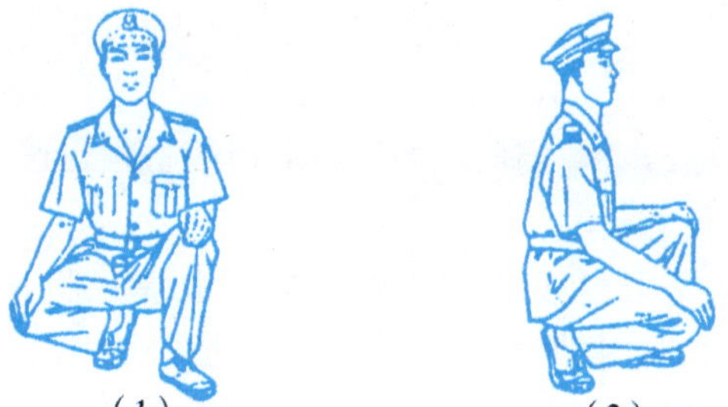

（1）　　（2）

图6－8　蹲下

3. 起立

口令：起立。

要领：全身协力迅速起立，成立正姿势或成持枪、肩枪立正姿势。

（六）脱帽、戴帽

1. 脱帽

口令：脱帽。

要领：立姿脱帽时，双手捏帽檐或者帽前端两侧，将帽取下，取捷径置于左小臂，帽徽朝前，掌心向上，四指扶帽檐或者帽墙前端中央处，小臂略成水平，右手放下（见图6－9）。

（1）　　（2）

图6－9　脱帽

坐姿脱帽时，双手捏帽檐或者帽前端两侧，将帽取下，置于桌（台）面前沿左侧或者膝上（帽顶向上，帽徽朝前），也可以置于桌斗内。

戴贝雷帽脱帽不便放置时，将帽左右向内折叠，左手将左肩袢提起，右手将帽插入左肩袢下，帽顶向上，帽徽朝前。

2. 戴帽

口令：戴帽。

要领：双手捏帽檐或者帽墙前端两侧，取捷径将帽迅速戴正。

携枪时，用左手脱、戴帽。

需夹帽时，双手捏帽檐或者帽前端两侧，取捷径将帽取下，左手握帽檐（女军人戴卷檐帽时，将四指并拢，置于下方帽檐与帽墙之间），小臂夹帽自然伸直，帽顶向左，帽徽朝前。

（七）整理着装

整理着装通常在立正的基础上进行。

口令：整理着装。

要领：双手（持自动步枪时，将枪夹于两腿间）从帽子开始，自上而下，将着装整理好。必要时，也可以相互整理。整理完毕，自行稍息。听到“停”的口令，恢复立正姿势。

（八）敬礼

敬礼分为举手礼、注目礼和举枪礼。

1. 敬礼

（1）举手礼。

口令：敬礼。

要领：上体正直，右手取捷径迅速抬起，五指并拢自然伸直，中指微接帽檐右角前约2厘米处（戴卷檐帽、无檐帽或者不戴军帽时微接太阳穴，约与眉同高），手心向下，微向外张（约20度），手腕不得弯曲，右大臂略平，与两肩略成一线，同时注视受礼者（见图6－10）。

（2）注目礼。

要领：面向受礼者成立正姿势，同时注视受礼者，并目迎目送（左、右转头角度不超过45度）。

2. 礼毕

口令：礼毕。

要领：行举手礼者，将手放下；行注目礼者，将头转正。

3. 单个军人敬礼

要领：单个军人在距受礼者5～7步处，行举手礼或者注目礼。

徒手或者背枪时，停止间，应当面向受礼者立正，行举手礼，待受礼者还礼后礼毕；行进间（跑步时换齐步），转头向受礼者行举手礼（手不随头转动），并继续行进，左臂仍自然摆动，待受礼者还礼后礼毕（见图6－11）。

图 6－10　敬礼

图 6－11　单个军人敬礼

携带武器（除背枪）等不便行举手礼时，不论停止间或者行进间，均行注目礼，待受礼者还礼后礼毕。

4. 分队、部队敬礼

(1) 停止间敬礼。

要领：当首长行进到距本分（部）队适当距离时，指挥员下达“立正”的口令，跑步到首长前 5～7 步处敬礼。待首长还礼后礼毕，再向首长报告。例如：“团长同志，×连正在进行队列训练，应到×××名，实到×××名，请指示，连长×××。”报告完毕，待首长指示后，答“是”，再敬礼。待首长还礼后礼毕，尔后跑步回到原来位置，下达“稍息”口令或者继续进行操练。

(2) 行进间敬礼。

要领：由带队指挥员按照单个军人行进间敬礼的规定实施，队列人员按照步法行进。

（九）军旗的掌持

军旗由部队首长指派一名掌旗员掌持，两名护旗兵护旗。护旗兵携自动步枪（冲锋枪）成挂枪姿势，位于掌旗员两侧。

掌旗员和护旗兵应当具备良好的军政素质和魁梧匀称的体形。

1. 掌旗姿势

掌持军旗的姿势分为持旗、扛旗和端旗三种。

持旗要领：立正时，右臂自然下垂，右手持旗杆，使旗杆垂直立于右脚外侧（见图 6－12）。稍息时，持旗姿势不变。

扛旗要领：听到“齐步——走”的预令后，左手握旗杆套下方约 10 厘米处，两手协力将旗上提，扛于右肩，旗杆套稍高于肩，右臂伸直，右手掌心向下握旗杆，左手放下（见图 6－13）。听到动令，开始行进。

端旗要领：右手握旗杆套下约 10 厘米处，右臂向前伸直，右手约与肩同高，左手握旗杆下部，左小臂斜贴于腹部（见图 6－14）。

图 6－12　持旗

图 6－13　扛旗

图 6－14　端旗

2. 扛旗、端旗互换

（1）扛旗换端旗。

口令：正步——走。

要领：听到“正步——走”的口令后，在左脚落地时，左手在右手腕处握旗杆；在右脚落地时，右手移握距旗杆套约 10 厘米处；再出左脚的同时，右臂向前伸直，左手向后压，两手协力转换成端旗姿势，继续行进。

（2）端旗换扛旗。

口令：齐步——走。

要领：听到“齐步——走”的口令后，在左脚落地的同时，收右臂，左手前推，将旗扛于右肩；在右脚落地时，右手移握旗杆下部，右臂伸直；在出左脚的同时，左手放下，换齐步行进。

（3）掌旗员、护旗兵行进中变换方向时，以掌旗员为轴。迎送军旗时，其行进、转弯、步法变换和停止的口令由掌旗员下达。

二、分队队列动作训练

（一）集合、离散

1. 集合

集合，是使单个军人、分队、部队按照规范队形聚集起来的一种队列动作。

集合时，指挥员应当先发出预告或者信号，如“全连（或者‘×排’）注意”，然后，站在预定队形的中央前，面向预定队形成立正姿势，下达“成××队——集合”的口令。所属人员听到预告或者信号，原地面向指挥员成立正姿势；听到口令，跑步到指定位置面向指挥员集合（在指挥员后侧的人员，应当从指挥员右侧绕过），自行对正、看齐，成立正姿势。

（1）班集合。

口令：成班横队（二列横队）——集合。

要领：基准兵迅速到班长左前方适当位置，成立正姿势；其他士兵以基准兵为准，依次向左排列，自行看齐。

成班二列横队时，单数士兵在前，双数士兵在后。

口令：成班纵队（二路纵队）——集合。

要领：基准兵迅速到班长前方适当位置，成立正姿势，其他士兵以基准兵为准，依次向后排列，自行对正。

成班二路纵队时，单数士兵在左，双数士兵在右。

（2）排集合。

口令：成排横队——集合。

要领：基准班在指挥员前方适当位置，成班横队迅速站好；其他班成班横队，以基准班为准，依次向后排列，自行对正、看齐。

口令：成排纵队——集合。

要领：基准班在指挥员左前方适当位置，成班纵队迅速站好；其他班成班纵队，以基准班为准，依次向右排列，自行对正、看齐。

（3）连集合。

口令：成连横队——集合。

要领：队列内的连指挥员或者基准排，在指挥员左前方适当位置，成横队迅速站好；各排和连部成横队，以连指挥员或者基准排为准，依次向左排列，自行对正、看齐。

口令：成连纵队——集合。

要领：队列内的连指挥员或者基准排，在指挥员前方适当位置，成纵队迅速站好；各排和连部成纵队，以连指挥员或者基准排为准，依次向后排列，自行对正、看齐。

口令：成连并列纵队——集合。

要领：队列内的连指挥员或者基准排，在指挥员左前方适当位置，成纵队迅速站好；各排和连部成纵队，以连指挥员或者基准排为准，依次向左排列，自行对正、看齐。

2. 离散

离散，是使列队的单个军人、分队、部队各自离开原队列位置的一种队列动作。

(1) 离开。

口令：各营（连、排、班）带开（带回）。

要领：队列中的各营（连、排、班）指挥员带领本队迅速离开原列队位置。

(2) 解散。

口令：解散。

要领：队列人员迅速离开原列队位置。

（二）整齐、报数

1. 整齐

整齐，是使列队人员按照规定的间隔、距离，保持行、列齐整的一种队列动作。整齐分为向右（左）看齐和向中看齐。

口令：向右（左）看——齐；向前——看。

要领：基准兵不动，其他士兵向右（左）转头（持枪时，听到预令，迅速将枪稍提起，看齐后自行放下），眼睛看右（左）邻士兵腮部，前四名能通视基准兵，自第五名起，以能通视到本人以右（左）第三人为度。后列人员，先向前对正，后向右（左）看齐。听到“向前——看”的口令，迅速将头转正，恢复立正姿势。

口令：以×××为准，向中看——齐；向前——看。

要领：当指挥员指定“以×××为准（或者‘以第×名为准’）”时，基准兵答“到”，同时左手握拳高举，大臂前伸与肩略平，小臂垂直举起，掌心向右；听到“向中看——齐”的口令后，其他士兵按照向左（右）看齐的要领实施；听到“向前——看”的口令后，基准兵迅速将手放下，其他士兵迅速将头转正，恢复立正姿势。

一路纵队看齐时，可以下达“向前——对正”的口令。

2. 报数

口令：报数。

要领：横队从右到左（纵队由前向后）依次以短促洪亮的声音转头（纵队向左转头）报数，最后一名不转头。数列横队时，后列最后一名报“满伍”或者“缺×名”。连集合时，由指挥员下达“各排报数”的口令，各排长在队列内向指挥员报告人数，如“第×排到齐”或者“第×排实到××名”。

必要时，连也可以统一报数。

要领：连实施统一报数时，各排不留间隔，要补齐，成临时编组的横队队形。

报数前，连指挥员先发出“看齐时，以第一排长为准，全连补齐”的预告，而后下达“向右看——齐”口令，待全连看齐后，再下达“向前——看”和“报数”的口令。报数从一排长开始，后列最后一名报“满伍”或者“缺×名”。

（三）出列、入列

单个军人和分队出、入列通常用跑步（5 步以内用齐步，1 步用正步），或者按照指挥员指定的步法执行。然后行进到指挥员右前侧适当位置或者指定位置，面向指挥员成立正姿势。

1. 单个军人出列、入列

（1）单个军人出列。

口令：×××（或者“第×名”），出列。

要领：出列军人听到呼点自己姓名或者序号后应当答“到”，听到“出列”的口令后，应当答“是”，然后按指挥员指定的步法执行。

①位于第一列（左路）的军人，按照本条上述规定，取捷径出列。

②位于中列（路）的军人，向后（左）转，待后列（左路）同序号的军人向右后退 1 步（左后退 1 步）让出缺口后，按照本条的上述规定从队尾（纵队时从左侧）出列；位于“缺口”位置的军人，待出列军人出列后，即复原位。

③位于最后一列（右路）的军人出列，先退 1 步（右跨 1 步），然后按照本条有关规定从队尾出列。

（2）单个军人入列。

口令：入列。

要领：听到“入列”口令后，应当答“是”，然后按照与出列相反的程序入列。

2. 班、排出列、入列

（1）班、排出列。

口令：第×班（排），出列。

要领：听到“第×班（排）”的口令后，由出列班（排）的指挥员答“到”，听到“出列”的口令后，由出列班（排）的指挥员答“是”，并用口令指挥本班（排），按照本条的有关规定，以纵队形式从队尾（位于第一列的班取捷径）出列。

（2）班、排入列。

口令：入列。

要领：听到“入列”的口令后，由入列班（排）指挥员答“是”，并用口令指挥本班（排），以纵队形式从队尾（位于第一列的班取捷径）入列。

（四）行进、停止

横队和并列纵队行进以右翼为基准，纵队行进以左翼为基准（一路纵队行进以先头为基准）。

(1) 行进，指挥员应当下达“×步——走”的口令。听到口令，基准兵向正前方前进，其他士兵向基准翼标齐，保持规定的间隔、距离行进。纵队行进时，排、连通常成三路纵队，也可以成一、二路纵队。行进中，需要时，用“一二一”（调整步伐的口令）、“一二三四”（呼号）或者唱队列歌曲，以保持步伐的整齐和士气的高涨。

(2) 停止，指挥员应当下达“立——定”的口令。听到口令，按照立定的要领实施，分队的动作要整齐一致。停止后，听到“稍息”的口令，先自行对正、看齐，再稍息。

（五）队形变换

队形变换，是由一种队形变为另一种队形的队列动作。

横队变纵队：停止间口令：向右——转。
　　　　　　行进间口令：向右转——走。
纵队变横队：停止间口令：向左——转。
　　　　　　行进间口令：向左转——走。

要领：停止间，按照单个军人向右（左）转的要领实施。行进间，按照单个军人向右（左）转走的要领实施。分队动作要整齐一致。队形变换后，排以上指挥员应当进到规定的列队位置。

（六）方向变换

方向变换，是改变队列面对的方向的一种队列动作。

1. 横队和并列纵队方向变换

停止间，通常是左（右）转弯或者左（右）后转弯，必要时可以向后转。

口令：左（右）转弯，齐（跑）步——走，或者左（右）后转弯，齐（跑）步——走。向后——转，应当先下“向后——转”的口令，待方向变换后，再下“齐（跑）步——走”的口令。

行进间口令：左（右）转弯——走，或者左（右）后转弯——走。

要领：一列横队方向变换时，轴翼士兵踏步，并逐渐向左（右）转动；外翼第一名士兵用大步行进并同相邻士兵动作协调，逐步变换方向（愈接近轴翼者，其步幅愈小），其他士兵用眼睛的余光向外翼取齐，并保持规定的间隔和排面整齐，转到90度或者180度时踏步并取齐，听口令前进或者停止。

2. 纵队方向变换

停止间，通常是左（右）转弯，或者左（右）后转弯，必要时可以向后转。

口令：左（右）转弯，齐（跑）步——走，或者左（右）后转弯，齐（跑）步——走。向后——转，齐（跑）步——走（按照横队和并列纵队向后转走的方法实施）。

行进间口令：左（右）转弯——走，或者左（右）后转弯——走。

要领：一路纵队方向变换，基准兵在左（右）转弯时，按照单个军人行进间转法（停止间，左转弯走时，左脚先向前一步）的要领实施，在左（右）后转弯时，用小步边行进边变换方向，转到90度或者180度后，照直前进；其他士兵逐次进到基准兵的转弯处，转向新方向跟进。

数路纵队方向变换时，按照数列横队和并列纵队方向变换的要领实施。

第三节　阅兵

一、阅兵形式

阅兵分为阅兵式和分列式。通常进行两项，根据需要，也可以只进行一项。

二、阅兵程序

阅兵分为上级首长检阅和本级首长检阅。学生军训后阅兵，一般由本校党政领导检阅，阅兵指挥由学生军训团领导担任。这里以团阅兵为例。

阅兵程序是：

（一）迎军旗

迎军旗在阅兵式开始前进行。具体方法按照“迎军旗”的规定实施。

（二）阅兵式

阅兵式的队形通常为营横队或团横队，或者由团首长临时规定。列队时，各枪手分别持枪（冲锋枪手为挂枪）。其程序是：

1. 阅兵首长接受阅兵指挥报告

当阅兵首长行至本团队列右翼适当距离时或者在阅兵台就位后，阅兵指挥在队列中央前下达“立正”的口令，随后跑到阅兵首长5～7步处敬礼，待阅兵首长还礼后礼毕并报告。例如：“××同志，×××××列队完毕，请您检阅。”报告后，左跨1步，向右转，让首长先走，而后在其右后侧跟随陪阅。

2. 阅兵首长向军旗敬礼

阅兵首长行至距军旗适当位置时，应当立正向军旗行举手礼（陪阅人员面向军旗，行注目礼）。

3. 阅兵首长检阅部队

当阅兵首长行至各分队队列右前方时，各分队指挥员下达“敬礼”的口令。

听到口令后，位于指挥位置的军官行举手礼，其余人员行注目礼，目迎、目送首长（左、右转头不超过45°）。当首长问候“同志们好”或者“同志们辛苦了”时，队列人员应当齐声洪亮地回答“首——长——好”或者“为——人民——服务”；当首长通过后，指挥员下达“礼毕”的口令，队列人员礼毕。

4. 阅兵首长上阅兵台

阅兵首长检阅完毕后上阅兵台，阅兵指挥跑步到队列中央前，下达“稍息”口令，队列人员稍息。阅兵指挥跑步到自己的列队位置。

（三）分列式

团分列式队形由团阅兵式队形调整变换，或者由团首长临时规定。

团分列式应当设四个标兵（或插标兵旗）。一、二标兵之间和三、四标兵之间的间隔各为15米，二、三标兵之间的间隔为40米。标兵应当携带自动步枪，并在枪上插标兵旗。

分列式程序：

1. 标兵就位

分列式开始前，阅兵指挥在队列中央前，下达“立正”“标兵，就位”的口令。标兵听到口令，成一路纵队持（托）枪跑步到规定的位置，面向部队成持枪立正姿势。

2. 调整部（分）队为分列式队形

标兵就位后，阅兵指挥下达“分列式，开始”的口令，而后，跑步到自己的列队位置。听到口令后，各分队按照规定的方法携带武器（掌旗员扛旗），各分队指挥员进到本分队队列中央前，下达口令，指挥分队变换成分列式队形。

3. 开始行进

变换成规定的分列式队形后，指挥员下达“齐步——走”的口令。听到口令后，齐步前进，其余分队依次待前一分队离开约15米时，分别由分队指挥员下达“齐步——走”的口令，指挥本分队人员前进。

4. 接受首长检阅

各分队行至第一标兵处，将队列调整好。

进到第二标兵处，掌旗员下达“正步——走”的口令，并和护旗兵同时由齐步换正步，扛旗换端旗（掌旗员和护旗兵不转头）。此时，阅兵首长和陪阅人员应当向军旗行举手礼。分队指挥员分别下达“向右——看”的口令，队列人员听到口令后（可喊“一、二”），按照规定换正步（步枪手换端枪）行进，并在左脚着地的同时向右转头（位于指挥位置的军官行举手礼，并向右转头，各列右翼第一名不转头）不超过45度注视阅兵首长。此时，阅兵台最高首长行举手礼，其他人员行注目礼。

进到第三标兵处，掌旗员下达“齐步——走”的口令，并与护旗兵由正步换齐步，同时换扛旗；其他分队由上述指挥员分别下达“向前——看”的口令，队列人员听到口令后，在左脚着地时礼毕（将头转正），同时换齐步（步枪手换提枪）行进。

各分队通过第四标兵，换跑步到指定位置。待最后一个分队通过第四标兵，阅兵指挥下达“标兵，撤回”的口令，标兵按照相反顺序跑步撤至预定位置。

（四）阅兵首长讲话

分列式结束后，阅兵指挥调整好队形，请阅兵首长讲话。讲话完毕，阅兵指挥下达“立正”口令，向阅兵首长报告阅兵结束。

（五）送军旗

送军旗，在阅兵首长讲话后或者分列式结束后进行。

复习思考题

1. 什么是共同条令？军队颁布共同条令的意义是什么？
2. “三大纪律、八项注意”的内容是什么？大学生应如何增强组织纪律观念？
3. 结合队列训练，你认为应该怎样培养良好的军人姿态和作风？
4. 你认为军人的顽强拼搏精神与大学生的刻苦学习精神有无必然的联系？

第七章　轻武器射击

轻武器通常是指各种枪械及其他由单兵或战斗班（组）携行战斗的武器。轻武器主要有：手枪、步枪、冲锋枪、机枪、手榴弹、火箭筒、轻型火炮（迫击炮、无坐力炮）和反坦克导弹等。

第一节　轻武器常识

轻武器是陆军步兵的基本武器，也是空军、海军和其他兵种自卫和近战的突击武器。纵观世界各国军队装备，品种、数量最多的是步兵轻武器，它经历了漫长的战斗岁月，已逐步发展成现代轻武器的一个大家族。

一、几种常见的轻武器及其常用的维护方式

（一）56 式半自动步枪

1. 战斗性能

56 式 7.62 毫米半自动步枪，是我军步兵分队装备较早的一种半自动轻武器，是步兵近战中消灭敌人的主要武器。主要用于对 400 米以内的单个目标实施射击，精度较高。集中火力可射击 500 米内的飞机和伞兵，杀伤 800 米内的集团目标。弹头飞行到 1 500 米仍有杀伤力。使用 56 式普通弹，在 100 米距离上能射穿 6 毫米厚的钢板、15 厘米厚的砖墙、30 厘米厚的土层和 40 厘米厚的木板。

2. 主要诸元

口径：7.62 毫米

空枪重：3.85 千克

枪全长：1 260 毫米（带枪刺）

战斗射速：35 ~40 发/分

普通弹初速：735 米/秒

弹头最大飞行距离：约 2 000 米

3. 主要部件名称和用途

56 式半自动步枪由枪刺、枪管、瞄准具、活塞及推杆、机匣、枪机、复进机、击发机、弹仓、木托十大部件组成（见图 7－1）。另有一套附品。

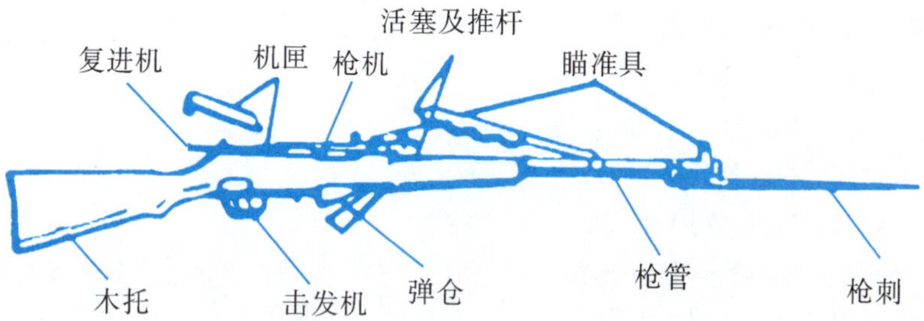

图 7－1　56 式半自动步枪十大部件

（1）枪刺（刺刀）：用以刺杀敌人。

（2）枪管：用以赋予弹头飞行方向（弹头旋转运动）。

（3）瞄准具：由表尺和准星组成，用以瞄准。

（4）活塞及推杆：活塞装在活塞筒内，用以传导火药气体压力，推压推杆向后。

（5）机匣：用以容纳枪机和复进机，固定击发机和弹仓。

（6）枪机：由机栓和机体组成，用以送弹、闭锁、击发和退壳，并能使击锤向后成待发状态。

（7）复进机：由复进簧、导管、导杆和支撑环组成，用以使枪机回到前方位置。

（8）击发机：用以与枪机相互作用形成待发和击发。

（9）弹仓：由弹仓体、弹仓盖、托弹板和托弹杆等组成，用以容纳和托送子弹，可容 10 发子弹。

（10）木托：便于操作。

附品：包括擦拭杆、鬃刷、冲子、附品筒、通条、油壶、背带和子弹袋。用以分解结合、擦拭上油、携带和排除故障。

（二）56 式冲锋枪

1. 战斗性能

56 式冲锋枪是我军装备较早的一种近战消灭敌人的自动武器。对 300 米以内单个目标实施点射，对 400 米以内的单个目标实施单发射击效果最好，必要时也可实施连发射。弹头飞行到1 500米处仍有杀伤力。集中火力可对500米内的飞机、伞兵进行射击，可以杀伤800米内的集团目标，在100米距离上能击穿6毫米厚的钢板、15厘米厚的砖墙、30厘米厚的土层或40厘米厚的木板。

该枪使用7.62毫米子弹，弹匣可容纳30发子弹。子弹射完后不挂机。

2. 主要诸元

口径：7.62毫米

空枪重：4.3千克

枪全长：1 102毫米（带枪刺）

战斗射速：600发/分

枪口初速：710~730米/秒

3. 主要部件名称和用途

该枪由以下十大部件组成：

（1）枪刺（刺刀）：用来刺杀敌人。

（2）枪管：赋予弹头及枪榴弹飞行方向。

（3）瞄准具：由表尺和准星组成，用来瞄准。

（4）导气装置：用来调节和承受火药气体的压力，推压枪机向后。

（5）机匣：用来容纳枪机、复进机，固定击发机和弹匣。

（6）枪机：用来送弹、闭锁、击发和退壳，并能使机锤向后成待发状态。

（7）复进机：由导管、导杆、导管座、复进簧和支撑环组成，使枪机回到前方位置。

（8）击发机：用来与枪机相互作用形成待发和击发。

（9）弹匣：用来容纳和托送子弹。

（10）枪托：用来操枪、据枪。

附品：包括擦拭杆、鬃刷、冲子、附品筒、通条、油壶、背带和弹匣袋，用来分解结合、擦拭上油和排除故障。

（三）81式自动步枪

1. 战斗性能

81式自动步枪是一种近距离消灭敌人的自动武器，既可对400米以内的单个目标实施有效射击，也可集中火力射击500米以内的集团目标，弹头飞行至2 000米处仍有杀伤力。既可进行半自动射击（打单发），又可进行自动射击（打连发），还可发射枪榴弹。该武器在100米距离上使用56式普通子弹，可穿透6毫米厚的钢板、15厘米厚的砖墙、30厘米厚的土层或40厘米厚的木板。

该枪使用7.62毫米子弹，弹匣可容纳30发子弹，当弹匣的最后一发子弹发射出去时，滑机退回到后面挂机。

2. 主要诸元

口径：7.62 毫米

空枪重：3.4 千克

枪全长：1 104 毫米（带枪刺）

战斗射速：600～750 发/分

初速：750 米/秒

3. 主要部件名称和用途

该枪由十大部件组成，其各部件名称及用途同 56 式冲锋枪。冲锋枪和 81 式自动步枪的机件组成如图 7－2 所示。

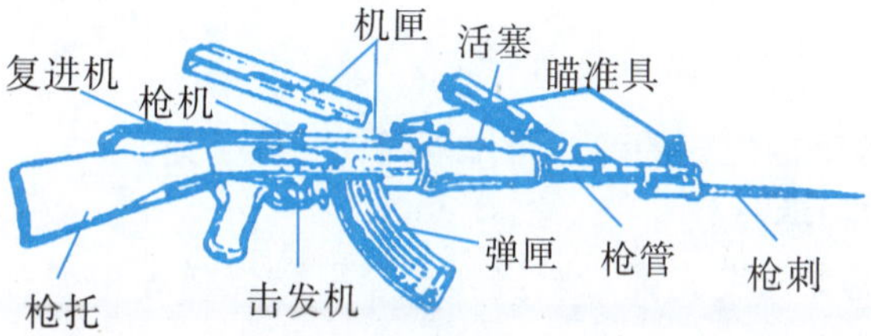

（1）56式冲锋枪十大部件

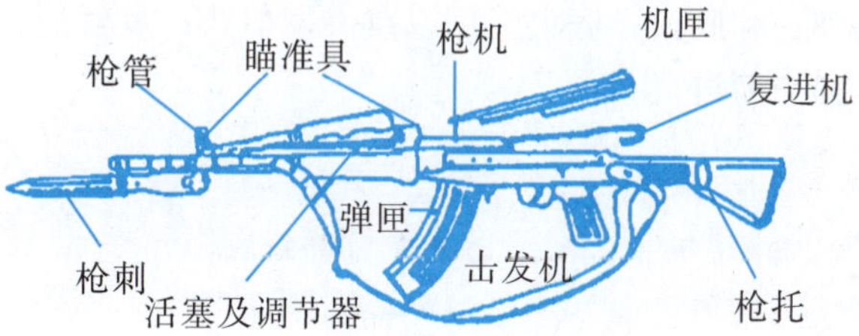

（2）81式自动步枪十大部件

图 7－2 56 式冲锋枪和 81 式自动步枪的部件组成

武器装备的保养要做到“两勤四不”，即勤检查、勤擦拭，不碰摔、不生锈、不损坏、不丢失。

正常情况下，每周至少擦拭一次。实弹射击后应用油布将武器认真擦拭干净并上油，在以后的三四天内应每天擦拭一次。训练、演习后，应用干布和油布进行擦拭。擦拭后可将武器放在通风干燥处晾干，严禁火烤和曝晒。

擦拭前，应分解武器。分解前必须验枪。分解时，要按顺序和要领进行，不要强敲硬卸；分解下来的部件应按次序放在干净的物体上；除所规定的分解内容外，不准分解其他部件。

二、半自动原理

扣扳机后，击锤打击撞针，撞击子弹底火，点燃发射药，产生火药气体，推送弹头沿膛线向前运动，弹头一经过导气孔，部分火药气体通过导气孔，涌入导气箍，冲击活塞，推动推杆，使枪机向后，压缩复进簧，完成开锁、抛壳，并使击锤成待发状态；枪机退到后方时，由于复进簧的伸张，使枪机向前运动，推送下一发子弹入膛，闭锁；此时，由于击锤已被击发阻铁卡住，不能向前打击击针。若再次发射，必须松开扳机，再扣扳机。

三、子弹

各种枪械从枪管内发射的弹药叫作枪弹，又称子弹。

（一）子弹的种类

子弹分为普通弹、曳光弹、燃烧弹、穿甲燃烧弹等种类；另外，还有空包弹、教练弹等辅助弹。

（二）子弹的组成和用途

子弹由弹头、弹壳、底火和发射药组成。弹头，用以杀伤敌人；弹壳，用以容纳发射药安装弹头和底火；底火，用以点燃发射药；发射药，用以燃烧后产生火药气体，推送弹头前进（见图7-3）。

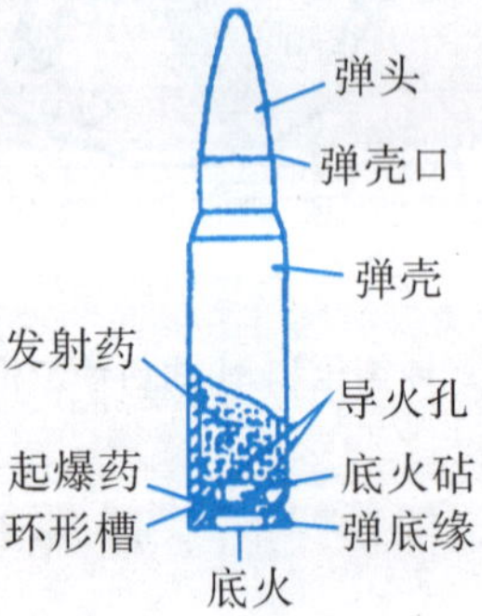

图7-3　子弹

第二节　简易射击原理

一、发射与后坐

（一）发射

发射是指火药气体压力将弹头从膛内推送出击的现象。

发射过程：撞针撞击子弹底火，使起爆药发火，火焰通过导火孔引燃发射药，产生大量火药气体，在膛内形成高压，迫使弹头脱离弹壳，沿膛线旋转加速前进，直至推出枪口。

（二）后坐

后坐是指发射时枪械向后运动的现象。

后坐的形成：发射药燃烧时，产生的气体同时作用于各个方向，作用于膛壁周围的压力被膛壁所抵消；向前作用于弹头后部的压力推送弹头前进；向后作用于弹壳底部的压力经过枪机传给整个武器，使武器向后运动，形成后坐。

后坐对射击命中的影响：由于弹头在膛内的运动时间极短（约千分之一秒），并且枪比弹头重得多（半自动步枪在400倍以上）。因此，弹头在脱离枪口以前，枪的后坐距离只有1毫米多，而且是正直向后运动的，加之衣服和肌肉的缓冲，射手是感觉不出来的。射手感觉到的后坐，主要是弹头在脱离枪口的瞬间，火药气体猛烈向枪口外喷出形成的反作用力造成的。此时，弹头已脱离枪口，因此，后坐对于单发射击影响较小，但对于连发，因第一发子弹射击后产生的后坐力使枪发生移动，改变了瞄准线，因此影响较大。故在连发射击时，射手必须掌握一定的连发射击规律和据枪要领，只有这样才能提高命中精度。

二、弹道

（一）弹道的定义

弹道是指弹头脱离枪口在空气中飞行的路线。弹头在飞行中，一方面受地心引力的作用，逐渐下降；一方面受空气阻力的作用，越飞越慢。这两种力的作用，使弹头的飞行线路形成一条不均等的弧线，升弧较长较直，降弧较短较弯曲（见图7－4）。

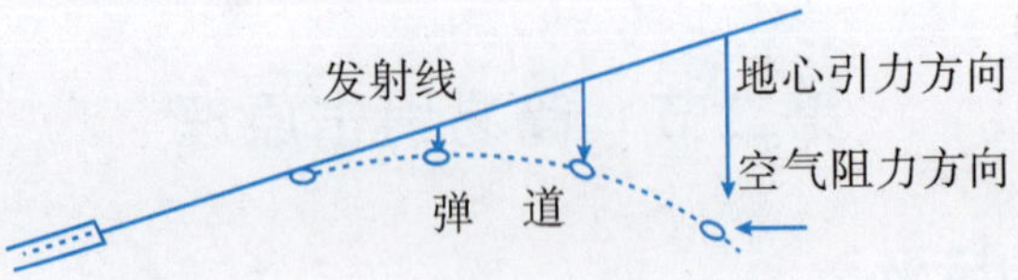

图 7－4　弹道的形成

（二）直射和直射距离

直射是指瞄准线上的弹道高在整个表尺距离内不超过目标高的发射。这段射击距离叫作直射距离（见图 7－5）。

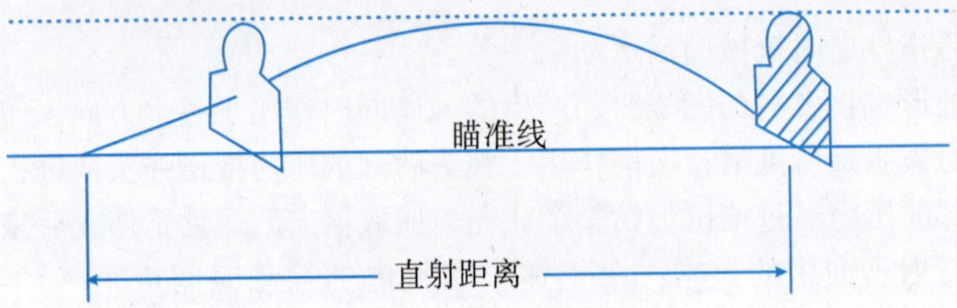

图 7－5　直射和直射距离

直射距离的大小是根据目标的高低与弹道的低伸程度决定的。目标越高，弹道就越低伸，直射距离就越大；目标越低，弹道越弯曲，直射距离就越短。通常情况下，半自动步枪和冲锋枪对人头目标的直射距离为 200 米，对人胸目标为 300 米，对半身目标为 400 米。

在射击过程中，对在直射距离内的目标可以不变更表尺分划，瞄准目标下沿射击，以增大射速、提高射击效果。

（三）危险界、遮蔽界和死角

危险界是指弹道高没有超过目标高的一段距离。目标暴露得越高，地形越平坦，弹道越低伸，危险界就越大，目标就越容易被杀伤；目标暴露得越低，地形越复杂，弹道越弯曲，危险界就越小，目标就不易被杀伤。遮蔽界是指从弹头不能穿射的遮蔽物顶端到弹着点的一段距离。死角是指目标在遮蔽界内不会被杀伤的一段距离。遮蔽物越高，目标越低，死角就越大；反之，死角就越小（见图 7－6）。

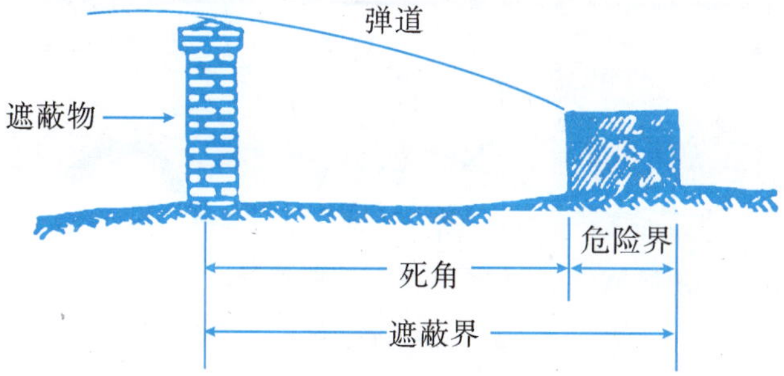

图 7-6　危险界、遮蔽界和死角

危险界、遮蔽界和死角有很大的实用意义，是作战时隐蔽自己和选择有利射击位置必须考虑的因素。

三、选定表尺分划和瞄准点

（一）瞄准具的作用

弹头在飞行中，受到地心引力和空气阻力的作用，会逐渐下降和越飞越慢。如果用枪管瞄向目标射击，弹头就会打低、打近。为了命中目标，必须将枪口抬高。不同距离上枪口抬高多少，在表尺上刻有相应的分划，只要按目标的距离装定相应的表尺分划瞄准射击，就能命中目标（见图 7-7）。

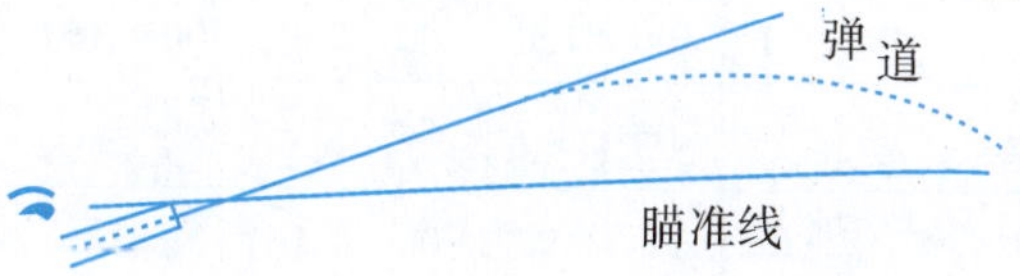

图 7-7　用瞄准具瞄准射击的弹道

（二）瞄准要素

瞄准基线：缺口的上沿中央到准星尖的直线。

瞄准线：视线通过缺口的上沿中央和准星尖到瞄准点的直线。

瞄准点：瞄准线所指向的一点。

瞄准角：射线与瞄准线的夹角。

弹道高：弹道上任何一点到瞄准线的垂直距离（见图 7-8）。

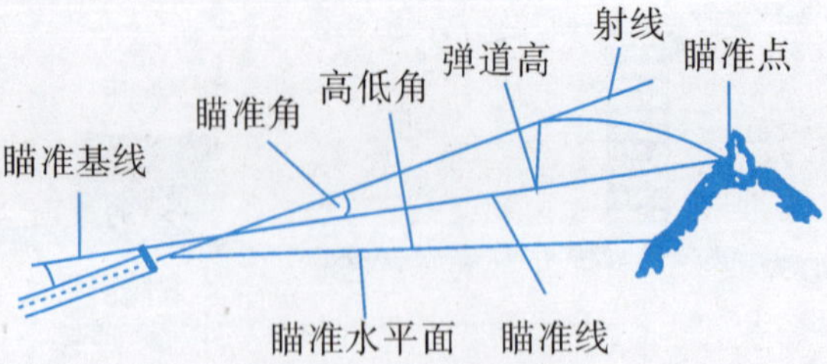

图 7－8　瞄准要素

(三) 选定表尺分划和瞄准点的方法

为使射弹准确地命中目标，射击时，射手应根据目标距离、目标大小和弹道高，选定适当的表尺分划和瞄准点。方法是：

①目标距离几百米，就装定表尺几刻度，瞄准目标中央。

②目标距离不是百米整数时，通常选定大于实际距离的表尺分划，适当降低瞄准点射击。也可选定小于实际距离的表尺分划，适当提高瞄准点射击。

③目标距离 300 米内，通常装定表尺“3”或常用表尺，小目标瞄下沿，大目标瞄中央。弹道高如表 7－1 所示。

表 7－1　弹道高表

枪杆	表尺	距离（米）									
		50	100	150	200	250	300	350	400	450	500
半自动步枪	1	1	0	－7							
	2	6	11	9	0	－16					
	3	15	25	29	28	18	0	－29			
	4	21	42	55	62	61	51	31	0	－48	

第三节　射击动作和方法

一、验枪

为保证安全，在武器使用前后必须验枪，认真检查弹膛、弹匣中有无实弹。验枪时，严禁枪口对人。

验枪的口令：“验枪”“验枪完毕”。

动作要领：听到“验枪”口令后，右手将枪提起，以右脚掌为轴，身体半面向右转，左脚顺势向前迈出一步（两脚约与肩同宽），同时右手将枪向前送出，左手接握下护木，左大臂紧靠左肋，枪托贴于胯骨，枪刺尖略与眼同高，右手打开保险和弹仓盖，移握机柄。

当指挥员检查时，拉枪机向后。验过后，自行送回枪机，关上弹仓盖，扣扳机，关保险，移握枪颈。

听到“验枪完毕”口令后，右手移握上护木，身体半面向左转，在右脚靠拢左脚的同时，恢复持枪姿势。

二、卧姿装退子弹及定复表尺

口令：“卧姿——装子弹”“退子弹——起立”。

动作要领：听到“卧姿——装子弹”的口令后，右手将枪提起稍向前倾，左脚向右脚尖前迈出一大步，左手在左脚尖前支地，顺势卧倒，以身体左侧、左肘支撑全身，右手将枪向目标方向送出，左手接握表尺下方，枪托着地，右手拉枪机到定位；解开弹袋扣，取出子弹，插入弹夹槽，以食指或拇指将子弹压入弹仓（见图7－9），取出弹夹，送弹上膛，关保险；右手拇指和食指捏压游标卡笄，移动游标，使游标前切面对正所需的表尺分划，然后右手移握枪颈，全身伏地，两脚分开与肩同宽，身体与射向约成30度角，目视前方，准备射击。

图7－9　卧姿装子弹

射击完毕，听到“退子弹——起立”口令后，稍向左侧转身，右手打开弹仓盖，接住落下的子弹，装入弹袋；拇指拉机柄向后，余指接住从膛内退出的子弹，送回枪机，将子弹装入弹袋并扣好，关上弹仓盖，打开保险，扣扳机，关保险，复表尺，移握上护木，将枪收回。同时左小臂向里合，屈左脚于右脚下，以左手和两脚撑起身体，右脚向前一大步，左脚再向前一步，在两脚靠拢的同时，恢复持枪姿势。

跪姿与立姿装退子弹和定复表尺除了所取的姿势不一样外，其装退子弹和定复表尺的动作要领是基本相同的。

三、据枪、瞄准、击发

1. 据枪

卧姿有依托据枪时，下护木放在依托物上，左手托握表尺下方，手背紧靠依托物，也可将手垫在依托物上，左肘向里合，枪身要正，身体右侧与枪身略成一线；右手虎口向前紧握握把（半自动步枪握枪颈），食指第一节靠在扳机上，大臂略成垂直，右肘着地外撑；胸部挺起，身体稍前倾（右肘不离地），上体自然下塌，两手协同将枪托抵于肩窝。头稍前倾，自然贴腮（见图7－10）。

图7－10　卧姿有依托据枪

如果按要领据好枪后，应该有“一正两紧三确实”的感觉。一正：枪身要正；两紧：两肘要撑紧，握把要握紧；三确实：抵肩要确实，上体下塌要确实，腹部着地要确实。

掩体内跪姿据枪时，通常跪左膝，身体左前侧紧靠掩体前崖，右小腿垂直或右脚向后蹬，两肘抵在臂座上。掩体内立姿据枪时，左腿微屈，上体左前紧靠掩体前崖，右腿向后蹬，两肘抵在臂座上。

2. 瞄准

（1）瞄准的动作要领。

右眼通视缺口和准星，使准星尖位于缺口中央并与上沿平齐，指向瞄准点，这就是正确瞄准（见图7－11）。

（1）准星与缺品的正确关系　　（2）正确的瞄准景况

图7－11　正确瞄准

瞄准时，应集中主要精力于准星与缺口的平正关系上。如果集中主要精力于准星与目标上，就会忽略准星与缺口的平正关系，造成误差。正确的瞄准景况，应是准星与缺口的平正关系看得清楚，而目标看得较模糊。

（2）瞄准误差对命中的影响。

①准星与缺口关系不正确。如果准星与缺口关系不正确，对射弹命中目标影响很大，准星偏哪，弹着点就偏哪（见图 7－12）。瞄准时，准星尖在缺口内偏差 1 毫米，在 100 米距离上射弹偏差 21 厘米。距离增加几倍，偏差量就增加几倍。

②瞄准线指向的偏差。瞄准时，若准星与缺口的关系正确，而瞄准线指向产生偏差时，射弹也会产生偏差，射弹偏差与瞄准线指向的偏差相一致，如瞄准线指向偏左 15 厘米，射弹也就偏左 15 厘米。

③枪面倾斜。枪面倾斜对命中精度也有一定影响，因为枪面倾斜，使枪身轴线的指向产生了偏差。枪面偏左，射弹偏左下；枪面偏右，射弹偏右下。

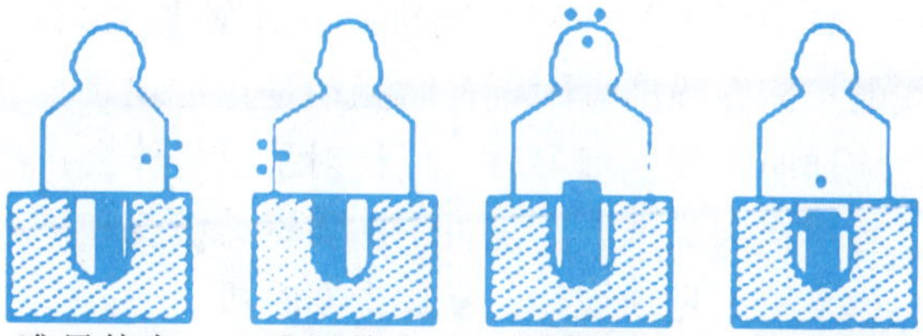

图 7－12　准星与缺口关系不正确对命中的影响

（3）检查。

①个人检查瞄准的方法。瞄准时，头稍左右移动，检查准星是否位于缺口中央；头稍上下移动，检查准星尖是否与缺口上沿平齐。

②遮挡检查。一人瞄准时，另一人用一张白纸置于准星前方，少时再移开；还可一人瞄准时，另一人用手置于缺口上方遮挡，少时再移开。两种方法均可检查准星与缺口是否平正。

③固定枪检查。将枪放在依托物上，瞄准后不动枪，互相检查瞄准的正确程度。

④检查镜检查。将检查镜固定在枪上，检查者位于射手的左侧进行检查。

3. 击发

击发的动作要领：用右手食指第一节均匀正直地向后扣压扳机，余指力量不变。当瞄准线接近瞄准点附近轻微晃动时，开始预压扳机，并减缓呼吸，若瞄准线指向瞄准点时，应屏住呼吸，继续增加对扳机的压力，直至击发。击发瞬间应保持正确一致的瞄准。若瞄准线偏离瞄准点较远或不能继续屏住呼吸时，待修正或换气后，再继续扣压扳机。

4. 据枪、瞄准、击发中容易出现的问题及克服方法

（1）抵肩位置不正确。

射击时，射手若不能正确地抵肩，会使射弹产生偏差。在通常情况下，抵肩过低易打低，抵肩过高易打高。纠正时，射手要反复体会正确的抵肩位置，并通过他人摸、推的方法检查抵肩位置是否正确。

（2）两手用力不当。

射击时，射手为了命中目标，往往以强力控制枪的晃动，造成肌肉紧张，用力方向不正，姿势不稳，使枪产生角度摆动，增大射弹散布。纠正时，应强调据枪时正直向后适当用力，使用力方向和后坐方向一致。

（3）击发时机掌握不好。

有依托射击时，有的射手常为捕捉瞄准点，而勉强击发或猛扣扳机。纠正时，应指出瞄准线的指向在瞄准点附近轻微晃动是正常现象，当瞄准线在瞄准点附近轻微晃动时，应适时击发。练习时，可让射手反复体会在保持准星与缺口平正关系的基础上，自然指向瞄准点。也可用加强臂力锻炼和采取逐步缩小瞄准区的辅助练习方法，摸索枪的晃动规律，掌握击发时机。

（4）屏住呼吸过早。

射击时，屏住呼吸过早容易造成憋气，使肌肉颤动、据枪不稳或猛扣扳机。纠正时，应使射手反复体会在瞄准线指向瞄准点或在瞄准点附近轻微晃动时，自然屏住呼吸的要领，在剧烈运动后，无法按正常情况屏住呼吸时，应进行深呼吸后再屏住呼吸。

（5）耸肩、眨眼和猛扣扳机。

射击时，由于射手过多地考虑枪响时机、射击成绩等原因，造成心情紧张，产生耸肩、眨眼和猛扣扳机等错误动作。纠正时，应强调按要领操作，把主要精力、视力集中在准星与缺口的平正关系上，达到自然击发。

（6）枪面倾斜。

瞄准时，如枪面偏左（右），射角减小，枪身轴线指向瞄准点左（右）边，射击时，弹着点偏左（右）下。纠正时，采取正误对比方法使射手体会保持枪面平正的要领。

另外，还要消除紧张心理，防止打错靶。

第四节　实弹射击

一、实弹射击条件

半自动步枪第一练习实弹射击条件如表 7－2 所示：

表 7－2　半自动步枪第一练习实弹射击条件

目的	目标	距离	姿势	使用弹数	成绩评定	实施方法
锻炼射手对固定目标准确射击的技能	胸环靶	100米	卧姿有依托	5发	优等：命中 45 环以上 良好：命中 40 环以上 及格：命中 30 环以上	1. 表尺瞄准点自选，自下达装子弹口令起 10 分钟内射击完毕 2. 每发射一发后报靶，并指示弹着点

二、实弹射击有关规定

①实弹射击时，射手必须使用手中武器（学生军训使用矫正合格的武器）射击。

②射击中如发生故障，射手应自行排除，继续射击。如因武器、子弹不良发生故障，可重新射击。

③对环靶射击时，命中环线算内环。跳弹命中靶子不算成绩。

④打错靶算脱靶。被打错者，如无法判明错弹时，可重新射击。

⑤不及格者可补射一次。补射成绩不算单位成绩。

⑥单位实弹射击成绩评定。

优秀——及格率 90% 以上，其中优良率不少于 40%；

良好——及格率 80% 以上，其中优良率不少于 40%；

及格——及格率 70% 以上。

三、实弹射击的组织及职责

为保证实弹射击安全、顺利地进行，应事先建立组织，明确职责。通常应设立射击指挥员、警戒组、示靶组和信号组等。

射击指挥员，主要负责设置场地，派遣勤务，督促全体人员遵守射击场各项规定和安全措施，指挥射击。

警戒组，主要负责射击场的警戒和观察任务，防止人员和牲畜进入射击场发生险情。

示靶组，负责设靶、示靶和报靶。

信号组，负责发出各种信号，并负责观察射击场的安全情况，发生险情应立即报告。

四、实弹射击安全措施

①射击场必须具备可靠的靶挡和确保安全的靶壕及掩蔽部，并应避开高压线和其他重要设施。

②射击场应标示出发地线和射击地线，无关人员不得越过出发地线。

③实弹射击前，必须仔细搜索靶场警戒区，派出警戒，设置警戒旗。

④射击前，应向全体人员明确规定开始射击、停止射击、报靶和射击终止等各种信号。

⑤发出准备射击信号后，示靶人员应迅速隐蔽，严禁向外张望和外出。

⑥实弹射击时，射向不得超出安全射界。

⑦射击前后必须验枪。

无论枪内有无子弹，射手都不得将枪口对人。严禁将装有实弹的武器随意放置或交给他人。严禁将实弹和教练弹混在一起。没有指挥员的命令，射手不准装弹。报靶时，严禁在射击地线摆弄武器或向靶区瞄准。

复习思考题

1. 半自动步枪的主要诸元和战斗性能是什么？
2. 如何选定表尺分划和瞄准点？
3. 瞄准的动作要领有哪些？如何做到正确瞄准？
4. 实弹射击有哪些规定？

第八章　战术

战术是进行战斗的方法，主要内容包括基本原则、兵力部署、协同动作、战斗指挥、战斗行动的方法和各种保障措施。战术从属于战役和战略，并对战役和战略产生一定的影响。灵活运用和变换战术，对于夺取战斗的胜利具有重要意义。

第一节　战斗类型和战斗样式

战斗，是敌对双方兵团、部队、分队进行的有组织的作战行动。战斗的敌对双方为达到一定的战术目标，在较短的时间和较小的空间内进行的有组织的直接武装冲突，是达到战役或战争目的的基本手段，具有丰富的表现形式。

一、战斗类型

战斗类型是按武装冲突的性质、目的及相关条件，对作战所进行的分类。其基本类型只有两种：一是进攻战斗，二是防御战斗。但战斗的发展往往会受到战斗目的、承担任务和有关条件的影响，战略家们应从夺取战争胜利这个全局出发，必须确定各阶段的战斗任务，组织各阶段的战斗。于是战斗又可细分为不同类型。例如，按战斗展开的空间分，有地面战斗、空中战斗、水上战斗、水下战斗等；按规模分，有军团战斗、兵团战斗、分队战斗等；按地形、气象条件分，有一般地形气象条件下的战斗和特殊地形气象条件下的战斗，还有夜间战斗和昼间战斗。无论怎么区分，都离不开进攻与防御两个基本战斗类型。

进攻战斗是主动进攻敌人的战斗，其目的是歼灭或击溃敌人，攻占重要地区或目标。其基本任务可能为下列各项之一：①突破敌人阵地，消灭防御之敌，夺占重要地域或目标；②攻歼阻止运动之敌；③破袭敌人的交通运输或重要目标；④攻占敌纵深要点，分割敌人部署；⑤断敌退路，阻敌增援，配合主力围歼敌人。

防御战斗是抗击敌人进攻的战斗，是辅助进攻或准备转入进攻的一种手段。其目的是杀伤、消耗、迟滞敌人，扼守阵地，争取时间，为直接转入进攻或保障其他方向的进攻创造条件。其基本任务可能为下列各项之一：①保卫重要目标或地域；②迟滞、消耗、钳制、吸引敌人，创造歼敌的有利战机或掩护主力进攻；③阻敌增援、突围或退却；④巩固占领的地区，抵御敌人反冲击；⑤掩护主力集中、机动或休整。

二、战斗样式

战斗样式是对战斗类型的进一步分类。无论是进攻战斗，还是防御战斗，由于敌情、地形、季节、任务和性质的不同，都可以划分为若干战斗样式。如在进攻战斗中，有对野战阵地防御之敌的进攻战斗、对坚固阵地防御之敌的进攻战斗、对立足未稳之敌的进攻战斗、对运动之敌的进攻战斗等战斗样式；在防御战斗中，有野战阵地防御战斗、坚固阵地防御战斗、机动防御战斗和仓促防御战斗等。作战的具体条件不同，作战的样式也就不同。我们必须根据具体条件，采取合理的战斗样式，才能取得胜利。尤其是在高技术条件下，战场指挥员要时刻保持清醒的头脑。如果在某一战役或战场上采取了不合理的战斗样式，既会损失人力、物力、财力，还可能导致战役、战场的失败，甚至导致整个战争的失败。

第二节　战术基本原则

战术原则，亦称战斗原则，是指战斗行动所依据的法则或标准，是战斗规律用于战斗指导的具体反映。在高技术条件下，我军确立的战术基本原则如下：

一、知彼知己，因势制敌

知彼知己，因势制敌是指在弄清敌人情况、熟知己方情况的基础上，以己方的优势打击敌方的弱处，最终夺取战争胜利。战斗中，对待敌情，除认真研究上级的通报之外，还应迅速组织力量对敌人进行侦察，切实查明当前敌人的兵力、部署，判明敌人的行动性质、企图及可能采取的战术手段，并找出敌人的强点和弱点；切实掌握战斗地域内的地理状况和特点，判明其对敌我双方战斗行动的影响；制订出克敌制胜的行动方案，以确保实施正确的战斗指挥。

二、消灭敌人，保存自己

消灭敌人，保存自己是战斗的基本目的。两者是一个对立的统一体，相互之间存在着辩证关系，在一定的条件下可以相互转化。从战略上说，战斗的目的在于消灭敌人，消灭敌人是第一性的，保存自己是第二性的。但从战术上说，两者的这种关系也不是一成不变的。如我军在革命战争中采取的“打得就打，打不赢就走”的战术，就是对“打”这种消灭敌人的手段和“走”这种保存自己的手段的灵活运用，在打走结合、打走转换中，实现消灭敌人与保存自己。

三、集中兵力，各个歼灭

集中兵力，各个歼灭是克敌制胜的基本战斗方法，无论进攻或防御，部队都应集中自己的兵力，打击一个主要目标，力求消灭当前之敌，然后再转移兵力，打击另一部分敌人，以达到各个歼灭敌人之目的。集中兵力，各个歼灭，必须将战斗力最强的部队、最有效的火力和主要战斗器材，集中使用于主要方向，打击主要目标或者抗击敌人的主要攻击，明确区分主要目标和次要目标、一个目标的主要部分和次要部分，以及对目标打击的先后次序和时间，切忌在同一时间平分兵力和分散火力。

四、充分准备，快速反应

充分准备，快速反应是指战前要做好充分的战斗准备，确保在各种情况下快速作出反应。现代战争，是诸军兵种合同作战，参战兵种多、规模大，组织协同困难，战斗准备任务十分艰巨。加之军事信息化后，部队难以隐藏和伪装，战斗准备时间相应缩短，战斗的快速性和突然性增强，这就要求我们，既要针对每战作周密的计划和战前、战中详细的准备，又要在平时加强训练，做到在紧急情况下迅速投入战斗。

五、审时度势，主动灵活

审时度势，主动灵活是指在客观物质基础上，善于观察战场情况与态势，充分发挥主观能动性，主动灵活地指挥部队的战斗行动，以达到克敌制胜的目的。灵活，是指挥员采取及时而恰当的处置方法的一种指挥才能；主动则是灵活的表现形式，其核心是巧妙用兵和讲究战术。现代高技术条件下的战争，战场情况瞬息万变，指挥员需在客观物质条件基础上，充分发挥主观能动性，灵活指挥战斗，争取主动。

六、协同一致，合力破敌

协同一致，合力破敌是指参战的诸兵种在统一计划下，为完成共同的战斗任务，按战斗的目的、时间、地点，协调一致地行动，发挥整体威力，合力打击敌人，这是夺取战斗胜利的关键，其实质在于提高和发挥整体作战效能。战斗中，各级指挥员必须严格贯彻上级意图和决心，周密组织协同计划，树立高度整体观念，严格遵守协同纪律，保持不间断的通信联络，坚决按计划完成所受领的任务，主动配合，互相支援。同时，指挥员还应根据情况变化，适时协调各分队行动，协同计划一旦遭到破坏，应及时恢复。

七、周密组织，全面保障

物质和技术保障，是顺利实施战斗并夺取胜利的重要保证。高技术条件下的诸军兵种协同战斗，人力物力的损耗剧增，技术装备复杂，战斗进程速战速决，加大了对后勤保障和技术保障的依赖程度。因而，现代高技术条件下，须集中保障主要兵力和器材，保障主要方向和执行主要任务的部队的行动，并控制预备兵力和器材，各种保障行动须符合战斗行动的要求，专业分队保障与部队自身保障相结合，使用制式器材保障与使用就便器材保障相结合。战斗中，须建立全方位的侦察配系和警戒配系，采取各种伪装措施，防止敌人突然袭击；采用电子对抗结合敌后破袭等方法，对付并制止敌人的电子侦察、干扰；严密组织对敌核、化学及燃烧武器袭击的防护；加强工程保障，提高防护、机动能力，限制敌人的机动；及时组织对各种技术装备进行保养和维修；综合运用各种力量，适时供应战斗物资器材；及时救治伤病员，巩固和提高部队连续战斗的能力。

第三节　单兵战术动作

单兵战术动作是战术的基础，是单兵保存自己、消灭敌人的战术动作。

一、基础动作

基础动作是指单兵在战斗中采用的基本姿势和运动方法。它是单兵进行战斗时必须具备的基本技能。熟练掌握单兵的基础动作，能够使单兵在战斗中充分地利用地形地物，从而达到消灭敌人、保存自己的目的。基础动作主要包括卧倒、起立、直身前进、屈身前进、匍匐前进、滚进和跃进等。

（一）卧倒、起立

1. 卧倒

单兵左脚向脚尖前迈出一大步，左腿弯曲，上体前倾，两眼注视前方，左手顺左脚方向伸出，掌心向下，手指稍向右，以左膝、左手、左肘着地，迅速向前倒下；左小臂贴于地面上，右手腕压在左手腕上；两手握拢，手心向下；两腿伸直，两脚分开约与肩同宽，脚尖向外。卧倒时，也可右脚向前迈一大步，右手撑地迅速卧倒。

携枪（筒）卧倒时，右手提枪（筒）并握背带，其余要领同徒手卧倒；卧倒后，右手将枪（筒）轻贴于身体右侧，枪（筒）面向右，枪管放在左小臂上。

在作战时，若遇到紧急情况或遭遇敌火力袭击，应以最快动作卧倒隐蔽或做其他处置。

2. 起立

转身向右，两眼注视前方，屈左腿于右腿下，左小臂稍向里合，以左手、左膝、左脚的支撑力将身体支起，右脚向前迈一大步，左脚再迈一步，右脚靠拢左脚同时成立正姿势。

携枪（筒）时，在转身向右的同时，右手提枪（筒）并握背带，然后，按徒手起立时的要领实施，并成持枪（筒）或肩枪（筒）立正姿势。

（二）直身前进

在距敌较远，地形隐蔽，敌观察、射击不到时采用。其要领是：目视前方，右手持枪（筒），大步或快步前进。

（三）屈身前进

在隐蔽物略低于人体时采用。其要领是：目视前方，右手持枪（筒），上体前倾，头部不要高出遮蔽物，两腿弯曲（屈身程度视遮蔽物高低而定），大步或快步前进。

（四）匍匐前进

匍匐前进是在通过敌机枪、自动步枪火力封锁较短地段，或利用较低的遮蔽物前进时采用。根据遮蔽物高低分为低姿、高姿、侧身和高姿侧身四种匍匐动作。

（1）低姿匍匐：在遮蔽物高约 40 厘米时采用。其要领是：腹部贴于地面，屈回右腿，伸出左手，用右脚内侧的蹬力和左手的扒力使身体前移，在移动的同时，屈回左腿，伸出右手，用左脚内侧的蹬力和右手的扒力使身体继续前移，依次交替前进。

（2）高姿匍匐：在遮蔽物高约 60 厘米时采用。其要领是：用两小臂和两膝支撑身体前进。

（3）侧身匍匐：在遮蔽物高约 60 厘米时采用。其要领是：身体左侧及左小臂着地，左大臂向前倾斜支撑身体，左腿弯曲，右腿收回，右脚靠近臀部着地，右手握枪（筒），用左臂的支撑力和右脚跟的蹬力使身体前移（见图 8－1）。

图8-1 侧身匍匐

（4）高姿侧身匍匐：通常在遮蔽物高80~100厘米时采用。其要领是：左手和左小腿外侧着地，右手提枪（筒），用左手的支撑力和右脚掌的蹬力使身体前移（见图8-2）。

图8-2 高姿侧身匍匐

（五）跃进

在敌火力下迅速通过开阔地时采用的运动方法。跃进时要做到跃起快、前进快、卧倒快。跃进前，应先观察前方地形，选择好前进路线和暂停位置，而后，迅速突然地前进。如卧姿跃起时，可先向左（右）移（滚）动，以迷惑敌人。跃进的距离和速度应根据敌火力和地形而定。敌火力越猛烈，地形越开阔，跃进距离应越短，速度应越快。每次跃进的距离通常为15~30米。当进到暂停位置或遭敌猛烈射击时，应迅速隐蔽或卧倒。卧倒后，如无射击任务，则不据枪（筒），并做好继续前进的准备。

（六）滚进

在卧姿时，为避开敌人观察、射击而左右移动或通过棱线时采用。其要领是：将枪关上保险，左手握枪表尺上方，右手握枪颈，或两手握上护木，枪面向右，顺置于胸、腹前抱紧，两臂尽量向里合，两脚腕交叉或紧紧并拢，全身用力向移动方向滚进。运动中，也可在卧倒的同时向移动方向滚进（见图8－3）。

图8－3 滚进

二、利用地形、地物

利用地形、地物是战士的基本动作，是单兵战术的基础。利用地形、地物的目的在于隐蔽身体，发扬火力。只有充分发扬火力，才能有效地保存自己，因此，在利用地形、地物时，应首先着眼于发扬火力。

（一）利用地形、地物的要求

战士在利用地形、地物时，应根据不同情况灵活地利用和善于改造地形、地物，力求做到：便于观察、射击和隐蔽身体；便于接近与离开；便于防敌地面和空中火力杀伤；不妨碍班（组）长的指挥、邻兵的机动和火器射击；不要多人拥挤在一起，以免增加伤亡；尽量避开独立、明显的物体和难于通行的地段。

（二）利用地形、地物的方法

利用地形、地物时，应根据遮蔽物的高低、大小、距敌远近、是否被敌发现及敌火力威胁程度等情况，采取适当的姿势，迅速隐蔽地接近，由下而上地占领，周密细致地观察，不失时机地出枪（筒）。对不便于射击的位置应加以改造。在一地不要停留过久，视情况灵活地变换位置。

(1) 对堤坎、田埂的利用。堤坎、田埂有纵向、横向之分。横向的利用背敌斜面或残缺部位。纵向的通常利用弯曲部或顶端一侧，依其高度取适当姿势。如利用堤坎对空射击时，通常利用其顶部，并根据其高度取不同姿势。

(2) 对土（弹）坑的利用。通常利用其前沿。根据敌情和坑的大小、深度，以跳、滚、匍匐等方法进入，并取适当姿势；对空射击时，以坑沿作依托或背靠坑壁进行射击。

(3) 对土堆（坟包）的利用。通常利用独立土堆（坟包）的右侧（如视界、射界受限制或右侧有敌火力威胁时，也可利用其左侧或顶端）；双土堆（坟包）利用其鞍部。对空射击时，通常利用其后侧或顶部。

（4）对堑壕、交通壕（沟渠）的利用。通常利用其掩体、壕壁或拐弯处隐蔽身体，以其上沿或拐角作射击依托。

（5）对树木（电线杆）的利用。通常利用其右后侧，根据树木的大小取适当姿势。

（6）对丛林、高苗（草）地的利用。通常利用靠近敌方的边缘内，按其高低、稠密情况取适当姿势。

（7）对墙壁、墙角、门窗的利用。墙壁：按其高度取适当姿势，矮墙可利用顶端或残缺部。墙高于人体时，可挖射孔或将脚垫高。墙角：通常利用右侧，左小臂紧靠墙角，取适当姿势。门窗：门通常利用左侧，窗可利用左（右）下角。

（8）对石缝的利用。通常利用石缝左侧，如受视界、射界限制时，可利用右侧。

（9）对石洞的利用。石洞洞口利用左（右）侧崖壁，可采取卧、跪、立等姿势。洞内利用拐弯处或突出部。

（10）对山脊的利用。通常利用横向山脊和局部低洼处或残缺处。

三、对各种情况处置的动作

（一）遭敌机轰炸、扫射时的动作

当敌机轰炸时，战士应按上级命令快速前进；或立即利用地形隐蔽，待炸弹爆炸后继续前进；也可利用敌机投弹间隙迅速前进。

当敌武装直升机发射火箭或扫射时，战士应立即利用地形隐蔽，或根据上级统一口令，抓住敌武装直升机悬停、俯冲扫射等有利时机进行对空射击。

（二）遭敌炮火袭击时的动作

战士在接敌时要随时准备防敌炮火袭击。当遭到敌零星炮火袭击时，应注意听、看，快速前进。如判断炮弹可能在附近爆炸时，应立即卧倒，待炮弹爆炸后继续前进；当遭敌猛烈炮火袭击时，应趁炮弹爆炸的间隙，利用弹坑和有利地形逐次跃进；当经过敌炮火封锁区时，战士应观察敌炮火封锁的规律，利用敌射击间隙快跑通过。如封锁区不大，也可绕过；当发现化学炮弹爆炸时，应立即穿戴防护器材，而后快速通过。

（三）遭敌核、化学、生物武器袭击时的动作

当战士接到敌核武器袭击警报时，应根据命令，迅速隐蔽或继续前进，随时做好防护准备；当发现核爆炸闪光时，应迅速防护。冲击波一过，视情况穿戴防护器材，迅速前进。

当战士接到化学袭击警报或遭敌化学袭击时，应立即穿戴防护器材，或利用

就便器材进行防护；如遇染毒地段时，应穿戴防护器材迅速通过，或根据指示绕过。

当敌对我施放生物战剂气溶胶时，战士应戴防毒面具或简易防护口罩、自制防护眼镜、风镜等，做好对呼吸道、面部和眼睛的防护；如敌投掷带菌媒介物时，应戴手套，穿靴套，披上斗篷或穿上雨衣，扎紧袖口、领口、裤脚口，以免生物战剂气溶胶污染或带菌昆虫叮咬皮肤。

（四）遇敌雷区、定时炸弹、电子侦察器材时的动作

遇敌雷区和定时炸弹时，战士应迅速报告上级并进行标示，按照班（组）长的口令排除或绕过。对敌设置（投放）的电子侦察器材，应迅速排除。排除时，应先查明是否设置有爆炸物，而后视情况将其排除或炸毁。

（五）与其他火器、邻兵协同的动作

战士在接敌时，要互相支援，主动协同，交替掩护前进。冲锋（步）枪手应主动以火力掩护反坦克火器和机枪的行动，并及时为其指示目标，利用其射击效果前进。必要时，让开有利的射击位置和前进路线。当邻兵前进时，应以火力掩护；邻兵受阻时，应主动以火力支援或迅速地前进；当落后于邻兵时，应迅速跟上，向最前面的战士看齐。

复习思考题

1. 战斗的基本类型有哪些？
2. 简述战术的基本原则？
3. 单兵基础动作主要包括哪些？

第九章　军事地形学

军事地形学是军事上研究和利用地形的一门学科，也是部队、院校进行军事训练和教学的一门基础课程。主要研究地形对战斗行动的影响，军用地形图和航空、航天相片的识别与应用原理，简易测绘，制作沙盘等。军事地形学所研究的内容，都是围绕研究利用地形而选定的。地形条件是影响战争胜负的重要因素之一，古今中外的军事家们无不重视地形的研究和利用。认真研究新形势下地形对战斗行动的影响，对于保证未来战争的胜利具有十分重要的意义。

第一节　地形的概念、分类及其对战斗行动的影响

一、地形的概念及分类

所谓地形，就是地面起伏的形状，是地貌和地物的总称。地貌是指地表面高低起伏的状态，如平原、丘陵、山地等；地物是指分布在地面上的人工或自然形成的固定物体，如居民地、道路、江河、森林等。

由于不同的地貌和地物错综结合，便形成了多种多样的地形。依地貌的状态，可分为平原、丘陵、山地和高原；依地物的分布和土壤的性质，可分为居民地、水网稻田地、江河和湖泊、山林地、石林地、黄土地形、沙漠与戈壁、草原、沼泽等；依对军队作战行动的影响，又可分为开阔地、荫蔽地和断绝地等。不同的地形有不同的特点，对战斗行动有不同的影响。

二、地形对战斗行动的影响

地形对战斗行动的影响，主要表现在对军队的运动、观察、射击、隐蔽伪装和对原子、化学武器的使用与防护等方面的影响。不同的地形有其不同的特点，因而其对作战行动的影响也不同。

平原地是指海拔在200米以下，高差在50米以下的平坦开阔的地区。其特点是地面起伏小，人烟稠密，物产丰富，交通比较发达。北方平原，地势开阔，

起伏和缓，道路四通八达，耕地多为旱地，地下水位较低；南方平原，江河湖泊遍布，沟渠纵横，乡村路窄而弯曲，耕地大部分为水稻田，地下水位较高。平原视界、射界开阔，便于部队机动，适合大兵团作战，但在冬、春两季，隐蔽、伪装较困难。平原遭受核武器袭击时，危害范围较大，但利用土堆、小丘、土坑、凹道和沟渠等，可起到一定的防护作用。平原地区虽易于使用化学武器，但易受风向、风速等的影响，除居民地和洼沟外，一般不易滞留毒剂。

丘陵是指地面起伏较缓，岗丘错综连绵，高差在200米以下的地区。其特点是谷宽岭低，岗丘形状圆浑，斜面较缓，人烟较多，物产较丰富。居民地多依丘傍谷，城镇多在广阔的谷地和交通要点，交通较便利，便于部队机动、观察、射击、构筑工事、隐蔽和指挥，对部队攻防战斗均较有利。丘陵对核武器袭击有较好的天然防护作用，可减少其危害，但山谷和凹地容易滞留毒剂。

山地是指地面起伏显著，群山连绵交错，海拔通常在500米以上，高差大于200米的地区。其特点是山高谷深，斜面陡峻，江险流急，隐蔽地、断绝地多，道路和居民地稀少，交通不便，农产较少。山地便于凭险固守，隐蔽行动，但部队机动困难，不便于指挥和通信联络，容易迷失方向，战斗队形的展开和技术兵器的机动受到一定限制。山地便于选择良好的指挥所、观察所，但是起伏交错的山峦容易造成观察、射击的死角。山地对于原子、化学武器袭击有良好的防护作用，能减少其杀伤范围和效能，但在面向爆心的斜面和峡谷，危害程度增大。山谷和洼地易滞留放射性物质和毒剂。

高原是指地面比较平缓，海拔在500米以上，起伏较小，外围较陡的地区。其特点是空气稀薄，气候寒冷，人烟稀少。军队在高原行动，体力消耗大，武器装备的效能难以充分发挥。

山林地是指许多树木聚生的山地。山林地对战斗行动的影响程度，因地貌的起伏状况，森林分布的面积、密度、种类、高度、树干的粗细，以及有无林中道路、林中空地等而不同。总体上来讲，山林地对于部队的通行、观察射击、指挥联络以及战斗队形的展开都不利。山林地对核武器、化学武器有防护作用，使其威力相对减小，但易遭受立体感染，生物细菌不易消除；森林，特别是针叶林，因树脂较多，容易引起火灾。

沙漠是指地表为大片沙层覆盖的荒漠。其主要特点是日照强烈，昼夜温差大，降水少，植被稀少，风沙活动频繁，人烟稀少。沙漠地区作战，不易掌握方向，不便于隐蔽，体力消耗大，后勤补给和供水困难。沙漠对于核武器袭击的防护能力较小，由于反射辐射热的作用较强，危害程度也很大。施放毒剂和放射性物质比一般地形散播较广，且由于缺乏水源，消除沾染和卫生处理困难。

岛屿是散列于海洋、江、湖中的陆地。面积大小不一，通常大的叫岛，小的叫屿。岛屿地形复杂，起伏较多，四面环水，面积狭小，岸线弯曲，岸陡滩狭。岛屿通常易守难攻，但部队机动、补给受限，容易四面受敌。

草原是指生长草本植物或间有灌木的广阔平坦地区。其主要特点是居民地稀少，水源不足，农产品缺乏，但地势开阔。草原便于大部队快速机动，有良好的视界、射界，但判定方位、指示目标和隐蔽、伪装较困难。草原对核武器袭击的防护能力较小，光辐射容易引起火灾。毒气和放射性物质，比一般地形散播较广，洗消用水也较困难。

水网稻田地是指江河、沟渠、湖泊、池塘、水稻田交织密布的地区。水网稻田地，地势平坦，展望良好，视界和射界较开阔，但不易选择良好的观察所、指挥所。由于水网分割，道路少且狭窄，部队在水网稻田地作战，协同指挥困难，车辆机动受限，不易构筑坚固工事。水网稻田地对核武器袭击的冲击波防护性能与平原地区相近，而辐射热易被水吸收，一般不易引起火灾。爆炸后升起大量泥浆，黏性和密度均较大，因而波及范围较小。

除上述几种地形外，其他的沼泽、居民地等也都有自己的特点，对军事行动也都有不同的影响。

第二节　军用地图常识

军用地图是反映实际地形最可靠的资料，是指挥员的“左膀右臂”。在作战行动中，要想发挥地图的作用，必须具备一定的识图能力。

一、地图的概念

地图是将地面的自然地理要素和社会经济因素，按一定的投影方法和比例关系，用规定的符号、颜色和注记，综合测绘于平面图纸上的图。依地图所表示的内容分为普通地图和专题地图。

普通地图是综合反映地表自然和社会经济现象一般特征的地图。

专题地图是根据专业方面的需要，突出反映一种或几种主题要素的地图。军用地图属于专题地图。

二、地图的比例和比例尺

地图的比例通常以比例尺表示。地图比例尺是指图上某线段的长与相应的实地水平距离之比，即：地图比例尺 = 图上长/相应实地水平距离。比如，一幅地图的比例尺是 1∶50 000，那么图上两点间为 1 厘米，实地该两点的距离应为 50 000 厘米。

根据用图的目的和要求的不同，地图比例尺也有大小之分，通常按比值的大小来衡量。比值的大小可按比例尺的分母确定，分母小则比值大，比例尺就大；分母大则比值小，比例尺就小。图幅大小相同的地图，比例尺越大，图幅所包含的实地面积就越小，但显示的地形就越详细，精度也就越高。

地图比例尺常以图形结合文字、数字表示，一般绘注在图廓的下方中央（见图9－1）。

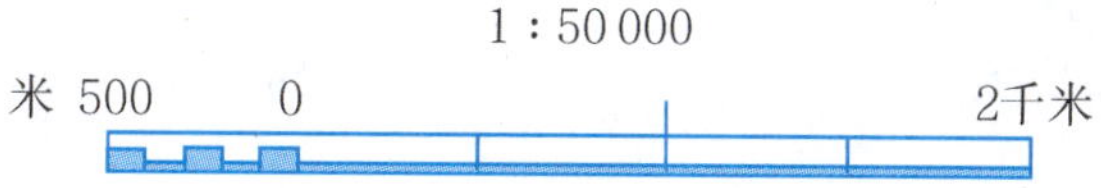

图9－1 地图比例尺

根据地图比例尺，可以从地图上量取实地相应的距离。如果是量取两点间的直线距离，通常可采取两种办法。

一种是在直线比例尺上比量。先用两脚规或直尺在图上准确量取两点间的长度，然后把量得的长度移到直线比例尺上去比，从而得出实地两点间的距离。

另一种是根据数字比例尺换算。先用直尺在图上量取两点间的距离，然后用公式换算。换算的公式是：实地距离＝图上长度×比例尺分母。如果要量取两点间的曲线距离，则要使用专用的里程表。

我军常用地图有七种比例尺。即1∶10 000、1∶25 000、1∶50 000、1∶100 000、1∶200 000、1∶500 000、1∶1 000 000。这七种比例尺地图统称为基本比例尺地图。根据地图的使用目的和要求，将1∶10 000、1∶25 000、1∶50 000、1∶100 000地图叫大比例尺地图；1∶200 000、1∶500 000、1∶1 000 000地图叫小比例尺地图。大比例尺地图主要用于军队战斗、战役指挥；小比例尺地图供高级指挥机关研究战役方向，进行战略、战役规划部署，解决战略、战役方面的作战任务时使用。

由于地图比例尺大小不同，地图的特点也不一样，因而在使用地图时，应根据任务和需要适当选用。

三、地物符号

地面上的地物，在地图上是按照“地形图图例”规定的符号和注记表示的，这些符号称作地物符号。地物符号由图形和颜色组成。

（一）地物符号的分类

地物符号通常分为三类：第一类是依比例尺表示的符号，这类符号是按地物的实际轮廓按比例尺绘的，主要用于表示面积较大的地域，如城镇、森林、江河等；第二类是半依比例尺表示的符号，主要用于表示一些细长的地物，这类符号的长度是按比例尺缩绘的，但宽度没有按比例尺缩绘，如道路、沟渠、电线等；第三类是不依比例尺表示的符号，这类符号因地物面积太小，无法按比例尺缩绘，只能用规定的符号表示，如突出树、亭、纪念碑等。以下是常用的不依比例尺表示的地物符号及其定位点（见表9-1）。

表9-1　地物符号的分类

定位点	符号及名称		
图形中有一点的，在该点上	三角点 	亭 	窑 
几何图形，在图形的中心	油库 	独立房屋 	发电厂 
底部宽大的，在底部中心	水塔 	气象站 	碑 
底部为直角的，在直角的顶点	路标 	突出阔叶树 	突出针叶树 
两个图形组成的，在下方图形的中心	变电所 	散热塔 散热	石油井 油

（二）地物的颜色

我国目前出版的地图均为四色。具体规定如表9-2所示：

表 9－2　地物的颜色

颜色		使用范围
四色图	黑色	人工物体——居民地、独立地物、管线、垣栅、道路、境界及其名称与数量注记等
	绿色	植被要素——森林、果园等的普染；1978 年后出版的地图的植被符号及注记等
	棕色	地貌要素——地貌、等高线的高程注记及公路普染
	蓝色	水系要素——河岸线、单线河及其注记和普染、雪山地貌等

四、地貌判读

（一）等高线显示地貌

将一个山地当作一个模型，从底到顶按相等的高度，一层一层地水平截开，模型的表面便出现许多闭合的截口线，并将之垂直投影到一个平面上，便呈现出一圈套一圈的曲线图形。因同一条曲线上各点的高度都相等，所以这种曲线就叫作等高线。相邻两等高线水平截面间的垂直距离，叫作等高距。地形图就是根据此原理来显示地貌的（见图 9－2）。

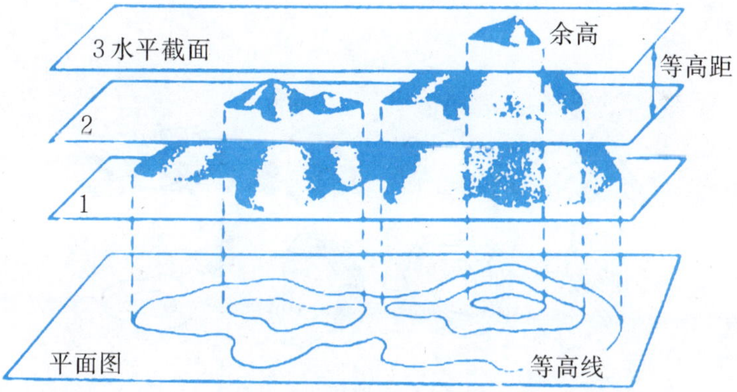

图 9－2　等高线显示地貌

等高线显示地貌的特点：一是在同一条线上各点的高度相等并各自闭合；二是在同一幅图上，等高线多山就高，等高线少山就低，等高线间隔大的坡度缓，间隔小的坡度大；三是图上等高线的弯曲形状和相应实地地貌的形状相似。

等高线相邻两条首曲线间实地垂直距离叫等高距。等高距一般规定：比例尺1：25 000，等高距5米；比例尺1：50 000，等高距10米；比例尺1：200 000，等高距40米。

等高线的种类和作用。等高线按其作用的不同，可分为四种：首曲线用以显示地貌的基本形态；间曲线用以显示首曲线不能显示的局部地貌；助曲线用以显示间曲线不能显示的局部地貌；计曲线是为便于在图上计算高程，从高程面算起，将每逢等高距5倍处的首曲线描绘成粗实线。

（二）地貌识别

地貌虽然千姿百态，千差万别，但它们都是由某些基本形态所组成。这些基本形态是：山顶、凹地、山背、山谷、鞍部、山脊和斜面等。不管地貌多么复杂，均可将其分解成基本形态加以认识。在地形图上，通过等高线和地貌符号来识别地貌的各种形态。

山顶：以等高线中最小环圈表示，有时用示坡线表示斜坡方向，绘在环圈外侧。

凹地：除用环圈形等高线表示外，还必须在环圈内侧绘示坡线，示坡线在等高线内侧。

山背：等高线向外凸出部分表示山背，各等高线凸出部分顶点的连线为分水线。

山谷：等高线向里凹入的部分表示山谷，各等高线凹入部分顶点的连线为合水线（见图9－3）。

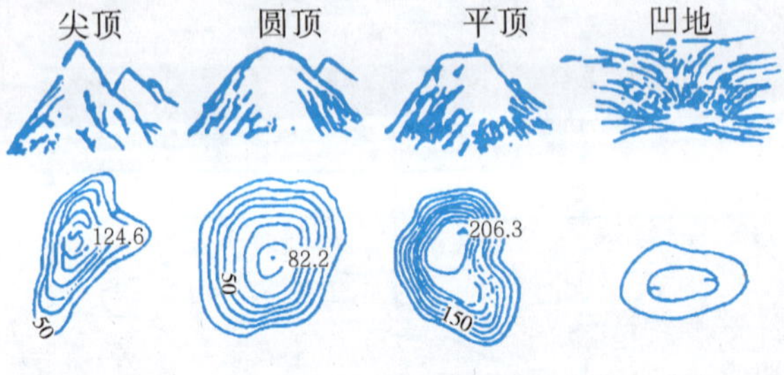

（1）山顶和凹地

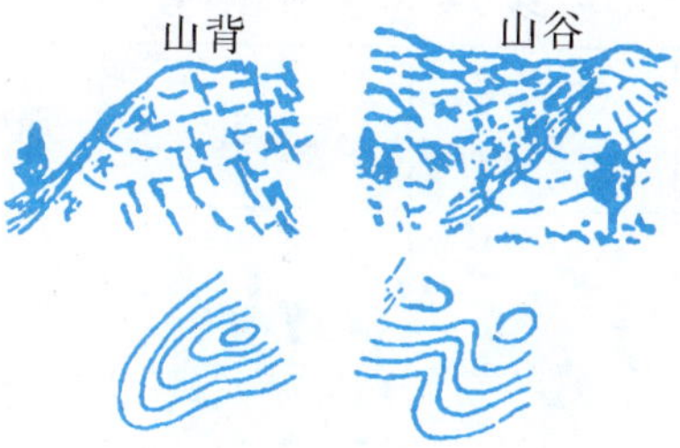

（2）山背和山谷

图9－3　地貌的各种形态

鞍部：图中用一对表示山脊和一对表示山谷的等高线显示（见图9－4）。

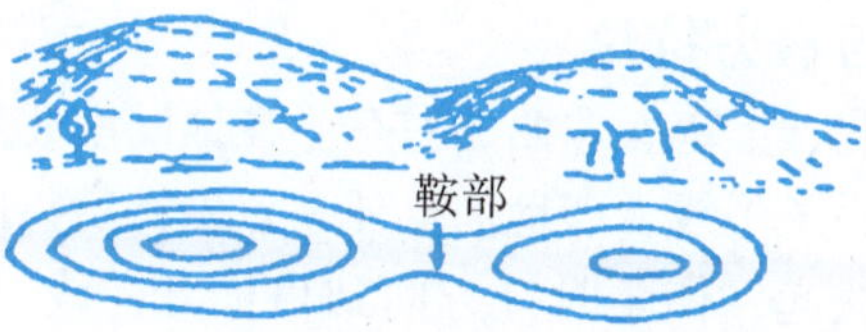

图9－4　鞍部

山脊：由若干山顶、鞍部连接的凸棱部分，山脊的最高横线为山脊线（见图9－5）。

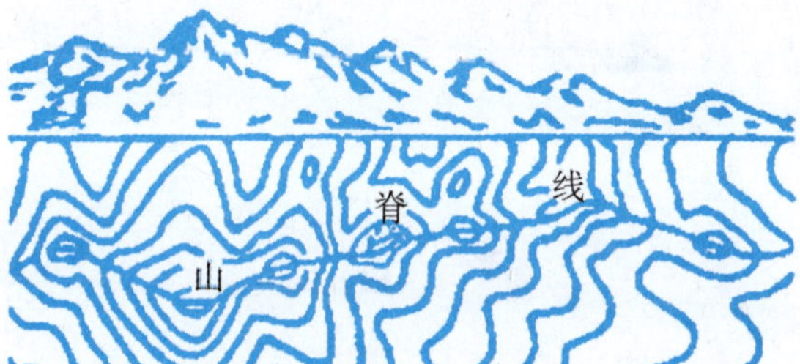

图9－5　山脊

特殊地貌：是指等高线无法显示的地貌。在图上用特殊符号表示，如变形地、岩峰、露岩地等（见表9－3）。

表 9－3　变形地符号

现在形状	冲沟	陡崖	陡石山	崩崖	滑坡
现地形状					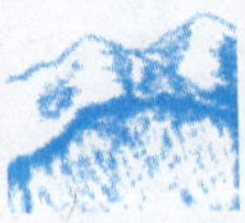
图中表示					

五、地图方位与磁方位角

地图的方位是上北、下南、左西、右东。在地图南北廓上的磁南、磁北两点间的连线，为该图的磁子午线，即地面上任一点磁针所指的南北方向线。

从某点的磁子午线起，依顺时针方向到目标方向线（该点到某一目标的延长线）之间的水平夹角，叫作该点的磁方位角（见图 9－6）。在航空、航海、炮兵射击、军队行进等军事活动中，磁方位角有着广泛的用途。

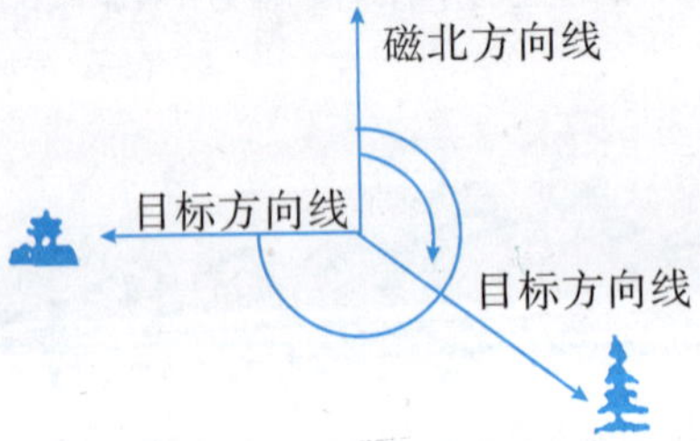

图 9－6　磁方位角

第三节　现地使用地图

军用地图对军人而言，如同指路灯，没有地图就会迷失方向而无法行动。正确使用地图，是每个军人必须具备的基本技能。

一、判定方位

判定方位就是在现地辨明站立点的东、西、南、北方向，明确站立点与周围地形的位置关系。

（一）利用指北针判定方位

判定方位时，将指北针平放，待磁针完全静止后，磁针北端所指的方向就是北方。如果测定方位的人面向北方，则他的背后是南，右边是东，左边是西。

（二）利用太阳和手表判定方位

一般情况下，时间在6点时，太阳在东方；12点时，太阳在正南方；18点时，太阳在西方。根据这一规律，可以概略地判定方位，口诀是：时数折半对太阳（每天以24小时计算），“12”字头指北方。如在下午14时40分，应以7时20分对准太阳，“12”字头所指的方向就是北方。为便于判定，还可在时数折半的位置处，垂直竖一草棍或火柴棍，转动表盘，使其影子通过表盘中心（见图9－7）。

图9－7　利用太阳和手表判定方位

北京标准时间是以东经120度经线的时间为准，如在远离120度经线的地方判定方位时，应将北京时间换算成当地时间；如果在北回归线（北纬23度26分）以南地区的夏季，因太阳垂直照射，不宜采用此种方法。

（三）利用北极星判定方位

北极星是在正北方天空的一颗较明亮的恒星，夜间找到北极星，就很容易找到北方。北极星位于小熊星座的尾端，因小熊星座比较暗（除北极星），故通常根据大熊星座，也就是北斗星（俗称勺子星），以及仙后星座（即女帝星座，俗称W星）来寻找（见图9－8）。

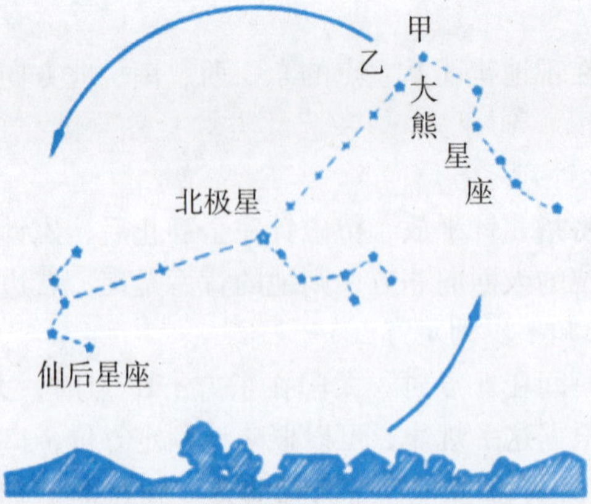

图 9-8 利用北极星判定方位

大熊星座由 7 颗明亮的星组成，形状像一把勺子，将勺端甲、乙两星的连线向勺子口方向延长，约在两星间隔的 5 倍处，有一颗比大熊星座略暗的星，它就是北极星。仙后星座由 5 颗明亮的星组成，形状很像英文字母 W。在 W 字母的缺口方向、距离为缺口宽度 2 倍处的那颗星，就是北极星。找到北极星后，面向北极星，正前方就是北方。

（四）利用自然特征判定方位

有些地物因受阳光、气候等自然条件的影响，形成带有方向性的特征，因而可以用来概略地判定方位。

（1）利用树木判定方位。通常情况下，树木的南面枝繁叶茂，树皮光滑，而北面枝叶稀少，树皮粗糙。独立的大树砍伐后，树上的年轮通常北面间隔小，南面间隔大（见图 9-9）。

图 9-9 利用树桩年轮判定方位

（2）利用突出地面的物体判定方位。通常土堆、土堤、建筑物等突出物的南面干燥，春草早生，冬雪早化；北面则潮湿，夏长青苔，冬存积雪。土坑、林中空地的特征正好相反。

（3）利用房屋正门判定方位。我国北方较大庙宇的正门、农村房屋的正门多朝南开。

（五）利用 GPS 定位

当配备有 GPS 定位仪时，可在任何生疏复杂的地形上迅速确定出站立点的平面直角坐标值（或地理坐标值）和高程值，其作业方法（以便携式 GPS 定位仪为例）如下：

1. 仪器初始化

在首次使用或进入新的作业地区时，要对设备输入时间、日期、概略位置（投影带号、直角坐标概略值）和定位方式等内容。

2. 搜集卫星历书

开机后连续按“搜集”键，仪器将自动向天空搜集卫星历书，直到屏幕显示“POS”为止。

3. 定位

完成上述程序后，即进入定位状态，按“POS”键即开始定位，屏幕上显示出定位仪所在位置的坐标值及高程值。

4. 根据坐标值将站立点确定到地形图上

确定目标点的基本方法：在已知的站立点上标定地图，以站立点为准，向目标点瞄准，根据站立点到目标点的距离，依据比例尺确定目标点的图上位置。

二、地图与现地对照

地图与现地对照，就是将地图上的各种符号和等高线图形与相应的现地地形对应起来。

（一）标定地图

标定地图就是使地图与现地的方位一致，方法有以下几种：

1. 概略标定

先在现地判明方位，方位确定后，将地图的上方对向现地的北方，地图即已标定。

2. 用指北针标定

先用指北针的直尺切于地图磁子午线，并使准星的一端朝向北图廓，然后水平转动地图，使磁针北端对正指标，即刻度盘的“0”分划，地图就标定好了。

3. 利用直长地物标定

直长地物是指形状直长的线状地物，如铁路、公路、电线等。首先在图上找到直长地物符号，对照两侧地形，使地图与现地的关系位置概略相符，再转动地图，使图上的直长地物符号与现地的直长地物方向一致，地图即已标好(见图9－10)。

图9－10　利用直长地物标定

4. 利用明显地形点标定

首先确定站立点在图上的位置，再从远方选定一个现地和图上都有的明显地形点，如山顶、独立地物等，并用直尺切于图上的站立点和该地形点上，然后转动地图，使远方地形符号在前，通过直尺，向远方现地相应地形点瞄准，地图即已标定。

5. 利用北极星标定

先面向北极星，并使地图上方概略朝向北方，然后通过东（西）图廓瞄准北极星，地图方位就标定好了。

（二）确定站立点

确定站立点，就是在图上找到自己的现地位置。通常有以下几种方法：

1. 利用明显地形点确定

当站立点在明显的地形点上时，从图上找到该地形点的符号，就是站立点在图上的位置。当站立点在明显地形点附近时，先标定地图，然后根据站立点与明显地物的相互位置关系，判定出站立点在图上的位置。

2. 利用截线法确定

当站立点位于道路、河渠等线状物上时，先标定地图，在线状物的一侧选择图上和现地都有的明显地形点，然后将直尺边切于图上该地形点上，转动直尺，瞄准现地地形点，并描画方向线，方向线与线状地物符号的交点，就是站立点在图上的位置。

3. 利用后方交会法确定

首先标定地图，在远方选择两个图上和现地都有的明显地形点，将直尺分别切于图上两个明显地形点符号的定位点上，再依次瞄准现地的相应地形点，并向后画出方向线，两方向线的交点就是站立点在图上的位置。

4. 利用磁方位角交汇法确定

先攀上便于通视远方的树上，在远方选定现地和图上都有的两个明显地形点，分别测出到这两个点的磁方位角。然后在树下近旁标定地图，将指北针直尺边依次切于图上的两相应地形点的定位点上，转动指北针，使磁针北端指向所测得的相应的磁方位分划，并沿尺边分别画方向线，两方向线的交点就是站立点在图上的位置。

（三）现地对照地形

对照地形就是判明图上所显示的地形在现地的情况，判明现地地形在图上相应的位置，使用地图上各种符号，等高线图形及注记，与现地相应的地物、地貌一一对上号。它在研究地形，确定站立点、确定目标点、按图和按方位角行进中都要用，并起重要作用。

对照地形时，要地图和现地，肉眼和器材相结合，依据地形之间的方位、距离、高差等关系和地形形状、大小等特征，图上有的现地找，现地有的图上找。对照的一般方法是：先主要方向，后次要方向；先对照大而明显的地形，后对照一般的地形；由左至右（或相反），由近及远；从图上到现地，再从现地到图上，以大带小，由点到面，逐段分片进行对照。对照地形，主要根据站立点与目标点及其附近地形的相互关系位置，分析比较，反复验证。当地形重叠不便观察时，应变换位置或登高观察。

二、按图行进

按图行进，就是利用地图选定行进路线，并在行进中不断与现地对照，以保证沿选定的路线到达预定地点的行进方法。

（一）行进前的准备

1. 选择行进路线

行进路线是根据受领的任务、敌情、地形和部队装备等情况在图上选出行进的最佳路线。选择时，应充分考虑和研究行进路线上可能对行进造成影响的地形因素，如地貌起伏、沿线居民地、桥梁等。部队行进时，通常要选择多条路线，以便分路行进。选择路线时应注意把握以下原则：一是有路不越野，尽可能利用道路行进，这样不仅省力，而且不易迷失方向；二是选近不选远；三是提前绕行，在起伏大、树林密集、多障碍的地段，应提前选择绕行路线。

2. 在图上标绘行进路线

标绘行进路线和方位物，就是将选定的行进路线（起点、转折点和终点）

和方位物，用彩色笔醒目地标绘于图上，并按行进方向顺序进行编号，以便行进中对照检查。必要时也可专门调制行军路线略图。

3. 量取里程和计算时间

在图上量取行进路线上各段里程和计算行进时间，并注记在图上。如果行进路线上地貌起伏较大时，还应当将图上量得的水平距离，按不同的坡度改正为实地距离。为了便于掌握行进速度和时间，需要时可将改正后的各段距离，根据预定行进速度换算为行进时间。

4. 熟记行进路线

路线和方位选定后，应按行进的顺序，把每段的里程、时间，经过方位物的顺序、数量、名称、关系位置和地形特征记熟，力求做到“心中有图，未到先知”。

图上准备可以归纳为：一选、二标、三量算、四熟记。在行进之前一定要认真做好这些准备工作，这样才能做到行动自如。

（二）行进的方法步骤

行进途中，应边走边对照地形，预知前方要通过的方位物。在经过每个岔路口、转弯点、居民地进出口等地形时，应仔细对照地形，随时了解自己在图上的位置，做到“人在实地走，心在图上移”。具体的行进方法步骤是：

1. 靠记忆行进

按行进的顺序，采取分段、连续或一次记忆的方法，记住路线的方向、距离和经过的地形点。通过记忆，使现地的情景能够不断地与记忆内容“叠影”并印证。通常情况下，对初学者，易采用分段行进法，即在最佳路线上能通视的地段，不对照地形，而选择在辅助目标点上对照，这样一段一段对照前进。对有一定基础者可用连续行进法，即把各辅助目标点要做的工作提前。在将要到达一个辅助目标点之前，边行进边分析下段能通视地段的地形，在图上找到下一个辅助目标点，然后不作停留，连续行进。对于经验丰富者可用一次记忆行进法，即在出发点时，把在地图上选择的从出发点到第一目标点的最佳线路一次性记住，不再选择辅助目标点，在将要到达第一目标点前，又一次性记住到下一个目标点的最佳路线，直至终点。

2. 依点、线行进

当目标位于高大、明显的点和线状地形或其附近时，在明确站立点后，可利用这些易于辨认的地形，作为行进的引导。

3. 按方位角行进

按方位角行进是按图行进的辅助方法。在地形起伏不大、无道路、有一定植被、观察不便或夜间、浓雾、风雪等不良气候条件下的地区行进时，可在图上测出站立点到目标点的磁方位角，然后量出两点之间的实地距离并换算成复步数或时间（复步数 = 实地距离的米数/复步长，复步长一般为 1.5 米）。出发时，首先平持指北针，转动身体，使磁针北端指向下一点的方位角密位数，这时沿照门至准星的方向就是前进的方向，然后按照方位物的方向，照直前进。行进中，随时用指北针检查前进方向，记清复步数或时间。到达目标点后，再按上述要领逐段前进，直到终点。

4. 纠错方向

行进中，如果走错路线，应立即对照地形，确立站立点在图上的位置，回忆走过的路线，然后选择迂回路或原路返回，待回到正确的路线后，再继续前进。如果条件允许，也可选择新的行进路线，向预定目标前进。

复习思考题

1. 地形对作战行动的影响有哪些？
2. 如何识别地图？
3. 怎样利用地物特征判定方位？
4. 如何利用地图行进？

第十章　综合训练

综合训练是指部队在近似实战条件下的训练。它是一种应用型的训练，是对受训者的一种综合检验，是在近似实战的氛围里，强化“走、打、吃、住、藏”能力的有效手段。它对培养青年学生吃苦耐劳的精神和顽强拼搏的毅力具有很好的作用。

第一节　行军与宿营

行军与宿营，是指部队有组织地进行移动和驻扎。

一、行军

行军是部队沿指定路线有组织的移动，是机动的基本方法，其目的是转移兵力，争取主动，形成有利态势。

（一）行军的种类

（1）按行军时间，分为日行军和夜行军。

（2）按行军方式，分为徒步行军和摩托化行军。

（3）按行军速度，分为常行军、急行军和强行军。常行军，徒步日行程为25～35千米，时速为4～5千米；乘车日行程为150～250千米，昼间时速为20～25千米，夜间时速为15～20千米。急行军就是在短时间内完成较大距离的行军。强行军，以加快行军速度和延长行军时间的方法实施，通常徒步每小时行程7千米左右。如1947年晋察冀野战军在清风店战役中，一昼夜走了120余千米，为抓住和歼灭敌人创造了有利条件。

（二）行军的组织与实施

行军部署，根据任务、敌情、地形和部队行军能力而定，要便于指挥、行进和迅速展开。可编成一至数个行军纵队，各个纵队区分为前卫、本队、后卫和侧卫等部分。

行军过程中，应严格遵守规定的序列、速度、距离并落实安全和隐蔽措施；行军部队除特殊情况外，不能互相超越；行军纵队如互相交叉时，要根据情况、任务急缓程度，指挥调整通过。适时组织小休息、大休息和宿营，并派出警戒和观察哨；出发前，应清点人数，检查装备，补充饮（用）水。

（三）行军注意事项

在行军中要注意以下事项：

（1）日行军，要保持行进速度、基本队形和规定距离；夜行军，要控制灯火和声响，注意跟进，提防掉队。

（2）在复杂地形行军，要防止扭伤、被蛇咬伤、滑倒和掉进悬崖等。

（3）传递口令要迅速、准确。

二、宿营

宿营，是指部队行军、输送或战斗后的临时住宿。其目的是使部队得到休息和整顿，以便继续行军或做好战斗准备。

（一）宿营的种类

宿营分为舍营、露营以及两者结合的宿营。舍营就是在房屋中宿营。露营就是在野外搭帐篷或露天宿营。

（二）宿营地的选择

宿营地的选择，应根据敌情、地形、任务和行军编成而定。既要能保证部队安全休息，又要便于迅速投入战斗。通常应远离城镇、集市、车站、渡口、大的桥梁，避开疫区、传染病流行村落，要有适当的地幅和较好的进出道路。夏季，要尽量选在高处，避开谷地、洼地和容易坍塌的地方；冬季，应选在避风向阳处。

（三）宿营的组织与实施

宿营前，要预先组织侦察，派出设营队勘察，选择便于隐蔽和防护、便于抗击敌方突然袭击、便于行军和随时投入战斗、有充足的水源和良好进出道路的宿营地域。

宿营时，必须充分利用地形隐蔽、疏散配置兵力兵器，加强侦察、警戒、防空、工程、伪装等措施。宿营部署力求与战斗部署一致，以便在紧急情况下可随时投入战斗。

（四）宿营注意事项

宿营时要注意以下事项：

（1）按照支撑、固定的顺序搭建好帐篷后，要沿帐篷滴水线开挖排水沟。

（2）长途行军后，如有条件可用热水泡脚，以缓解脚板疼痛，快速消除疲劳。

（3）睡觉前，将帐篷门关好，四周压紧，防止蚊虫叮咬。

（4）露营时，要在宿营地开挖简易厕所，离开时掩埋好。

第二节 野外生存及自救、互救训练

一、野外生存训练

野外生存是指人们在食宿无着的山野丛林中求生存。这是侦察兵、特种部队及空勤人员必须掌握的知识，也是每个军人应该了解的常识。

（一）现地判定方位

在野外迷途时，首先要判定现地方位。

野外现地判定方位，就是在现地辨明东、西、南、北方向，然后采取下一步的行动。

1. 利用指北针判定

指北针（又叫指南针）是我国古代四大发明之一。它携带方便，操作简单，是现地判定方位的常用工具。判定方位时，将指北针平放，待磁针静止后，磁针涂有夜光剂的一端（或黑色尖端）所指的方向，即为现地的磁北方向。

2. 利用星座判定

（1）利用北极星判定。

小熊星座尾巴上最亮的一颗星，叫作北极星。夜间找到了北极星就找到了北方向。我国位于北半球，终年夜间都可以看到北极星。如果直接寻找北极星较为困难，可根据大熊星座和仙后星座与北极星的关系位置判定。大熊星座由七颗较亮的星组成，形状像一只勺子，我国俗称北斗七星。顺着勺口外缘的甲（天旋星）、乙（天枢星）两星的方向，延伸勺深的五倍距离处，有一颗亮星即为北极星。仙后星座由五颗亮星组成，按顺序连以直线形如“W”，故又称 W 星座。由中间一颗星（策星）起，向垂直缺口方向延伸缺口宽的两倍距离处，有一颗亮星即为北极星。

判准北极星后，面对北极星，前面是正北方，后面是南，左边是西，右边是东。

（2）利用南十字星座判定。

南十字星座位于南极上空附近，由四颗较亮的星组成“十”字形。它是南半球判定南方位的主要星座。

3. 利用太阳判定

（1）利用太阳和时表判定。

将从 0 算起按 24 小时计时的时针运转角度折半取一“假定时针”，将假定时针指向太阳，则表盘中心至“12”方向即为现地的北方向。通俗地说，就是

“时间折半对太阳，12 所指是北方”。

（2）利用太阳阴影判定。

晴朗的白天，在一平整的地面上立一根细直的杆子，在太阳照射下会投下一个影子，将该影子标示在地上；10 ~ 20 分钟后，再标出影子的新位置，然后过两个影子的端点画一直线，此直线就是概略的东西方向线。第一个影子的端头是西，第二个影子的端头是东，而垂直于东西方向线的垂线就是南北方向线。

4. 利用自然特征判定

有些地物、地貌受阳光、气候等自然条件的影响，形成了某种特征。利用这些特征有时也可概略判定方位。

（1）独立大树，通常是南面向阳的枝叶茂密，树皮光滑；而北面背阳的枝叶稀疏，树皮较粗糙，有时还长着青苔。砍伐后，树桩上的年轮，北面间隔小，南面间隔大。

（2）突出地面的物体（如土堆、土堤、田埂、独立石与建筑物等），南面干燥，青草茂密，冬季积雪融化较快；北面潮湿，易生青苔，积雪融化较慢。而土坑、沟渠和林中空地等反映南北方向的上述现象则相反。

（3）我国农村的住房和较大庙宇、古塔的正门，一般向南开。

（4）我国北方草原、沙漠等地区，因受西北风的作用，在灌木、草棵附近形成的沙垄，其头部大、尾部小，头部指西北方向，尾部指东南方向。在有新月形沙丘的地区，其迎风面坡缓，朝向西北；背风面坡陡，朝向东南。

（二）野外生存方法

在野外水缺粮尽的情况下，应就地取材，想方设法求得生存。

1. 采捕食物的方法

野外生存获取食物的途径主要有两种：一种是猎捕野生动物，另一种是采集野生植物。

（1）动物类食物。

①蛇类。蛇肉鲜美，富有营养，是野外求生的最好食物，但捕捉时应防被蛇咬伤。

②蜥蜴。剥皮，去内脏，锅煮或烧烤食用。

③两栖动物。如青蛙等，炒或煮汤。

④鳖鱼类。龟、鳖类爬行动物，肉味鲜美，是难得的美食。

⑤鱼类。捕捉鱼虾是野外生存获取食物的重要手段，但切记防止误食毒鱼。

⑥昆虫类。常见的可食用昆虫有：蝗虫——浸酱油烤着吃，也可以煮或炒；螳螂——去翅后烤或炒，也可以煮；蜻蜓——干炸后可食；蝉——生吃或干炸，幼虫也可食；蜈蚣——干炸，但味道不佳；天牛——幼虫可生食或烤；蚂蚁——炒食，

味道好；蜘蛛——除去脚烤食；白蚁——可生食或炒食；松毛虫——烤食。人们对吃昆虫很不习惯，甚至感到厌恶，但在弹尽粮绝的情况下，为了求生，不得不吃。以昆虫为食物时，要煮熟或烤透，以免昆虫体内的寄生虫进入人体，导致中毒或得病。

（2）植物类食物。

植物类食物包括可食的野果、野菜、藻类、地衣、蘑菇等。对可食野生植物的识别是野外生存知识的主要内容。我国常见的可食野果有：山葡萄、笃斯、黑瞎子果、茅莓、沙棘、火把果、桃金娘、胡颓子、乌饭树、余甘子等，特别是野栗子、椰子、木瓜更容易识别，是应急求生的上好食物。常见的野菜有苦菜、蒲公英、鱼腥草、马齿苋、刺儿草、荠菜、野苋菜、扫帚菜、菱、莲、芦苇、青苔等。野菜可生食、炒食、煮食或经过煮浸食用，但必须鉴别是否有毒。简单的鉴别野生植物是否有毒的方法是将采集到的植物割开一个小口子，放进一小撮盐，然后仔细观察原来的颜色是否改变，通常变色的植物不能食用。

2. 获取饮用水的方法

获取饮用水的方法通常有两种：一种是挖掘地下水，另一种是净化地面水。下面介绍一下从地表水获取饮用水的方法。

通常雨水可以直接饮用。下雨时，可用雨布、塑料布大量收集雨水，也可用空罐头盒、杯子、钢盔等容器收接雨水。

在没有可靠的饮用水又无检验设备时，可以根据水的色、味、温度、水迹，概略鉴别水质的好坏。纯净水在水层浅时无色透明，深时呈浅蓝色。可以用玻璃杯或白瓷器皿盛水观察。通常水越清水质越好，水越浑则说明杂质多。

在野外最好不要饮用从杂草中流出的水，而以从断崖或岩石中流出的清水为佳。饮用河流或湖泊中的水时，可在离水边 1 ~ 2 米的沙地上挖个小坑，坑里渗出的水较之直接从河、湖中提取的水清洁。不到万不得已，切勿饮用不洁净的水，如非饮用不可，也要把水消毒或煮开后再喝。

3. 生火和用火

对野外求生者来说，火有着特殊而重要的意义。火可以烧水煮饭，烘干衣服，熏烤食物，吓跑野兽，驱走害虫等。

（1）生火。

常用生火的方法有以下几种：火柴（打火机）点火、凸透镜生火、火刀击打火石生火、钻木取火、电池生火等。

①火柴（打火机）点火。火柴（打火机）是最便利的点火工具，使用方法简单可靠。

②凸透镜生火。在阳光直射的情况下，可利用随身携带的放大镜、望远镜和照相机的凸透镜将太阳光聚集于引火物之上，将其点燃。

③火刀击打火石生火。左手食指和拇指捏住火石，食指和中指之间夹住引火物（通常是带有余灰的引火纸卷），并使火石靠近引火物，右手握住打火刀（或用其他刀具的刀背），用力击打火石，使之迸出火花，点燃引火物。

④钻木取火。用一根干燥坚硬的纺锤状木棒在一块干燥的软木底座上摩擦钻孔，摩擦发热点燃引火物。

⑤电池生火。用两根导线分别接在电池（汽车电池、手电筒电池、通信工具的电池等）的正负极上，将两根导线裸露的末端慢慢接触，使之迸出火花，并注意使火花落在准备好的引燃物（沾了汽油的布就是很好的引燃物）上。

（2）用火。

合理安排用火时间，以免浪费有限燃料；掌握燃烧技巧，保证持续用火；保留备用火种，以防火焰熄灭；注意用火安全，防止引发火灾。

（三）野外常见伤病的防治

（1）昆虫叮咬。

在野外，为了防止昆虫的叮咬，人员应穿长裤和长袖衣服，并扎紧袖口、领口，在皮肤暴露部位涂搽防蚊药。不要在潮湿的树荫和草地上坐卧。宿营时，烧点艾叶、青蒿、柏树叶、野菊花等驱赶昆虫。被昆虫叮咬后，可用氨水、肥皂水、盐水、小苏打水、氧化锌软膏涂抹患处以消毒止痒。

（2）蚂蟥叮咬。

蚂蟥是危害很大的虫类。在野外，在鞋面上涂些肥皂、防蚊油，可以防止蚂蟥上爬。此外，将大蒜汁涂抹于鞋袜和裤脚，也能起到驱避蚂蟥的作用。如遇到蚂蟥叮咬时，不要硬拔，可用手拍或用肥皂液、盐水、烟油、酒精滴在其前吸盘处，或用燃烧着的香烟烫，让其自行脱落，然后压迫伤口止血，并用碘酒涂搽伤口以防感染。

（3）毒蛇咬伤。

在山林、草丛中行走以及采摘野果时要小心观察，避免无意中踩到或触及毒蛇。最好用木棍拨动草丛，“打草惊蛇”，先把蛇吓跑再通过。如果与毒蛇不期而遇，应保持镇定，不要突然移动，不要向其发起攻击，许多情况下，毒蛇只会想着如何逃命。野外露营时，在住地周围适当撒一些“六六六”粉或石灰粉，以防毒蛇侵入。睡前检查床铺，压好蚊帐，早上起来检查鞋子。

被毒蛇咬伤（伤口上有明显牙齿痕往往是被毒蛇咬伤）后，不要惊慌失措和奔跑，应使伤口部位尽量放在最低位置，并立即用绳子、布条或植物茎等，在伤口上方约 2 ~ 10 厘米处结扎（每隔 15 ~ 30 分钟，放松 1 ~ 2 分钟，以免被扎肢体因血阻而坏死），以减缓蛇毒在人体内的扩散与吸收。

用清水加盐或肥皂水冲洗伤口后，再用锐利的小刀挑破伤口或两个毒牙痕间的皮肤，用手从伤口周围向伤口处挤压，以使毒液外流。一般不要用嘴吸毒，以免中毒。如果用嘴吸吮伤口，要边吸边吐，每次都要用清水漱口。

(4) 昏厥。

野外昏厥多是由于摔伤、疲劳过度、饥饿过度等原因造成的。主要表现为脸色突然苍白，脉搏微弱而缓慢，失去知觉。遇到这种情况，不必惊慌，一般过一会儿昏迷者便会苏醒。醒来后，应喝些热水，并注意休息。

(5) 中毒。

其症状是恶心、呕吐、腹泻、胃疼、心脏衰弱等。遇到这种情况，首先要洗胃，快速喝大量的水，用手指触咽部引起呕吐，然后吃蓖麻油等泻药清肠，再吃药用炭等解毒药及其他镇静药，多喝水，以加速排泄。为保证心脏正常跳动，有条件时应多喝些糖水、浓茶，暖暖脚，并想办法送医院救治。

(6) 中暑。

其症状是突然头晕、恶心、昏迷、无汗或湿冷，瞳孔放大，发高烧。发病前，常感口渴头晕，浑身无力，眼前阵阵发黑。此时，应立即在阴凉通风处平躺，解开衣扣和裤带，使全身放松，再服十滴水、人丹等药物。发烧时，可用凉水浇头，或冷敷散热。如昏迷不醒，可掐人中穴、合谷穴使其苏醒。

(7) 冻伤。

如发现皮肤有发红、发白、发凉、发硬等现象，应用手或干燥的绒布摩擦伤处，促进血液循环，减轻冻伤。轻度冻伤用辣椒泡酒涂搽便可见效。如有身体冻僵的情况，不要立即将伤者抬进温暖的室内，应先摩擦肢体，做人工呼吸，待伤者恢复知觉后，再到较温暖的地方抢救。

(8) 蜇伤。

被蝎子、蜈蚣、黄蜂等毒虫蜇伤，伤口红肿、疼痒，并伴有恶心、呕吐、头晕等症状。要先挤出毒液，然后用肥皂水、氨水、烟油、醋等涂搽伤口，或将马齿苋捣碎，汁冲服，渣外敷，也可用蜗牛洗净后捣碎涂在伤口上。此外，蒜汁对蜈蚣咬伤有疗效。

（四）野外求救方法

常用的野外求救方法有以下五种：

1. 点燃火堆

连续点燃三堆火，间距最好相等。白天可燃烟，在火上放些青草等可产生浓烟的物品，每分钟加 6 次。夜晚可燃旺火，但要注意防止引燃山火。

2. 声音求救

在不太远的距离内发出求救信号，可大声呼喊，也可借助其他物品发出声响，如用斧头、木棍敲打树木。

3. 利用反光镜

利用回光反射信号，是有效的办法。可利用的反光物品如金属信号镜、罐头皮、玻璃片、眼镜、回光仪等。

4. 在地面上做标志

在比较开阔的地面，如草地、海滩、雪地上可以制作地面标志。如把青草割成一定标志，或在雪地上踩出一定标志，也可用树枝、海草等拼成一定标志，与空中救援人员取得联络。还可以使用国际民航统一规定的地空联络符号做标志。

记住这几个单词：SOS（求救）、SEND（送出）、DOCTOR（医生）、HELP（帮助）、INJURY（受伤）、LOST（迷路）、WATER（水）。

5. 留下信息

当离开危险地时，要留下一些信号物，以备让救援人员发现。地面信号物使营救者能了解你的位置或者过去的位置。方向指示标有助于他们寻找你的行动路径。一路上要不断留下指示标，这样做不仅可以让救援人员追寻而至，还可以在自己希望返回时，也不至于迷路——如果迷失了方向，找不着想走的路线，它就可以成为一个向导。

常用的方向指示标有：①将岩石或碎石片摆成箭形；②将棍棒支撑在树杈间，顶部指着行动的方向；③在高草的中上部系上结，使其顶端弯曲指示行动方向；④在地上放置一根分叉的树枝，用分叉点指向行动方向；⑤用小石块垒成一个大石堆，在边上再放一小石块指向行动方向；⑥用一个深刻于树干的箭头形凹槽表示行动方向；⑦两根交叉的木棒或石头意味着此路不通。

二、自救、互救

在战斗、训练或平时生活中，常有人员受伤。因此，掌握损伤的应急处理方法，可以缓解伤情恶化，减轻痛苦，为进一步就医提供方便。

战伤（训练伤）的救护是保存战斗力的重要工作。救护包括自救和互救两个方面，主要有人工呼吸、止血、包扎、固定和搬运等。

（一）人工呼吸

呼吸受阻是危及生命的重要原因。如果一个人缺氧超过 4 分钟，大脑将受到永久性损伤，因此，必须使伤员尽快恢复呼吸，方法是立即实施人工呼吸。

1. 口对口式人工呼吸法

这是最有效、最迅速的人工呼吸方法。操作步骤是：

（1）使伤员仰面躺在地上，检查伤员的口和喉咙有无阻塞物。如果伤员的呼吸道不畅通，应立即清除，并保持通畅。

（2）救护人员站在伤员头部一侧，使其头向后仰（防止舌头后滑压住呼吸通道），一手扳开伤员的下颌，用另一只手捏住伤员的鼻孔，然后深吸一口气，用自己的嘴对着伤员的嘴吹气，使伤员的胸部扩张隆起；接着，救护人员的嘴迅速离开伤员的嘴，同时，将捏住伤员鼻孔的手放开，并用手按压伤员的胸部，以帮助其呼气。

（3）以每分钟 12～14 次的速度，反复进行吹气和呼气，直至伤员恢复呼吸。

2. 仰卧压胸式人工呼吸法

这种方法便于观察伤员的表情，而且气体交换量也接近于正常的呼吸量。但伤员的舌头由于仰卧而后坠，阻碍空气的出入，所以，采用此法时一定要将舌头拉出（对胸部受伤或肋骨骨折的伤员不宜使用这种方法）。操作步骤是：

（1）伤员仰卧，两臂平放，背部加垫，使胸部凸出。

（2）救护人员两腿分开，跨在伤员的两侧跪下，面对伤员头部，张开两手，放在伤员两侧乳房下面，大拇指向内，靠近胸骨的下端，其他四指放在胸廓上，稍弯。

（3）俯身向前，慢慢用力向前压缩，然后放松压力，使胸廓扩张，两手回到原来的位置。如此反复进行，每分钟 12～14 次。

3. 俯卧压背式人工呼吸法

方法步骤与仰卧压胸法基本相同。

（二）胸外心脏按压

当发现伤员失去知觉时，要立即检查其心脏是否跳动。用手指在喉结两侧接触静动脉，看有无搏动。如无搏动，应紧急采取胸外心脏按压法抢救。

具体方法是：先使伤员仰卧在地上或硬板床上，找准按压部位（见图 10－1）。将左手掌根放在伤员胸骨下 1/3 处，右手掌压在左手背上，然后用力向下按压，使胸骨下陷 3～4 厘米，再放开。如此反复进行，每分钟 60～80 次。同时，必须进行人工呼吸（见图 10－2）。

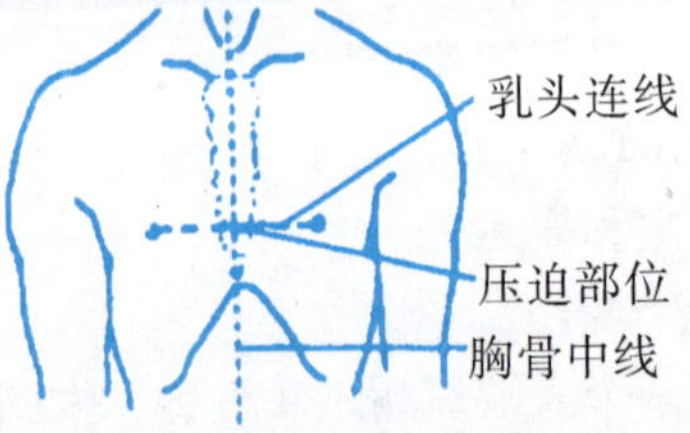

图 10－1　胸外按压部位

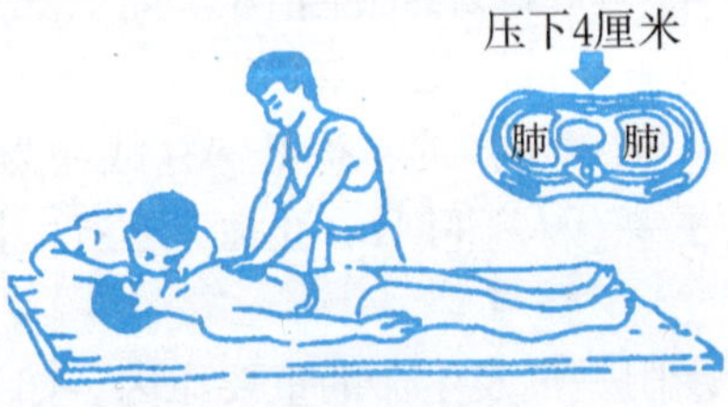

图 10－2　胸外按压和人工呼吸

如急救时只有一人，可先向伤员口中呼四大口气，然后，每按压 15 次，迅速吹两大口气，如此反复进行。

（三）止血与包扎

血液是流动于血管中用来维持生命的红色液体。一旦受伤，血管破裂，血液流出血管就是出血。小的出血，血液可以自行凝固，出血可自然停止；大的出血则应立即止血。

1. 止血

（1）出血的种类及判断。

要想达到有效止血的目的，首先必须正确判断出血的种类。

①动脉出血。颜色鲜红，呈喷射状，有搏动，出血速度快，量多。

②静脉出血。颜色暗红，呈涌流状，出血量多，速度不及动脉出血快。

③毛细血管出血。颜色鲜红，从伤口向外渗出，出血点不易判明。

（2）止血的方法。

①指压止血法。

较大的动脉出血，临时用手指或手掌压迫伤口近心端的动脉，将动脉压向深部的骨头上，阻断血液的流通，可达到临时止血的目的。其要领是：熟悉血行线，牢记压迫点（见图 10－3），手压近心处，压力向骨面，迅速把它摸，千万莫迟延。各部位的指压止血方法如下：

A. 头顶部止血。一侧顶部出血，用食指或拇指压迫同侧耳前方的颞浅动脉止血。

B. 颜面部出血。一侧颜面部出血，可用食指或拇指压迫同侧下颌骨下缘、下倾角前方约 3 厘米处的面动脉止血。

C. 头面部出血。一侧头面部大出血，可用拇指或其他四指压迫同侧气管外侧与胸锁乳突肌前缘中点之间的颈总动脉，将血管压向颈椎止血。

D. 肩腋部出血。可用拇指压迫同侧锁骨上窝中部的锁骨下动脉，将动脉压向深处的第一肋骨止血。

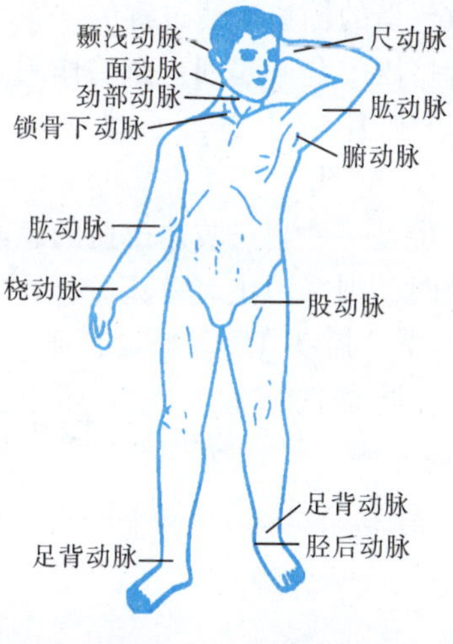

图 10－3　止血压迫点

E. 前臂出血。可用拇指或其他四指压迫上臂内侧肱二头肌与肱骨之间的肱动脉止血（见图 10－4）。

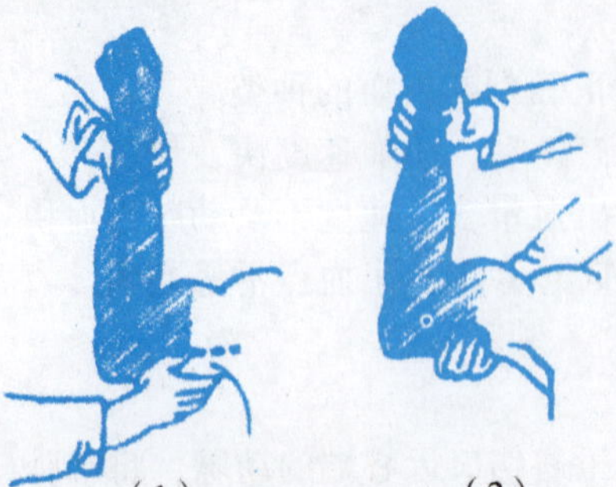

（1）　　（2）

图 10－4　前臂出血指压点及止血区

图 10－5　下肢出血指压点及止血区

F. 手部出血。可用两手拇指分别压迫手腕横纹稍上处内外侧尺、桡动脉止血。

G. 大腿以下出血。可用双手拇指重叠用力压迫大腿上端腹股沟中点稍下方的股动脉止血（见图 10－5）。

H. 足部出血。可用两手食指或拇指分别压迫足背中部近脚腕处的胫前动脉和足跟内侧与内踝之间的胫后动脉止血。

②加压包扎止血法。用无菌或干净的纱布块盖住伤口，再用带子紧紧地包扎起来。

③填塞止血法。用急救包里的棉垫或消过毒的纱布块填塞在伤口内，再加敷料进行包扎，把伤口的血管挤压闭合，起到止血的作用。

④止血粉止血法。将止血粉或止血药水撒于出血创面，立即用纱布加压包扎。

⑤止血带止血法。止血带是一种制止肢体出血的急救用品。一般在四肢大动脉出血用其他方法止血无效时，则采用止血带止血。

使用方法：橡皮带左手拿，后头 15 厘米要留下，右手拉紧环体扎，前头交左手，中食二指夹，顺着肢体向下拉，前头环中插，保证不松垮（见图 10－6）。

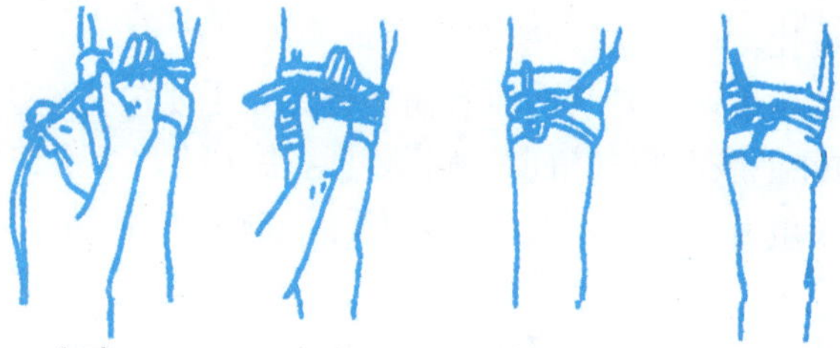
(1)　(2)　(3)　(4)

图 10－6　橡皮止血带使用方法

2. 包扎

（1）包扎的目的和要求。

包扎伤口可以压迫止血，保护伤部，防止感染，有利于伤口尽早愈合。包扎的材料主要有三角巾、绷带、四头带等。

包扎时应做到：动作要轻巧，伤口要全包，打结避伤口，松紧要适宜，包扎要牢靠。

（2）包扎的方法。

沿箭头指向把急救包撕开，将敷料盖在伤口上，然后进行包扎。

①头面部伤的包扎。

头面部伤是战伤中比较严重和多见的损伤，其包扎方法主要有三种：

A. 风帽式包扎法。在三角巾顶角和底边中部各打一结，形成风帽，顶角结放在额前，底边结放于枕后，包住全头，两底角向下拉紧，底边向外反折成带状包绕下颌，拉到枕后打结固定（见图 10－7）。

B. 下颌包扎法。将三角巾由顶角折至底边呈三四横指宽，取 1/3 处放在下颌前方，长端经耳前拉到头顶部，绕至对侧耳前与另一端交叉，两端分别经颌部与枕部，在另一侧打结。

C. 面部包扎法。三角巾顶角打一结，兜住下颌，盖住面部，然后拉紧两底角，在枕后交叉，绕至额前打结。包好后，在眼、口、鼻的地方剪小洞，露出眼、口、鼻。

(1)　(2)　(3)　(4)

图 10－7　风帽式包扎法

②四肢伤的包扎。

战伤中，四肢伤最多，骨折和血管伤居首位。主要包扎方法有四种：

A. 三角巾包扎上肢。将三角巾一底角打结后（结之余头留长些备用）套在伤侧手上；另一底角沿手臂后侧拉至对侧肩上，顶角包裹伤肢，前臂曲至胸部，拉紧两底角打结。

B. 三角巾包扎手（脚）。将手放在三角巾中央，手指指向顶角，拉顶角盖住手背，两底角左右交叉压住顶角绕手腕打结。包扎脚部与此法相同（见图10－8）。

C. 三角巾包扎小腿和脚。脚趾朝向三角巾底边，把脚放在近一底角底边的一侧，提起顶角与较长一侧的底角交叉包裹小腿打结，再将脚下底角折到脚背，绕脚腕与底边打纽结（见图10－9）。

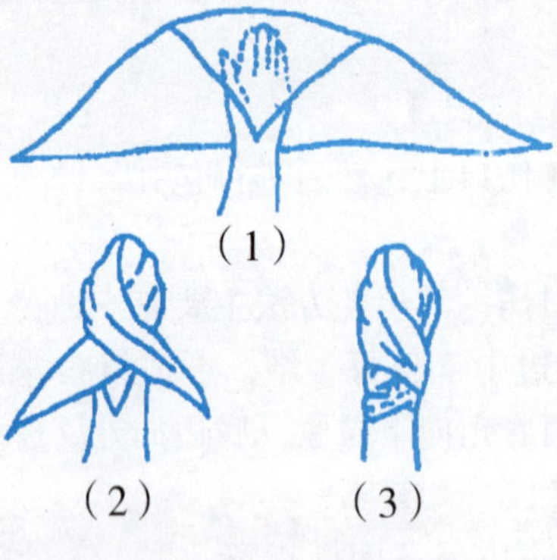

图10－8　三角巾包扎手部

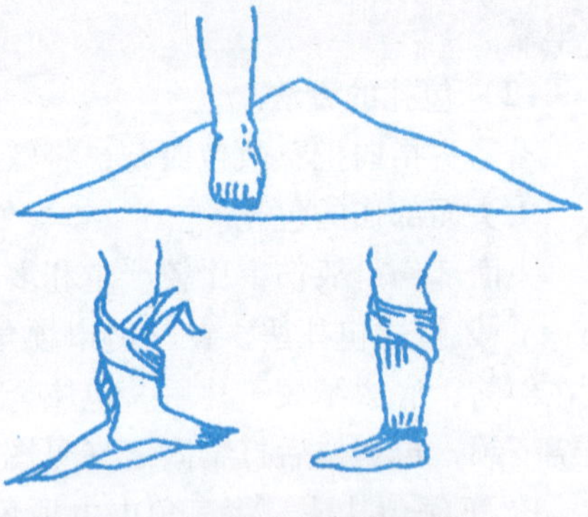

图10－9　三角巾包扎腿和脚

D. 三角巾包扎肘、膝。将三角巾折成适当宽度的带状，将带的中段斜放于伤部，取带两端分别压住上下两边，包绕肢体一周打结。

③胸（背）部伤的包扎。

对一般胸部轻伤包扎时，将三角巾的顶角放在伤侧胸部肩上，把左右两底角拉到背后打结，然后再和顶角相结（见图10－10）。此法也适用于背部包扎。

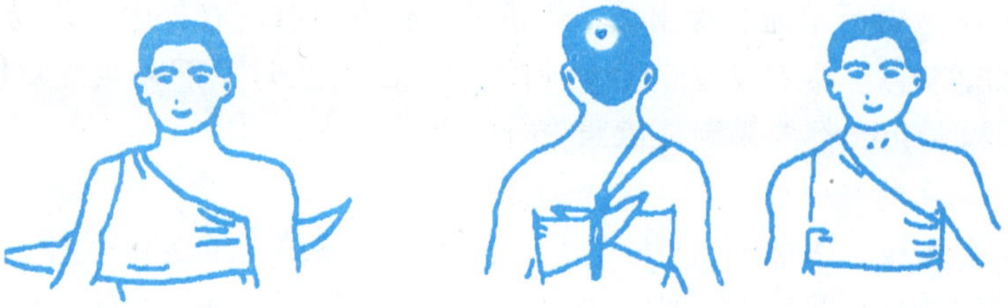

（1）　　　　　　　　（2）

图 10－10　三角巾包扎胸部

④腹（腰）部伤的包扎。

腹（腰）部包扎的方法是：把三角巾顶角朝下，放在一侧大腿根稍下方，用一底角包绕大腿与顶角打结，另一底角提起围腰与底边打纽扣结（见图 10－11）。

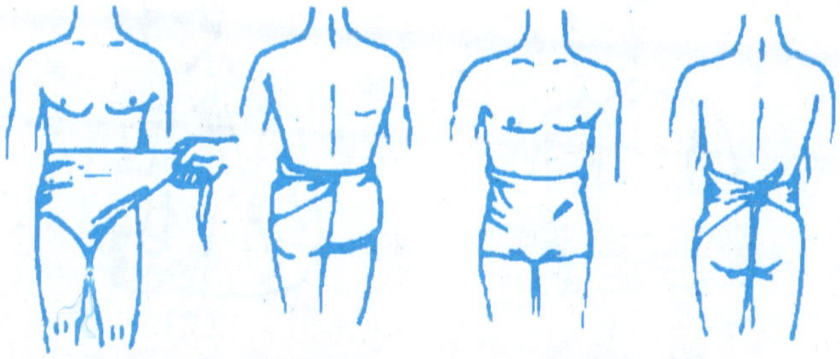

（1）三角巾腹部包扎　　（2）腰部凹式包扎

图 10－11　腹（腰）部包扎

（四）骨折临时固定

骨折临时固定，使骨折端不能随便移动，可以避免锐利的骨折端刺破皮肤、周围组织、神经、大血管等，也可减轻疼痛，有利于预防休克和感染，便于后送。

1. 骨折判断

骨折时，局部有以下症状：

（1）疼痛。用手指轻轻按受伤部位时疼痛加剧，有时可以摸到骨折断端，搬运伤员时其疼痛更加剧烈。

（2）畸形。受伤部位或伤肢变形，如伤肢比健肢短，明显弯曲，或手脚转向异常方向。

（3）肿胀。由于出血和渗出液、骨折的错位和重叠，在外表形成局部肿胀。

（4）功能受限。肢体失去自由活动能力。为了及时、正确地抢救伤员，凡是骨折和可疑骨折，都要果断地依照骨折处理。

2. 骨折固定材料

常用的有木板、木棍、树枝、竹片、高粱秆、铁皮、纸板和军用铁锹等。用于骨折固定的敷料有两种：一种是垫在夹板上和夹板与皮肤之间的，有棉花、衣物、纱巾、毛巾、草、麦秸、芦苇、树叶等；另一种是绑夹板用的，如三角巾、绷带、腰带和绳索等。

3. 骨折临时固定的方法

（1）前臂骨折固定法。

把两块夹板分别放在前臂掌侧和背侧，垫好后用绷带或三角巾固定，再用三角巾将前臂悬吊胸前（见图 10－12）。

（1）　　（2）

图 10－12　前臂骨折固定法

（2）上臂骨折固定法。

在上臂的外侧放一块夹板，垫好后用两条布带将骨折上下端固定，再将前臂吊于胸前，然后用一块三角巾将上臂固定于左肋或右肋。

（3）小腿骨折固定法。

将夹板（长度等于自大腿中部到脚跟）放于小腿外侧，垫好后用布带分段固定，在脚部应用“8”字形绷带固定，使脚与小腿成直角。

（4）大腿骨折固定法。

把夹板或木板、扁担（长度等于腋下到脚跟）放在伤肢外侧，关节及空隙部位加垫，用三角巾、绷带等分段固定，脚部用“8”字形绷带固定，使脚与小腿成直角（见图 10－13）。

图 10－13　大腿骨折固定法

4. 骨折固定注意事项

（1）伤口有出血的情况时，应先止血后包扎，然后再固定骨折处。固定时动作要轻巧。

（2）大腿和脊柱骨折时，一般应就地固定。

（3）固定要牢固，松紧要适宜，不但要固定骨折上下端，还要固定骨折部位的上下两个关节。

（4）四肢骨折时，应先固定骨折的上端，然后固定骨折的下端，并要露出指（趾），以便观察血液流通情况。冬季要注意保温，如发现指（趾）出现苍白或青紫现象时，应松开后重新固定。

（5）固定器材不应直接接触皮肤，尤其是骨突出部和固定器材上下两端，应垫以适量的棉花、衣物等，防止压迫皮肤引起损伤。有间隙处亦应填塞，防止松动。

（6）离体断肢有再植可能的（断端较整齐、污染较轻、时间较短），应包好随伤员迅速后送。

（五）搬运伤员

搬运伤员就是把伤员转移到隐蔽的地方，避免再次负伤，并及时安全后送，使伤员得到进一步治疗。单人搬运伤员的主要方法有：

1. 侧身匍匐搬运法

救护者侧卧于伤员背后，屈贴地面的腿，使伤员伤侧向上，其胸腰部侧卧在救护者的腿上。救护者在上的手经伤员腋下伸到伤员胸前抓住伤员的肩部，侧身匍匐前进。

2. 匍匐背驮搬运法

救护者先使伤员两腿靠拢，以跪姿或更低姿势躺在伤员一侧，将伤员的右上臂夹在自己的右侧腋下，再把伤员的两腿夹在自己的腿中间，用左手将伤员的左臂拉到自己的左臂上，右手抓住伤员两手，再以左手抓住伤员右侧臀部的衣物，用力翻转身体，将伤员翻至背上，匍匐前进。此法只适用于头、背部伤的伤员。

3. 枪套仰卧拖拉法

救护者平坐于地，两腿屈曲分开，使伤员仰卧，移往左大腿上。救护者将枪背带套在伤员外侧大腿中部，另一端套在自己右胳膊肘下面，右手抓住伤员左臂上部，侧身匍匐前进。

4. 大衣拖拉法

把大衣两条袖子往里翻，并套在一起，绷带从里面穿过，一端留环，中间打结，使伤员仰卧在大衣里，头枕在衣袖上，扣上大衣纽扣，腰部用一绳子连同大衣捆在一起。救护者卧在地上，将从衣袖内穿出的绷带环斜挂在肩上，拖拉伤员匍匐前进（见图 10－14）。

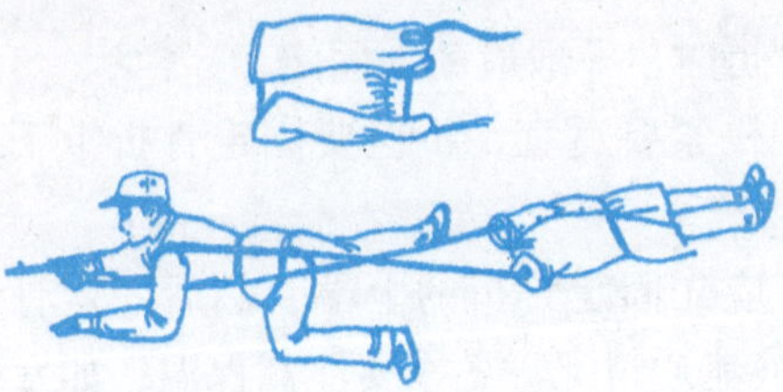

图 10－14　大衣拖拉法

除此之外，搬运伤员常用的还有肩、抱、背等方法（见图 10－15）。

（1）　　（2）　　（3）

图 10－15　肩、抱、背法

（六）各部伤急救注意事项

1. 头面部伤

头面部受伤时，应保持呼吸道畅通，清除口内异物，将伤员衣领解开，采取侧卧或俯卧姿势，防止吸入呕吐物，并妥善止血和包扎。如有脑膨出，不要塞进伤口，应立即用消毒纱布做成保护圈，或用干净小碗扣住，然后包扎。包扎时不可用力压迫，以免组织坏死。如果出血，可用垫加压包扎。

2. 胸（背）部伤

胸（背）部伤往往伴有多根肋骨骨折，除用敷料包扎外，还应当用绷带环绕胸部包扎固定。

胸部受伤，空气由伤口出入，压迫肺脏，引起伤员呼吸极度困难，叫作开放性气胸。遇此类伤员，要立即进行严密包扎，可用厚纱布垫贴盖伤口，或用干净毛巾、衣服、布块折叠垫厚，盖在胸壁伤口上，外用三角巾或绷带紧密包扎起来，做到封闭良好、不漏气。

3. 腹（腰）部伤

腹（腰）部伤要立即用大块敷料和三角巾包扎。伴有内脏伤时，不能喝水、吃东西、吃药，尽快后送。抬送时，应让伤员仰卧、屈膝，在膝下用衣物等垫起来，使腹（腰）部松弛。

腹部内脏脱出时，不要送回腹腔。可先用大块纱布盖好，再用干净饭碗（或宽腰带、纱布卷、毛巾卷做成保护圈）扣上，碗边不要压着内脏，然后用三角巾包扎。

4. 四肢伤

除了手指或脚趾受伤必须包扎外，包扎其他四肢伤时，要把手指或脚趾露出，以便随时观察血液循环情况，采取相应措施。

抢救伤员有“五忌”：一忌用手和脏物触碰伤口；二忌用水冲洗伤口（化学伤除外）；三忌轻易取出伤口内异物；四忌送回脱出腹腔的内脏；五忌用消毒剂或消炎粉涂抹伤口。

第三节　反恐、人民防空、防暴

一、反恐

恐怖主义没有确切的全球性的定义，通常把为了特定的政治或宗教目的，有计划地使用暴力或威胁使用暴力来对抗普通平民的行为称为恐怖主义。恐怖活动是一种以暴力形式使人们产生恐怖感从而达成某种政治目标的手段。

恐怖问题已成为严重影响当今世界和平与发展的非传统安全问题，也是我国安全面临的威胁之一。反恐斗争已成为维护国家安全、保障人民利益、保障社会稳定、构建和谐社会的重要任务之一。反恐的主要方式有以下几种：谈判、军事或准军事措施、保护重点目标、国际合作、情报工作。

（一）常见恐怖袭击手段有哪些

1. 常规手段

（1）爆炸。炸弹爆炸、汽车炸弹爆炸、自杀性人体炸弹爆炸等。

（2）枪击。手枪射击、制式步枪或冲锋枪射击等。

（3）劫持。劫持人、车、船、飞机等。

（4）纵火。

2. 非常规手段

（1）核与辐射恐怖袭击。通过核爆炸或放射性物质的散布，造成环境污染或使人员受到辐射照射。

（2）生物恐怖袭击。利用有害生物或有害生物产品侵害人、农作物、家畜等。如发生在美国“9·11”事件以后的炭疽邮件事件。

（3）化学恐怖袭击。利用有毒、有害化学物质侵害人、城市重要基础设施、食品与饮用水等。如东京地铁沙林毒气袭击事件。

（4）网络恐怖袭击活动。利用网络散布恐怖袭击、组织恐怖活动、攻击电脑程序和信息系统等。

（二）公众如何判断爆炸、生物、化学、核与辐射恐怖

公众平时应关注政府的有关宣传，阅读有关科普读物，提高对爆炸、生物、化学、核与辐射恐怖的认识，了解恐怖行为的表现形式、特点、社会危害，提高警惕性，增强反恐怖意识。做好心理和应对技能方面的准备。在恐怖活动发生时，根据平时掌握的爆炸、生物、化学、核与辐射恐怖的特点，及时发现恐怖活动的征兆，识别可疑爆炸物和生物、化学、核与辐射等危险因素，发现可疑情况应及时预防、举报和自防，尽可能将恐怖活动消灭在萌芽状态，减少对公众的伤害。

（三）出现爆炸、生物、化学、核与辐射恐怖时个人如何防护

一是呼吸道防护。立即佩戴防毒面具和其他简易呼吸道防护器材，如特制的聚氯乙烯纤维轻便口罩、防尘口罩等。在紧急情况下，用医用口罩、毛巾口罩及其他纺织品等捂住口鼻也有一定的防护效果。

二是皮肤防护。穿戴制式防毒衣或布料防护服。不具备上述服装时可扎紧“三口”（领口、袖口、裤口）。将上衣塞入裤腰或外扎腰带，颈部以毛巾围严以及戴手套，也有一定的防护作用，如有条件，外穿雨衣效果更好。此外，还可戴防毒眼镜或周边密封的风镜对眼结膜进行保护。

三是在现场专业救援人员指导和协助下口服解毒药物，注射解毒针，而后自行到就近医院治疗。

四是尽快撤离现场。如情况特殊，无法及时撤离时，进入专业救援人员指定

的集体防护设施，或在个人防护的基础上，进入较密闭的普通房舍。

（四）被恐怖分子劫持后怎么办

（1）保持冷静，不要反抗，相信政府。

（2）不对视，不对话，趴在地上，动作要缓慢。

（3）尽可能保留和隐藏自己的通信工具，及时把手机改为静音，适时用短信等方式向警方（110）求救，短信主要内容：自己所在位置，人质人数，恐怖分子人数等。

（4）注意观察恐怖分子人数、头领，便于事后提供证言。

（5）在警方发起突击的瞬间，尽可能趴在地上，在警方掩护下脱离现场。

（五）在报警时应当注意哪些问题

（1）保持镇静，不能因为恐慌影响了正常的判断。

（2）判明自己目前是否面临危险，如有危险，做好个人防护，迅速离开危险区域或就地掩蔽。

（3）首先报告最重要的内容，包括地点、时间、发生什么事件、后果等。如枪击事件位置、嫌疑人物、体貌特征、衣着打扮、伤亡人数等；纵火事件则要说清发生火灾的地点，如哪个区、哪条路、哪个住宅区、第几栋楼、第几层楼，附近有无危险物等。

（六）紧急撤离危险现场应注意什么

（1）保持镇定，判明所处位置，及时撤离。

（2）慎选通道，不要使用电梯。

（3）迅速撤离，不要贪恋财物，重返危险境地。

（4）防护自身，注意避险；如用物品遮掩身体易受害部分和不靠近窗户玻璃，不要逆着人流前进，以避免被推倒在地。

（5）紧抓固物，巧避藏知，溜边前行。拥挤时，如有可能，要抓住牢靠的东西如楼梯，暂时躲避，待人群过去后迅速离开现场。

二、人民防空

人民防空是指国家根据国防需要，动员和组织群众采取防护措施，防范和减轻空袭危害。人民防空是国防的组成部分。

（一）人民防空的形式

（1）疏散防护。

疏散防护是指有计划地将人员转移到安全区域。各疏散单位在接到疏散命令后，应及时通知本单位人员带上必要的行李物品，在指定时间到达指定的疏散联络站。

(2) 隐蔽防护。

隐蔽防护是指组织人员转入地下，利用地形、地物进行防护及对重要目标进行伪装。

(3) 消除空袭后果。

消除空袭后果是指遭敌空袭后及时组织力量进行消防灭火、抢险抢修、医疗救护、防化洗消和维护治安等。

(二) 防空袭

1. 空袭前的防护准备

(1) 熟悉周围的防空隐蔽设施，明确疏散、隐蔽路线。

(2) 准备好随身生活用品和药品，如手电筒、饮用水和急救包等。

(3) 房屋的玻璃窗均应贴上“米”或“井”字形的纸条或布条，以防玻璃震碎伤人。

2. 人民防空警报是如何规定的

国家规定的人民防空警报声有三种，借以分类指导人民群众的防空行动。

(1) 预先警报：预先警报是在敌方对我方攻击有预兆时发放，要求人员开始疏散。

鸣叫方式：鸣36秒，停24秒，反复3遍为一个周期，时间为3分钟。10分钟左右进入工事或实行紧急疏散。

(2) 空袭警报：空袭警报是在敌方对我方将要攻击时发放。

鸣叫方式：鸣6秒，停6秒，反复15遍为一个周期，时间为3分钟。所在工事转入防护状态。未进入工事的居民应就地隐蔽获得防护。

(3) 解除警报：解除警报是在空袭或战情暂时缓解时发放。

鸣叫方式：连续鸣3分钟。解除防护，出工事，进行人员抢救，积极参与解除空袭后的工作。

3. 听到防空预先警报时应如何行动

预先警报预示空袭即将来临，居民应立即开始行动。

(1) 首先要通告家庭及邻近人员，特别是正在地下工作和高噪声工地上作业的人员。

(2) 按家庭防空预案分工，关闭燃气，切断电源，关闭门窗、自来水，熄灭炉火，圈住家禽宠物，盖严食品、水井，转移易燃物品等。

(3) 背上应急包、携幼扶老，快速进入指定的人防工事或紧急疏散地。所有这些动作要求在几分钟到十分钟内完成。

(4) 有社区或街道人防任务的居民，应携带器具尽快到达预定位置，履行人防职责。

（5）在公共场所的居民，一般不宜立即回家，应到就近防护所或到临时疏散区域掩蔽。

4. 听到空袭警报时居民应如何行动

空袭警报表示炸弹将很快着地爆炸。这时对居民的行动要求有：

（1）人防工事要立即关闭防护密闭门，隐蔽居民应当安静下来。

（2）来不及进入工事的居民要就近分散，可隐蔽在矮墙、花坛、涵洞、墙角、桌下等重型屏障的旁边或底下，或用头盔、被子、塑料盆、木板保护头部等重要位置。

（3）在室内要避开玻璃窗、高书架、衣柜及吊挂物品等。

（4）在室外要避开高大广告牌、楼房、吊车及高压线等，远离易燃、易爆物存放库区。

三、防暴

暴力是指人与人之间发生的打架斗殴和人身伤害行为。

（一）暴力倾向的性格特征

具有暴力倾向的人往往行事冲动，不计后果。他们大多具有如下特征和表现：脾气暴躁，好胜心强；虚荣心强，好充老大；不甘寂寞，好惹是非；思想狭隘，是非不分。

（二）如何防范与避免暴力冲突

（1）不要妄自尊大、恃强凌弱，须知“好胜者必败，恃壮者易疾”。也不要目中无人，好勇斗狠。要与人真诚相待，宽容大度，与人为善，求同存异。

（2）不能过于软弱。如果遇到暴力侵害时一味示弱，一味委曲求全，只会使对方更加得意忘形，变本加厉。一定要保持自己应有的尊严与自信，不卑不亢、有理有节地保护自己。

（3）及时报警求援。遇到暴力侵害危及人身安全时，不要过于害怕，要沉着冷静，一边与其周旋，一边向有关部门发出求救信息。

（4）慎重交友。洁身自好，交友慎重，不掺和黑社会性质的团体或活动。

（5）说话和气。强词夺理、恶语伤人是导致矛盾、引发暴力冲突的重要原因。平时要注意语言文明，说话和气，不要盛气凌人。

（6）不凑热闹。别人打架时不看热闹、不凑热闹，但若遇到恃强凌弱的情况时要见义勇为，敢于制止。

（7）正确处理财物和感情问题。财物和感情往往是导致暴力事件发生的最直接起因。坚持礼尚往来，不要有“只占便宜不吃亏”的思想。在感情问题上，要理智当先、把握分寸。

第四节　消防技能训练

一、学生宿舍如何防火

学生宿舍是人员密集场所，是学校防火安全工作的重点部位，学生宿舍一旦发生火灾，就会损失较大，影响较坏，严重威胁学生的生命、财物安全，影响学校的声誉。“隐患险于明火，防患胜于救灾”，所以预防火灾是最为重要的。

学生宿舍内要预防火灾，必须做到以下几点：

（1）不在宿舍内使用电炉、热得快等大功率电器、电热设备以及煤气炉、酒精炉、液化气炉等明火设备。

（2）不乱接、乱拉电线，乱接电源容易使电源过载，存在极大的用电安全隐患。

（3）不使用不合格的电器，不要将手机充电器等电器长时间通电。

（4）不要将台灯靠近枕头、蚊帐、被褥。灯头长时间通电易发热，容易引燃枕头、蚊帐等易燃物，造成火灾。

（5）不在室内燃烧杂物，燃烧物飘飞到床上或未彻底熄灭后离开宿舍，极易引发火灾。

（6）不要在宿舍存放易燃、易爆物品，如酒精、烟花爆竹、汽油、天那水等。

（7）不要躺在床上吸烟，不乱扔烟头。烟头虽小，可温度高，表面温度有200℃～300℃，中心温度高达700℃～800℃，如果与可燃物接触，极易引发火灾。

（8）人走灯熄，关闭电源。将电器设备通电后不及时拔掉，容易造成电器设备烧熔引发火灾，所以切断室内电源，能彻底保证不发生火灾。

二、灭火器的种类和使用方法

（一）灭火器的种类

灭火器的种类很多，按其移动方式可分为手提式和推车式灭火器；按驱动灭火剂的动力来源可分为储气瓶式、储压式、化学反应式灭火器；按所充装的灭火剂可分为泡沫、干粉、卤代烷、二氧化碳、酸碱、清水灭火器等。

（二）常用灭火器的使用方法

1. 干粉灭火器的使用方法

要领：“一摇二拔三喷射”。

灭火时可手提或肩扛灭火器快速奔赴火场，站在距燃烧物5米左右，并站在上风方向。首先摇动筒体，然后将开启把上的保险销拔下，同时，握住喷射软管前端喷嘴部，另一只手将开启压把压下，将高压喷出的干粉对准火焰根部扫射灭火。使用过程中应注意一手始终压下压把，不能放开，否则会中断喷射。

2. 二氧化碳灭火器的使用方法

要领："一拔二握三下压"。

灭火时只要将灭火器提到或扛到火场，在距燃烧物 5 米左右，放下灭火器拔出保险销，一手握住喇叭筒根部的手柄，另一只手紧握启闭阀的压把，然后压下压把，由近而远向火焰喷射。注意使用时不能直接用手抓住喇叭筒外壁或金属连线管，以防手被冻伤。

三、灭火常识和基本方法

（一）灭火常识

（1）发生火灾时，应一面派人报警，一面扑救，切勿惊慌失措，仅顾逃生或抢救财物而延误报警时机。

（2）拨 119 电话报警时，应将发生火灾的地点、单位说清楚，并尽可能讲清楚着火的对象和范围，如什么街、多少号、什么东西烧着了、火势如何等，同时让人在门口或消防车必经之路等候，以便消防人员迅速、准确地到达现场救火。

（3）扑救初起火灾时，应按照"先控制，后灭火""先救人，后救物"的原则进行。首先切断可燃物的来源，然后争取一次灭火成功。如果人员受到火灾威胁时，应先救人，或救人与救火同时进行。

（4）一般火灾，可用水将棉被等浸湿后覆盖扑灭。

（5）油类及化学物品火灾，可用干粉、二氧化碳等灭火器扑救。

（6）炒菜时油锅起火，如无灭火设备，可将锅盖盖上或用浸湿的棉被覆盖灭火。

（7）家用电器或电路起火，首先切断电源，然后用毛毯、棉被覆盖灭火。

（8）消防人员救火时，勿在火灾现场围观，以免妨碍消防抢救工作。

（二）灭火方法

根据物质燃烧原理，燃烧必须同时具备可燃物、助燃物和着火源三个条件，缺一不可，而一切灭火措施都是为了破坏已经产生的燃烧条件，或使燃烧反应中的游离基消失而终止燃烧。灭火的基本方法有四种：减少空气中的含氧量——窒息灭火法；降低燃烧物的温度——冷却灭火法；隔离与火源相近的可燃物——隔离灭火法；消除燃烧中的游离基——抑制灭火法。

1. 窒息灭火法

阻止空气流入燃烧区或用不燃烧的物质冲淡空气，使燃烧物因得不到足够的氧气而熄灭。实际运用时，可用湿毛毯、湿麻袋、湿棉被、湿毛巾被、黄沙、泡沫等不燃或难燃烧物质覆盖在燃烧物上。

2. 冷却灭火法

将灭火剂直接喷洒在燃烧着的物体上，使可燃物的温度降低到燃点以下，从而使燃烧终止，这是扑救火灾最常用的方法。冷却的方法主要是采取喷水或喷射二氧化碳等灭火剂。

3. 隔离灭火法

将燃烧物体与附近的可燃物质隔离或疏散开，使燃烧停止。这种方法适用于扑救各种固体、液体和气体火灾。实际运用时，将火源附近的可燃、易燃、易爆和助燃物质，从燃烧区内转移到安全地点；关闭阀门，阻止气体、液体流入燃烧区；排除生产装置、设备容器内的可燃气体或液体；设法阻拦流散的易燃、可燃液体或扩散的可燃气体；拆除与火源相毗连的易燃建筑结构。

4. 抑制灭火法

将含氟、溴的化学灭火剂（如1211）喷向火焰，让其参与燃烧的化学反应，使游离基链锁（俗称“燃烧链”）反应中断，达到灭火的目的。

四、火场逃生的基本常识和方法

火灾发生有很大的偶然性。一旦火灾降临，面对滚滚浓烟和熊熊烈焰，只要冷静机智，运用火场自救与逃生知识，就有极大可能拯救自己。

（一）火场逃生自救基本常识

（1）火灾袭击时切勿惊慌失措。首先观察哪里可以逃生，然后采取简单防护措施，迅速由安全疏散通道向地面疏散，或向一、二层的门窗、阳台等处逃生。

（2）身上着火时不能跑动。身上的衣物不慎着火时，应迅速将衣服脱下或撕下，或就地翻滚将火压灭，但注意不要滚动太快。一定不要身穿着火衣服跑动。如果有水可迅速用水浇灭，但人体被火烧伤时，一定不能用水浇，以防感染。

（3）发生火灾时要逆风疏散。应根据火灾发生时的风向来确定疏散方向，迅速逃到火场上风处，躲避火焰和烟气，并向地面逃生。如确认安全通道被烟火封死，无法冲出外面时，应迅速进入避难层、防烟室，或逃至楼顶平台的上风处，求得暂时性的庇护，等待救援。

（4）逃生要匍匐或弯腰前进。由于火灾发生时烟气大多聚集在上部空间，因此在逃生过程中应尽量将身体贴近地面匍匐（或弯腰）前进。

火场逃生时，要注意切勿乘坐电梯和盲目向光亮处逃生或冒险跳楼逃生等。

（二）火灾逃生的主要方法

（1）棉被护身法。用浸湿的棉被（或毛毯、棉大衣）披在身上，确定逃生路线后，用最快的速度冲到安全区域。千万不可用塑料雨衣保护自己。

（2）毛巾捂鼻法。火灾烟气具有温度高、毒性大的特点，人吸入后很容易引起呼吸系统烫伤或中毒。因此，在疏散中应用湿毛巾捂住口鼻，以起到降温及过滤的作用。

（3）绳索自救法。所在楼房发生火灾，室内有绳索时，可直接将其一端拴在牢固的管道、门窗或其他重物上，沿另一端滑下。在此过程中要注意手脚并用（双脚成绞状夹紧绳索，双手一上一下交替滑向地面），并尽量采用手套、毛巾等将手保护好，防止顺势滑下时脱手或将手磨破。

（4）被单拧结法。把床单、被罩或窗帘等撕成条并拧成麻花状，如果长度不够可将数条床单等连接在一起，按绳索逃生的方式沿外墙爬下，但要切实将床单等扎紧绑实，避免其断裂或接头脱落。

（5）管线下滑法。当建筑物外墙或阳台边上有下水管、电线杆、避雷针引线等竖直管线时，可借助其下滑至地面，同时，应注意一次下滑的人数不宜过多，以防逃生途中因管线损坏而致人坠落。

（6）竹竿插地法。将结实的竹竿、晾衣竿直接从阳台或窗口斜插到室外地面或下一层平台，将两头固定好以后顺竿滑下。

（7）楼梯转移法。当火势自下而上迅速蔓延而将楼梯封死时，住在上部楼层的人员可转移到另一户人家或宿舍，也可通过楼梯、天窗等迅速爬到楼顶，从另一单元的楼梯进行疏散。

（8）攀爬避火法。通过攀爬至阳台、窗台的外沿及建筑物周围的脚手架、雨篷等突出物以躲避火势。

（9）搭“桥”过渡法。可在阳台、窗台、屋顶平台处用木板、竹竿等较坚固的物体搭至相邻单元或相邻建筑物上，以此作为跳板转移到相对安全的区域。

（10）毛毯隔火法。如果走廊或对门、隔壁的火势比较大，无法疏散，可退入一个房间内，将门缝用毛巾、毛毯、棉被、褥子或其他织物封死，同时，为防止受热，可不断往上浇水进行冷却，以阻止外部火焰及烟气侵入，从而达到抑制火势蔓延、延长逃生时间的目的。

（11）卫生间避难法。当实在无路可逃时，可利用卫生间进行避难。用毛巾塞紧门缝，把水泼在门上、地上降温，水也可从门缝处向门外喷射，达到降温或控制火势蔓延的目的。也可躺在放满水的浴缸里躲避，但千万不可钻到床底、阁楼、衣橱等处避难，因为这些地方可燃物多，容易聚集烟气。

(12）跳楼求生法。发生火灾时，切勿轻易跳楼。在万不得已的情况下，低楼层的人可采取跳楼的方法进行逃生，但首先要根据周围地形选择落差较小的地块作为着地点，然后将床垫、沙发垫、厚棉被等抛下作为缓冲物，接着手扶窗台往下滑，并使身体重心尽量放低，以缩小跳楼高度，并保证双脚先落地。

(三）火场求救方法

当发生火灾时，可在窗口、阳台、房顶等处向外大声呼叫、敲打金属物件、投掷细软物品、挥动鲜艳布条等发出求救信号，夜间可挥动手电筒、打火机等物品引起救援人员的注意，为逃生争得时间。

火场逃生口诀

熟悉环境，暗记出口。
扑灭小火，不成报警。
火场自救，临危不乱。
明辨方向，迅速撤离。
简易防护，蒙鼻匍匐。
不贪财物，不入险地。
火已及身，切勿惊跑。
善用通道，莫入电梯。
缓降逃生，滑绳自救。
跳楼有术，虽损求生。

复习思考题

1. 行军中应注意哪些事项？
2. 如何选择宿营地？
3. 止血的方法有几种？
4. 如何防范与避免暴力冲突？
5. 学生宿舍该如何防火？

附　录　广东省部分高校大学生军训掠影

◎佛山科学技术学院

◎肇庆学院

◎广东警官学院

◎深圳信息职业技术学院

参考文献

1. 十九大报告读本．北京：人民出版社，2017.
2. 许其亮．牢固确立习近平强军思想在国防和军队建设中的指导地位．中国军网，2017－11－15.
3. 王志强．深入把握党在新时期的强军思想的科学体系．人民日报，2017－08－02.
4. 马占魁．深刻理解把握习近平强军思想的指导地位．光明日报，2017－11－07.
5. 何雷．习近平强军思想是新时代推进强军伟业的科学指南．解放军报，2017－12－01.
6. 姜鲁鸣．这有一份新时代军民融合发展的科学指南．中国军网，2017－12－14.
7. 吴敏文．特朗普的“印太战略”意在防范中国．中国青年报，2017－12－22．
8. 钟国安．以习近平总书记总体国家安全观为指引谱写国家安全新篇章．求是，2018－04－12.
9. 杨小斌，杨福林．大学国防教程．北京：民主与建设出版社，2016.
10. 周军，李大光．2015 年发展最强劲的十大军事高技术．飞航导弹，2016（5）．
11. 中华人民共和国国务院新闻办公室．中国的军事战略．2015.
12. 国务院办公厅．关于推动国防科技工业军民融合深度发展的意见．2017－12－04.
13. 毛泽东思想和中国特色社会主义理论体系概论：2018 年版．北京：高等教育出版社，2018.
14. 吴智刚．城市化视野下高校军事课建设探索——以珠三角地方性高校为中心．2017 年广东国防教育优秀论文，2017.
15. 唐林杰．自媒体时代对大学生国防教育的影响与创新．2017 年广东国防教育优秀论文，2017.

16. 张正明．军事理论与技能教程．西安：西安交通大学出版社，2003.
17. 张万年．当代世界军事与中国国防．北京：军事科学出版社，1999.
18. 王小健．大学军事．北京：中国社会科学出版社，2003.
19. 李效东．世界军事发展年度报告．北京：军事科学出版社，2006.
20. 周国泰．军事高技术与高技术武器装备．北京：国防大学出版社，2005.
21. 苏恩泽．科技军事学．北京：军事科学出版社，2005.
22. 褚良才．军事学概论：第二版．杭州：浙江大学出版社，2003.
23. 宋绍松．揭开未来战神的面纱．北京：国防大学出版社，2004.
24.《军事理论教程》编委会．军事理论教程．北京：高等教育出版社，2002.
25. 伍仁和．信息化战争论．北京：军事科学出版社，2004.
26. 李显尧，周碧松．信息战争．北京：解放军出版社，2000.
27. 董子峰．信息化战争形态论．北京：解放军出版社，2006.
28. 李辉光．美军信息作战与信息化建设．北京：军事科学出版社，2004.
29. 郝延兵．广东省普通高等学校军事理论教程．北京：海潮出版社，2006.
30. 张建昌．走进信息化战争．北京：国防大学出版社，2002.
31. 闫宗广．信息战概论．北京：解放军出版社，2004.
32. 于巧华，周碧松．网络信息战．北京：解放军出版社，2001.
33. 徐小岩．信息作战学．北京：解放军出版社，2002.
34. 苗德成．区域防空联合预警装备体系发展设想．桂林空军学院学报，2004（2）.
35. 魏纯镭．军事理论．北京：北京体育大学出版社，2005.
36. 张正明．军事理论与技能教程．西安：西安交通大学出版社，2008.
37. 王和中．大学军事教程．北京：清华大学出版社，2008.
38. 崔衍松．电子战与现代战争．北京：空军司令部电子对抗部，2001.
39. 张正明．军事理论与技能教程．西安：西安交通大学出版社，2008.
40. 吴温暖．军事理论与技能训练教程．北京：高等教育出版社，2010.
41. 陈波．军事理论教程．北京：科学出版社，2010.
42. 文仕博，贾东水．军事理论教程．北京：北京理工大学出版社，2011.
43. 总参炮兵部. 陆军炮兵军事地形学．北京：解放军出版社，1988.
44. 国家反恐工作协调小组办公室．公民防范恐怖袭击手册，2008.
45. 沈阳市反恐办．居民应对恐怖事件防范手册．